Ortodoxia y heterodoxia

Encontrando el camino a Cristo en un panorama religioso complicado

P. ANDREW STEPHEN DAMICK

SAN JUAN, PUERTO RICO ✙ NASHVILLE, TENNESSEE

Para Nicole

y

En memoria del
Rvdo. Dr. Matthew J. Baker
(1977–2015)

Tabla de contenido

Los exhorto, pues, hermanos, por el nombre de nuestro Señor Jesucristo, a que se pongan de acuerdo y que no haya más disensiones entre ustedes, sino que estén completamente unidos en la misma mente y en el mismo parecer.

1 Corintios 1, 10

Prólogo

Escribir un prólogo es siempre un gran honor. Es un gozo especial, sin embargo, cuando el prólogo es para un libro escrito por uno de los antiguos alumnos del colaborador. Conozco al padre Andrew desde hace mucho tiempo: es un excelente escritor, un teólogo sólido y un ardiente testigo de su fe.

Vivimos en una sociedad influenciada por un sinnúmero de denominaciones cristianas y tradiciones religiosas no cristianas. Tal multiplicidad de religiones nos deja a menudo confundidos y perplejos. A diferencia de la mayoría de los cristianos ortodoxos de todo el mundo, que viven en países tradicionalmente ortodoxos, los que vivimos en tierras occidentales nos enfrentamos a una experiencia que no se puede comparar con ninguna otra, excepto quizás la de los primeros cristianos. Aquellos primeros seguidores «del Camino» se encontraron en un mundo grecorromano lleno de numerosas sectas y religiones. Y, como nosotros, muchos romanos exploraron religiones y prácticas que no eran tradicionales —no sostenidas por sus antepasados—. Y, como en nuestro mundo actual, el sincretismo religioso era habitual.

Por ello, *Ortodoxia y heterodoxia* es un recurso muy necesario. Es valioso para los cristianos ortodoxos y para los no ortodoxos, para los bien formados y para los principiantes. El padre Andrew Stephen Damick ofrece un libro que puede ayudar a remediar la ignorancia que muchos de nosotros debemos reconocer en lo tocante a otras tradiciones religiosas. Como cristianos ortodoxos, necesitamos familiarizarnos con las creencias y prácticas de los demás para poder compartir mejor nuestra propia fe.

La clave de una comunicación eficaz no es solo conocer la materia, sino también conocer al público. Además, el ejercicio de aprender sobre otras tradiciones religiosas nos proporciona un contexto más preciso para comprender mejor la nuestra, un contexto que sirve de trasfondo desde el cual el primer plano pueda emerger con mayor claridad.

El objetivo de este libro no es triunfalista, ni constituye siquiera una apología de la fe ortodoxa. Más bien es una expedición a través del panorama religioso de nuestra sociedad que toma nuestro hogar espiritual —la fe ortodoxa— como punto de referencia con el que podemos comparar y contrastar todo lo que encontramos. Por esta razón, *Ortodoxia y heterodoxia* también puede ser útil para ese amigo religioso o que se autodefine «espiritual» que está interesado en aprender más sobre otras religiones.

El estilo del padre Andrew es claro y de lectura fácil. Es minucioso en su estudio del panorama religioso de este país, sin caer en un exceso de detalle. Se ofrece la historia suficiente como para que el lector se oriente, y se permite que cada tradición hable por sí misma. El autor tiene en cuenta al lector para que las distinciones propias de cada confesión sigan siendo accesibles.

El análisis del autor sobre el catolicismo romano muestra su capacidad para destilar las principales diferencias entre la fe ortodoxa y las heterodoxas. El padre Andrew aborda con detalle las cuestiones clave que suelen citarse como las razones del Gran Cisma entre Roma y las Iglesias de Oriente —la infalibilidad y la supremacía papal, y el *filioque*— y otros puntos de divergencia doctrinal, litúrgica y eclesiológica. Sin embargo, su habilidad y precisión a la hora de articular los puntos de partida de los que surgen estas diferencias más conocidas hacen que su tratamiento de las divisiones entre las tradiciones orientales y romanas sea especialmente útil para el lector que desee comprenderlas más profundamente.

Una de las principales preocupaciones de este libro es la consideración de las consecuencias que las creencias religiosas tienen en la vida del creyente. Aquí tenemos un remedio a la retórica acrítica de la noción de que «todas las religiones son iguales» y a la suposición omnipresente, y a menudo inconsciente, de que lo que creemos, o el conjunto de conceptos que abrazamos como verdad, no marca una diferencia en la validez o en la praxis religiosa.

También es útil la inclusión de un capítulo sobre los cristianos no mayoritarios, como los mormones, los Unitarios Universalistas y los miembros de la Ciencia Cristiana. Muchas personas no entienden lo fundamentalmente diferentes que son estos grupos y por qué precisamente la Iglesia ortodoxa y muchos otros grupos cristianos tradicionales no los consideran propiamente cristianos.

Quizá sea aún más beneficioso para el lector el capítulo sobre las religiones no cristianas, una categoría a la que cada vez más estadounidenses se adscriben. A menudo estamos mal informados sobre las religiones no cristianas. Piénsese, por ejemplo, en la diferencia entre los musulmanes suníes y chiitas. ¿Cuántos cristianos saben por qué existe esa división? El padre Andrew da una respuesta básica a esta pregunta y nos familiariza con muchos otros aspectos del islam que probablemente ignoramos.

Muchos estadounidenses carecen de afiliación religiosa y se declaran agnósticos o ateos, o se adhieren a una especie de sincretismo de la Nueva Era que incorpora abundantemente elementos de las religiones orientales o pretende hallar el «núcleo» común de todas las religiones.

Abordar estas religiones no cristianas es útil porque muchos estadounidenses se están alejando del cristianismo. Además, a medida que nuestro mundo se globaliza cada vez más y las religiones menos conocidas reciben cobertura en los medios de comunicación o las encontramos en las visitas a otras partes del mundo, este capítulo brinda al cristiano los conocimientos necesarios para empezar a estar bien informado y a relacionarse con respeto, sin temor ni ignorancia.

Al igual que Cristo, que conocía los secretos de la mujer del pozo que la asombraban y que conocía los pensamientos íntimos de los fariseos que se oponían a Él, debemos tomarnos en serio la tarea de conocer las historias de los demás, incluso de aquellos que no comparten nuestra fe. Entonces podremos cumplir el mandato que nos dio el apóstol Pedro de *estar* «siempre listos para *responder* a todo el que les pida razón de la esperanza que hay en ustedes, pero háganlo con mansedumbre y reverencia» (1 Pedro 3, 15).

El consejo del padre Andrew en su capítulo sobre el catolicismo romano resuena con fuerza en todo el espectro de nuestra actitud hacia, y de nuestras conversaciones con, quienes creen de manera distinta que nosotros: «Ante todo, es crucial que entendamos la teología de la persona que tenemos delante, así como la nuestra». Estoy seguro de que este libro prestará un gran servicio al preparar a sus lectores para que entablen con confianza y, a la vez, con apertura y humildad, esas conversaciones.

Recomiendo con gran gozo este volumen, que ya fue un éxito en su primera tirada y que ahora su autor ha ampliado generosa y concienzudamente. Con sincera gratitud a Dios por el padre Andrew, y por sus numerosos logros como pastor y académico, orador y escritor, formulo mi entusiasta aval a esta última contribución de mi antiguo alumno al creciente cuerpo de literatura inspiradora e iluminadora, disponible tanto para aquellos que han «visto la Luz verdadera» de la fe ortodoxa apostólica como para quienes buscan saber más sobre «la fe que fue entregada de una vez para siempre a los santos» (Judas 3).

Por último, ruego con fervor a nuestro Señor, Dios y Salvador Jesucristo —el Camino, la Verdad y la Vida, hacia Quien nos dirigen los más altos impulsos del corazón humano—: que Él derrame Sus más selectas bendiciones sobre todos y cada uno de los lectores que atesoran estos capítulos, concediéndoles todos los bienes que proceden de Sus manos.

+MICHAEL

Reverendísimo Michael G. Dahulich, Ph.D.

Arzobispo de Nueva York y de la Diócesis de Nueva York y Nueva Jersey,

Iglesia Ortodoxa en América

Prefacio a la edición revisada

Soy el tipo de escritor que nunca queda satisfecho con lo que escribe. Casi desde la primera entrega del pódcast *Orthodoxy and Heterodoxy* en 2009 y la posterior publicación del libro en 2011, fui consciente de que mi texto no era lo que yo quería que fuera. Esa percepción no ha hecho más que aumentar en los años siguientes, sobre todo porque me enteré de que el texto se estaba utilizando de maneras que no había previsto cuando lo escribí por primera vez.

Mi intención original era que *Ortodoxia y heterodoxia* fuera una serie educativa parroquial de nivel básico para cristianos ortodoxos. En consecuencia, si los detalles sobre las enseñanzas de otras religiones no eran siempre del todo precisos o exhaustivos (o, como supe después, correctos), seguía pensando que era un texto aceptable. Pero supe que personas no ortodoxas escuchaban el pódcast o leían el libro y lo utilizaban como introducción a la Iglesia ortodoxa y, en algunos casos, se incorporaban a la Iglesia. Me di cuenta de que necesitaba trabajar para que la manera en que represento las enseñanzas no ortodoxas fuera mucho más reconocible para quienes las profesan, y eso, por supuesto, es justo.

A medida que fui recibiendo comentarios sobre el pódcast y el libro, me di cuenta de que el texto tampoco estaba donde algunos lo querían. Si usted es una de las muchas personas que escribieron en privado o en público para ofrecer críticas de este trabajo, se lo agradezco. ¡Gracias!

Algunas de las críticas que recibí se basaban en el hecho de que simplemente no estábamos de acuerdo. No había mucho que pudiera hacer al respecto. Pero también aprendí que me equivoqué en algunas cosas, ya sea porque me indujo a error algo que leí, porque no había investigado tan a fondo como debería haberlo hecho, o porque posteriormente aprendí más sobre los temas tratados. Parte del proceso de aprendizaje consistió en que personas cuestionaran lo que había escrito (ya fuera con espíritu crítico o por simple curiosidad). Otra parte vino de las discusiones con amigos. Otra parte fue seguir leyendo sobre todos estos fascinantes temas. Y otra parte provino del hecho de que la situación religiosa sobre el terreno ha cambiado en algunos aspectos desde que empecé a escribir este trabajo en el otoño de 2008.

También me di cuenta de que algunos temas a los que antes solo había dedicado un párrafo o algo por el estilo merecían un tratamiento más exhaustivo. El resultado más significativo de esa constatación en esta nueva edición es la incorporación de un capítulo entero sobre el pentecostalismo, el movimiento carismático y el movimiento «Palabra de Fe». Estos movimientos representan algunos de los sectores más grandes, de crecimiento más rápido y más visibles del protestantismo, y son lo suficientemente distintos como para que los evangélicos y los revivalistas, a quienes en la edición anterior agrupé con ellos, se vean a sí mismos como muy diferentes de estos. Una cosa es que un luterano se vea a sí mismo como diferente de un presbiteriano, pero otra, creo yo, es que un evangélico bautista se vea a sí mismo como diferente de un pentecostal. Este agrupamiento representa, en mi opinión, una cuarta forma de protestantismo y, por ello, merece su propio capítulo. Por abrirme los ojos a la profundidad, la complejidad y la humanidad de estos movimientos, estoy agradecido a mis dos amigos locales, «los Mikes», Michael Landsman y el Dr. Michael Petrow, quienes también ofrecieron útiles correcciones e ideas para mis comentarios sobre el evangelicalismo. El nuevo capítulo sobre el pentecostalismo le debe en realidad su existencia a mi amistad con estos dos excelentes hombres.

A lo largo del viaje que ha supuesto la producción de las múltiples versiones de este material, he tenido la oportunidad de pensar bastante en la apologética, la polémica y el ecumenismo (con diversas definiciones de cada término). El tema de las relaciones de los ortodoxos con los demás cristianos y nuestra valoración de su teología y práctica surge inevitablemente cuando uno escribe un libro como este. Para ello, permítanme subrayar que no soy un experto ni un profesional en esos campos. Mi propósito ha sido siempre introducir al lector en las principales cuestiones implicadas y las posiciones más importantes al respecto. No me considero un apologista ni un polemista. Tampoco soy un ecumenista, sea cual sea la definición (favorable o desfavorable). Pero sí tengo algunas ideas sobre esos asuntos, por lo que las desarrollo en un epílogo ampliado.

Hace tiempo que llevo en mente la idea de preparar una edición revisada y ampliada del libro. Al retomar mi texto, me di cuenta de que también quería pulir ciertas formulaciones, simplificar, ampliar, actualizar y, en general, hacer de él lo que espero sea un libro mejor —no solo más extenso— en casi todos los sentidos. Dicho esto, el libro es mucho más extenso, aproximadamente un 90 % más extenso, a pesar de haber recortado parte del material de los apéndices (que ahora está fácilmente disponible en línea). En especial, he querido ajustar el tono en algunos puntos, porque, aunque deliberadamente intenté ser lo más comedido posible en la redacción original, soy consciente de que en algunos aspectos escribí con mayor vehemencia polémica de la que realmente se justificaba.

Imagino que algunos lectores atentos podrán comparar el original con la edición revisada. Puede que noten que se ha suprimido una palabra o una cita aquí o allá, o que se ha matizado algo, y se pregunten qué quise decir exactamente al hacer un determinado cambio. La mayoría de los cambios —que aparecen en casi todos los párrafos— son simplemente los retoques de un escritor al que no le gusta cómo suena algo y quiere que funcione mejor.

Algunos lectores pueden llegar a la conclusión de que he suavizado mis puntos de vista sobre algo, que estoy tratando de introducir algo de forma encubierta. Nada más lejos de la realidad, se lo aseguro. Sigo creyendo que la Iglesia Ortodoxa es la única y verdadera Iglesia de Cristo, que no podemos borrar los límites apropiados entre ella y otros grupos religiosos, y demás. Pero también creo que, si me equivoqué en algo, tengo que corregirlo, aunque el modo en que me equivoqué sea algo habitual entre algunos ortodoxos. Nunca debemos conformarnos con repetir viejas polémicas, especialmente cuando esas polémicas nunca se basaron en una lectura fiel de lo que el otro grupo enseña, o cuando simplemente han quedado obsoletas porque el otro grupo enseña ahora algo diferente.

Hay un movimiento, especialmente visible en internet, que se deleita en esta repetición y que, por tanto, solo sirve para alejar a la gente de la Iglesia de Cristo: gente que no reconoce sus propias creencias en lo que se dice sobre ellos. La repetición formularia de esas polémicas solo sirve para comunicar a quienes las leen que el polemista no se molesta en aprender la verdad sobre lo que otras personas creen. Yo mismo he sido culpable de ese comportamiento en ocasiones, pero está mal, y lo siento. Otros cristianos y miembros de otras religiones no son nuestros enemigos, y no prestamos ningún servicio a nadie si no procuramos conocerlos. Pido perdón por todo en lo que me haya equivocado en el pasado y también por los posibles errores que se hayan deslizado en este texto.

En este proceso, me he beneficiado de la ayuda de muchas personas que no solo son más inteligentes que yo, sino mucho más cultas. En particular, agradezco la ayuda del «Cabal» de *Orthodoxy and Heterodoxy*, un grupo virtual (y en ocasiones presencial) de personas interesadas en todas estas cuestiones, muchas de las cuales han escrito artículos para el sitio web de *Orthodoxy and Heterodoxy*. Mantenemos un diálogo continuo sobre casi todo lo que se discute en este libro, así como sobre muchos temas afines. El conocimiento y la sabiduría de estas personas han ampliado considerablemente mi propia visión, y varias de ellas contribuyeron directamente a mi comprensión al redactar esta nueva edición. Entre ellos, estoy agradecido a Richard Barrett, Jamey Bennett, el P. Lucas Christensen, Seraphim Danckaert, el Prof. Cyril Jenkins, el P. Stephen De Young, el Dr. Eric Jobe, el P. Joseph Lucas, el Hieromonje Herman (Majkrzak), Gabe Martini, Samuel Noble, Dylan James O'Brien Pahman y el P. Esteban Julio Vázquez.

El primero dentro del «Cabal», en cuanto a su capacidad para llevarme a repensar las cosas, fue el Rvdo. Dr. fallecido prematuramente Matthew Baker, cuyo asombroso conocimiento teológico, filosófico e histórico fue superado quizá solo por su auténtico amor fraternal. El padre Matthew me mostró especialmente, en lo que respecta al catolicismo romano y a algunas formas de protestantismo, que necesitaba aprender más directamente de los propios católicos y protestantes y no conformarme con escuchar principalmente lo que otros dicen sobre ellos. Aunque este libro sigue estando dedicado a mi esposa Nicole, secundariamente dedico esta edición revisada en memoria de mi amigo y vecino de seminario Matt, a quien todavía lloramos y cuya pérdida no podemos reemplazar. ¡Que su memoria sea eterna!

A medida que he intentado comprender mejor mi tema, y siguiendo el consejo del padre Matthew, he mantenido muchas conversaciones a lo largo de los años con personas ajenas a la tradición ortodoxa, procurando entender, en la medida de lo posible, lo que ellos mismos creen y practican, así como con ortodoxos con trayectoria en otras tradiciones. Una persona que me ayudó mucho en lo que respecta a Roma —incluso ofreciendo algunas buenas críticas cuando yo había errado o exagerado— es Dom Benedict Andersen, un monje benedictino de Irlanda. Evidentemente, no estamos de acuerdo en todo (así que no le echen la culpa por cualquier error mío), pero le agradezco su tiempo. Algunos en el «Cabal» de *Orthodoxy and Heterodoxy* también me ayudaron a corregir algunas cosas con respecto a Roma. Por ayudarme a entender mejor el luteranismo, estoy agradecido al P. John Fenton, cuyas décadas de experiencia y estudio en la Iglesia luterana—Sínodo de Misuri le permitieron darme muchas correcciones útiles, tanto sobre la teología y la historia luteranas como sobre los inicios de la Reforma en general. El padre Gregory Hogg, otro antiguo pastor luterano, me ayudó a comprender mejor la hermenéutica luterana.

El P. Stephen De Young y el Prof. Jenkins me ayudaron especialmente a entender mucho mejor el mundo reformado, ya que ellos mismos formaron parte de él durante mucho tiempo. Y, procedente de la tradición reformada y cercano a los ortodoxos, Russell Vincent Warren también me brindó muchos comentarios útiles.

En cuanto al anglicanismo, estoy agradecido al P. Nicholas Alford y al P. Alban Waggener, ambos antiguos miembros de ese movimiento y ahora sacerdotes ortodoxos. El P. Alban había sido obispo en el Continuum anglicano.

Además de la ayuda que recibí de «los Mikes» sobre el pentecostalismo y sus ramificaciones, también estoy en deuda con el P. Barnabas Powell, un antiguo pastor pentecostal que describió a los pentecostales como su «tribu» durante muchos años antes de convertirse en cristiano ortodoxo; así como con el Dr. David Ford, que también perteneció a ese movimiento antes de hacerse ortodoxo.

En cuanto a los grupos cristianos no mayoritarios, recibí una valiosa ayuda del Dn. Thomas Crowe, especialmente en relación con los mormones. En cuanto a los no cristianos, Samuel Noble se valió de sus amplios conocimientos de la lengua, la cultura y la religión semíticas para ayudarme con las religiones del Próximo Oriente (así como con algunas del Extremo Oriente), mientras que la sólida experiencia viajera de Derick Mattern me sirvió para las religiones del Extremo Oriente. Y el Dr. Jobe, especialista en lengua y cultura semíticas antiguas, me ayudó no solo con la sección sobre el judaísmo, sino con casi todo lo que se refiere al Israel antiguo.

Mi agradecimiento va de nuevo a John Maddex, de Ancient Faith Ministries, que estuvo dispuesto a arriesgarse conmigo inicialmente y también aceptó esta edición revisada, incluida el nuevo pódcast basado en ella. Agradezco a todo el personal de Ancient Faith Radio y Ancient Faith Publishing el trabajo que realizan.

El prólogo escrito por mi mentor y antiguo confesor cuando estaba en el seminario, el arzobispo Michael, es también un gran regalo. Doy gracias a Dios por el amor y el cuidado que me mostró Su Eminencia durante los difíciles años del seminario y por su continua amistad. Estoy agradecido por el pastoreo de mis propios jerarcas, el metropolitano Joseph y el obispo Thomas, que inspiran a su clero a hacer siempre más y a ser más. Asimismo, doy gracias a Dios por el difunto metropolitano Philip, cuya visión para llevar esta fe ortodoxa a los estadounidenses de a pie sigue viva en nuestra memoria.

Sigo agradecido por el pueblo fiel de la Iglesia ortodoxa antioquena de San Pablo, en Emmaus, Pensilvania, que recibió estas conferencias en 2009-2010 y las nuevas versiones en 2015-2016. Ellos constituyen el público principal de este trabajo y la principal razón por la que escribo estos textos. He dicho antes que no soy un experto en estos temas, pero sí intento ser un docente. Enseñar es una de las cosas que más me gustan del sacerdocio, y estoy agradecido de poder enseñar en San Pablo.

Agradezco especialmente a mi esposa Nicole y a mis hijos, que se sacrifican para que su marido y su padre sigan estos numerosos vericuetos religiosos. También estoy agradecido a mis padres. Mi padre Bill me transmitió especialmente su gran amor por la historia, que es uno de los grandes medios para aprender la verdad, y mi difunta madre, Sandy —junto con mi padre— me enseñó a perseguir la verdad sin importar adónde me llevara.

Una nota final para este prefacio: quizá haya notado que el subtítulo del libro ha cambiado, de *Explorando los sistemas de creencias a través de la lente de la fe cristiana antigua* al nuevo *Encontrando el camino a Cristo en un panorama religioso complicado*. Este cambio pretende señalar el propósito, ahora más amplio, de esta obra: en lugar de centrarme únicamente en ayudar a los cristianos ortodoxos a comprender y abordar otras teologías, ahora hago explícito mi propósito de que esta obra la utilicen también los no ortodoxos para ayudarles a conocer la Iglesia ortodoxa. Espero que esta obra contribuya a que nos conozcamos mejor y a forjar relaciones de auténtica amistad.

Todos los errores aquí son míos. Y, si se me permite tomar prestada una frase de mis amigos protestantes —*Soli Deo gloria*—.

Prefacio a la primera edición

Este libro no empezó como un libro. Comenzó como una serie de siete conferencias impartidas por primera vez en una clase de educación de adultos en la Catedral Ortodoxa de San Jorge, en Charleston (Virginia Occidental), en respuesta a la pregunta de un feligrés de la catedral: «¿Cuál es la diferencia entre la Ortodoxia y otras confesiones?»

Aquellos que son «profesionales» (y uso el término con bastante ligereza) en la vida teológica pueden sorprenderse a menudo al descubrir que lo que es tan clara y radicalmente distinto para ellos puede parecer difuso y difícil de distinguir para quienes aún no se han tomado el tiempo de profundizar en los detalles de la teología. Creo que esta sorpresa es el resultado de una situación moderna en la que la teología se ve como algo que solo interesa a los llamados «profesionales», y no como algo que pueda interesar a nadie más.

Lo que he descubierto, sin embargo, es que la mayoría de las personas se interesan realmente por la teología, una vez que se sacan a la luz los detalles, y sobre todo cuando se hace evidente que la teología realmente toca nuestra vida cotidiana, que su forma nos configura en todo lo que hacemos. Este descubrimiento fue más claro para mí cuando impartí por primera vez las conferencias que constituyen la base de este libro.

Ahora que esta obra, en su formato de conferencias, se ha presentado en otros lugares, tanto en la Iglesia ortodoxa de San Pablo, en Emmaus (Pensilvania) (mi actual parroquia), como a través de Ancient Faith Radio como el pódcast *Orthodoxy and Heterodoxy*, y sobre todo ahora que aparece en forma impresa, mi intención sigue siendo la misma: ofrecer a los cristianos ortodoxos una respuesta a la pregunta de cuáles son realmente las diferencias entre la fe ortodoxa y otras confesiones.

Quiero subrayar que el propósito de este libro no es ser utilizado como un arma contra los creyentes de otras confesiones, ¡y vergüenza para quien lo intente! Esta obra fue escrita para educar a los cristianos ortodoxos y, aunque imagino que puede ser leído por personas que no son ortodoxas, deben darse cuenta de que este libro no está «dirigido» a ellos, ni su alcance —amplio, aunque limitado— permite que se haga plena justicia a las doctrinas y tradiciones de otras confesiones.

Aunque este libro evalúa el contenido de las enseñanzas de otras confesiones, no es un tratado riguroso de apologética. La apologética en sentido estricto la realizan personas mucho más capacitadas y doctas que yo, y no tengo ninguna duda de que tales personas podrán leer este libro y señalar con facilidad diversos aspectos en los que no alcanza los criterios apologéticos debidos, tanto si están de acuerdo con mis conclusiones como si no. Para quien lo desee, hay muchos lugares donde encontrar esos debates.

La afirmación fundamental de esta obra es que la fe cristiana ortodoxa es la única verdadera, que solo ella es la plenitud de la revelación de Dios al hombre, y que la Iglesia ortodoxa es la misma comunidad eclesial fundada por Jesucristo a través de sus apóstoles. Dado que esto se da por supuesto, el tratamiento de otras doctrinas en este libro nunca será satisfactorio para aquellos cuya lealtad radica en esas doctrinas. (Después de todo, si estuviéramos de acuerdo, o bien ellos serían ortodoxos, o bien yo sería lo que ellos sean). No obstante, he procurado ser lo más justo posible.

Mi anhelo con este libro es presentar a los cristianos ortodoxos los principales elementos de la doctrina y la práctica que diferencian a las confesiones no ortodoxas de la Ortodoxia. Se pueden encontrar más detalles y matices de los que ofrece esta introducción en otras obras, y animo a quienes deseen profundizar en esas cuestiones a seguir explorándolas. Para quienes deseen un «manual» sobre lo que separa a otras confesiones importantes del cristianismo ortodoxo, este es (espero) el libro que necesitan.

Quienes estén familiarizados con el pódcast *Orthodoxy and Heterodoxy* deben tener en cuenta que este libro no es simplemente la edición impresa del mismo material. Aunque gran parte del material es el mismo, este libro representa una revisión, una ampliación y, en algunos casos, una corrección del material del pódcast.

Especialmente en este último aspecto, estoy en deuda con dos hombres que me ayudaron a aclarar una serie de cuestiones —el Dr. Cyril Jenkins y Matthew Baker—. Su lectura sin concesiones de mi manuscrito fue precisamente lo que necesitaba. También estoy agradecido a todas las personas que asistieron a las conferencias originales (tanto en Charleston como en Emmaus) y que cuestionaron lo que dije, obligándome a reflexionar con mayor detenimiento sobre algunos asuntos y a investigarlos con mayor rigor. También doy las gracias a John Maddex, de Conciliar Media, que (inexplicablemente) aceptara el pódcast para su emisión en Ancient Faith Radio, y al equipo de Conciliar Press, que ha ayudado a perfeccionar esta obra en su forma escrita.

Estoy muy especialmente agradecido a mi esposa, la *Khouriyeh* Nicole, que, de algún modo, siempre ve las aventuras más disparatadas de su marido como oportunidades.

Introducción
La doctrina importa

La mayoría de las veces, nos preocupa la verdad. Un cajero tiene que asegurarse de saber el cambio exacto que está dando. Un enfermero tiene que aplicar la cantidad justa de medicamento a un paciente. Un matemático comprueba y vuelve a comprobar sus demostraciones. Un jurado escucha atentamente todos los hechos para dilucidar la verdad en un juicio. Un profesor de historia tiene que acertar con los nombres y las fechas. Un científico publica su trabajo para la revisión por pares y así asegurarse de que todos obtengan los mismos resultados. En todos estos casos y en otros tantos, lo importante no es la opinión, sino la verdad.

Sin embargo, parece que cuando se trata de cuestiones de religión y espiritualidad y las cuestiones morales que las acompañan, de repente nos convertimos en relativistas. La verdad no importa. En lugar de preguntar quién es Dios realmente, decimos: «¿Quién es Dios para *ti*?». En lugar de preguntar qué significa que Dios se hizo hombre, decimos que está bien que algunos crean eso si así lo quieren. En lugar de preguntar si Dios espera algo de nosotros o tiene mandamientos divinos para nosotros, juzgamos las expectativas religiosas por lo que queremos, por si una religión encaja o no en nuestro estilo de vida. La búsqueda de la objetividad se echa por la borda, y reina la subjetividad.

Y, por lo general, va más allá de la subjetividad —que es intentar ver una verdad desde distintos puntos de vista— al mundo mucho más variable, trivial e inconsecuente de la opinión y la preferencia. Ya no se trata de la verdad. Se trata de lo que yo quiero.

Este problema fundamental se ve agravado por la falta de familiaridad que impera con las herramientas tradicionales del conocimiento espiritual. La mayoría de las personas no hace lo necesario para ver qué es verdad. Si un astrónomo se negara a usar un telescopio o un biólogo se negara a usar un microscopio, consideraríamos que esas personas tienen, en el mejor de los casos, un conocimiento incompleto en sus disciplinas.

Desde el punto de vista cristiano, el instrumento que falta para el conocimiento espiritual es la pureza de corazón, como dijo Jesús: «Bienaventurados *son* los de limpio corazón, porque ellos verán a Dios» (Mt. 5, 8). La pureza de corazón comienza con la humildad. También falta una orientación adecuada sobre cómo alcanzar esa pureza de parte de quienes *han* visto a Dios y la han transmitido a la siguiente generación.

Platón definió este mismo problema cuando escribió La República, donde incluyó la célebre «Alegoría de la caverna». En esta alegoría, los prisioneros encadenados en una cueva durante toda su vida creen que el mundo se define por las sombras que ven en la pared. Si uno de los prisioneros escapara y encontrara el camino a la superficie, y entonces viera el sol y el mundo tal como es, ¿cómo podría describir esa experiencia a personas cuya vida entera se define por las sombras? Y cuando tropezara en su camino de vuelta a la cueva, tratando de reacostumbrarse a la vida en la oscuridad, los que todavía estaban encadenados a la pared lo ridiculizarían como si su experiencia en la luz lo hubiese perjudicado en lugar de iluminado. Tal es la situación de muchos creyentes cristianos hoy en día: el mundo no los ve como iluminados, sino como perjudicados por la religión.

Me gustaría sugerir que la gran batalla espiritual de nuestro tiempo no es una lucha entre creyentes y ateos. Es más bien una lucha entre el orgullo y la humildad. Esperamos e incluso exigimos humildad en la mayoría de los ámbitos de la vida — lo que realmente importa es lo que es objetivamente verdadero, no lo que cualquiera de nosotros piense que es verdadero. Nuestras opiniones no son lo importante. Sin embargo, cuando se trata de cuestiones últimas sobre nosotros mismos y sobre la naturaleza de la existencia, sobre el sentido de la vida, dejamos de lado la humildad y nos situamos en el centro del universo. Sucumbir a la tentación del orgullo es común incluso entre los cristianos.

Uno de los supuestos básicos de este libro es que la Verdad —y aquí uso deliberadamente la V mayúscula— no es relativa y que el cristianismo ortodoxo representa la plenitud de la Verdad, el lugar de la revelación de Dios en Cristo. ¿Por qué? Para el cristiano ortodoxo, Jesucristo es la Verdad (Juan 14, 6), y como la Verdad es una Persona, la verdad no puede relativizarse. A partir de esa posición básica, describiremos y analizaremos diversos grupos religiosos y sus enseñanzas, viendo lo que compartimos y en lo que diferimos.

Dado que la Verdad no es relativa, deberíamos estar dispuestos a dejar de lado lo que preferiríamos que fuera verdadero y abrazar solo lo que realmente es verdadero, cambiándonos a nosotros mismos, nuestras actitudes y nuestras creencias, cuando sea necesario. Si nos encontramos con alguna verdad con la que no estamos de acuerdo, aunque vemos que debe ser verdadera, no debemos decir «no lo creo», sino «no lo creo todavía».

La empresa de la Verdad

Se ha vuelto mal visto hablar como si una determinada doctrina fuera verdadera y otra falsa. Sin embargo, si observásemos la situación hace solo cien años, veríamos que la mayoría de los grupos religiosos consideraban sus propias doctrinas como verdaderas y también llegaban a la conclusión lógica de que las doctrinas contradictorias debían ser, por tanto, falsas. (Eso sigue siendo cierto para la mayoría de las religiones del mundo). La mayoría de las iglesias practicaban la comunión cerrada. Una buena parte de ellas habría llamado sin vacilar «herejes» a los adeptos de otras iglesias. La mayoría de las iglesias probablemente dirían que solo sus propios miembros podían salvarse. Esto no quiere decir que aquellos fueran los «buenos tiempos», pero al menos era una época en la que los creyentes se tomaban la doctrina mucho más en serio.

Hoy en día, llegar a la conclusión de que algunas doctrinas son verdaderas y otras falsas, y especialmente hablar públicamente de ello, se considera a menudo una falta de «amor», término que normalmente se utiliza como equivalente de «amable». Un desacuerdo público sobre la religión suele considerarse ofensivo.

Y así, viviendo como vivimos en una época de corrección política y relativismo, se nos han propuesto nuevos puntos de teología cultural que se espera que debamos profesar. Esta teología puede expresarse con afirmaciones como las siguientes:

- «Todas las religiones son básicamente iguales. Lo que importa es que vivas una buena vida».

- «Todos adoramos al mismo "Dios"».

- «La religión es un asunto privado. No intentes "imponer" tus creencias a los demás».

- «No creo que ninguna religión acierte en todo. Descubriremos lo que es verdad cuando lleguemos al cielo».

Todas estas afirmaciones se basan en un supuesto común: las enseñanzas sobre Dios y la naturaleza última de la realidad no son muy importantes. Por eso no deben discutirse públicamente. Por eso sus detalles no importan realmente. Por eso no debemos tratar de convencer a otros para nuestra fe. No existe realmente tal cosa como la Verdad. Todo es relativo —excepto quizá la afirmación de que «todo es relativo».

Para casi todo lo demás en la vida, ya sea la tecnología, la atención sanitaria o incluso el récord del Super Bowl de tu equipo de fútbol favorito, exigimos seriedad, detalle y precisión. Sin embargo, nosotros, como cultura, ignoramos una verdad básica aunque obvia: *si realmente existe un Dios, entonces quién es y qué podría querer de nosotros son más importantes que cualquier otra cosa en el universo.*

En este supuesto básico descansa este libro. Como creyentes, no estamos en la empresa de «ser agradables». Estamos en la empresa de la Verdad.

El propósito de este libro es examinar las diferencias entre la fe de la Iglesia cristiana ortodoxa y las creencias de otras comuniones cristianas y de los no cristianos. Como cristiano ortodoxo, creo que la fe cristiana ortodoxa es *singularmente* verdadera. No sería ortodoxo si no creyera que es la verdadera fe revelada por Dios en Su Hijo Jesucristo. Si encuentro una enseñanza de mi Iglesia que no tiene sentido para mí o que me parece incorrecta, entonces soy yo quien necesita ser reformado, no la Iglesia. Este es el punto de vista tradicional de casi todas las religiones, en contraposición a la concepción moderna de corte consumista de la fe, muy popular en la actualidad: que cada persona es el árbitro de lo que es verdadero y falso, y que es libre de elegir los retazos de «espiritualidad» y las creencias que quiera, como si de una especie de bufé religioso se tratara.

Imaginemos, sin embargo, que adoptáramos ese enfoque en otros ámbitos de la vida. ¿Qué pasaría si permitiéramos a los médicos elegir lo que quisieran de un surtido de ideas y tratamientos médicos? ¿Y si comiéramos lo que quisiéramos sin tener en cuenta si la comida elegida es nutritiva o incluso venenosa? ¿Y si formáramos un gobierno basado no en la igualdad y la justicia, sino en los sentimientos y opiniones personales? Si la búsqueda implacable de la verdad es necesaria en todos estos campos, ¿cuánto más lo será ante cuestiones de relevancia eterna?

La naturaleza de la Verdad es que es verdadera sin importar lo que se diga de ella. Frente a la Verdad, no hay opinión. La mayoría de las personas, de hecho, ya lo creen en el fondo, pero puede que no lo apliquen a la cuestión más importante: «¿Quién es Dios y qué quiere de mí?». Pero todos sabemos que existe el bien y el mal. Hay verdad y hay falsedad. Este conocimiento, basado en nuestra propia experiencia en la vida cotidiana, debería informar todos nuestros pensamientos y acciones respecto a lo que es verdadero en última instancia.

El propósito de la religión

El propósito de este libro no es «demostrar» que el cristianismo ortodoxo es la única y verdadera fe. No creo que sea posible *demostrarlo*, al menos no por medio de lo que puede escribirse en un libro. Sin embargo, lo que pretendemos, partiendo de la fe cristiana ortodoxa, es mostrar que las diferencias entre la Ortodoxia y otras confesiones son reales y que son importantes.

Si alguna vez has visitado el gigante de las redes sociales Facebook, probablemente sepas que los usuarios del sitio elaboran perfiles de sí mismos, detallando diversos datos sobre quiénes son y qué hacen. Uno de los detalles que puedes elegir se llama «Opiniones religiosas». Yo uso Facebook, y esta característica me ha hecho pensar varias veces. Esto es lo que la mayoría de la gente piensa cuando piensa en la religión: que es una cuestión de «opiniones». La religión es una opinión que tienes, algo que piensas. Fijémonos en que en Facebook ni siquiera se utiliza el término *creencias*.

Pero para la mayoría de las religiones tradicionales, la religión no es simplemente un conjunto de «opiniones». Antes bien, la fe religiosa es toda una forma de vida, una manera de vivir con propósito, con un conjunto de objetivos en su núcleo que orienta todo en esa forma de vida. En su terminología, Facebook representa una filosofía secularista, que no es tanto una negación total de la realidad espiritual cuanto una *compartimentación* de los elementos de la vida en categorías ordenadas que no tienen nada que ver entre sí. En esta caja, guardo mis opiniones sobre la economía. En esta otra están mis opiniones sobre la televisión por cable. En esta, tengo mis preferencias de lectura, y en esta guardo mi religión.

Pero incluso la propia palabra *religión* (que a algunos no les gusta utilizar en referencia al cristianismo) significa algo muy diferente. *Religión* significa «reconexión», construir y reconstruir vínculos. Lo que se intenta vincular variará de una religión a otra. Pero la clave es que hay algo que sucede. No es solo algo que piensas o con lo que estás de acuerdo, y no se trata solo de ti. Hay un «otro» asumido por este proceso de reconexión. Hay algo ahí fuera, ya sea que lo llames Dios, dioses, Brahman, la Fuerza, un «poder superior» o lo que sea. La religión no es simplemente algo que piensas; es algo que haces, algo que te compromete.

He aquí una verdad fundamental sobre toda práctica religiosa: *lo que crees y lo que haces sí marcan la diferencia*. Si eso es cierto, y creo que es obvio que así debe ser, entonces hay una consecuencia lógica que tenemos que aceptar: *si cambias lo que crees y lo que haces, obtendrás resultados diferentes*. Esto vale para todo en la vida. Mi hermano mayor es ingeniero químico. Mi hermana menor es bioquímica. Saben que esto es así. Pero no hace falta que les preguntes a ellos. Pregunta a un médico. Pregunta a un físico, a un psicólogo, a un albañil, a un conserje. En sus campos, todos te dirán que lo que crees y lo que haces marcan la diferencia, y que, si cambias esas cosas, obtendrás resultados diferentes. Lo que me molesta es que a menudo no aplicamos este principio básico a lo que más importa en la vida humana.

En un contexto religioso, esta verdad fundamental significa que las diferentes religiones, porque creen de forma diferente y practican de forma diferente, darán resultados diferentes. A veces, esos distintos resultados se engloban bajo una misma etiqueta, como la *salvación*. Pero, ¿qué significa ser «salvo»? Para un hindú que practica el yoga tradicional, la salvación significa la liberación del cuerpo físico y la absorción en el olvido del universo, la aniquilación de la persona individual en el nirvana. Eso no es lo que significa la salvación para un bautista. Pero lo que un bautista entiende por ese término y lo que un cristiano ortodoxo entiende tampoco es lo mismo. Los fieles de cada uno de esos credos tienen métodos diferentes para tratar de llegar a donde quieren ir. Y el destino al que aspiran puede ser muy diferente.

Pero, además, como hay verdad y hay falsedad, y como la mayoría de las religiones han afirmado tradicionalmente que su fe es verdadera y que las demás son, por implicación, al menos *en cierta medida*, falsas, eso significa que algunos creyentes religiosos están fundamentalmente equivocados en cuanto a sus creencias y prácticas. No van a obtener los resultados que creen que obtendrán. No podemos estar *todos* en lo cierto, porque estamos haciendo diferentes afirmaciones sobre la naturaleza de la realidad. En una sala llena de químicos que experimentan de forma diversa con los mismos reactivos, algunos obtendrán productos útiles y otros obtendrán explosiones en la cara.

La naturaleza de la Verdad

En la fe cristiana ortodoxa, nuestro propósito en la vida es parecernos más a Jesucristo. La cuestión de si «vamos al cielo» cuando morimos es solo un elemento de una imagen mucho más amplia. Esa imagen, en última instancia, es la comunión con la Santísima Trinidad. Toda la vida de un cristiano ortodoxo tiene un objetivo: la unión con la Santísima Trinidad, el Padre, el Hijo y el Espíritu Santo, el único Dios que creó todas las cosas. El camino hacia esa unión es Jesucristo, el Dios-hombre, la segunda persona de la Santísima Trinidad. La salvación es la consecución de la vida eterna.

En Juan 17, en la oración de Jesús al Padre antes de ir a su crucifixión, él define lo que esto significa: «Y esta es la vida eterna: que te conozcan a ti, el único Dios verdadero, y a Jesucristo a quien tú has enviado» (Juan 17, 3). Más adelante reza: «Yo les he dado la gloria que tú me has dado para que sean uno, así como también nosotros somos uno. Yo en ellos y tú en mí, para que sean perfectamente unidos; para que el mundo conozca que tú me has enviado, y que los has amado como también a mí me has amado» (Juan 17, 22-23). Por lo tanto, en la fe cristiana ortodoxa, ser salvo —tener vida eterna— significa conocer a Dios en Jesucristo.

También significa recibir de Jesús la gloria que, como Hijo de Dios, tiene de su Padre. Y, por último, significa hacerlo en unión con otros creyentes. El cristianismo es una religión expresada «en plural».

Para los ortodoxos, la salvación es mucho más que el hecho de escapar del infierno al morir. Es un conocimiento profundo e íntimo de Dios: Padre, Hijo y Espíritu Santo. Y en este conocimiento profundo —que es más que la acumulación intelectual de hechos— los que se salvan reciben la gloria misma de Dios. Orientar nuestra vida hacia el cielo o hacia el infierno en el momento de la muerte implica que nuestra experiencia de Dios en esta vida continúa después de la resurrección en la otra vida, pero amplificada. Si amamos a Dios y lo conocemos profundamente, entonces nuestra experiencia en la resurrección será un gozo interminable e intenso. Si rechazamos a Dios o simplemente lo ignoramos en esta vida, entonces nuestra experiencia de su amor en la próxima vida será ajena a nosotros y se sentirá como un sufrimiento y un castigo (Juan 5, 29).

Por eso la doctrina es importante. Por eso la herejía es peligrosa. La doctrina cristiana se orienta hacia un conocimiento íntimo de Dios, porque es el carácter de nuestro conocimiento de él lo que determina nuestro camino eterno, nuestra experiencia perpetua en la vida venidera. Este conocimiento dependerá en gran medida de nuestra adhesión a la doctrina correcta y de la puesta en práctica de esa doctrina en nuestra vida cotidiana.

Permíteme dar un ejemplo que utilizo a menudo cuando hablo de por qué es importante lo que se cree. Imagina que eres miembro de mi parroquia y has oído el rumor de que yo era un homosexual practicante. Ahora bien, esto no es cierto, pero, si lo creyeras, afectaría a tu relación conmigo y, como soy clérigo de tu iglesia, probablemente afectaría a toda la comunidad parroquial.

Los que consideran la actividad homosexual un pecado podrían distanciarse de mí y nuestra relación se rompería. Los que ven las cosas de otra manera podrían intentar acercarse a mí, pero esa cercanía se basaría en una falsedad. Algunos podrían alejarse completamente de la parroquia. Otros que actualmente están fuera podrían oír el rumor y no venir nunca a visitarnos o, en cambio, podrían considerar la posibilidad de unirse.

Los más cercanos a mí, mi mujer y mi familia, verían sus vidas alteradas si creyeran el rumor. Probablemente destruiría nuestra vida familiar. Y luego la destrucción de esa vida familiar tendría repercusiones no solo en nuestra familia extendida, sino también entre nuestros amigos, la comunidad parroquial y otros círculos cercanos. Todo por una falsa creencia sobre quién soy.

Imagina que la falsa creencia siguiera siendo grave, pero un poco menos extrema. Digamos que el rumor fuese que tengo un problema con la bebida. Los efectos de ese rumor probablemente seguirían siendo importantes, aunque ni de lejos tan intensos como los del anterior. En cualquier caso, todas esas relaciones se ven afectadas no solo por las acciones morales de los implicados —ya que hayan obrado bien o mal entre sí—, sino por lo que *creen* unos de otros y por cómo *actúan en función de esas creencias*.

Ahora, amplifica todos esos efectos en proporción a la importancia del culto y el conocimiento del Dios del universo. Algunas doctrinas falsas sobre él pueden tener importantes ramificaciones espirituales e incluso políticas. (Si, por ejemplo, creyeras que el antiguo templo judío en el moderno Estado de Israel debería ser reconstruido antes de que Jesús volviera a la tierra, ¿no afectaría eso no solo a tu teología sino también a tu política?) Otras tienen menos alcance. Pero todas ellas, en un grado u otro, nos desvían de un conocimiento verdadero y puro del único Dios verdadero, y eso afectará tanto a si recibimos su gloria como a cómo la experimentamos en la próxima vida. Vivir una vida moral según la ley de Dios es fundamental para la vida en Cristo, pero no es suficiente. También debemos conocer a Dios como él se ha revelado realmente. Por eso la doctrina es importante.

Algunos términos técnicos

Tenemos que tener claro el significado de varias palabras que se utilizan a lo largo de este libro. Dentro de la tradición ortodoxa, estas palabras tienen significados específicos y técnicos (aunque a veces se utilicen de forma no técnica) y debemos tener cuidado con su uso. Por ello, a continuación presento una breve lista de términos que es necesario conocer al estudiar y discutir la cuestión de la Ortodoxia y la heterodoxia.

Ortodoxia: Tanto «verdadera enseñanza» (literalmente «doctrina recta») como «verdadero culto» (literalmente «gloria recta»). El cristianismo ortodoxo es la vida de fe dada por Jesucristo a los apóstoles y luego transmitida dentro de la Iglesia de generación en generación. No es posible ser ortodoxo fuera de la comunidad histórica de la Iglesia ortodoxa.

Heterodoxia: «Otra enseñanza» y «otro culto». La heterodoxia es todo aquello que contradice la doctrina cristiana ortodoxa y su culto. Este término también puede usarse para referirse en general a los grupos cristianos no ortodoxos.

Dogma: Las enseñanzas inmutables y no negociables de la Iglesia. *Dogma* proviene de la palabra griega que significa «parecer», usada originalmente en la frase apostólica «ha parecido bien al Espíritu Santo y a nosotros» (Hechos 15, 28). El dogma suele expresarse en los decretos doctrinales de los concilios ecuménicos.

Doctrina: Cómo se enseña el dogma. Puede cambiar algo con el tiempo, a medida que la Iglesia se enfrenta a nuevas situaciones culturales y lingüísticas en las que es necesario explicar el dogma. *Doctrina* y *dogma* se utilizan a veces indistintamente.

Teología: Reflexiones sobre el dogma y la doctrina de la Iglesia. La teología es mucho más variable con el tiempo, pero no debe contradecir el dogma. La palabra *teología* también se utiliza a veces indistintamente con *dogma* y *doctrina*.

Tradición: La fe «transmitida» (el significado literal de *tradición*) por los apóstoles a sus discípulos y luego a cada generación sucesiva. A menudo se describe como «la vida del Espíritu Santo en la Iglesia».

Herejía: Literalmente, «elección». La herejía es el acto de elegir separarse de la Ortodoxia en doctrina y/o culto. La palabra también puede usarse para describir cualquier enseñanza heterodoxa.

Hereje: Una persona que fue seguidora de la fe cristiana ortodoxa y luego la rechazó conscientemente, especialmente tras haberle brindado las autoridades competentes la posibilidad de elegir. Técnicamente hablando, uno que nunca fue ortodoxo no puede ser un hereje. Sin embargo, puede creer en enseñanzas heréticas (es decir, en la heterodoxia). Esta palabra también se ha utilizado de forma más amplia para referirse a cualquier persona que cree en herejías.

Apostasía: Literalmente, «estar aparte». La apostasía es el acto de abandonar deliberadamente la Iglesia. Quien lo hace es un *apóstata*. Esta palabra se reserva a veces para los que se van a una religión no cristiana o a ninguna religión en absoluto.

Cisma: Literalmente, «separación». El cisma es la separación de un grupo respecto de la Iglesia, que puede no incluir herejía (aunque a menudo sí la incluye). El cisma suele implicar la creación de una jerarquía paralela.

Un breve panorama de la historia cristiana

En general, la mayoría de los cristianos fueron miembros de una única Iglesia durante aproximadamente mil años, desde la resurrección de Cristo de entre los muertos hasta mediados del siglo XI. Hubo cismas aquí y allá, incluso desde la época de los apóstoles, pero, con algunas excepciones notables, no hubo grandes iglesias cristianas competidoras. La mayoría de los cristianos pertenecían a una única Iglesia que remontaba sus raíces directamente a los apóstoles y cuyos líderes estaban en sucesión histórica directa procedente de los apóstoles. Estaban centradas en cinco grandes centros espirituales: Roma, Constantinopla, Alejandría, Antioquía y Jerusalén.

Estas cinco grandes iglesias juntas eran una sola Iglesia cristiana, y compartían el mismo dogma, las mismas creencias y la misma vida espiritual, sin cambios sustanciales desde el tiempo de los apóstoles. Estas iglesias estaban dirigidas por obispos. Su vida litúrgica incluía rituales detallados, significativos y muy simbólicos, cuyos sacramentos se entendían como medios reales de la gracia de Dios al creyente.

Fue durante este período, concretamente a finales del siglo IV, cuando quedó fijado el canon del Nuevo Testamento, atestado por primera vez por el obispo de Alejandría en el año 367, San Atanasio el Grande. Esa lista del año 367 es la más antigua de los veintisiete libros del Nuevo Testamento tal como lo conocemos ahora. La Iglesia cristiana funcionó durante más de trescientos años sin la posibilidad misma de preguntarse: «¿Qué dice la Biblia?».

En el siglo XI, las cuestiones que se habían estado cocinando a fuego lento durante algún tiempo entre las Iglesias de Roma y Constantinopla llegaron a un punto de ebullición. Roma rompió la comunión con Constantinopla (lo que significa que no podían recibir la eucaristía juntos ni rendir culto juntos), y luego Constantinopla a su vez rompió la comunión con Roma. La cuestión principal era si el obispo de Roma, el papa, debía ser considerado el gobernante de todos los obispos, en lugar de simplemente el de mayor rango. Roma dijo que sí, pero Constantinopla dijo que no. Finalmente, Alejandría, Antioquía y Jerusalén también dijeron claramente que no, por lo que también se rompió la comunión entre ellas y Roma. A partir de ese momento, podemos ver claramente la formación independiente de la Iglesia católica romana, con el papa como su cabeza absoluta. Las otras iglesias que se mantuvieron unidas y continuaron con la antigua manera de considerar a todos los obispos como esencialmente iguales se conocen ahora como la Iglesia ortodoxa, a veces también llamada Iglesia ortodoxa de Oriente o Iglesia ortodoxa Griega (la expresión «Iglesia griega» en solitario era habitual en los textos en inglés antes del siglo XX).

Más tarde, en el siglo XVI, un monje agustino de Alemania llamado Martín Lutero protestó contra varios abusos de la Iglesia católica romana, especialmente la venta de indulgencias para sacar a las almas del purgatorio, y contra la autoridad absoluta del Papa, entre otras cuestiones. La publicación en 1517 de sus noventa y cinco tesis contra las pretensiones del papa marcó el inicio de la Reforma Protestante, una importante ruptura del cristianismo en Europa occidental. En el transcurso de una generación, surgieron múltiples facciones protestantes, todas ellas enfrentadas entre sí, pero al menos unidas en su convicción de que Roma estaba equivocada.

El protestantismo ha seguido fracturándose en los cinco siglos transcurridos desde entonces y, a diferencia de los protestantes originales, la mayoría hoy no tienen obispos ni rinden culto litúrgico con sacramentos. Algunas estimaciones del número de denominaciones cristianas protestantes ascienden a treinta mil, aunque esa cifra incluye muchas congregaciones individuales e independientes. Entre ellas, puede encontrarse un desconcertante abanico de creencias diversas. Y la mayoría afirma «solo atenerse a la Biblia».

Así, a lo largo de los últimos mil años, se produjeron dos grandes fracturas en la historia del cristianismo, y los cristianos hoy se agrupan grosso modo en tres agrupaciones generales: el cristianismo ortodoxo, el catolicismo romano y las numerosas denominaciones del protestantismo.

1

Ortodoxia, heterodoxia, herejía e historia

Cómo la Iglesia ortodoxa ve a los no ortodoxos

Es fundamental para el carácter de la teología ortodoxa que no hagamos teología fuera de la Iglesia. Es decir, aunque tenemos una teología muy detallada de lo que significa ser un cristiano ortodoxo, no hemos elaborado una teología de lo que significa *no* serlo, excepto en el sentido de que tenemos una descripción general de lo que significa estar condenado. Pero la condenación no equivale a no ser ortodoxo. Dios nunca nos ha dicho el estatus espiritual de los no ortodoxos, excepto en los términos más generales que no pueden aplicarse de forma fiable a personas concretas. Eso no se puede encontrar ni en la Sagrada Escritura, ni en los escritos de los Padres ni en los oficios divinos. Todo lo que se nos ha dado es el Camino. (*El Camino* es uno de los términos más antiguos del cristianismo).

Por lo tanto, podemos examinar una doctrina o una práctica concreta y decir: «Eso no es el Camino». Pero no podemos decir: «Todos los que han abrazado esa herejía están condenados para siempre». Eso no lo sabemos. Podemos decir: «Esa doctrina lleva a la condenación», pero no: «Cualquiera que enseñe esa doctrina está ciertamente condenado», y mucho menos: «Por *enseñar* esa doctrina, *estás* condenado». Incluso los solemnes anatemas (maldiciones) conciliares pronunciados contra los herejes históricos no llegan a declararlos condenados.

Los cristianos ortodoxos creemos que el Camino es Jesucristo (Juan 14, 6), el Dios-hombre, y que Él fundó una comunidad concreta e histórica, la Iglesia, en la que sus seguidores viven la vida que él les dio a través de la obra de los apóstoles. Además, creemos que la Iglesia ortodoxa es, de modo único, esa única Iglesia, que Cristo no fundó denominaciones ni un movimiento llamado «cristianismo», y que la división de los cristianos es un pecado contra el amor y contra Dios. Históricamente, casi todos los grupos cristianos han creído algo similar sobre sí mismos y también han creído que otros cristianos estaban equivocados en al menos algunos aspectos de su doctrina y práctica, así que los ortodoxos no son únicos en creer que su Iglesia es la única Iglesia.

Las religiones no son todas iguales. No todas adoran al mismo «Dios». Esta observación debería ser obvia para cualquiera que les tome la palabra a los creyentes cuando describen sus creencias. Pero, al mismo tiempo, podemos reconocer que hay verdad en todas las religiones y filosofías. San Justino Mártir, en el siglo II, llamó a esto el *spermatikós lógos*, el «Logos en forma de semilla». El Logos, o «Palabra», es Jesucristo (Juan 1, 1-16), y San Justino creía que todos los sistemas de creencias tenían en su interior las semillas de su revelación. Dado que todos los seres humanos son creados según la imagen de Dios, Jesucristo, no pueden estar siempre equivocados.

Cuando hablo de las diferencias entre la Ortodoxia y otras religiones, a menudo prefiero referirme a esas otras creencias como «incompletas» en lugar de «falsas». Sí, suelen tener elementos falsos, pero es mejor centrarse principalmente en lo que es verdadero y mostrar cómo eso conduce a la Ortodoxia, la plenitud de la revelación de Dios a la humanidad.

Este reconocimiento de la verdad en otras religiones es lo que ha llevado al enfoque ortodoxo tradicional de la recepción de conversos. Algunos son bautizados y crismados (confirmados), otros solo son crismados, mientras que otros son recibidos por profesión y confesión de fe, todo ello basado en la similitud con la Ortodoxia del bautismo y de la fe del grupo en cuestión. Esta variedad en la práctica está atestiguada ya en el siglo IV por San Basilio el Grande, que se explaya en una carta a Anfiloquio sobre cómo deben recibirse en la Iglesia los distintos tipos de creyentes heterodoxos. Este reconocimiento parcial del cristianismo de algunos creyentes no ortodoxos se ha inscrito en los cánones de la Iglesia y se ha convertido en algo más o menos estándar en la historia eclesiástica, pero entra en juego sobre todo cuando la gente quiere unirse a la Iglesia.

Muchos ortodoxos conocen una frase del teólogo ortodoxo del siglo XX Paul Evdokimov: «Sabemos dónde está la Iglesia; no nos corresponde juzgar y decir dónde no está la Iglesia». Esta frase es una forma útil de pensar en esta cuestión. A partir de este dicho, podemos ver que hay realmente dos cuestiones diferentes cuando los ortodoxos consideran a los no ortodoxos: el estatus de las *personas* que sostienen enseñanzas heterodoxas, y el estatus de las *organizaciones* que sostienen enseñanzas heterodoxas.

Desde el punto de vista ortodoxo, todas las entidades cristianas y no cristianas que no son ortodoxas no son la Iglesia. La Iglesia es una comunidad concreta e histórica fundada por Jesucristo a través de sus apóstoles, que ha existido como comunidad real durante aproximadamente dos milenios. Por eso podemos decir dónde está la Iglesia. En Emmaus, Pensilvania, donde vivo, la Iglesia se reúne en un lugar con una dirección concreta. Y, por supuesto, la Iglesia de Emmaus está formada por todas las personas que pertenecen a esa comunidad. Dónde está la Iglesia en esta vida terrenal puede responderse empíricamente.

El dicho de Evdokimov también expresa la dificultad de aplicar con exactitud los límites eclesiásticos, especialmente cuando hay rupturas de comunión. Si hay una ruptura temporal de la comunión (como ocurre a veces entre las iglesias ortodoxas), ¿una parte es la Iglesia y la otra no? ¿Y si ambas partes permanecen en comunión con otras? ¿Son posibles las rupturas de comunión *dentro* de la Iglesia o solo *desde* la Iglesia? ¿En qué momento un cisma significa que una parte está realmente fuera de la Iglesia? No tenemos respuestas claras a estas preguntas. Solemos tener consenso respecto a ciertos grupos, como las iglesias protestantes, pero el consenso no es tan claro con otros, como la Iglesia católica romana. Con respecto a Roma en particular, pueden encontrarse ortodoxos que dirán que Roma está definitivamente fuera de la Iglesia. Otros, sin embargo, reconocerán que existe un cisma, pero no está claro si eso implica la exclusión de la Iglesia.

La cuestión se vuelve más sutil cuando hablamos de personas. Para cualquier persona, ya sea formalmente miembro de la Iglesia ortodoxa en esta vida o no, la cuestión crítica es si esa persona será miembro *en la vida venidera tras la resurrección*. Estoy seguro de que hay personas que son formalmente ortodoxas hoy y que no lo serán cuando entren en la eternidad. También estoy seguro de que hay personas que hoy están fuera de esos límites formales que estarán dentro de ellos después de la resurrección.

Aunque no se ha dogmatizado dentro de la Iglesia ortodoxa, el eminente teólogo del siglo XX, el padre Georges Florovsky, sostuvo una postura sobre los cristianos que no son ortodoxos. Sostenía que todos los que confiesan fe en Jesucristo como Dios y Salvador tienen un verdadero vínculo ontológico (es decir, un vínculo en nuestro propio ser). Pero también sostuvo que el cisma tiene una cualidad ontológica, y que el sentido de que los cristianos son «hermanos separados» debe poner un énfasis igual tanto en la *separación* como en la *fraternidad*. Aunque no resuelve las ambigüedades, este punto de vista es el que más sentido tiene para mí.

Cuando se trata de personas, los únicos que *sabemos* que son ortodoxos cuando eso se vuelve permanente —en la eternidad— son los santos. Los santos son las personas que sabemos que han «llegado». Vivimos en la esperanza, no en la certeza racional absoluta. (Y vale la pena señalar aquí que incluso las iglesias que enseñan algún tipo de certeza absoluta no proporcionan medios infalibles para alcanzar la certeza. ¿Cómo puede un calvinista, por ejemplo, saber con certeza que es uno de los elegidos? Hay «marcas de elección», pero incluso estas son un poco difusas. ¿Y cómo sabe que esas marcas son las correctas?)

Describir la vida cristiana como *esperanza* no conduce a una vida de ansiedad, preguntándonos si alguna vez podremos «saber» realmente si estamos «dentro» o «fuera». Es como estar casado: la relación siempre cambia y evoluciona, pero está construida sobre una base. Hay días buenos y días malos. Siempre existe la posibilidad de una mayor profundidad y unidad, pero también de disolución y separación. Es una relación dinámica, no un estado estático. Al igual que tenemos esperanza para nosotros, también esperamos que los no ortodoxos abracen la vida en la Iglesia ortodoxa en esta vida; pero si no lo hacen, esperamos que, cuando se les presente la plenitud de la revelación de Jesucristo en el paso a la otra vida, la abracen en esa transición. Afirmamos que no hay salvación fuera de la Iglesia, pero, en última instancia, el hecho de que uno esté en la Iglesia es una cuestión que se difiere hasta el final de los tiempos. He conocido a más de un converso a la fe ortodoxa que dijo de sus padres cristianos heterodoxos después de su muerte: «Creo que ahora son ortodoxos».

Así que, aunque digamos con seguridad que las enseñanzas heréticas son peligrosas para la vida espiritual, no nos corresponde juzgar a ninguna persona en particular en cuanto a cómo ese peligro le afecta a *él en particular*. No lo sabemos, porque ninguno de nosotros puede mirar en el corazón de otro. Sin embargo, como un cristiano ortodoxo cree que la Ortodoxia representa la plenitud de la fe cristiana, está llamado por Dios a compartir su fe con los demás, a invitarles a experimentar esa misma plenitud y a ser transformados por ella.

Es esencial que todas estas discusiones, sin renunciar a lo que es verdadero y correcto, se lleven a cabo con humildad. El evangelista ortodoxo no debe decir: «*Yo* tengo razón y *tú* estás equivocado», porque, al fin y al cabo, se refiere a sí mismo como el «primero de los pecadores» (véase 1 Ti. 1, 15) cada vez que comulga. Que la fe cristiana ortodoxa sea la única verdadera no es mérito de ningún ortodoxo. Los ortodoxos no la inventaron, y todos nos quedamos cortos en vivirla como deberíamos, porque somos pecadores. Por eso, la Iglesia ortodoxa proclama su herencia como la única e original Iglesia cristiana fundada por Cristo, no con orgullo, sino con humildad desde una experiencia histórica. A veces me gusta decir: «La fe ortodoxa es verdadera, pero no por mi causa».

Lo esencial de la doctrina cristiana ortodoxa

Para poder ver con claridad la doctrina heterodoxa, tenemos que tener claro lo esencial de la doctrina ortodoxa. Lo que sigue es una especie de explicación del Credo Niceno-Constantinopolitano, un resumen de lo que creen los cristianos ortodoxos.

La Santa Trinidad

- Hay un solo Dios, que creó todas las cosas a partir de la nada.

- Dios es increado, existe antes de todas las cosas creadas, incluso antes del mismo tiempo.

- Dios es tres Personas divinas (*hypostases*) que son una en esencia, o consustanciales (*homoousios*).

- Las tres Personas de la Trinidad son absolutamente iguales en deidad, poder, honor y eternidad.

- Cada Persona de la Trinidad comparte todo lo que significa ser Dios con las otras dos, pero nada de lo que significa ser esa Persona con las otras dos. No hay nada que dos compartan sin que también lo comparta la tercera.

- La fuente eterna de la Deidad es el Padre, de quien el Hijo es engendrado y el Espíritu Santo procede.

- Dios es esencia y energías. Dios es absolutamente

trascendente e incognoscible en su esencia, pero inmanente y cognoscible en sus energías. La *gracia* es otro término para las energías de Dios.

Jesucristo

- Jesucristo es el Hijo de Dios, la Segunda Persona de la Trinidad.

- Jesucristo es plenamente divino por ser el Hijo de Dios, engendrado antes de todas las eras. Es de una sola esencia, o consustancial (*homoousios*), con el Padre.

- Jesucristo es plenamente humano por ser hijo de la Virgen María, engendrado en el tiempo de ella y encarnado de ella y del Espíritu Santo. Es de una sola esencia, o consustancial (*homoousios*), con toda la humanidad.

- Jesucristo es una sola Persona (*hipóstasis*) en dos naturalezas, la divina y la humana. Esta unión es la única unión *hipostática* existente.

- Jesús es el Mesías profetizado en las Escrituras hebreas (el Antiguo Testamento).

- Jesucristo nació, creció, enseñó y sanó, fue crucificado y murió en la Cruz, y luego resucitó de entre los muertos al tercer día.

La salvación y la Iglesia

- Solo hay una Iglesia, la Iglesia ortodoxa.

- La Iglesia es el Cuerpo de Cristo, un organismo divino-humano, del cual Cristo es el miembro principal y la única Cabeza.

- La salvación se encuentra en y a través de la Iglesia.

- La salvación es *theosis*, deificación/divinización, lo que significa la unión (pero no la fusión) con Dios y asemejarse cada vez más a Él, haciéndonos por gracia en lo que Cristo es por naturaleza en cuanto hijos adoptivos de Dios. Es participación en las energías de Dios, llegando a ser «participantes de la naturaleza divina» (2 Pe. 1, 4), pero no participación en Su esencia. Este proceso se extiende por toda la eternidad, porque Dios es infinito. Otros modelos para comprender la salvación se hallan también en las Escrituras y en el resto de la Tradición Ortodoxa.

- La salvación nos rescata no solo de la culpa del pecado, sino del mismo poder del pecado y de la muerte. No se trata de un mero cambio de estatus legal, sino de un cambio en el ser mismo.

- La salvación solo es posible por el poder de Dios, con la cooperación del hombre: «por gracia... por medio de la fe» (Ef. 2, 8). Esta cooperación se llama *sinergia*. Dios honra el libre albedrío que concedió al hombre; por ello, si el hombre deja de cooperar, la gracia de Dios se vuelve inoperante. La cooperación consiste en el arrepentimiento de los pecados, la oración y la participación en los sacramentos.

- Los Santos Misterios (sacramentos) comunican verdaderamente la gracia por la acción de Dios mismo a través del clero, quienes son los servidores de los misterios, no sus dueños. El clero, a través del episcopado, está en la sucesión de los Apóstoles, que fueron ordenados por Cristo.

- Cristo volverá de nuevo a la tierra, lo que será el fin del tiempo y de la realidad tal como la conocemos ahora. Todos los que permanezcan vivos en la vida terrenal serán trasladados entonces a la otra vida, donde los demás les aguardan. Todos los muertos resucitarán entonces, reuniendo sus cuerpos con sus almas eternamente. Todos serán juzgados según lo que hayan hecho en esta vida.

Las principales herejías históricas

El examen de las religiones no ortodoxas es más fácil no solo por el conocimiento de la doctrina ortodoxa, sino también por el conocimiento de las herejías históricas que han sido rechazadas por la Iglesia por contradecir la revelación de Dios. Algunas persisten hasta hoy, y otras han revivido nuevamente, aunque a veces de forma diferente. A continuación, se presenta una lista de las principales herejías, agrupadas más o menos en orden cronológico según la fecha en que surgieron. Téngase en cuenta que los nombres tradicionales dados a las herejías pueden no coincidir con el nombre que les dieron sus seguidores.

Docetismo (siglo I): La enseñanza de que Jesús era verdaderamente divino, pero que solo «aparentaba» ser hombre. Esta herejía se menciona en el Nuevo Testamento (aunque no por su nombre) y también en los escritos de San Ignacio de Antioquía. Una de las ramificaciones de esta herejía es la negación de la implicación de la materia física en nuestra salvación (llamada *dualismo*, la oposición de lo espiritual a lo físico). Por ello, los docetistas se abstenían de la eucaristía, porque afirmaban que no era verdaderamente la carne y la sangre de Cristo.

Judaización (siglo I): La enseñanza de que los gentiles debían convertirse primero en judíos antes de ser cristianos y/o que los cristianos debían adoptar más enseñanzas y prácticas judías de las que la Iglesia ya había incluido. Los judaizantes son tratados en el Nuevo Testamento, siendo la ocasión del Concilio Apostólico en Hechos 15. El apóstol Pedro fue inicialmente un judaizante (o al menos simpatizante de ese partido) pero se le opuso Pablo (Gál. 2, 11-21), cuyas enseñanzas prevalecieron en el concilio. La judaización continuó en diversas formas durante algunos siglos, particularmente entre ciertos grupos conocidos como «cristianos judíos». También es abordado por San Ignacio de Antioquía y sigue siendo abordado en siglos posteriores.

Gnosticismo (siglo I): Término amplio para un gran grupo de enseñanzas diferentes. Casi todas eran dualistas (como el docetismo) e incluían fantásticos y complicados esquemas cosmológicos sobre la disposición del universo y de todo lo que hay en él. La mayoría de los grupos gnósticos enseñaban que un conocimiento salvador (*gnosis*) era lo necesario para la salvación. A menudo también enseñaban que solo unos pocos elegidos eran capaces de alcanzar el plano espiritual más elevado y que la mayoría de las personas solo podía funcionar en un nivel inferior. Los que ascendían a este nivel superior tenían enseñanzas esotéricas, «secretas», transmitidas por Jesús. Libros como el *Evangelio de Tomás* (una obra no canónica que afirma ser del apóstol) se consideran generalmente como escritos gnósticos clásicos. Los escritos del siglo II de San Ireneo de Lyon contienen un catálogo detallado y una refutación de varias enseñanzas gnósticas.

Marcionismo (siglo II): Marción fue un constructor de barcos y hereje semignóstico que enseñaba que el Dios creador del Antiguo Testamento no era el Padre de Jesucristo; más bien, eran dos «dioses» distintos. Para él, el «dios» del Antiguo Testamento era malvado y caprichoso, mientras que el Dios del Nuevo Testamento era amoroso y misericordioso. Fue el primero en proponer la idea de un canon cristiano para el Nuevo Testamento, rechazando el Antiguo Testamento. Solo incluyó los libros que consideraba que encajaban con sus ideas sobre Dios, entre ellos una versión editada del Evangelio de Lucas (atribuido a San Pablo y llamado *El Evangelio de Cristo*), así como versiones de algunas cartas de San Pablo y dos textos atribuidos por sus seguidores a Pablo, pero que no están incluidos en el canon ortodoxo. Fue excomulgado en el año 144 y estableció una jerarquía eclesiástica paralela que perduró durante algún tiempo.

Montanismo (siglo II): Seguidores del «profeta» Montano, que afirmaba ser el Paráclito (un nombre tradicional en el cristianismo para el Espíritu Santo, normalmente traducido como «consolador» o «abogado», según Juan 14, 16. 26; 15, 26; 16, 7). Afirmando que recibía revelaciones directamente de Dios que cumplían y superaban la revelación dada a los apóstoles, Montano enfatizó las experiencias espirituales directas, extáticas y altamente emocionales para todos los creyentes. Montano estaba acompañado por dos «profetisas» llamadas Prisca (o Priscila) y Maximila, que también afirmaban recibir visiones de Dios, incluyendo la revelación de Cristo en forma femenina. Los montanistas no decían ser mensajeros que transmitían la palabra de Dios, sino que afirmaban que Dios los «poseía» y hablaba directamente a través de ellos. El escritor cristiano Tertuliano cayó en esta herejía, atraído por el severo moralismo y la rigidez de la enseñanza montanista. El montanismo continuó hasta el siglo VIII.

Quiliasmo [milenarismo] (siglo II): La enseñanza de que Cristo reinará durante mil años literalmente en la tierra después de su Segunda Venida. El qiliasmo existió en varias formas antes del siglo IV (cuando surgió un consenso sobre las definiciones de una serie de cuestiones teológicas importantes) e incluso fue enseñado en ignorancia por algunos escritores ortodoxos. En nuestros días, la frase «y su reino no tendrá fin» en el Credo se utiliza para refutar esta herejía, aunque no he podido encontrar una fuente primaria que confirme la idea de que esta era su intención original. El quiliasmo estaba generalmente en desuso en el siglo IV, cuando se compuso el Credo, por lo que parece más probable que la frase estuviera destinada a reforzar la realeza y la divinidad de Cristo.

Apocatástasis (siglo II): También llamada *universalismo*, la enseñanza según la cual todos se salvarán finalmente, aunque rechacen a Dios en la vida terrenal. Fue condenada en 543 en un concilio en Constantinopla. Hay varias formas de apocatástasis (al menos una de las cuales pudo haber sido enseñada por San Gregorio de Nisa), y la cuestión es complicada. El término mismo se refiere a una «restauración» de todas las cosas.

Origenismo (siglo II): Un complejo conjunto de enseñanzas del teólogo Orígenes (siglo II). Los principales problemas de Orígenes eran cosmológicos y se hallaban en gran medida fundados en la especulación filosófica pagana griega (especialmente en las obras de Platón). Orígenes nunca fue condenado en vida, pero sus enseñanzas llegaron a ser un problema tan grande que finalmente fue condenado nominalmente en los anatemas incluidos en las colecciones de las actas del Quinto Concilio Ecuménico de Constantinopla (553).

Maniqueísmo (siglo III): No es estrictamente una herejía del cristianismo, sino una religión gnóstica persa iniciada por un «profeta» llamado Mani, que influyó sobre varios grupos cristianos y fue la base de varias herejías derivadas. El maniqueísmo era dualista, como la mayoría de las creencias gnósticas, y planteaba la existencia de un dios creador malvado y un dios bueno y misericordioso. El mundo físico es intrínsecamente malo y está lleno de oscuridad, mientras que el mundo espiritual es bueno y está lleno de luz. San Agustín fue miembro de la religión maniquea antes de convertirse a la Iglesia. El maniqueísmo subsistió en diversas formas hasta el siglo IX.

Sabelianismo (siglo III): También conocido como *modalismo* o *monarquianismo*, es la enseñanza de que el Padre, el Hijo y el Espíritu Santo son simplemente «modos» del único Dios. Sabelio (el fundador del movimiento) enseñaba que el trinitarianismo se equivocaba al decir que había tres Personas que eran todas Dios. Más bien las consideraba «máscaras» de una sola Persona divina. Además de Sabelio, otro gran defensor del modalismo fue Pablo de Samosata. El sabelianismo se llama también *patripasianismo* («sufrimiento del Padre»), porque exigía que el Padre sufriera en la Cruz (ya que el Padre y el Hijo son una sola Persona).

Novacianismo (siglo III): La enseñanza rigorista según la cual los creyentes que se alejaban durante la persecución o caían en pecado grave nunca podían ser absueltos. El propio Novaciano era un «antipapa» (un pretendiente no canónico al episcopado de Roma) cuya enseñanza fue condenada en el año 251.

Donatismo (siglo IV): La enseñanza de que la indignidad moral de un clérigo —especialmente si ha traicionado la fe, aunque se haya arrepentido posteriormente— anula la validez de los misterios (sacramentos) realizados por él. Fue condenada por el Concilio de Arles en el 314 y famosamente combatida por San Agustín.

Arrianismo (siglo IV): La mayor herejía del siglo IV y la ocasión para el Primer Concilio Ecuménico en Nicea (325), el arrianismo enseñó que Cristo era un ser creado en lugar de ser Dios. Arrio negaba que el Hijo fuera de una sola esencia (*homoousios*) con el Padre. Fundada por Arrio (un sacerdote de la Iglesia de Alejandría), esta herejía subsistió durante algún tiempo, incluso después de ser condenada por el concilio de Nicea.

Semiarrianismo (siglo IV): También negaba que el Hijo fuera de una sola esencia (*homoousios*) con el Padre, pero admitía que era de una esencia similar (*homoiousios*, una diferencia de una iota). El semiarrianismo subsistió durante algún tiempo después del Concilio de Nicea, pero fue efectivamente condenado por la confirmación del *homoousios* en el Segundo Concilio Ecuménico en 381.

Apolinarismo (siglo IV): La enseñanza de Apolinar que Jesús no tenía una mente humana, aunque tenía un cuerpo humano y un alma inferior (el lugar de las emociones). Más bien, el Logos divino (Palabra) tomó el lugar de Su mente. Condenado en el Segundo Concilio Ecuménico (381).

Pneumatómacos (siglo IV): La enseñanza de que el Espíritu Santo no es divino, también llamada macedonianismo por su fundador, Macedonio. Los pneumatómacos fueron llamados así porque «luchaban contra el Espíritu», afirmando que el Espíritu Santo no es divino sino una criatura. Fue condenado en el Segundo

Concilio Ecuménico con la ampliación del artículo sobre el Espíritu Santo en el Credo.

Pelagianismo (siglo IV): Atribuido al monje británico Pelagio (aunque sus opiniones exactas son discutidos), el pelagianismo enseñaba que el hombre era capaz de salvarse sin la ayuda de la gracia divina y era una reacción a la laxitud moral que supuestamente resultaba de un énfasis excesivo en la gracia. El principal oponente del pelagianismo fue San Agustín de Hipona. Fue condenado en el Concilio de Cartago (418) y en el Tercer Concilio Ecuménico de Éfeso (431).

Nestorianismo (siglo V): Enseñado por Nestorio, patriarca de Constantinopla. El nestorianismo enseña que, en lugar de una persona con dos naturalezas, Jesucristo era más bien dos personas «unidas» por la buena voluntad, una divina y otra humana. Por ello, Nestorio se negó a llamar a la Virgen María *Theotokos* («que dio a luz a Dios»), sino que solo la llamaría *Christotokos*, diciendo que dio a luz a Cristo, pero no a Dios. Fue condenado en el Tercer Concilio Ecuménico. El mayor opositor al nestorianismo fue San Cirilo de Alejandría.

Monofisismo (siglo V): También llamado eutiquianismo por su fundador, Eutiques, el monofisismo enseñaba que Jesucristo no estaba «en dos naturalezas» sino solo «de dos naturalezas» (una frase de San Cirilo), formando una sola naturaleza, ya sea divina solamente o un híbrido de divina y humana. (Esta enseñanza es distinta del miafisismo que enseñan hoy las iglesias ortodoxas orientales [p. ej., la copta, la armenia, la etíope, etc.]. Aunque hay cierto desacuerdo entre los escritores ortodoxos sobre si el miafisismo es coherente y compatible con la cristología ortodoxa, las iglesias orientales sí condenan a Eutiques). El monofisitismo fue condenado en el Cuarto Concilio Ecuménico de Calcedonia (451).

Monotelismo (siglo VII): La enseñanza de que Cristo tiene una sola voluntad, la divina (en lugar de una voluntad humana también). Enseñado por el Patriarca Sergio de Constantinopla y el papa Honorio de Roma, quienes fueron explícitamente condenados como herejes junto con su enseñanza por el Sexto Concilio Ecuménico en Constantinopla (680-681). El mayor opositor al monotelismo fue San Máximo el Confesor.

Monoenergismo (siglo VII): Esta herejía, estrechamente relacionada con el monofisismo y el monotelismo, enseñaba que Cristo tiene una sola energía, la divina, en oposición a la doctrina ortodoxa de que Cristo tiene ambas energías, la divina y la humana. El monoenergismo fue enseñado por la mayoría de los defensores del monotelismo y también se opuso San Máximo.

Iconoclasia (siglo VII): La enseñanza de que los iconos no están permitidos en las iglesias y no deben ser venerados. Esta enseñanza fue condenada en el Séptimo Concilio Ecuménico de Nicea (787) y tuvo la oposición principalmente de San Juan de Damasco. No fue hasta el año 843 que los iconos volvieron públicamente a las iglesias el primer domingo de Cuaresma (el «Triunfo de la Ortodoxia»).

Filioquismo (siglo VI): La enseñanza de que el Espíritu Santo procede eternamente no solo del Padre (como se afirma en el Credo y en Juan 15, 26), sino del Padre «y del Hijo» (en latín, *filioque*). El *filioque* se introdujo por primera vez en el Credo en un concilio celebrado en Toledo (España) en el año 589, probablemente con la intención de enfatizar la divinidad de Jesús. El emperador occidental Carlomagno lo introdujo de nuevo en el Credo en el año 794 (que también rechazó el Séptimo Concilio Ecuménico). La adición fue finalmente rechazada en un concilio pan-ortodoxo (incluyendo legados de Roma) en 879-880 en Constantinopla, un concilio considerado en ese momento, y por algunos escritores ortodoxos más tarde, como el Octavo Concilio Ecuménico. El *filioque* fue posteriormente reinsertado en el Credo por Roma y utilizado como acusación de herejía contra el Oriente ortodoxo en el Gran Cisma centrado en los acontecimientos de 1054.

Barlaamismo (siglo XIV): Enseñado por Barlaam de Calabria, que argumentó contra San Gregorio Palamás. Barlaam enseñaba que las prácticas hesicastas (de *hesychia*, «quietud») de los monjes athonitas no les permitían realmente ver la Luz Increada de Dios (es decir, Dios manifestado como luz), sino solo una luz *creada*. También sostenía que el conocimiento *mental* de Dios era el conocimiento más elevado posible, y que los filósofos tenían un conocimiento más elevado que los profetas. A él se opuso San Gregorio Palamás, cuya teología fue defendida en una serie de sínodos celebrados en Constantinopla en 1341, 1347 y 1351, denominados colectivamente por algunos escritores ortodoxos como el Noveno Concilio Ecuménico.

Etnofiletismo (siglo XIX): Enseñanza según la cual el carácter étnico de los miembros de la Iglesia debía determinar el gobierno administrativo de las parroquias y diócesis, es decir, que ciertas parroquias eran solo para griegos o solo para búlgaros, etc. Condenado por un concilio en Constantinopla en 1872 después de que la cuestión llegara a un punto crítico en Constantinopla, donde la comunidad búlgara local había establecido su propio obispo para los búlgaros.

Recordar los detalles de todas estas herejías no es lo más crítico. Debemos reconocer, sin embargo, que la heterodoxia no es nada nuevo en la historia cristiana y que la Iglesia siempre ha tenido medios para afrontarla. Los concilios ecuménicos fueron convocados principalmente a fin de dar una respuesta pastoral a los alzamientos de las diversas herejías.

Una vez repasada la historia cristiana, las principales enseñanzas de la doctrina ortodoxa y las principales enseñanzas heréticas de la historia, abordaremos a continuación la mayor y más trágica de todas las rupturas de la historia cristiana: el cisma con Roma.

2

Catolicismo romano

¿Produjo el Gran Cisma una nueva religión?

Un vínculo especialmente estrecho ya nos une. Tenemos casi todo en común; y sobre todo, tenemos en común el verdadero anhelo de unidad. (Papa Juan Pablo II, Orientale Lumen, 1995)

Los latinos no son solo cismáticos, sino también herejes. Sin embargo, la Iglesia guardó silencio sobre este punto, porque su pueblo es numeroso y más poderoso que el nuestro... y no quisimos asumir una postura triunfalista en la condena de los latinos como herejes, sino mostrarnos abiertos a su retorno y fomentar un espíritu de fraternidad... No nos separamos de ellos por ningún otro motivo, sino porque son herejes. Precisamente por esto no debemos unirnos a ellos, a menos que rechacen la adición al Credo —el filioque— y confiesen el Credo tal como nosotros lo confesamos. (San Marcos de Éfeso, 1439)

Ciertamente, nuestro problema no es geográfico ni de alienación personal. Tampoco es un problema de estructuras organizativas, ni de acuerdos jurisdiccionales. Tampoco es un problema de sumisión externa, ni de absorción de individuos y grupos. Es algo más profundo y sustantivo. El modo en que existimos se ha vuelto ontológicamente diferente. A menos que se logre nuestra transfiguración ontológica y la transformación hacia un modelo común de vida, no solo en la forma sino también en sustancia, la unidad y su correspondiente realización resultan imposibles. Nadie desconoce que el modelo para todos nosotros es la persona del Theanthropos (Dios-Hombre) Jesucristo. Pero, ¿qué modelo? Nadie ignora que la incorporación a Él se realiza dentro de Su cuerpo, la Iglesia. Pero, ¿la Iglesia de quién? (Patriarca Ecuménico Bartolomé I, discurso en la Universidad de Georgetown, 21 de octubre de 1997)

Por lo tanto, estas iglesias y comunidades separadas como tales [incluidas las ortodoxas], aunque creemos que adolecen de defectos, no han sido en absoluto privadas de significancia e importancia en el misterio de la salvación. Pues el espíritu de Cristo no ha dejado de utilizarlas como medios de salvación que derivan su eficacia de la misma plenitud de gracia y verdad confiada a la Iglesia católica. (Joseph Ratzinger [posteriormente papa Benedicto XVI], *Dominus Iesus*, 2000)

El Espíritu de Dios respira en el catolicismo romano, y ni siquiera todos los humos impuros de las perniciosas pasiones y perversiones humanas pueden perturbar esto. El hilo salvífico de la sucesión apostólica no se ha roto. Los sacramentos se realizan. El sacrificio incruento se presenta y se ofrece. Y el que se atreva a tener reservas y a decir: pero no es recibido en el altar sacrificial celestial, en el aroma de la fragancia espiritual, debe pensar cuidadosamente... Y la falsedad de Roma es también una falsedad humana, pues no existe otra falsedad... Pero en Roma también está la verdad de Dios. Roma es incorrecta en la fe y débil en el amor. Pero Roma no está sin la gracia, no está fuera de la gracia. Por extraño que parezca, el cisma de Occidente y Oriente es un cisma y una división en la fe y una escasez de amor, pero no es un cisma en la gracia y los sacramentos, no constituye una división del Espíritu. (P. Georges V. Florovsky, «The Problematic of Christian Reunion», 1933, publicado como «Rome, the Reformation, and Orthodoxy» en *Collected Works: Ecumenism II*, 54-55)

El Gran Cisma

El 16 de julio del año 1054, justo cuando comenzaba la oración en la gran iglesia de Santa Sofía de Constantinopla, entonces capital del Imperio Romano, entraron en el edificio tres representantes del papa de Roma, encabezados por el cardenal Humberto de Moyenmoutier. Con Humberto estaban el arzobispo Pedro de Amalfi y el cardenal diácono Federico de Lotaringia (que en 1057 se convertiría en el papa Esteban IX). Los tres prelados fueron líderes importantes en la posterior reforma que amplió el poder papal, liberándolo de la dominación política secular (en lo que se llamó la «Querella de las investiduras») y preparando su posterior florecimiento bajo el papa Gregorio VII (que reinó entre 1073 y 1089).

Los tres se dirigieron directamente al altar sagrado del santuario y arrojaron sobre él una bula papal, un documento que excomulgaba a Miguel Cerulario, el Patriarca de Constantinopla. Salieron inmediatamente. Al salir de la iglesia, Humberto se sacudió el polvo de los pies y dijo: «Que Dios mire y juzgue». Uno de los diáconos de la iglesia corrió tras los legados papales y les rogó que revocaran lo que habían hecho. El cardenal rechazó sus súplicas y la bula fue arrojada en la calle.

Irónicamente, el propio papa había muerto el 19 de abril de ese año, con lo que la autoridad de sus legados quedaba técnicamente anulada. Pero el hecho estaba consumado, y los historiadores suelen subrayar estos sucesos de 1054 como una señal importante en el Gran Cisma entre los dos grupos de cristianos que llegaron a identificarse como los ortodoxos de Oriente y los católicos de Occidente.

Aunque los actos de aquel día de julio en la Constantinopla del siglo XI no fueron el momento único o definitorio del Gran Cisma, se han convertido, sin embargo, en un icono de la más trágica y dolorosa de todas las rupturas que han sacudido a la cristiandad. Siglos de acontecimientos condujeron a ese momento, y no fue hasta principios del siglo XIII que la ruptura quedó reconociblemente completa, cuando el último latino conocido comulgó en Antioquía. Los siglos que siguieron a ese día de 1054 han dado lugar a dos visiones diferentes de lo que significa ser cristiano y de lo que significa ser la Iglesia. Estas diferencias no solo se dan en términos de mentalidad y visión, sino también en las doctrinas fundamentales que se enseñan como necesarias para la salvación misma.

Diferencias de visión

Hay tres áreas principales en las que el catolicismo romano difiere de la Ortodoxia en cuanto a su visión global, su cultura teológica y espiritual. Estas tres áreas son el **desarrollo de la doctrina**, la relación entre la **fe y la razón**, y un tipo diferente de **espiritualidad**.

Desarrollo de la doctrina

La Iglesia católica romana acepta el desarrollo de la doctrina. Su propia interpretación de lo que significa es que la Iglesia progresa en su comprensión y expresión de la doctrina, no es que se introduzcan nuevos dogmas.

El texto católico clásico sobre el desarrollo doctrinal es *An Essay on the Development of Christian Doctrine* [Un ensayo sobre el desarrollo de la doctrina cristiana] de John Henry Newman. El cardenal Newman, un converso a Roma del siglo XIX procedente de la Iglesia anglicana (y ahora en vías de canonización por parte de Roma), trató de defender a su Iglesia contra los ataques anglicanos y protestantes a las doctrinas católicas romanas que estaban ausentes de las Escrituras y del testimonio de la Iglesia antigua.

El propio Newman no habría aceptado la idea de que su iglesia definiera dogmas verdaderamente nuevos, afirmando en cambio que todas las doctrinas desarrolladas existían en forma seminal en las primeras tradiciones de la Iglesia. Su noción del desarrollo de la doctrina es similar a la de la Ortodoxia, en la que la expresión doctrinal se desarrolla, pero su sustancia no.

En lo que difieren los ortodoxos es en que creemos que —a pesar de su autocomprensión— Roma *ha* introducido realmente nuevos dogmas. A medida que la historia avanza, aparecen dogmas que no existían en siglos anteriores (p. ej., la inmaculada concepción o la infalibilidad papal), y la fórmula de Newman conduce a algunas «pruebas» bastante anacrónicas, ya que se busca en la historia la semilla de desarrollos posteriores. La fe católica romana no es «retrocompatible» (por usar un término de software), lo que significa que un «buen católico» de hace doscientos años podría estar en peligro de excomunión si estuviera vivo hoy. Por ejemplo, la infalibilidad papal fue negada por muchos católicos, incluidos obispos, hasta la definición oficial del dogma en 1870 en el Concilio Vaticano I. Todos ellos seguían siendo «buenos católicos» antes de 1870. Ahora estarían excomulgados y bajo el anatema del Concilio Vaticano I.

Si bien algunos de los primeros Padres sostenían creencias que luego fueron rechazadas por ser incompatibles con la Ortodoxia (como el quiliasmo que puede estar presente en los escritos de Ireneo de Lyon, de Justino Mártir, o la apocatástasis en Gregorio de Nisa), esas opiniones personales (por más que se declaren con audacia) nunca fueron la fe de toda la Iglesia. En el caso de Roma, está claro que la fe de toda la Iglesia católica romana ha cambiado, e incluso su catecismo parece sugerir que ese cambio es posible y apropiado: «Gracias a la asistencia del Espíritu Santo, la comprensión tanto de las realidades como de las palabras del depósito de la fe puede crecer en la vida de la Iglesia». A través de la contemplación, el estudio, la investigación teológica, y incluso con un «sentido íntimo de las realidades espirituales que [los creyentes] experimentan, las Sagradas Escrituras crecen con quien las lee» (Catecismo de la Iglesia Católica [CIC], 94; tomando citas de *Dei verbum del Vaticano II*).

La Iglesia ortodoxa cultiva el desarrollo de la *expresión* del dogma cristiano, pero no de su significado y su sustancia, que es eterna, pues fue dada por Dios en su totalidad a los apóstoles. También me parece inquietante el lenguaje de que «la comprensión tanto de las realidades como de las palabras de la herencia de la fe es capaz de crecer». ¿De verdad es posible que, por estar más avanzado en el tiempo y el progreso de la historia, pueda entender las realidades y las palabras de la herencia de la fe mejor que los apóstoles?

Además, aunque a menudo es el punto de partida para la reflexión teológica posterior, la formulación dogmática ortodoxa, especialmente en su expresión conciliar, es principalmente una respuesta pastoral a la herejía, no una oportunidad para codificar la especulación o la imaginación sistemática en la doctrina. El dogma ortodoxo nunca afirma exponer toda la verdad sobre cosa alguna, sino que se limita a delinear los límites del misterio.

A pesar de sus formulaciones oficiales, hemos de concluir que, si se quiere justificar la aplicación efectiva del modelo de Roma, Cristo debe haber dado solo una «semilla» de fe a los apóstoles, que ha crecido y cambiado con el tiempo. Por lo tanto, la Iglesia católica romana de hoy supuestamente entiende mejor la verdad y tiene un nivel de conocimiento superior que la Iglesia de antaño. Así, los Padres apostólicos (los Padres inmediatamente posteriores a los apóstoles) tenían un nivel de comprensión superior al de los apóstoles, los escolásticos medievales entendían mejor que los Padres, y así sucesivamente. Este trasfondo teológico contribuye al marco para todas las innovaciones de la doctrina católica romana que difieren de la Ortodoxia.

Fe y razón

El desarrollo de la doctrina es posible en parte debido a la relación que Roma establece entre la fe y la razón, en la que esta última tiende a situarse en un nivel superior en la vida cristiana en comparación con la Iglesia ortodoxa. Especialmente desde la época de Tomás de Aquino (siglo XIII), Roma ha definido y redefinido gran parte de su doctrina (incluidos los nuevos dogmas) en términos de razón.

El proyecto de Aquino consistía en fusionar el dogma católico con las exigencias filosóficas de la lógica aristotélica. Para ser justos, muchos santos ortodoxos también utilizaron a Aristóteles, entre ellos Juan Damasceno (el comienzo de su *Fuente del conocimiento*, que es la primera parte de la obra más amplia que incluye su *Exposición exacta de la fe ortodoxa*, es esencialmente un comentario sobre las *Categorías* de Aristóteles). Muchos de los Padres de la Iglesia lucharon con la herencia filosófica griega, y una especie de escolástica existió en Oriente antes que en Occidente. De hecho, los escritos de Aquino gozaron de cierta popularidad en Oriente durante un tiempo, pero fue acompañada de reservas: lleva el proyecto más allá de lo que resulta cómodo para muchos ortodoxos. La fusión tomista con Aristóteles es el origen de muchos intentos cristianos modernos de «probar» la existencia de Dios, los cuales se basan en la proposición de que la doctrina debe ser lógica y científica para ser creíble.

El papa Juan Pablo II, en su encíclica *Fides et Ratio* de 1998, pone la fe y la razón en el mismo plano como medios de acceso a la verdad: «La fe y la razón (*Fides et ratio*) son como las dos alas con las cuales el espíritu humano se eleva hacia la contemplación de la verdad; y Dios ha puesto en el corazón del hombre el deseo de conocer la verdad —en una palabra, de conocerlo a Él— para que, al conocerlo y amarlo, hombres y mujeres lleguen a la plenitud de la verdad sobre sí mismos».

Este tipo de lenguaje es la razón por la que los críticos ortodoxos del catolicismo romano lo describen como *racionalista*; no solo racional, sino sometido a las exigencias de la racionalidad humana. La razón humana no se convierte en una mera herramienta, sino en el criterio mismo de la verdad. También es la razón por la que gran parte de la vida espiritual católica romana es *legalista*, porque a menudo se preocupa más por satisfacer las categorías legales y filosóficas que por abordar y sanar las realidades espirituales.

Sin embargo, estas no son caracterizaciones tajantes de Roma, que también tiene su misticismo y demás (no es que el misticismo deba ponerse en oposición a la racionalidad). Pero el *énfasis* es claramente diferente al de los ortodoxos. Sin embargo, no podemos insistir demasiado en esta diferencia. Newman, por ejemplo, escribió en su An Essay in Aid of Grammar of Assent [Un ensayo en ayuda de la gramática del asentimiento] que la estricta «lógica de papel» no era suficiente para desenvolverse en la vida concreta, incluida la creencia religiosa.

Para los ortodoxos, el pensamiento racional es una herramienta útil para respaldar el medio para conocer la verdad: la fe en cooperación con la gracia de Dios. La razón, aunque útil, no es un elemento *necesario* en la vida cristiana. La Iglesia ortodoxa no es antiintelectual, sino que valora la razón y tiene una fuerte tradición intelectual. La teología, en el sentido de la enseñanza y la formulación de la doctrina, requiere, entre otras cosas, estudio y capacidad intelectual, virtudes muy presentes en los Padres de la Iglesia que formularon la tradición teológica ortodoxa. Pero se puede ser lo que el temprano escritor cristiano Evagrio consideró un «verdadero teólogo» en la Iglesia ortodoxa y, aun así, ser intelectualmente limitado, porque la verdadera teología no se define por la agudeza de la mente racional, sino por la calidad de la oración del corazón.

Espiritualidad

El énfasis excesivo en la razón puede conducir a una espiritualidad desequilibrada (la vida espiritual cotidiana del cristiano), en la que la unidad íntegra de cuerpo, mente y alma que nutre la espiritualidad ortodoxa se fragmenta, y la carnalidad del cuerpo, al estar, en cierto sentido, desintegrada de la mente, puede ser excesivamente acentuada en la vida espiritual. Ciertas corrientes de la espiritualidad católica romana tienden a ser antropocéntricas y a centrarse en lo material. En lugar de apartar la mirada del alma de este mundo, este tipo de espiritualidad tiende a centrarse en imágenes y sensaciones específicamente terrenales.

En las artes religiosas, algunos ejemplos visuales de este tipo de énfasis son el arte renacentista y el barroco, con su carácter altamente sensual (e incluso erótico), y la estatuaria realista y tridimensional que es habitual en la ornamentación de las iglesias. En cambio, la iconografía ortodoxa es deliberadamente no realista para alejar al espectador de este mundo y llevarlo al mundo del más allá. Aunque la estatuaria existe en la tradición ortodoxa, tiende a ser en relieve (aplanada en lugar de tridimensional) y mucho menos realista.

El catolicismo romano también ha albergado (al menos antes de la introducción de la música pop y folclórica de estilo protestante en la década de 1970) un estilo musical complejo que no se centra en los textos que se proclaman, sino en la ornamentación de las armonías y la inventiva de los compositores, convirtiendo a menudo el culto en un espectáculo. La Ortodoxia también sufre este problema en algunos sectores (a menudo por influencia de iglesias dependientes de Roma), aunque tanto Oriente como Occidente tienen tradiciones de canto ascético y modal. (El principal canto tradicional del antiguo Occidente es el gregoriano). Los estudiosos de la historia de la música eclesiástica recordarán que la armonía estaba canónicamente prohibida en los primeros tiempos de la Iglesia, precisamente por su capacidad de manipulación emocional.

En la práctica espiritual privada, podemos pensar en los estigmas (sangrado en el cuerpo en los lugares de las heridas de Cristo), por los que a menudo rezaban con desesperación para obtenerlos figuras como Francisco de Asís, el fundador de los franciscanos. O considere los imaginativos ejercicios espirituales de Ignacio de Loyola (el fundador de los jesuitas), la autoflagelación y otras formas extremas de ascetismo. Todas ellas representan un enfoque carnal y sensualista de la vida espiritual. Se centran en la carne y en la imaginación.

Para ser justos, ese enfoque de la espiritualidad no es universal en el catolicismo (uno piensa en el monacato más austero y contenido de los benedictinos, por ejemplo), pero ciertamente está presente, y encuentra expresión en la piedad popular e incluso en el cine, como *La Pasión de Cristo* de Mel Gibson.

La popular devoción de Cuaresma, el Vía Crucis, se centra en *imaginarse* presente con Jesús en varios momentos de su Pasión. Y los escapularios devocionales, pequeños trozos de tela, pueden ser simplemente herramientas mnemotécnicas para ayudar al usuario a recordar la oración, pero a menudo se considera que son mucho más: piadosamente se dice que llevar el escapulario marrón permite que la Virgen María rescate al portador del purgatorio el primer sábado después de su muerte (el «Privilegio sabatino»).

En la práctica, la espiritualidad católica romana suele ser también legalista. Por ejemplo, se considera un pecado no ayunar, mientras que la Ortodoxia reconoce el ayuno como una simple herramienta. También se pueden encontrar listas detalladas de cómo obtener indulgencias para salir del purgatorio, penitencias cuantitativas («reza diez avemarías y un padrenuestro»), y la anulación de matrimonios como medio para eludir la prohibición del divorcio.

Este problema me llamó la atención cuando una vez ojeaba una Biblia católica grande y antigua de una amiga de la universidad.

Dentro de la cubierta había una tabla detallada que enumeraba cuántos años del purgatorio se podían descontar si se leían tantos minutos en la Biblia. Aunque este tipo de cosas no se enfatiza tanto en nuestros días, no obstante, está claro que la vida cristiana diaria del fiel católico romano no es la misma que la de un fiel cristiano ortodoxo.

Hemos destacado aquí ciertas tendencias y corrientes de la espiritualidad católica que son especialmente problemáticas para los ortodoxos, pero es un campo mucho más amplio de lo que hemos representado. Las diferentes órdenes clericales del catolicismo pueden acentuar enfoques radicalmente diversos, con sensibilidades altamente místicas y contemplativas por un lado y tipos más legalistas por otro. Los jesuitas no son lo mismo que los franciscanos, ni los trapenses lo son que los premonstratenses (norbertinos). Y a veces las posturas y prácticas de estos grupos se contradicen, lo que afecta también a los laicos. Sin embargo, aunque aun hay más diversidad que considerar en un examen de la espiritualidad católica, los elementos que hemos mencionado siguen siendo parte de lo que significa ser católico y de lo que los ortodoxos notan en los encuentros con los católicos.

Pasemos ahora a cuestiones más claramente dogmáticas.

Los dogmas papales

Estas diferencias significativas en la visión teológica y práctica están ligadas a una serie de diferencias importantes en la doctrina. Comencemos con el tema más conocido entre Roma y la Ortodoxia, el papado, un tema que llega al corazón mismo de la eclesiología, lo que es la Iglesia en sí misma. Las objeciones de la Ortodoxia a las enseñanzas de Roma sobre el papado se dividen en dos partes: la supremacía papal y la infalibilidad papal.

La supremacía papal

La supremacía papal es la enseñanza de que el papa de Roma tiene jurisdicción suprema, inmediata, ordinaria y universal sobre todos los cristianos, que es la cabeza de la Iglesia. Las decisiones del papa no pueden ser revocadas, ni siquiera por un concilio ecuménico. El rechazo de la supremacía papal pone en peligro tanto la fe como la propia salvación.

Esta enseñanza encontró su definición más explícita en el Concilio Vaticano I de 1870:

> *Enseñamos, por tanto, y declaramos que la Iglesia romana, por disposición del Señor, posee el primado de potestad ordinaria sobre todas las demás, y que esta potestad de jurisdicción del pontífice romano es a la vez episcopal e inmediata. Están obligados a someterse a esta potestad, por el deber de subordinación jerárquica y de verdadera obediencia, los pastores y los fieles, de cualquier rito y dignidad, tanto individualmente como colectivamente, no solo en las materias que atañen a la fe y a las costumbres, sino también en lo que pertenece a la disciplina y al gobierno de la Iglesia difundida por todo el orbe… Esta es la enseñanza de la verdad católica, y nadie puede apartarse de ella sin poner en peligro su fe y su salvación.* (Pastor aeternus, Vaticano I, 1870)

Aunque fue el Vaticano I el que hizo una declaración tan clara de la jurisdicción universal, su enseñanza no era nueva para los católicos romanos. En relación con las reformas papales que fructificaron bajo Gregorio VII, por ejemplo, se afirmaba en un documento llamado *Dictatus Papae* (incluido en el registro pontificio en 1075) que, entre otras cosas, el papa no solo estaba por encima del juicio de cualquiera, sino que podía deponer a los emperadores, liberar a los ciudadanos de la lealtad a sus gobernantes, que la Iglesia romana nunca se había equivocado ni puede equivocarse, que todos los príncipes debían besar sus pies, e incluso que se le hace santo en virtud de su elección como papa. Este documento no tiene valor canónico actual y muchas de sus estipulaciones no son enseñadas expresamente por Roma hoy en día, pero su contenido nos da una idea de la cultura que rodeaba al papado durante los años inmediatamente posteriores al Gran Cisma.

Este sentido de la posición del papa se expresa en las palabras utilizadas para coronar a los nuevos papas con la tiara papal, que se utilizó hasta 1962: «Recibe la tiara adornada con tres coronas y reconoce que eres padre de príncipes y reyes, gobernante del mundo en la tierra, vicario de nuestro Salvador Jesucristo, a quien corresponde el honor y la gloria por todos los siglos».

Y en 1439, cuando el Concilio de Florencia se reunió en un intento de reunir a la Iglesia ortodoxa con Roma por medio de la sumisión ortodoxa, el concilio declaró: «El pontífice romano es el verdadero vicario de Cristo, la cabeza de toda la Iglesia y el padre y maestro de todos los cristianos; y a él le fue encomendado, en el bienaventurado Pedro, por nuestro Señor Jesucristo, el pleno poder de atender, regir y gobernar toda la Iglesia». Como decimos, este tipo de lenguaje se remonta más atrás, e incluso se pueden encontrar ecos de él antes del Gran Cisma entre Oriente y Occidente, aunque tal prepotencia fue rechazada con mayor frecuencia por Oriente. Roma a veces hacía estas afirmaciones, pero nunca sin que las otras iglesias las rechazaran.

La enseñanza de que el papa tiene jurisdicción universal también se denomina a veces *ultramontanismo*, porque le otorga poder jurisdiccional «más allá de las montañas» (es decir, los Alpes en la frontera norte de Italia). (El término *ultramontano* ha tenido históricamente otros significados en el uso eclesiástico, principalmente geográfico, p. ej., refiriéndose a un papa procedente de más allá de Italia).

Este dogma de la supremacía papal pone al papa por encima de cualquier concilio, de cualquier otro ser humano, y declara anatema a quienes rechacen esta enseñanza:

> *El juicio de la Sede Apostólica [esto es Roma] (por encima de la cual no hay autoridad mayor) no está sujeto a revisión de nadie, ni a nadie le es lícito juzgar acerca de su juicio. Y por lo tanto se desvían del camino genuino de la verdad quienes mantienen que es lícito apelar sobre los juicios de los pontífices romanos a un concilio ecuménico, como si este fuese una autoridad superior al pontífice romano.*

> *Así, pues, si alguien dice que el pontífice romano tiene tan solo un oficio de supervisión o dirección, y no la plena y suprema potestad de jurisdicción sobre toda la Iglesia, y esto no solo en materia de fe y costumbres, sino también en lo concerniente a la disciplina y gobierno de la Iglesia dispersa por todo el mundo; o que tiene solo las principales partes, pero no toda la plenitud de esta suprema potestad; o que esta potestad suya no es ordinaria e inmediata tanto sobre todas y cada una de las Iglesias como sobre todos y cada uno de los pastores y fieles: sea anatema.* (Pastor aeternus, Vaticano I, 1870)

Estas afirmaciones se siguen haciendo en nuestro tiempo. El último concilio oficialmente ecuménico de Roma, el Vaticano II, dice: «En esta Iglesia de Cristo, el pontífice romano, como sucesor de Pedro, a quien confió Cristo el apacentar sus ovejas y sus corderos, goza por institución divina de potestad suprema, plena, inmediata y universal para el cuidado de las almas» (Vaticano II, *Christus Dominus*, 1965). Esta enseñanza sigue estando muy presente en los libros, y se sigue practicando hasta el día de hoy.

Se enseña que esta autoridad proviene de San Pedro, el principal de los apóstoles, cuyo único sucesor es el obispo de Roma. El papado de supremacía universal se considera un elemento necesario en la constitución de la Iglesia católica. Por lo tanto, cada diócesis local es solo una parte de la Iglesia católica y no es plenamente católica sin la sumisión al papa. La autoridad apostólica suprema recae en un solo hombre.

La Ortodoxia rechaza la supremacía papal por varios motivos. En primer lugar, creemos que Cristo es la cabeza de la Iglesia, no un obispo (Ef. 1, 22; 5, 23; Col. 1, 18). Tampoco necesita un vicario (uno de los títulos del papa es *Vicario de Cristo*), porque Él está siempre presente en su Iglesia.

En cuanto a San Pedro, hay quienes ven un papel especial para él cuando Cristo le da las «llaves» del Reino de los cielos para «atar» y «desatar» (Mateo 16, 19), pero esas mismas llaves se dan con sujeto plural a todos los apóstoles en Juan 20, 23. El Señor también se describe a sí mismo (no a Pedro) como poseedor de las «llaves de la muerte y del Hades» en Apocalipsis 1, 18. La idea de que el único sucesor de Pedro es el papa romano, que tiene acceso exclusivo a las «llaves», no está en las Escrituras.

Es cierto que Pedro fue el principal de los apóstoles, y la Iglesia ortodoxa lo honra de esa manera, pero el honor de sentarse en la «cátedra de Pedro» no corresponde solo al papa de Roma, sino a todos los obispos ortodoxos. Apenas hay pruebas históricas de que Pedro fuera alguna vez *obispo* de Roma, aunque *se le* celebra como primer obispo de Antioquía (Roma tiene incluso una fiesta el 22 de febrero dedicada al episcopado de Pedro en Antioquía). La asociación de Pedro con Roma se debe más bien a que fue martirizado allí (junto con Pablo), lo que está ampliamente atestiguado en la tradición cristiana. (Hay algunos estudiosos modernos que dudan de que haya estado en Roma).

Pedro nunca es llamado cabeza de la Iglesia en ningún sentido en la Biblia, ni él mismo apela nunca a ninguna supuesta autoridad papal, ni siquiera en sus propias epístolas. San Pablo no reconoció tal autoridad cuando «me opuse a él cara a cara» por la aceptación temporal de Pedro de judaizar (Gál. 2, 11), ni parece necesitar el permiso de Pedro para escribir una epístola pastoral a los cristianos romanos (y ni siquiera lo menciona en ella, mientras saluda a otras cincuenta personas por su nombre). Y en el momento en que imaginaríamos que Pedro estaría en su momento más papal, el Concilio Apostólico de Hechos 15, es Santiago (el obispo local de Jerusalén, en cuyo territorio se encontraban) quien pronuncia la sentencia del concilio (Hechos 15, 13-21), no Pedro.

La historia de la Iglesia también muestra que los concilios superan al papado una y otra vez. Ninguno de los concilios ecuménicos anteriores al Gran Cisma reconoció jamás la supuesta supremacía del papa. Incluso en el Cuarto Concilio de Calcedonia (451), el *Tomo* del papa León no fue simplemente aceptado, sino que fue revisado y discutido primero (y *luego* se dijo que Pedro había «hablado a través de León»). El mismo concilio también definió la primacía de Roma como principalmente de honor (no de supremacía) y dijo en el canon 28 que el honor se adhería a Roma «por ser la ciudad imperial» (no se menciona a Pedro ni a ninguna institución divina). También hay múltiples ejemplos antiguos de varios obispos enfrentándose a Roma y no reconociendo ninguna supuesta jurisdicción absoluta y universal (p. ej., San Cipriano de Cartago contra el papa Esteban sobre si el bautismo herético era eficaz).

Uno de los problemas del argumento de la supremacía papal es que a menudo se basa en la evidencia histórica de la *primacía* papal, que no es lo mismo. La primacía es una posición de antigüedad que puede incluir ciertos privilegios, como presidir los concilios o servir de último tribunal de apelación, pero la supremacía va mucho más allá y convierte al papa en el amo de todo. Así, aunque los ortodoxos reconocen la primacía del papa en la Iglesia primitiva, sostienen que eso no equivale a la supremacía.

Las pretensiones de supremacía de Roma también presentan algunos problemas prácticos y teológicos. Desde un punto de vista realista, si el papa tiene autoridad inmediata y absoluta en todas partes, entonces es esencialmente el único obispo real en la Iglesia. Mientras que a los demás obispos se les enseña que son sucesores de los apóstoles por derecho propio y no a través del papa, son *efectivamente* solo vicarios: todos los obispos en todo el mundo son nombrados y destituidos por el papa. (El nombramiento papal de todos los obispos es una política que se desarrolló después del Vaticano I, aunque se mencionó siglos antes en el *Dictatus Papae*).

San Gregorio Magno (papa de Roma 590-604) reconoció esto como un problema teológico cuando se pronunció en contra del nuevo título de *Patriarca Ecuménico*, que empezó a ser usado en su tiempo por el arzobispo de Constantinopla: «Quien se llama a sí mismo obispo universal, o desea este título, es, por su orgullo, el precursor del Anticristo». Entendió mal lo que significaba «ecuménico» (era una referencia a que Constantinopla era el centro del *Ecumeni*, el Imperio Romano), pero rechazó claramente la idea de un obispo universal.

San Cipriano de Cartago expresa sentimientos similares en su disputa con el papa San Esteban (aprox. 254-257):

> *Nadie entre nosotros se erige como obispo de los obispos, o mediante la tiranía y el terror obliga a sus colegas a la obediencia obligatoria, ya que cada obispo, en la libertad de su poder, posee el derecho de su propia mente y no puede ser juzgado por otro, como tampoco él mismo puede juzgar a otro. Todos debemos esperar el juicio de nuestro Señor Jesucristo, quien única y exclusivamente tiene el poder de nombrarnos para el gobierno de su Iglesia y de juzgar nuestros actos en ella.* (CSEL 3, 1, 436)

Otro problema práctico de esta estructura que tiene implicaciones teológicas es que la catolicidad se define como la sumisión a Roma, cuya universalidad es la definición para la verdadera eclesiología. Pero *katholikos* (la palabra griega de la que proviene *católico*) no significa propiamente «universal» sino, literalmente, «de acuerdo con el todo». Para la Ortodoxia, este todo reside en cada diócesis con su obispo como presidente en la eucaristía, rodeado de su clero y sus fieles. Las parroquias y diócesis ortodoxas no son meras partes de la Iglesia católica, sino que manifiestan la catolicidad en su interior de forma plena y local.

La afirmación de la supremacía papal es problemática incluso dentro del catolicismo romano, que ha recurrido y sigue recurriendo (aunque de forma limitada) a soluciones conciliares. Un ejemplo importante es la serie de acontecimientos conocidos en Occidente como el «Gran Cisma», que comenzó en 1378 y terminó en 1417. Durante este tiempo, hubo múltiples reclamaciones al papado, en un momento dado, tres. Este problema no se resolvió apelando al poder papal (después de todo, ¿quién era el verdadero papa?), sino en el Concilio de Constanza (1414–18).

Constanza no solo resolvió el problema (deponiendo a dos de los pretendientes, transfiriendo a uno a otra sede episcopal, y luego eligiendo a un nuevo papa), sino que también enseñó explícitamente una doctrina de conciliarismo, declarando que los concilios ecuménicos eran más altos que los papas: «Legítimamente reunido en el Espíritu Santo, constituyendo un concilio general y representando a la Iglesia católica militante, tiene poder inmediato de Cristo; *y que toda persona, de cualquier estado o dignidad, incluso papal, está obligado a obedecerlo* en aquellos asuntos que pertenecen a la fe, a la erradicación de dicho cisma y a la reforma general de dicha Iglesia de Dios en cabeza y miembros» (énfasis añadido).

Irónicamente, este concilio es considerado por Roma como el decimoquinto concilio ecuménico, pero no puede ser ecuménico en virtud de la autoridad papal válida, ya que fue convocado por un antipapa (Juan XXIII), un hombre cuyo papado Roma rechaza. Así, mientras Roma acepta la solución al cisma que el concilio decidió al elegir un nuevo papa, rechaza irónicamente como inválida la sesión que presentó el decreto de conciliarismo. Por lo tanto, Roma tergiversa la base de autoridad autodenominada del concilio para preservar su doctrina de la supremacía papal.

Y si un papado divinamente instituido es necesario para la existencia de la Iglesia, ¿qué sucede con la Iglesia en el período entre la muerte del papa y la elección del siguiente, lo que Roma llama *sede vacante*? Los canonistas de Roma dicen que los poderes episcopales vuelven al cabildo de la catedral a la muerte del obispo, lo que pone el poder papal en manos del Colegio de Cardenales, una solución irónicamente conciliar a tal problema.

La infalibilidad papal

El segundo de los dos dogmas papales (y probablemente el más conocido) es la infalibilidad papal. Se considera que el papa es infalible en cuestiones de fe y moral cuando habla *ex cathedra* («desde el trono»), un poder que tiene el papado desde San Pedro. Este dogma fue definido solemnemente por el Concilio Vaticano I en 1870:

> *Esta sede de San Pedro permanece siempre impoluta de cualquier error, de acuerdo con la divina promesa de nuestro Señor y Salvador al príncipe de sus discípulos...*

> *Por lo tanto, este don de la verdad y de la fe inagotable fue conferido divinamente a Pedro y a sus sucesores en esta sede para que pudieran desempeñar su exaltado oficio para la salvación de todos...*

> *Enseñamos y definimos como dogma divinamente revelado que cuando el Pontífice Romano habla ex cathedra, es decir, cuando, en el ejercicio de su oficio de pastor y maestro de todos los cristianos, en virtud de su suprema autoridad apostólica, define una doctrina relativa a la fe o a la moral que debe ser sostenida por toda la*

> *Iglesia, posee, por la asistencia divina que le fue prometida*
> *en el bienaventurado Pedro, aquella infalibilidad de la que*
> *el divino Redentor quiso que gozara su Iglesia al definir*
> *la doctrina relativa a la fe o a la moral. Por lo tanto, tales*
> *definiciones del pontífice romano son por sí mismas, y no*
> *por el consentimiento de la Iglesia, irreformables. Así pues,*
> *si alguien, que Dios no lo permita, tiene la temeridad de*
> *rechazar esta definición nuestra: que sea anatema.* (Pastor
> *aeternus,* Vaticano I, 1870)

Por lo tanto, se considera que el papa en su cargo tiene un don del Espíritu Santo que lo protege de enseñar herejías. Esto no significa que el papa sea considerado sin pecado o perfecto en todo lo que dice; este don especial es de carácter puramente doctrinal. Sus pronunciamientos tampoco están sujetos a ninguna revisión o consentimiento por parte de la Iglesia. Esta cuestión del consentimiento fue matizada posteriormente en el Vaticano II, en 1964, para significar que es la *infalibilidad de la Iglesia* la que expresa el papa en sus pronunciamientos magisteriales extraordinarios. En cualquier caso, el Espíritu Santo se encargaría de que tales definiciones contaran también con el consentimiento de los obispos y de los fieles (*Lumen gentium*, III.25). Como tales, nunca necesitan ser revisadas o sometidas a consentimiento, presumiblemente porque nadie trataría de objetarlas.

A veces se dice que esta delimitación restrictiva de la infalibilidad papal en el Vaticano I representó una derrota para el ultramontanismo. Los ultramontanos de la época querían que todas las declaraciones doctrinales del papa fueran consideradas infalibles. Sin embargo, eso no fue lo que decidió el Vaticano I, a pesar de las ideas erróneas populares sobre la infalibilidad papal que existen en nuestra época. En realidad, es muy difícil que el papa haga un pronunciamiento infalible.

Sin embargo, no existe una lista católica única y consensuada de declaraciones infalibles hechas por el papa, lo que hace que este dogma sea problemático en la práctica. Aunque el papa y el Magisterio (término utilizado para designar a todo el episcopado en su oficio de enseñar) son bastante claros e inequívocos en la mayoría de los temas, no existe una fórmula oficial con la que todos los católicos romanos estén de acuerdo para señalar una declaración infalible, *ex cathedra*.

La infalibilidad papal también adolece de problemas históricos, tanto en la Escritura como en la historia cristiana posterior. En primer lugar, como se mencionó anteriormente, la supuesta infalibilidad de San Pedro nunca fue apelada durante la controversia judaizante; de hecho, él mismo estaba equivocado hasta que fue corregido por Pablo. Esta infalibilidad tampoco se menciona en ninguna parte de las Escrituras.

En el siglo VII, el papa Honorio fue anatematizado como hereje monotelita por el Sexto Concilio Ecuménico. (Honorio apoyó el monotelitismo en una carta que escribió al Patriarca Sergio de Constantinopla). Este anatema fue repetido por los papas después del concilio, planteando la cuestión de quién era infalible: ¿el papa Honorio o los papas posteriores que lo denunciaron? Del mismo modo, el papa Juan VIII, en el siglo IX, condenó la adición del *filioque* al Credo de Nicea, pero fue anulado por sus sucesores en el siglo XI. ¿Qué papas fueron infalibles? También Liberio, Zósimo y Vigilio se mostraron vacilantes ante la herejía: ¿en cuál de sus posturas habrían sido infalibles?

Un papa infalible también hace innecesarios los concilios para decidir cuestiones doctrinales; sin embargo, la historia cristiana está llena de concilios. En lugar de gastar en transportar a cientos de obispos y usar meses y a veces años de su tiempo, ¿por qué no escribieron al papa para pedirle que decidiera la cuestión? Estos numerosos concilios (que llenan incluso la historia del catolicismo romano) hablan a menudo con valentía, sin tener la sensación de ser meros asesores del papa.

Por el contrario, la Ortodoxia sitúa la infalibilidad en el conjunto de la Iglesia, no en un solo hombre —por eminente que sea— ni siquiera en un colegio episcopal. En su base, la infalibilidad papal puede responder a una necesidad de certeza epistemológica (seguridad mental absoluta) y es otra manifestación del legalismo teológico romano. La institución del papado apela a un deseo psicológico occidental de seguridad absoluta, así como a los católicos romanos que quieren una respuesta final de una sola persona. Las cosas se sienten sólidas y seguras mientras el papa está en el Vaticano.

Una de las preguntas que deja sin respuesta la doctrina católica de la infalibilidad papal es qué se supone que hay que hacer si un papa es de hecho un hereje, algo que Roma admite que es posible. (La condena de Honorio se incluyó en las lecciones del breviario católico hasta el siglo XVIII). ¿Se puede deponer a un papa herético? En caso afirmativo, ¿quién tendría autoridad para plantear la cuestión? Estas preguntas no tienen respuesta. Los ortodoxos, en cambio, no tenemos ningún problema en deponer a nuestros primados cuando es necesario. Los patriarcas ecuménicos han sido depuestos en varias ocasiones, incluso después de que el Gran Cisma convirtiera al titular de este cargo en el prelado más antiguo de la Iglesia ortodoxa.

¿Un Dios diferente?

Los cristianos ortodoxos que examinan seriamente el dogma católico romano pueden preguntarse si creemos en el mismo Dios. Esta sugerencia no se hace a la ligera. Hay tres doctrinas católicas romanas que pueden diferenciar la visión de Dios del Vaticano de la visión ortodoxa: el *filioque*, la simplicidad divina absoluta y la gracia creada. Como explicaremos más adelante, hay teólogos ortodoxos que creen que estas tres doctrinas pueden entenderse de modo ortodoxo.

El *filioque*

El *filioque* (en latín, «y el Hijo»), como ya hemos explicado, es una adición al Credo Niceno-Constantinopolitano que define la procesión (origen) eterna del Espíritu Santo no solo como procedente del Padre (como es la redacción del Credo original y de Juan 15, 26), sino del Padre «y del Hijo».

El *procedit* («procede») en la traducción latina del Credo puede interpretarse de forma más amplia que el griego original *ekporevetai*, más estrictamente técnico, lo que lleva a algunos teólogos a redefinir esta doctrina para referirse no al origen eterno del Espíritu como Persona divina, sino solo a su misión temporal. Es decir, el Espíritu procede del Padre de forma diferente (eternamente como Persona) que del Hijo (temporalmente para la salvación). Esa definición es consistente con la Ortodoxia y es enseñada por algunos de los Padres del Occidente latino (incluso usando la palabra *filioque*), así como por los Padres del Oriente griego, aunque no usando *ekporevetai* sino *proienai*.

Tal interpretación es, sin embargo, inconsistente con las declaraciones doctrinales oficiales de Roma, que dejan claro que se refieren a los orígenes eternos del Espíritu:

> *Profesamos fiel y devotamente que el Espíritu Santo procede eternamente del Padre y del Hijo, no como de dos principios, sino como de uno solo; no por dos espiraciones, sino por una sola. Esto es lo que la santa Iglesia romana, madre y señora de todos los fieles, ha profesado, predicado y enseñado hasta ahora; esto es lo que sostiene firmemente, predica, profesa y enseña; esta es la creencia inmutable y verdadera de los padres y doctores ortodoxos, tanto latinos como griegos.* (Concilio de Lyon, 1274)

Este tipo de lenguaje se utiliza también en el actual *Catecismo* de la Iglesia católica romana:

> *El Espíritu Santo [...] tiene su esencia y su ser a la vez* (simul) *del Padre y del Hijo y procede eternamente tanto del Uno como del Otro como de un solo Principio y por una sola espiración [...]. Y porque todo lo que pertenece al Padre, el Padre lo dio a su Hijo único al engendrarlo a excepción de su ser de Padre, esta procesión misma del Espíritu Santo a partir del Hijo, este la tiene eternamente de su Padre que lo engendró eternamente.* (CIC, 246, citando el Concilio de Florencia, 1438)

El *filioque* se ha considerado el mayor problema estrictamente *teológico* —dogma sobre quién es Dios— entre los ortodoxos y Roma, porque concierne al corazón mismo de la teología cristiana, las Personas de la Santísima Trinidad. Sin embargo, se ha hecho mucho trabajo teológico sobre este punto, y algunas corrientes importantes de la teología católica han intentado llevar a Roma en la dirección de interpretar el *filioque* como misión temporal y no como origen eterno, a pesar de las declaraciones oficiales en sentido contrario. Algunos teólogos —tanto católicos como ortodoxos— consideran ahora la cuestión esencialmente resuelta.

Los ortodoxos podemos estar de acuerdo con la interpretación del *filioque* como misión temporal del Espíritu Santo, aunque rechazamos la forma en que se insertó en el Credo. También hay un lenguaje en San Cirilo de Alejandría y San Máximo el Confesor de que el Espíritu «descansa en el Hijo», que ha sido la base de algún acuerdo en las conversaciones entre nuestras iglesias. Nuestras críticas de aquí en adelante, por lo tanto, son para el sentido del *filioque* como referido al *origen eterno* del Espíritu.

La acusación más grave contra la doctrina es que cambia las palabras del propio Cristo: «Pero cuando venga el Consolador, el Espíritu de verdad que yo les enviaré de parte del Padre, el cual procede del Padre, él dará testimonio de mí» (Juan 15, 26). Jesús no dijo «que procede del Padre y del Hijo», sino solo «que procede del Padre».

El *filioque* también viola el perfecto equilibrio de la teología trinitaria: en lugar de que un atributo particular pertenezca a la Naturaleza divina o a la Persona, el *filioque* concede un atributo a dos Personas, pero no a la otra. Por ejemplo, el no engendramiento pertenece solo al Padre, el engendramiento pertenece al Hijo, mientras que la procesión pertenece al Espíritu. Asimismo, todas las características divinas (p. ej., inmortalidad, perfección, omnisciencia, etc.) pertenecen a las tres Personas. Pero si el origen eterno de la espiración del Espíritu pertenece tanto al Padre como al Hijo, eso subordina al Espíritu en el sentido de que no posee algo que las otras dos Personas sí poseen.

La adición del *filioque* al Credo, además de ser herética, fue también anticanónica y un pecado contra la unidad de la Iglesia. El Credo, tal como está ahora, fue profesado y ratificado ecuménicamente en el Segundo Concilio Ecuménico (381). La inviolabilidad del Credo fue confirmada por varios papas que anatematizaron cualquier cambio en él, especialmente Juan VIII, cuyos legados fueron enviados a Constantinopla en 879-880 específicamente para restituir al depuesto Patriarca San Focio el Grande y rechazar el *filioque*. El concilio en el que participaron allí lanzó un anatema contra cualquier cambio en el Credo. Anteriormente, cuando el *filioque* se empezó a utilizar en Roma, el papa León III prohibió su uso e hizo inscribir el Credo original (sin la adición) en griego y latín en tablillas de plata en la tumba de San Pedro.

Se pueden sugerir algunas implicaciones prácticas de la teología inherente al *filioque*. Debido a que el Espíritu Santo está subordinado por esta teología, sus ministerios son «apagados» (véase 1 Ts. 5, 19) y reemplazados en ciertas formas prácticas en la vida de oración de los creyentes y la administración de la vida de la iglesia. La Ortodoxia enseña, por ejemplo, que la unidad de la Iglesia y la infalibilidad son ministerios del Espíritu, pero Roma los pone en manos del papado. Asimismo, una vida espiritual dinámica es sustituida por el legalismo («la letra [de la ley] mata, pero el Espíritu vivifica», 2 Co. 3, 6), y el ascetismo equilibrado da paso a una espiritualidad carnosa y materialista. Sin embargo, a pesar de estas implicaciones sugeridas, sería difícil establecer una relación causal directa entre la doctrina y estos fenómenos.

Para una refutación muy detallada del *filioque*, véase la obra de San Focio el Grande *Sobre la mistagogía del Espíritu Santo*, que incluye un estudio detallado de cómo la enseñanza no solo es herética, sino incluso absurda (p. ej., si la espiración del Espíritu Santo pertenece a la Divinidad y no a la Persona del Padre, ¡entonces el Espíritu Santo debe espirarse a sí mismo!)

La simplicidad divina absoluta

Incluso, aparte de la distorsión de las Personas de la Divinidad por medio del *filioque*, Roma también puede distorsionar la naturaleza de Dios con la enseñanza de la simplicidad divina absoluta. La fe ortodoxa enseña que Dios es tanto esencia incognoscible como energías cognoscibles, lenguaje que se remonta al menos al siglo IV. El catolicismo romano, aunque no rechaza explícitamente la distinción esencia/energías, enfatiza la doctrina de la simplicidad divina absoluta, un requisito de las categorías filosóficas aristotélicas, que define a Dios como una «sustancia». Este punto de vista no es solo otra forma de afirmar que Dios es uno; más bien, insiste en que su unicidad es una singularidad indiferenciada, sin facetas, aspectos o distinciones.

El lenguaje de Roma que afirma la simplicidad divina absoluta puede encontrarse en varias fuentes oficiales:

Creemos firmemente y confesamos abiertamente que hay un solo Dios verdadero, eterno e inmenso, omnipotente, inmutable, incomprensible e inefable, Padre, Hijo y

> *Espíritu Santo; tres Personas en verdad, pero una sola esencia, sustancia o naturaleza absolutamente simple; el Padre (procedente) de nadie, pero el Hijo del Padre solamente, y el Espíritu Santo igualmente de ambos, siempre sin principio ni fin.* (Cuarto Concilio de Letrán, 1215, énfasis añadido)

> *La Iglesia santa, católica, apostólica y romana cree y reconoce que hay un solo Dios verdadero y vivo, Creador y Señor del cielo y de la tierra, todopoderoso, eterno, inconmensurable, incomprensible, infinito en voluntad, entendimiento y toda perfección. Puesto que Él es una sustancia espiritual única, singular, completamente simple e inmutable, hay que declarar que es en realidad y en esencia, distinto del mundo, supremamente feliz en sí mismo y por sí mismo, e inexpresablemente más elevado que todo lo que, además de Él, existe o puede imaginarse.* (*Constitución Dogmática*, Vaticano I, 1870, énfasis añadido)

En esta doctrina, la *esencia* de Dios (quién es Él en sí mismo) es idéntica a los *atributos* de Dios (lo que se puede decir de Él). En el cristianismo, fue expuesta por primera vez por San Agustín, que la toma del neoplatonista Plotino. La simplicidad divina absoluta también se expone con detalle en los escritos de Tomás de Aquino, el gran sintetizador del catolicismo con Aristóteles. Pero tanto San Dionisio Areopagita como San Juan de Damasco dicen que la esencia del Padre está más allá incluso de la categoría de «ser» en sí y, por tanto, está más allá de toda afirmación lógica, incluso de una como la simplicidad.

Los ortodoxos están de acuerdo en cierto sentido con la simplicidad divina, que Dios no tiene «partes», pero con nuestro énfasis en la salvación como *theosis* y en Dios como Personas (más que como una «sustancia»), tiene más sentido enseñar en términos de Su esencia incognoscible y energías cognoscibles que detenerse en una categoría filosófica como la simplicidad. Si se encuentra a Dios como simple sustancia y no como Personas que pueden ser conocidas y cuyas energías pueden ser participadas, entonces su alteridad desequilibra su accesibilidad y cercanía.

Algunos católicos romanos señalan la formulación explícita de la distinción esencia/energías en los escritos del siglo XIV de San Gregorio Palamás como prueba de que los ortodoxos creen en el desarrollo de la doctrina. (Gregorio fue incluso denunciado como hereje por algunos católicos.) Pero los estudiantes cuidadosos de los Padres verán ese lenguaje, utilizando los mismos términos con esencialmente los mismos significados, en los escritos de San Basilio el Grande, que escribió casi un milenio antes que Gregorio: «Las energías son diversas, y la esencia simple, pero decimos que conocemos a nuestro Dios por sus energías, pero no nos acercamos a su esencia. Sus energías descienden hasta nosotros, pero su esencia permanece fuera de nuestro alcance» (*Carta* 234).

Esta distinción está también en la Escritura, aunque en otros términos. Pensar en el conocimiento de Dios como en sus energías, no en su esencia, ayuda a reconciliar pasajes como «A Dios nadie lo ha visto jamás» (Juan 1, 18; 1 Juan 4, 12) con la insistencia de San Pedro en que podemos llegar a ser «participantes de la naturaleza divina» (2 Pe. 1, 4), que mediante la pureza de corazón pueden «ver a Dios» (Mt. 5, 8).

La simplicidad divina absoluta es también la base de la doctrina católica romana de la visión beatífica, en la que el hombre puede «contemplar» a Dios en el cielo. Con este modelo, la imagen tiene una cierta distancia entre el cristiano y Dios. La teología católica incluye la idea de la participación en Cristo, aunque no suele explicitarla como *theosis*. La *theosis* no está completamente ausente de la teología católica romana, ya que se incluye en los escritos del Aquinate, pero no define la salvación para Roma como lo hace para la Ortodoxia.

En esta doctrina subyace un mayor interés por definir la naturaleza de Dios que por experimentar a Dios como tres Personas. Sin embargo, nuestra experiencia concreta de Dios es como Personas, no como una naturaleza independientemente existente. La simplicidad divina absoluta puede dañar la teología de la persona, a veces incluso confundiendo persona con naturaleza, lo que sugiere un Dios unitario más que trinitario. Dios no se reveló como naturaleza, sino como Padre, Hijo y Espíritu Santo.

Sin embargo, debemos ser cautelosos aquí, porque la cuestión es principalmente de énfasis y no de contradicción absoluta. Si se incluye como parte de una triadología ortodoxa completa, la simplicidad divina puede entenderse de manera ortodoxa, pero la Ortodoxia se centra más en Dios como tres Personas —Padre, Hijo y Espíritu Santo— que como una «sustancia», sea cual sea su definición, porque así es como Dios se ha revelado. La pregunta para los ortodoxos no es realmente «¿Qué es Dios?», sino «¿Quién es Dios?».

La gracia creada

Sin la tradición de Dios como esencia y energías, surgen problemas en la forma de referirse tanto a la presencia de Dios en el creyente como a los efectos que se producen a causa de esa presencia. Estos problemas encuentran su expresión en la forma en que la teología católica habla de la gracia como algo increado y creado a la vez. Es importante señalar que, si bien hay dificultades con este lenguaje, no es una enseñanza dogmática sostenida por Roma y, por lo tanto, podría resolverse más fácilmente en las relaciones con los ortodoxos.

La teología católica romana enseña que existe tanto la gracia increada (es decir, Dios) como la gracia creada (aunque este término preciso no se suele utilizar). La gracia creada puede ser plural (es decir, «gracias») y designa los *efectos* creados por Dios. La gracia creada reside en la persona humana y se convierte en una cualidad de su naturaleza. Se «concede» o «confiere». Esta gracia puede dar un «mérito» o una «disposición» al creyente. La gracia increada puede considerarse, por tanto, como una causa, mientras que la gracia creada es un efecto.

En el sentido clásico de los escolásticos, la gracia creada se utiliza en un sentido «analógico» y no absoluto, lo que significa que estos «méritos» dados al hombre se entienden como «gracia» solo por analogía con la obra de Dios. Por lo tanto, en cierto sentido, la «gracia creada» no es realmente gracia en el sentido clásico, sino solo una abreviatura teológica del estado subjetivo del creyente bajo la influencia de la gracia de Dios. Los ortodoxos no deberían tener ninguna objeción al respecto, aunque podríamos aconsejar la elección de una palabra diferente a la de *gracia* para el efecto «analógico». El lenguaje de la «gracia creada» se utiliza de hecho en algunos de los Padres ortodoxos. Sin embargo, en la práctica, esta formulación teológica más equilibrada ha sido absorbida en gran medida por la insistencia latina en el «mérito», especialmente desde el Concilio de Trento (1545-63) hasta el siglo XX. El lenguaje de la «gracia creada» todavía encuentra su lugar en el *Catecismo* actual:

> *La gracia santificante es un don habitual, una disposición estable y sobrenatural que perfecciona al alma para hacerla capaz de vivir con Dios, de obrar por su amor. Se distingue entre la gracia habitual, disposición permanente para vivir y obrar según la vocación divina, y las gracias actuales, que designan las intervenciones divinas que están en el origen de la conversión o en el curso de la obra de la santificación.*
> (CIC, 2000)

> *La gracia santificante es el don gratuito que Dios nos hace de su vida, infundida por el Espíritu Santo en nuestra alma para curarla del pecado y santificarla.*

> *La gracia santificante nos hace «agradables a Dios». Los carismas, que son gracias especiales del Espíritu Santo,*

> *están ordenados a la gracia santificante y tienen por fin el bien común de la Iglesia. Dios actúa así mediante gracias actuales múltiples que se distinguen de la gracia habitual, que es permanente en nosotros.* (CIC, 2023-24)

Este enfoque contrasta con el énfasis principal de la doctrina ortodoxa, en la que la gracia divina se describe casi siempre como increada y, por tanto, representa la presencia real de Dios mismo en el creyente: las energías de Dios. Lo que santifica al creyente, por sinergia (Dios y el hombre trabajando juntos), son las energías de Dios. No hay nada en la persona del creyente que se santifique a sí mismo. Del mismo modo, si la gracia que experimenta el creyente es simplemente un «efecto», una «cualidad» o una «disposición», entonces permanece separado de Dios. Por eso sería mejor no referirse a tales atributos creados como «gracia».

Aunque la doctrina de la gracia creada tiene el potencial de ser problemática, nunca ha sido definida dogmáticamente por Roma ni condenada en concilio por los ortodoxos. Y no todos los católicos romanos aceptan la doctrina. Los franciscanos nunca la aceptaron, y muchos jesuitas afirman que Tomás de Aquino tampoco la enseñó. En la era moderna, el cardenal Henri de Lubac (uno de los teólogos del *Ressourcement*, católicos del siglo XX que instan a volver a las fuentes patrísticas) dice que la gracia creada y el fuerte énfasis que la acompaña en la división entre gracia y naturaleza conducen en realidad al secularismo. Así que esto es un tema de debate incluso para Roma.

La salvación

Si las diferencias en las creencias sobre la naturaleza de la Iglesia y la identidad de Dios no fueran suficientes para separar el catolicismo romano de la Ortodoxia, la teología de la salvación en sí misma también es notablemente diferente. Roma, en los últimos años, ha suavizado la postura que enseñó durante siglos de que la sumisión al papado era necesaria para la salvación. Dicho esto, la comprensión esencial de Roma de lo que es el pecado, cómo afecta a la humanidad y cómo se salva de él sigue estando en desacuerdo con la Ortodoxia.

La salvación de los no católicos

Una de las preguntas que probablemente nos hagamos es si los no católicos pueden salvarse. La respuesta es, por desgracia, confusa, porque Roma ha cambiado su posición sobre esta cuestión a lo largo de los años. En el siglo XIV, vemos este lenguaje bastante fuerte: «Además, declaramos, proclamamos, definimos que es absolutamente necesario para la salvación que toda criatura humana se someta al pontífice romano» (Bula papal *Unam Sanctam*, 1302, papa Bonifacio VIII). Está claro que quien no se somete a Roma está condenado. Este mismo lenguaje se utiliza en el siglo XVI: «Es necesario para la salvación que todos los fieles de Cristo se sometan al pontífice romano» (Quinto Concilio de Letrán, 1516).

Sin embargo, los teólogos católicos de principios del siglo XX, aunque criticaban a los ortodoxos en términos contundentes, veían la relación de Roma con Oriente como una división real *dentro* de la cristiandad, no como si Oriente hubiera abandonado la Iglesia y perdido la salvación:

> *No son los latinos, son ellos [es decir, los ortodoxos] los que han abandonado la Fe de sus Padres. No hay humillación en volver sobre los propios pasos cuando se ha errado el camino a causa de rencillas personales olvidadas hace tiempo. También ellos deben ver lo desastroso que es para la causa común el escándalo de la división. Ellos también deberían desear poner fin a tan lamentable mal. Y si realmente lo desean, el camino no debe ser difícil. Porque, en efecto, después de nueve siglos de cisma podemos darnos cuenta, por ambas partes, de que no solo es el mayor, sino también el más superfluo de los*

males de la cristiandad. (*Catholic Encyclopedia*, «Cisma de Oriente», 1913)

En la época del Concilio Vaticano II, Roma enseñó explícitamente que los no católicos tienen la posibilidad de salvarse:

Quienes, sin culpa propia, no conocen el Evangelio de Cristo ni su Iglesia, pero que, no obstante, buscan a Dios con un corazón sincero y, movidos por la gracia, procuran cumplir, con sus obras, la voluntad de Dios, tal como la conocen a través de los dictados de su conciencia, también pueden alcanzar la salvación eterna. (Vaticano II, *Lumen gentium*, 1965)

Por tanto, mientras que a los cristianos ortodoxos del siglo XIV Roma les decía que estaban condenados, ahora pueden ampararse en la «cláusula de ignorancia» del lenguaje del Concilio Vaticano II. Incluso al margen de la cuestión de cuál de estas declaraciones papales debe considerarse infalible, tal cambio lleva a preguntarse si Roma cambiará su postura en el futuro.

El pecado original

Siguiendo las enseñanzas de San Agustín de Hipona (a quien la Iglesia ortodoxa venera como santo sin respaldar todas sus doctrinas), el catolicismo romano enseña que el pecado original se transmite a los descendientes de Adán y Eva mediante la reproducción sexual:

Cuando se trata del proceso real de generación, el mismo abrazo que es lícito y honorable no puede efectuarse sin el ardor de la lujuria... [Esta lujuria] es la hija del pecado, por así decirlo; y siempre que da su consentimiento a la comisión de actos vergonzosos, se convierte también en la madre de muchos pecados... Ahora bien, a partir de esta concupiscencia, todo lo que nace por nacimiento natural está ligado al pecado original. (San Agustín de Hipona, *De bono coniugali*)

En otro lugar, al hablar del «deber» de las relaciones sexuales, Agustín dice que las parejas casadas solo deben «descender a ellas con pesar» (*Sermón sobre el acuerdo de los evangelistas Mateo y Lucas en las genealogías del Señor*, 25). Agustín no es la fuente de esta enseñanza, sino que sigue una tradición anterior que se remonta al menos a Orígenes. En realidad, Agustín da al matrimonio una visión más positiva y se cuida de decir que el sexo en sí mismo no es pecaminoso, sino que el pecado original se transmite a través del acto sexual, porque el pecado está siempre presente a través de la lujuria:

Nunca he censurado la unión de los dos sexos si se produce legalmente dentro de los límites del matrimonio. No podría haber generación de seres humanos sin dicha unión, aunque no hubiera precedido ningún pecado. En cuanto a la segunda proposición que añades que es mía, de que los hijos nacen de la unión de los cuerpos: esto sí lo digo, pero la conclusión que quieres sacar como mía no lo es. Yo no digo que los hijos, procedentes de una acción mala, sean malos, pues no digo que la actividad en la que se empeñan los casados con el fin de engendrar hijos sea mala. De hecho, afirmo que es buena, porque hace un buen uso del mal de la lujuria, y a través de este buen uso, se engendran seres humanos, obra buena de Dios. Pero la acción no se realiza sin el mal, y por eso los hijos deben ser regenerados para librarse del mal. (*Contra Juliano*, III.VII.15)

El Concilio de Trento también dejó claro que el pecado original se transmite por reproducción sexual:

> *Si alguien afirma que este pecado de Adán, que en su origen es uno, y que* por propagación, *no por imitación,* se transfiere a todos, *que está en cada uno como algo propio, es quitado bien por las fuerzas de la naturaleza humana bien por otro remedio que no sea el mérito del único mediador, nuestro Señor Jesucristo, que nos ha reconciliado con Dios en su propia sangre, hecho para nosotros justicia, santificación y redención; o si niega que ese mérito de Jesucristo se aplica tanto a los adultos como a los niños por el sacramento del bautismo correctamente administrado en la forma de la Iglesia, sea anatema; porque no hay otro nombre bajo el cielo dado a los hombres por el que debamos ser salvos.* (Concilio de Trento, *Decreto sobre el pecado original*, 1546, énfasis añadido)

> *Si alguien niega que por la gracia de nuestro Señor Jesucristo, que se confiere en el bautismo, se remite la* culpa del pecado original, *o dice que no se quita todo lo que pertenece a la esencia del pecado, sino que dice que solo se cancela o no se imputa, sea anatema.* (Ibid., énfasis añadido)

Este mismo lenguaje es el que utiliza el *Catecismo* actual:

> *¿Cómo el pecado de Adán vino a ser el pecado de todos sus descendientes? Todo el género humano es en Adán* sicut unum corpus unius hominis *(«Como el cuerpo único de un único hombre»). Por esta «unidad del género humano», todos los hombres están implicados en el pecado*

de Adán, como todos están implicados en la justicia de Cristo. Sin embargo, la transmisión del pecado original es un misterio que no podemos comprender plenamente. Pero sabemos por la Revelación que Adán había recibido la santidad y la justicia originales no para él solo sino para toda la naturaleza humana: cediendo al tentador, Adán y Eva cometen un pecado personal, *pero este pecado afecta a la* naturaleza humana, *que transmitirán* en un estado caído. *Es un pecado que será* transmitido por propagación *a toda la humanidad, es decir, por la transmisión de una naturaleza humana privada de la santidad y de la justicia originales.* (CIC, 404, énfasis añadido)

La idea de que todos pecaron «en» Adán puede provenir de una mala traducción de Romanos 5, 12: «Por esta razón, así como el pecado entró en el mundo por medio de un solo hombre, y la muerte por medio del pecado, así también la muerte pasó a todos los hombres, por cuanto todos pecaron». En las traducciones al latín, la última frase es *in quo omnes peccaverunt*, que significa «*en quien* todos pecaron», diciendo que en Adán (el «un solo hombre») todos pecaron, haciendo a todos culpables del pecado de Adán.

En griego, es *eph' o pantes himarton*, «porque todos pecaron», que no solo es la redacción real de la Escritura sino la fe de la Iglesia ortodoxa. Es decir, aunque todos sufrimos los efectos del pecado de Adán (por ser humanos), no somos culpables de ningún pecado más que de los nuestros. No pecamos en Adán, sino que pecamos porque el pecado de Adán nos hizo capaces de pecar. Por eso algunos escritores ortodoxos prefieren utilizar el término *pecado ancestral* en lugar de *pecado original*. Sin embargo, *pecado original* no es desconocido en los Padres griegos, algunos de los cuales se refieren al «primer pecado», que es esencialmente sinónimo.

La enseñanza de Agustín de que la reproducción sexual está intrínsecamente contaminada (aunque sea necesaria para la continuidad de la raza humana) va en contra del claro sentido de Hebreos 13, 4, que dice que el lecho matrimonial es «sin mancilla». Algunos de los Padres dicen que la modalidad física actual de la reproducción sexual es un resultado de la Caída (al igual que el estado caótico del mundo natural, por ejemplo, los terremotos, los huracanes), pero no dicen que el sexo sea en sí mismo pecaminoso y que solo deba practicarse con arrepentimiento.

Dicho esto, los ortodoxos y los católicos no están necesariamente en lados totalmente diferentes de esta cuestión. Por ejemplo, el Catecismo Católico dice lo siguiente sobre la herencia de la culpa en el pecado original: «Por eso, el pecado original es llamado "pecado" de manera análoga: es un pecado "contraído", "no cometido", un estado y no un acto. Aunque propio de cada uno, el pecado original no tiene, en ningún descendiente de Adán, un carácter de falta personal» (CIC, 404-405). Curiosamente, la traducción griega de este pasaje del catecismo utiliza la frase *propatoriki hamartia*, «pecado ancestral». Por lo tanto, no debemos llevar esto demasiado lejos. Una verdadera culpa heredada es más característica de ciertas corrientes del protestantismo que de Roma. Sin embargo, la identificación del pecado original como culpa heredada en la teología católica persiste en la polémica ortodoxa, basada al menos en parte en articulaciones menos matizadas, como en el *Catecismo de Baltimore*, que define el pecado original de esta manera: «Este pecado se llama original porque nos viene de nuestros primeros padres, y venimos al mundo con su culpa en el alma» (*Catecismo de Baltimore*, pregunta 266).

La Inmaculada Concepción

La doctrina del pecado original es también el origen de la enseñanza de la Inmaculada Concepción, que dice que la Virgen María fue preservada de toda mancha de pecado original cuando fue concebida (declarada dogma en 1854, aunque rechazada por Tomás de Aquino en el siglo XIII). Fue esta purificación desde su concepción la que le permitió asentir a la Encarnación cuando fue anunciada por el arcángel Gabriel:

> *Declaramos, pronunciamos y definimos que la doctrina que sostiene que la Santísima Virgen María, en el primer momento de su concepción, por una singular gracia y privilegio concedido por Dios Todopoderoso, en vista de los méritos de Jesucristo, el Salvador del género humano, fue preservada libre de toda mancha de pecado original, es una doctrina revelada por Dios y por lo tanto debe ser creída firme y constantemente por todos los fieles.* (Ineffabilis Deus, 1854; este es el documento con el que el papa Pío IX definió la doctrina)

> *Para llegar a ser la madre del Salvador, María «fue enriquecida por Dios con dones apropiados para tal papel». El ángel Gabriel en el momento de la anunciación la saluda como «llena de gracia». En efecto, para que María pudiera dar el libre asentimiento de su fe al anuncio de su vocación, era necesario que estuviera enteramente cargada de la gracia de Dios.* (CIC, 490)

La doctrina de la Inmaculada Concepción revela una visión más pesimista de la Caída que la que sostienen los ortodoxos. Roma sostiene que María tuvo que ser preservada de los efectos del pecado original para ser lo suficientemente libre como para dar su consentimiento a la Encarnación. Su santidad de vida, según el modelo de Roma, no es mérito suyo. Pero los ortodoxos creen que toda la humanidad, incluida la Virgen María, es libre para elegir a Dios, incluso si esa libertad está mermada y tiende al pecado.

Los ortodoxos sostienen una pre purificación de la Virgen María, no en su concepción sino en la Anunciación. Esta enseñanza se expresa en los himnos de la Anunciación: «La venida del Espíritu Santo ha purificado mi alma y santificado mi cuerpo; y lo ha convertido en un templo capaz de contener a Dios, en un tabernáculo divinamente adornado, en un santuario vivo y en la pura Madre de la Vida» (*Menaion de marzo*, Oda 7 del Canon de la Anunciación). Nuestra enseñanza es que la santificación que tuvo lugar en la Anunciación fue tanto para que su vientre estuviera preparado para llevar a Dios como para que la naturaleza humana asumida por Cristo fuera prelapsaria (es decir, anterior a la caída de la humanidad). Especular más allá de esto conduce a problemas.

En las homilías de San Juan de Damasco sobre la Dormición de la Virgen María, escribe que, efectivamente, se libera de la corrupción, pero esa liberación se produce en la Anunciación (lo que contradice la definición de Roma de 1854). Ella heredó la corrupción de Adán y Eva, pero la superó con su vida pura, que es parte de lo que la preparó para convertirse en la *Theotokos*. También es claro en su *De fide orthodoxa: Explicación de la fe correcta* que esta purificación vino después de su asentimiento: «Así pues, tras el asentimiento de la Santa Virgen, el Espíritu Santo descendió sobre ella, según la palabra del Señor que pronunció el ángel, purificándola y concediéndole el poder de recibir la divinidad de la Palabra, y asimismo el poder de dar a luz» (Libro 3, capítulo 2, segundo párrafo).

Sin embargo, el argumento más claro en contra de la Inmaculada Concepción es que la Virgen María murió, involuntariamente y por necesidad. Si hubiera nacido sin los efectos del pecado original, habría sido incapaz de morir.

Cristo, como su madre, sufrió los efectos de la naturaleza humana caída (como el hambre, la fatiga, etc.), pero no cometió ningún pecado personal. Sin embargo, todo esto lo hizo por su propia voluntad, y no por necesidad, porque su naturaleza humana era prelapsaria. No estaba caído. Cristo y el resto de la humanidad tienen la misma naturaleza humana, pero el modo en que se expresa esa naturaleza es diferente. Su humanidad está deificada, mientras que la nuestra está caída y, por tanto, sujeta a la muerte por necesidad. La muerte de Cristo fue totalmente voluntaria.

Consideremos este detalle en los relatos evangélicos de la muerte de Jesús: primero inclinó la cabeza y *luego* entregó el espíritu. Una muerte involuntaria ocurre en el orden inverso. La cabeza se inclina porque el espíritu se ha ido.

La doctrina de la Inmaculada Concepción también plantea incómodas cuestiones soteriológicas: si en su concepción la Virgen María es preservada de la mancha del pecado original y, por tanto, devuelta al estado prelapsario por «una gracia y un privilegio singulares concedidos por Dios Todopoderoso» (incluso «en vista de los méritos de Jesucristo»), ¿qué necesidad había de la Encarnación? ¿Por qué no podría haberse salvado toda la humanidad por este mismo método?

Mérito y satisfacción

Debido a su comprensión del pecado original en términos legales, el pecado y la muerte se conciben principalmente en la doctrina católica romana como una deuda o como un delito contra Dios. Además, incluso si el creyente es perdonado por sus pecados, todavía tiene que pagar por ellos con un castigo temporal. Se dice que Dios exige satisfacción tanto por la culpa del pecado como por la deuda a pagar que el creyente tiene con Dios, y el creyente tiene que merecer su salvación. También tiene que pagar la pena temporal debida por sus pecados en el purgatorio, cuyo sufrimiento puede reducirse ganando indulgencias. La *Catholic Encyclopedia* [Enciclopedia Católica] lo expresa así:

> *El pecado, como ofensa a Dios, exige satisfacción en el*
> *primer sentido; el castigo temporal debido al pecado exige*
> *satisfacción en el segundo sentido.*

> *La fe cristiana nos enseña que el Hijo de Dios encarnado,*
> *con su muerte en la cruz, satisfizo plenamente la ira de*
> *Dios por nuestros pecados y realizó así la reconciliación*

entre el mundo y su Creador... Es un artículo definido de la fe católica que el hombre antes, en y después de la justificación deriva toda su capacidad de merecer y satisfacer, así como sus méritos y satisfacciones reales, únicamente del tesoro infinito de méritos que Cristo ganó para nosotros en la Cruz.

El segundo tipo de satisfacción, es decir, la eliminación de las penas temporales, consiste en que el penitente, después de su justificación, cancela gradualmente las penas temporales debidas a sus pecados, ya sea ex opere operato, *cumpliendo conscientemente la penitencia que le impone el confesor, o* ex opere operantis, *mediante penitencias autoimpuestas (como la oración, el ayuno, la limosna, etc.) y soportando con paciencia los sufrimientos y las pruebas enviadas por Dios; si descuida esto, tendrá que dar plena satisfacción* (satispassio) *en las penas del purgatorio.* («Merit», 1913)

Aunque la *Catholic Encyclopedia* [Enciclopedia Católica] no es una fuente oficial, coincide esencialmente con lo que aparece en el *Catecismo*, que define el mérito y la satisfacción de esta manera (todo el énfasis en el original):

El término «mérito» designa en general la retribución debida *por parte de una comunidad o una sociedad a la acción de uno de sus miembros, considerada como obra buena u obra mala, digna de recompensa o de sanción. El mérito corresponde a la virtud de la justicia conforme al principio de igualdad que la rige.* (CIC, 2006)

Puesto que la iniciativa en el orden de la gracia pertenece a Dios, nadie puede merecer la gracia primera, *en el inicio de la conversión, del perdón y de la justificación.*

Bajo la moción del Espíritu Santo y de la caridad, podemos después merecer en favor nuestro y de los demás gracias útiles para nuestra santificación, para el crecimiento de la gracia y de la caridad, y para la obtención de la vida eterna. Los mismos bienes temporales, como la salud, la amistad, pueden ser merecidos según la sabiduría de Dios. Estas gracias y bienes son objeto de la oración cristiana. La oración atiende a la gracia que necesitamos para las acciones meritorias. (CIC, 2010)

La absolución quita el pecado, pero no remedia todos los desórdenes que el pecado causó. Liberado del pecado, el pecador debe todavía recobrar la plena salud espiritual. Por tanto, debe hacer algo más para reparar sus pecados: debe «satisfacer» de manera apropiada o «expiar» sus pecados. Esta satisfacción se llama también «penitencia». (CIC, 1459)

Para entender esta doctrina y esta práctica de la Iglesia es preciso recordar que el pecado tiene una doble consecuencia. *El pecado grave nos priva de la comunión con Dios y por ello nos hace incapaces de la vida eterna, cuya privación se llama la «pena eterna» del pecado. Por otra parte, todo pecado, incluso venial, entraña apego desordenado a las criaturas que es necesario purificar, sea aquí abajo, sea después de la muerte, en el estado que se llama Purgatorio. Esta purificación libera de lo que se llama la «pena temporal» del pecado. Estas dos penas no deben ser concebidas como una especie de venganza, infligida por Dios desde el exterior, sino como algo que brota de la naturaleza misma del pecado. Una conversión que procede de una ferviente caridad puede llegar a la total purificación del pecador, de modo que no subsistiría ninguna pena.* (CIC, 1472)

Por lo tanto, la salvación es principalmente una cuestión de «satisfacer» a Dios y evitar el castigo. El énfasis en la curación y la transformación de la persona humana puede perderse fácilmente en este sistema. La idea de que el Hijo de Dios se hizo hombre para satisfacer el honor del Padre encuentra su máxima expresión en *Cur Deus homo* («Por qué Dios se hizo hombre») de Anselmo de Canterbury, como cuando escribe:

> *Es imposible que Dios pierda su honor; porque o el pecador paga su deuda por su propia voluntad, o, si se niega, Dios se la quita. Porque, o bien el hombre rinde la debida sumisión a Dios por su propia voluntad, evitando el pecado o haciendo el pago, o bien Dios lo somete a sí mismo mediante tormentos, incluso contra la voluntad del hombre, y muestra así que es el Señor del hombre, aunque este se niegue a reconocerlo por su propia voluntad. Y aquí debemos observar que, así como el hombre al pecar se lleva lo que pertenece a Dios, así Dios al castigar obtiene a cambio lo que pertenece al hombre. (Cur Deus homo, cap. XIV)*

Las Escrituras utilizan el lenguaje de «deuda» o «delito» para describir nuestros pecados contra Dios, pero entre los ortodoxos no se enfatiza tanto como en Roma, ni existe ningún sistema complejo de satisfacción, mérito e indulgencias. Los ortodoxos no enseñan el castigo *temporal* por los pecados perdonados, porque el perdón anula cualquier tipo de castigo. Si Dios perdona a alguien, ¿por qué iba a seguir exigiendo el pago a través de la satisfacción? Este modelo niega todo el poder y las implicaciones del perdón en la muerte y resurrección de Cristo. Estamos de acuerdo en que el perdón de los pecados en la absolución «no remedia todos los desórdenes que el pecado ha causado», pero lo que se necesita es una reorientación de la persona humana para que funcione de otra manera, no que «haga satisfacción por» sus pecados.

Si hay que «satisfacer» el honor de Dios, entonces Él es caprichoso por haber permitido que caigamos en pecado: Él estableció las reglas sabiendo muy bien que las romperíamos. La muerte de su Hijo es entonces necesaria más como una cuestión de honor que como una victoria sobre la muerte. Este sentido de satisfacción de la justicia divina fue desarrollado posteriormente por el reformador protestante del siglo XVI Juan Calvino, de modo que se trata del apaciguamiento de la ira y la venganza de Dios, pero no se lleva tan lejos en Anselmo.

Además, al centrarse en el lenguaje de la metáfora jurídica de la salvación utilizado en las Escrituras, los católicos romanos pueden pasar por alto la comprensión más dominante de la salvación en las Escrituras, que es la curación. La palabra *sozein* en las Escrituras griegas, que se traduce como «salvar», también significa literalmente «curar». La salvación es sanación por definición. Sin embargo, con el énfasis legalista de Roma, se resta importancia al cambio personal. El objetivo principal es, por tanto, alcanzar un determinado estatus, es decir, un «estado de gracia».

Mientras que el *mérito* es un término que puede entenderse en un sentido ortodoxo (p. ej., como sinónimo de *virtud* o para referirse a las recompensas otorgadas por Dios a los santos), el mérito en el modelo legal de Roma es un concepto ajeno a la fe ortodoxa. Nadie puede «merecer» la salvación, ni siquiera los santos. No es el «mérito» legal de Cristo lo que nos salva, sino nuestra participación en Él.

La palabra *mérito* se utilizaba en el Occidente antiguo, antes del Gran Cisma, pero es el concepto posterior de este como una especie de moneda —con sistemas cuantificados de satisfacción— lo que constituye un problema para los ortodoxos. En Occidente, el *mérito* también adoptó la idea de ser «supererogatorio», que es lo que generan los santos porque van más allá del mínimo requerido para su propia salvación. Así, el mérito «extra» puede utilizarse para ayudar a otros.

Purgatorio e indulgencias

Al elaborar lo que debe significar el castigo temporal, Roma ha propuesto la doctrina del purgatorio. El purgatorio es un lugar de castigo temporal en el que el creyente salvado paga a Dios lo que le debe, sufriendo en el tormento durante un cierto número de años (al tiempo que experimenta una alegría no conocida en la tierra).

Para Roma, la doctrina y la práctica de las indulgencias están «estrechamente ligadas a los efectos del sacramento de la penitencia» (CIC, 1471), que, como vimos anteriormente, se entiende como sinónimo de «satisfacción» (CIC, 1459). Tradicionalmente se entiende que las indulgencias se obtienen en términos de un cierto tiempo fuera del purgatorio. Aunque estas definiciones estrictamente temporales se han corregido en las reformas del siglo XX para referirse al efecto espiritual de una determinada cantidad de tiempo de penitencia, la cuantificación de las indulgencias sigue prevaleciendo, y el lenguaje de «castigo temporal» también permanece.

Lo que ha cambiado es que la conexión entre las indulgencias y el purgatorio en términos de *tiempo* se ha hecho menos directa. Las indulgencias funcionan en términos de tiempo de penitencia para librarse de la pena temporal, y el purgatorio es un lugar de pena temporal, pero el «tipo de cambio» preciso, por así decirlo, ya no guarda correlación directa.

No está claro que haya habido alguna vez una correlación *oficial* directa, pero sin duda esa era la idea popular entre los católicos. (Enrique VIII de Inglaterra, por ejemplo, poseía un texto que prometía «52.712 años y 40 días de perdón» por recitar el padrenuestro y el avemaría cinco veces cada uno, junto con el Credo). El desarrollo inicial de la doctrina del purgatorio se enseñó en el siglo XII en términos de «completar» las penitencias que aún estaban en proceso en la vida terrenal (*Oxford Dictionary of the Christian Church*, Tercera edición, 1349).

El problema central es realmente el «castigo temporal» por el pecado que todavía se debe a los que son perdonados. Hasta que se deje de lado esta enseñanza, la cuestión del «tiempo fuera del purgatorio» perseguirá el modelo purgatorio/indulgencias.

En los siglos anteriores, se podían comprar directamente las indulgencias. Esta fue una de las principales quejas en la Reforma protestante. Fue principalmente a través de la venta de indulgencias que se financió la construcción de la Basílica de San Pedro en el Vaticano. En muchos casos, las misas se «compran» con un determinado donativo para ayudar a algún amigo o ser querido a salir del purgatorio.

Aunque hoy no sea tan conocido y se exprese con menos literalismo, el sistema de indulgencias sigue plenamente vigente, y el *Catecismo* actual lo expone en detalle:

> *La indulgencia es la remisión ante Dios de la pena temporal por los pecados, ya perdonados en cuanto a la culpa, que un fiel cristiano, debidamente dispuesto, obtiene, bajo ciertas condiciones prescritas, por mediación de la Iglesia, la cual, como administradora de la redención, distribuye y aplica con autoridad el tesoro de las satisfacciones de Cristo y de los santos.*

> *La indulgencia es parcial o plenaria, según libere de la pena temporal debida por los pecados en parte o totalmente. Todo fiel puede lucrar para sí mismo o aplicar por los difuntos, a manera de sufragio, las indulgencias tanto parciales como plenarias.* (CIC, 1471; véase también 1472, citado anteriormente)

Es porque el castigo temporal por los pecados se entiende en la categoría jurídica de «deuda» que se puede pagar por dicho castigo para otra persona:

La posibilidad de esta transferencia se basa en el hecho de que los castigos residuales por el pecado tienen la naturaleza de una deuda, que puede ser legítimamente pagada al acreedor y, por lo tanto, cancelada no solo por el propio deudor, sino también por un amigo del deudor. Esta consideración es importante para la correcta comprensión de la utilidad de los sufragios por las almas del purgatorio. (*Enciclopedia Católica*, «Merit», 1913)

Incluso el papa Juan Pablo II (ahora un santo católico canonizado), que no era conocido por hacer hincapié en el tradicionalismo en la Iglesia católica romana, publicó un documento detallado sobre cómo ganar indulgencias en el año 2000:

La indulgencia plenaria del Jubileo [es decir, del año 2000] puede obtenerse también mediante acciones que expresen de manera práctica y generosa el espíritu penitencial que es, por así decirlo, el corazón del Jubileo. Esto incluiría abstenerse durante al menos un día entero de consumos innecesarios (p. ej. del tabaco o del alcohol, o bien ayunar o practicar la abstinencia según las reglas generales de la Iglesia y las normas establecidas por las Conferencias Episcopales) y donar una suma de dinero proporcionada a los pobres; apoyar con una contribución significativa obras de carácter religioso o social (especialmente en beneficio de niños abandonados, jóvenes con problemas, ancianos necesitados, extranjeros en diversos países que buscan mejores condiciones de vida); dedicar una parte adecuada del tiempo libre personal a actividades en beneficio de la comunidad, u otras formas similares de sacrificio personal. (Bula papal *Incarnationis Mysterium*, 1998)

En 2013, el papa Francisco concedió notablemente indulgencias a quienes participaran de alguna manera durante el encuentro de la Jornada Mundial de la Juventud en Río de Janeiro, incluyendo el seguimiento del evento en las redes sociales, si se acompañaba con la oración, la confesión y la comunión.

¿Y por qué el papa puede conceder indulgencias? Porque tiene un acceso particular al inagotable Tesoro de los Méritos, los buenos efectos de la obra de Cristo y de los santos, y puede declarar actos específicos para acceder a este tesoro. Este poder papal (y, mucho antes en la historia, episcopal) proviene de la antigua tradición de que los obispos a veces reducían las penitencias a la luz de un arrepentimiento especial mostrado por un creyente; esto sigue siendo la práctica de la Ortodoxia hoy día, aunque no es en términos de méritos o indulgencias. La cuestión es qué es lo que mejor contribuye a la salvación.

La Ortodoxia está de acuerdo en que hay una cierta purgación necesaria para las almas de los difuntos destinados al cielo, pero esa experiencia nunca ha sido codificada con el modelo temporal de años de sufrimiento empleado por Roma en la doctrina del purgatorio. Por un lado, no tenemos ninguna indicación de las Escrituras o de los Padres de que haya un «tiempo» como el que conocemos en el más allá. La idea de una etapa intermedia de sufrimiento también es problemática, ya que estar ausente del cuerpo es estar presente con el Señor (2 Cor. 5, 8).

Otro problema del purgatorio es que divide la salvación en dos partes: llegar al cielo y ser «purgado» o pagar la deuda del pecado. El énfasis en la vida espiritual cotidiana se pone entonces en las obras exteriorizadas para reducir el tiempo en el purgatorio en lugar de la transformación personal para unirse a Dios. La obra salvadora de Cristo solo basta para que los creyentes lleguen al cielo, pero todavía tienen que trabajar ellos mismos para ser realmente libres del pecado.

En cierto sentido, el perdón *total* solo puede comprarse, con dinero, con buenas obras o con sufrimiento en el purgatorio.

Para la Ortodoxia, es aún más absurdo sugerir que uno puede esencialmente «comprar» el avance espiritual de otra persona ganando indulgencias en su nombre. Podemos influir en la vida de otra persona con nuestras oraciones, pero no podemos ejercer un control crítico sobre su experiencia espiritual. ¿Son las realidades espirituales tan discretas y externas a nosotros que podemos pagar la deuda de castigo que tiene otra persona?

Quizá lo más problemático sea el modelo en el que se *concede indulgencia* al pecado. Conceder indulgencia al pecado representa una orientación fundamentalmente diferente a la de la Iglesia ortodoxa, donde el énfasis está en la curación más que en el pago de deudas o el cumplimiento de requisitos. Debemos señalar que se trata principalmente de una cuestión de énfasis: el lenguaje de curación y transformación para la salvación también está muy presente en el catolicismo romano.

Validez sacramental

El legalismo de Roma también la lleva a entender los sacramentos en términos de categorías de validez. Si se cumplen ciertos requisitos, entonces un sacramento es «válido», aunque esté alejado de su contexto litúrgico y eclesial tradicional. Por tanto, los sacramentos se consideran y son tratados como eventos independientes, en lugar de estar integrados orgánicamente en la vida eclesial, como la confirmación, separada del contexto del bautismo, la ordenación del contexto del servicio en la Iglesia y la eucaristía del contexto de la comunión. Aunque los ortodoxos también tienen requisitos para que los sacramentos se realicen correctamente, es la objetivación y la casi reducción de los sacramentos a tales requisitos lo que hace que la validez sea un problema para nosotros.

Probablemente la diferencia más significativa en la práctica sacramental católica romana que la separa de la Ortodoxia es el retraso de dos santos misterios vitales: la sagrada comunión y la confirmación (crismación). La sagrada comunión no se da a todos los bautizados, sino solo a los que superan una determinada edad (normalmente siete años). La confirmación también suele retrasarse hasta algún momento de la adolescencia. Estos retrasos tienen su origen en la idea de que el creyente necesita una comprensión racional para recibir estos sacramentos; el énfasis se convierte en individual —un rito de paso— en lugar de eclesial, en el que el cristiano se inicia en la comunidad.

Retrasar la comunión es especialmente preocupante para los ortodoxos. Si un niño está bautizado y es miembro de la Iglesia, ¿por qué se le debe negar el sacramento que los une a todos como un solo cuerpo? De algún modo no es realmente miembro, pues está bautizado y, sin embargo, inmediatamente excomulgado.

El retraso en la confirmación surgió originalmente de la práctica de que el sacramento fuera administrado solo por el obispo. Como el obispo rara vez visitaba las parroquias locales y se necesitaba un flujo constante de bautismos cuando nacían los niños, la confirmación se separó del rito bautismal. Con el tiempo, la confirmación empezó a retrasarse por principio y ahora, por lo general, se reserva hasta la adolescencia, uniendo a los que la reciben «más estrechamente a la Iglesia»:

> *En el rito latino, el ministro ordinario de la confirmación es el obispo. Aunque el obispo puede, en caso de necesidad, conceder a presbíteros la facultad de administrar el sacramento de la confirmación, conviene que lo confiera él mismo, sin olvidar que por esta razón la celebración de la confirmación fue temporalmente separada del bautismo. Los obispos son los sucesores de los Apóstoles y han recibido la plenitud del sacramento del orden. Por esta razón, la administración de este sacramento por ellos mismos pone de relieve que la confirmación tiene como efecto unir a los que la reciben más estrechamente a la*

Iglesia, a sus orígenes apostólicos y a su misión de dar testimonio de Cristo. (CIC, 1313)

Pero, ¿qué significa estar unido «más estrechamente a la Iglesia»? Para los ortodoxos, uno es miembro de la Iglesia o no. A veces se ha dicho de la práctica de Roma de retrasar la confirmación que es un «sacramento en busca de una teología». Dado que se retrasa de manera habitual, no está claro qué es lo que realmente se supone que hace. La Ortodoxia (y el catolicismo oriental) mantiene la tradición de que la crismación (confirmación) forma parte del bautismo.

Otra distorsión de la vida sacramental se produce en la adoración de la eucaristía fuera del contexto del acto de comunión. Esta adoración trata a la eucaristía como un *objeto* y no como una *acción*:

> **El culto de la eucaristía.** *En la liturgia de la misa expresamos nuestra fe en la presencia real de Cristo bajo las especies de pan y de vino, entre otras maneras, arrodillándonos o inclinándonos profundamente en señal de adoración al Señor. «La Iglesia católica ha dado y continúa dando este culto de adoración que se debe al sacramento de la eucaristía no solamente durante la misa, sino también fuera de su celebración: conservando con el mayor cuidado las hostias consagradas, presentándolas a los fieles para que las veneren con solemnidad, llevándolas en procesión en medio de la alegría del pueblo».* (CIC, 1378)

Se puede pasar tiempo en «capillas de adoración» especiales, cuya finalidad es permitir a los fieles entrar en la presencia de la eucaristía, adorarla y meditarla. Para los ortodoxos, aunque siempre respetamos el sacramento reservado (apartado en el tabernáculo que descansa sobre el altar para la comunión de los enfermos), no sacamos la eucaristía del contexto de la comunión. El Señor dijo que comiéramos y bebiéramos su carne y su sangre (Juan 6, 53-56). No dijo nada de sacarlas de ese contexto. (Debemos notar aquí que algunos en el rito occidental ortodoxo practican lo que se llama la bendición del Santísimo Sacramento, un rito en el que son bendecidos con la eucaristía reservada. Aunque esto no es lo mismo que tener capillas de adoración o fomentar el culto a la eucaristía, esta práctica es algo controvertida).

El concepto de validez también permite que los clérigos crucen las líneas eclesiásticas, aunque no haya comunión entre los cuerpos eclesiales. Permite a Roma reconocer sacramentos «válidos» incluso fuera de sus propias fronteras:

> *Los cristianos orientales separados de hecho y de buena fe de la Iglesia católica, si lo piden por su cuenta y tienen las debidas disposiciones, pueden ser admitidos a los sacramentos de la penitencia, la eucaristía y la unción de los enfermos. Además, los católicos pueden pedir estos mismos sacramentos a aquellos ministros no católicos cuyas iglesias posean sacramentos válidos, siempre que la necesidad o un auténtico beneficio espiritual lo recomiende y el acceso a un sacerdote católico sea física o moralmente imposible.* (Vaticano II, *Orientalium Ecclesiarium*, 1964)

Para los ortodoxos, recibir los sacramentos solo es posible dentro de una comunión eclesiástica. Los cristianos ortodoxos solo pueden recibir los sacramentos de los clérigos ortodoxos. Del mismo modo, el clero ortodoxo solo puede dar los sacramentos a cristianos ortodoxos. (En casos de emergencia, los no ortodoxos pueden convertirse para recibir los sacramentos).

La validez sacramental también permite la posibilidad de que la ordenación exista fuera de la comunidad de la Iglesia, porque la ordenación es «indeleble»:

> *Como en el caso del bautismo y de la confirmación, esta participación en la misión de Cristo es concedida de una vez para siempre. El sacramento del Orden confiere también un carácter espiritual indeleble y no puede ser reiterado ni ser conferido para un tiempo determinado.*

> *Un sujeto válidamente ordenado puede ciertamente, por causas graves, ser liberado de las obligaciones y las funciones vinculadas a la ordenación, o se le puede impedir ejercerlas, pero no puede convertirse de nuevo en laico en sentido estricto porque el carácter impreso por la ordenación es para siempre. La vocación y la misión recibidas el día de su ordenación lo marcan de manera permanente.* (CIC, 1582-83)

Es debido a la marca indeleble de la teología de la ordenación católica romana que su doctrina de la sucesión apostólica queda truncada. Todo lo que se necesita para la sucesión apostólica para Roma es que haya pruebas de que una ordenación puede ser rastreada a través de una línea válida de obispos hasta los apóstoles. Para los ortodoxos, sin embargo, esa línea no es suficiente. También se requiere la fe apostólica y el mantenimiento de la comunión dentro de la Iglesia. Roma ve líneas de obispos «válidos» fuera de su propia comunión (*episcopi vagantes*), pero la Ortodoxia no.

Para los ortodoxos, la ordenación existe dentro y para la Iglesia. Si un clérigo abandona la Iglesia, deja de ser tratado como clérigo. Del mismo modo, si la Iglesia lo retira de las filas del clero, vuelve a ser un verdadero laico.

Sin embargo, no podemos tomar esta distinción como algo absoluto, porque en algunas iglesias ortodoxas (es decir, en Rusia) existe la costumbre de recibir a ciertos clérigos no ortodoxos (especialmente a los católicos) como clérigos «por investidura», es decir, sin bautismo, crismación o servicio de ordenación ortodoxo. Sin embargo, esta práctica no es universal en la Ortodoxia, y no constituye *necesariamente* un reconocimiento de los sacramentos no ortodoxos *per se*, sino solo que hay «algo con lo que trabajar» cuando esas personas se acercan a la Iglesia ortodoxa. Por tanto, este reconocimiento limitado es *de facto* y no *de jure*.

La validez sacramental es también lo que hace posible la anulación del matrimonio: uno puede estar casado durante años y luego descubrir un tecnicismo que lo convierte en no casado, como no haber querido nunca tener hijos, tener la intención de ser infiel o incluso haberse casado precipitadamente sin la debida discreción. Esta posibilidad existe porque se considera que los ministros del sacramento son la pareja y no el sacerdote (un matrimonio puede ser presenciado por un diácono en su lugar). El matrimonio se entiende principalmente como un contrato legal, por lo que puede quedar invalidado si no se cumple algún requisito técnico. Estos tecnicismos se suelen invocar solo en el caso de que se haya alcanzado el divorcio civil, lo que hace que la anulación sea esencialmente un divorcio con otro nombre.

En la Ortodoxia existe un tipo de anulación, pero no se basa en la intención o en el tecnicismo: un hombre no puede casarse con su hermana, por ejemplo, aunque se someta al rito matrimonial con ella. Por lo tanto, una «boda» de este tipo no sería automáticamente un matrimonio.

La existencia de ritos católicos orientales que siguen utilizando prácticas ortodoxas —como la crismación/confirmación inmediata en el bautismo y la teología del sacerdote como ministro del sacramento del matrimonio— es una contradicción dada la práctica latina estándar. Por ejemplo, si se anula un matrimonio católico oriental, ¿significa eso que el sacerdote (probablemente sin saberlo) actuó inválidamente?

Más cerca pero más separados: teología, liturgia y reunificación

Dicho todo esto, es fundamental que los cristianos ortodoxos noten que el catolicismo romano de los siglos XX y XXI ha experimentado una serie de desarrollos que acercan a algunos teólogos y prácticas a la Ortodoxia y alejan a otros. En algunos aspectos, nos estamos acercando, pero en otros, nos estamos alejando. En cuanto a cómo nos estamos acercando, hay mucho en el movimiento *Ressourcement* con su nuevo énfasis en los Padres de la Iglesia que debería animar a los ortodoxos. Y tres papas consecutivos (Juan Pablo II, Benedicto XVI y Francisco) han manifestado su interés por expresar la primacía papal no en los términos absolutos, supremos e infalibles que han prevalecido en Occidente desde el siglo XIX. Más bien, Roma espera que Oriente acepte la doctrina de la primacía tal y como fue «formulada y vivida en el primer milenio», como escribió el cardenal Joseph Ratzinger (más tarde papa Benedicto XVI) en 1987. También esperaba que Oriente dejara de rechazar como heréticos los desarrollos de Occidente posteriores al Cisma, aunque no los aceptara.

Al mismo tiempo, en el siglo XX se produjeron ciertas distorsiones inquietantes en algunos sectores de la Iglesia católica romana, como la teología de la liberación, un intento de vincular el dogma de la Iglesia con la política marxista. Y también está el problema de los desarrollos litúrgicos después del Vaticano II, que abordaremos más adelante.

Debido a este tipo de desarrollos —así como al problema continuo de la brecha entre la enseñanza oficial del Vaticano y lo que el católico romano medio cree personalmente o se le enseña desde el púlpito— los creyentes ortodoxos deben tener cuidado cuando discuten la teología con los católicos romanos. Pueden estar más cerca o más lejos de la Ortodoxia que lo que enseña oficialmente el Vaticano. Es fundamental discernir lo que cree la persona que tenemos delante antes de lanzarnos a cualquier tipo de refutación detallada del dogma y la práctica católica romana.

Gran parte de las críticas ortodoxas modernas al catolicismo romano se basan en modelos anteriores al siglo XX del pensamiento de Roma o en caracterizaciones erróneas y simplificaciones excesivas de su teología y práctica. A veces tomamos prestado de las polémicas protestantes contra Roma, que pueden basarse en exageraciones o malentendidos de la teología de Roma o pueden requerir la aceptación de la teología protestante que no es coherente con la Ortodoxia. (Yo mismo he sido culpable de esto).

Acabamos de pasar muchas páginas discutiendo las similitudes y diferencias de la teología católica y la práctica tradicional en comparación con la Ortodoxia. Pero también deberíamos hablar de la práctica litúrgica actual de Roma, que es un área en la que varios de mis amigos católicos desearían que los ortodoxos hicieran más hincapié al hablar de Roma.

Hemos mencionado varias áreas de la liturgia católica tradicional que nos gustaría que se corrigieran, como el retraso de la comunión y la confirmación, algo de mucho mayor alcance que resulta verdaderamente inquietante para los ortodoxos y para muchos fieles católicos: la reforma de la liturgia que siguió al Concilio Vaticano II (1962-1965). Las reformas previstas por el concilio eran relativamente modestas y se ajustaban mucho más a los patrones de la historia. Pero lo que el concilio decretó y lo que ocurrió —tanto en términos de cambios oficiales como en la forma en que se llevaron a cabo los servicios— no fue lo mismo. Cuando aún era cardenal, Joseph Ratzinger lo expresó así:

No se puede fabricar un movimiento litúrgico... pero se puede contribuir a su desarrollo esforzándose por volver a asimilar el espíritu de la liturgia y defendiendo públicamente lo que se ha recibido... Lo que ocurrió después del Concilio fue algo totalmente distinto: en el lugar de la liturgia como fruto del desarrollo llegó la

> *liturgia fabricada. Abandonamos el proceso orgánico y vivo de crecimiento y desarrollo a lo largo de los siglos, y lo sustituimos —como en un proceso de manufactura— por una fabricación, un producto banal sobre la marcha.* (Del prefacio de la edición francesa del libro de Monseñor Klaus Gamber, *The Modern Rite* [St Michael's Abbey Press, 2002])

Tal ruptura con la tradición fue deplorada por el cardenal Alfredo Ottaviani, quien escribió en una carta al papa en 1969 que la ruptura era «grave», que conducía a un «completo desconcierto por parte de los fieles» y que para «lo mejor del clero el resultado práctico es una agonizante crisis de conciencia».

Las reformas litúrgicas fueron encabezadas por el cardenal Annibale Bugnini, que introdujo sus propias preferencias en la nueva misa e incluso incluyó a los protestantes en sus comités de reforma. Los no católicos que protestaron contra la doctrina católica básica tuvieron voz y voto en el futuro del culto católico mundial. El nuevo orden de la misa (el *Novus Ordo*) se introdujo en 1969.

El canon —el núcleo de la misa— se modificó, al igual que muchos otros elementos. Algunos cambios eran cosas que los ortodoxos acogerían, como el uso de las lenguas locales en lugar del latín, y la comunión para los laicos tanto del Cuerpo como de la Sangre (durante siglos, los laicos habían comulgado solo del Cuerpo). Otras son problemáticas, como la celebración de la misa *versus populum* (de cara al pueblo), en lugar de *ad orientem* (de cara al este). Con el rostro del sacerdote hacia el pueblo durante la mayor parte de la misa, su personalidad se convierte en el centro de atención como una especie de maestro de ceremonias en lugar de uno que está guiando al pueblo hacia Dios, con todos mirando en la misma dirección (*ad orientem*) durante la mayor parte del servicio.

Ottaviani hace críticas detalladas del *Novus Ordo* en su carta, e incluso añade su creencia de que la nueva misa alienaría tanto a los católicos orientales como a los cristianos ortodoxos, porque «el Novus Ordo parecería haber sido deliberadamente despojado de todo lo que en la Liturgia de Roma se acercaba a las de Oriente». En los años que han seguido a las reformas, numerosos católicos latinos se han pasado a los ritos orientales de la Iglesia católica, cuyas tradiciones litúrgicas son mucho más parecidas (y en algunos casos, casi idénticas) a las ortodoxas, huyendo de los cambios de la reforma de 1969.

Además de estos cambios oficiales han llegado numerosos abusos. Un recorrido por videos en Internet muestra misas católicas y otras reuniones (tanto litúrgicas como no litúrgicas) que incluyen «bailes litúrgicos», enormes marionetas, disfraces (vi uno con el sacerdote vestido de Barney el dinosaurio morado) y todo tipo de espectáculos que trivializan la vida litúrgica.

Estos son, en efecto, *abusos* y *no* representan la política litúrgica oficial de Roma. Sin embargo, son muy comunes, e incluso se presentan en grandes eventos públicos en los que participan altos prelados católicos. Por ejemplo, en la Jornada Mundial de la Juventud de 2013 que mencionamos antes, el papa fue recibido por decenas de obispos católicos involucrados en la clase de baile que hace que los ancianos parezcan terribles bailarines.

Inquietante para muchos católicos, también, es lo que se permite en la disciplina y la devoción privadas. El papa Francisco dijo en 2015 que los católicos que sientan en su conciencia que deberían poder comulgar son bienvenidos a hacerlo, incluso si estuvieran viviendo en pecado grave. También han pasado muchas décadas desde que el ascetismo se esperaba realmente de los laicos —fuera de los monasterios, el ayuno, más allá de comer pescado los viernes de Cuaresma (si acaso), es casi por completo desconocido en la Iglesia católica de hoy—. Incluso entre los monjes (cuyo número ha disminuido rápidamente durante décadas), se encuentran todo tipo de posiciones morales problemáticas, por no mencionar que muchos de ellos ya ni siquiera se visten como monjes.

Estas cosas presentan algunos de los mayores obstáculos para que los ortodoxos acepten la unión con Roma, y son parte de la razón por la que no soy optimista sobre esa posibilidad. Sin embargo, especialmente en lo que respecta a estas cuestiones litúrgicas y pastorales, hay muchos católicos que están casi en completo acuerdo con los ortodoxos. Podemos esperar que actúen como levadura en su propia iglesia.

Una cosa que he visto en la mayoría de los encuentros entre católicos romanos y ortodoxos es que su evaluación del tamaño de la brecha entre nosotros es diferente. Como vimos en la cita del papa Juan Pablo II al principio de este capítulo, muchos católicos ven a los ortodoxos como casi iguales, faltándoles quizá solo una cosa: el papado. Los ortodoxos tienden a ver las diferencias como más numerosas y más graves.

Lo que agrava esta discrepancia es que los ortodoxos son mucho más conscientes del catolicismo romano que los católicos de la Ortodoxia, probablemente debido, al menos en parte, al tamaño relativo de las dos iglesias. La Ortodoxia sigue siendo invisible para la mayoría de los católicos, y ciertos recuerdos históricos del catolicismo —como el brutal saqueo de Constantinopla por los cruzados latinos en 1204— siguen siendo potentes para muchos ortodoxos. Tampoco hay un acuerdo universal dentro de la Ortodoxia sobre los efectos del cisma: ¿Están los católicos fuera de la Iglesia? ¿Sus sacramentos transmiten la gracia? Todas estas cosas dificultan nuestra capacidad de debatir incluso sobre lo que realmente nos divide.

Habiendo abordado lo que el P. Georges Florovsky llamó nuestro «principal proyecto ecuménico» (Roma), consideremos a continuación las principales y primeras tradiciones del protestantismo, ese movimiento cristiano que comenzó en el siglo XVI.

3

La reforma magisterial

El fin de la Europa católica romana

A menos que sea convencido por el testimonio de las Sagradas Escrituras o por la razón evidente —pues no puedo creer ni al papa ni a los concilios por sí solos, ya que es evidente que han errado repetidamente y se han contradicho— me considero convicto por el testimonio de las Sagradas Escrituras, que es mi base; mi conciencia es cautiva de la Palabra de Dios. Por lo tanto, no puedo ni quiero retractarme, porque actuar en contra de la propia conciencia no es seguro ni sano. Que Dios me ayude. Amén. (Martín Lutero, *Respuesta a la Inquisición en la Dieta de Worms*, 1521)

Cuando se reconoce que lo que profesa ser la Palabra de Dios lo es, ninguna persona, a menos que esté desprovista de sentido común y de los sentimientos de un hombre, tendrá la temeridad desesperada de negar crédito al que habla. Pero como no se dan respuestas diarias desde el cielo, y las Escrituras son los únicos registros en los que Dios se ha complacido en consignar su verdad para el recuerdo perpetuo, no se reconoce la plena autoridad que deberían poseer con los fieles, a menos que se crea que han venido del cielo, tan directamente como si se hubiera oído a Dios pronunciarlas. (Juan Calvino, *Institución de la religión cristiana* I.7.1, 1536)

Del Evangelio aprendemos que las doctrinas y tradiciones de los hombres no sirven para la salvación. (Ulrico Zuinglio, *Los sesenta y siete artículos*, 1523)

El momento emblemático que desencadenó la Reforma protestante del siglo XVI fue la fijación de las noventa y cinco tesis en la puerta de la Iglesia de Wittenberg el 31 de octubre de 1517 por Martín Lutero, un monje agustiniano que había llegado a un punto de desesperación por la reforma de la Iglesia católica romana. Nunca tuvo intención de formar una nueva iglesia, pero su insistencia en la abolición de las indulgencias y su venta, así como su afirmación de la supremacía de la Biblia sobre la jerarquía eclesiástica, provocaron su excomunión por parte de Roma en 1520.

Los historiadores llaman a la primera oleada de la Reforma la «Reforma magisterial», porque contó con el respaldo de las autoridades civiles (la magistratura), especialmente en la actual Alemania. Estos primeros reformadores no tuvieron ningún problema en colaborar con las autoridades seculares por el bien de sus iglesias. Con la ayuda de esta magistratura, el sólido control de Roma sobre la unidad religiosa de Europa Occidental llegó a su fin.

Las denominaciones producidas por la Reforma magisterial, que difieren entre sí en puntos importantes de la doctrina y la práctica, incluyen: los luteranos, las iglesias reformadas (tanto calvinistas como zuinglianas, incluyendo a los presbiterianos, puritanos, congregacionalistas y reformados holandeses) y los anglicanos (normalmente llamados «episcopales» en Estados Unidos y Escocia). Aunque históricamente son posteriores (siglo XVIII), los metodistas y wesleyanos, que se ramificaron de los anglicanos, pueden clasificarse con estos grupos.

Las cinco solas

Aunque la Reforma se dividió rápidamente en líneas doctrinales, hubo cinco «solas» (que en latín significa «solo») que caracterizaron la mayor parte de la teología de la Reforma: *sola scriptura* («solo la Escritura»), *sola fide* («solo la fe»), *sola gratia* («solo la gracia»), *solus Christus* («solo Cristo») y *soli Deo gloria* («solo a Dios sea la gloria»). (Las tres primeras se encuentran en el siglo XVI, mientras que las otras se articulan más explícitamente con posterioridad). Estas cinco posiciones doctrinales son los pilares de la Reforma protestante. De una forma u otra, se siguen sosteniendo por todas las denominaciones de la Reforma magisterial e influyen profundamente en todas las iglesias protestantes. En algunos aspectos, la Ortodoxia está de acuerdo con todos estos «solas», pero también difiere de ellos en aspectos importantes.

Sola scriptura

En su forma básica, *sola scriptura* significa «solo por la Escritura». Al principio de la Reforma, no significaba un abandono total de toda la tradición eclesiástica, sino que simplemente intentaba elevar la Escritura al punto más alto y central de la vida cristiana. Sin embargo, no pasó mucho tiempo antes de que su divorcio, al menos implícito, de la tradición —sobre todo de la tradición hermenéutica, es decir, de cómo se interpreta la Biblia— condujera a varias revoluciones doctrinales.

Bajo Lutero, la *sola scriptura* se definió especialmente en términos anti eclesiales:

> *Un simple laico armado con la Escritura debe ser creído*
> *por encima de un papa o un concilio sin ella... ni la*
> *Iglesia ni el papa pueden establecer artículos de fe. Estos*
> *deben provenir de la Escritura. Por el bien de la Escritura*

debemos rechazar al papa y a los concilios. (Debate en Leipzig, 1519)

Las palabras de Lutero deben entenderse específicamente en términos de su contexto contemporáneo: los reformadores trataban de hacer frente a lo que consideraban los abusos de Roma, especialmente lo que consideraban una vasta acumulación de doctrinas y prácticas no cristianas en nombre de la «Tradición» (como la venta de indulgencias, el uso de reliquias y la enseñanza de la confirmación como sacramento). Sin embargo, el nuevo principio de autoridad de la Reforma lleva en sí las semillas de toda una nueva forma de cristianismo, especialmente evidente ahora que los protestantes ya no se enfrentan activamente a Roma (excepto en la retórica ocasional desde el púlpito).

Dicho esto, la insistencia de Lutero en que la Biblia está por encima de los concilios y los papas, que rechaza los concilios y los papas en aras de las Escrituras, deja una importante pregunta sin responder: ¿Qué pasa si el papa o los concilios utilizan las Escrituras en sus pronunciamientos? El «simple laico» con su Biblia en la mano se enfrenta a un papa o a un concilio que presumiblemente también tienen Biblias. ¿Quién tiene la razón? El problema de decir que alguien está «sin» la Escritura es que supone que la Escritura no necesita ser interpretada. La otra parte está equivocada porque no debe utilizar la Biblia.

Pero la mayoría de las partes en las disputas cristianas utilizan la Biblia. Johann Eck, el oponente católico de Lutero en el debate de Leipzig durante el cual pronunció la cita anterior, lo sabía. Respondió en Leipzig que el enfoque de Lutero era «dar más peso a la propia interpretación de las Escrituras de uno que a la de los papas y los concilios, los doctores y las universidades». La réplica de Lutero a Eck no hace más que redoblar su insistencia:

Estoy obligado, no solo a afirmar, sino a defender la verdad con mi sangre y mi muerte. Quiero creer libremente

> *y no ser esclavo de la autoridad de nadie, sea concilio,*
> *universidad o papa. Confesaré con confianza lo que*
> *me parece verdadero, ya sea afirmado por un católico*
> *o por un hereje, ya sea aprobado o reprobado por un*
> *concilio.* (Citado en Bainton, Roland H. *Here I Stand.*
> Nashville: Abingdon Press, 1950, 119)

En otras palabras, para él, la interpretación de Lutero de la Biblia es evidentemente correcta, sin importar lo que otros tengan que decir al respecto. Pero, ¿por qué la interpretación de Lutero tiene autoridad? ¿Realmente tiene ese tipo de autoridad?

Entonces, ¿quién tiene la autoridad para interpretar la Biblia? La pregunta sigue perdiéndose. Bajo el reformador suizo Ulrico Zuinglio, *sola scriptura* llegó a significar más de lo que significaba para Lutero, llegando a afirmar que la Biblia es la fuente única y exclusiva de toda la doctrina y la práctica cristiana, lo que llevó a Zuinglio a abolir todo ritual cristiano que no pudiera encontrar en la Biblia. Zuinglio llegó a la conclusión de que las «doctrinas y tradiciones de los hombres» (es decir, las cosas que no veía en la Biblia) eran irrelevantes para la salvación. Este punto de vista es la posición de la mayoría de las denominaciones protestantes de hoy, que han abandonado en gran medida la noción de tradición por completo. Algunos difieren en cuanto a si lo que no se menciona en las Escrituras está prohibido o debe dejarse a la decisión de las costumbres locales. En cualquier caso, la tradición autorizada se rechaza en este punto de vista.

Sin embargo, no todos los protestantes rechazan totalmente la tradición. Para algunos luteranos y cristianos reformados, ciertas declaraciones confesionales, credos o recopilaciones de doctrina se consideran autorizadas, aunque su autoridad se basa generalmente en que se consideran la forma correcta de interpretar la Biblia. Esta adhesión a las tradiciones protestantes se denomina confesionalismo, y aunque no suele describirse en términos de tradición autorizada, así es como funciona. Uno puede, por ejemplo, ser excomulgado si está lo suficientemente en desacuerdo con una parte de un documento confesional concreto que haya sido aprobado por la denominación. Dentro de este enfoque, a menudo se hace referencia a las Escrituras como autoridad «suprema».

La dedicación de los primeros reformadores a la *sola scriptura* sirvió a su objetivo de intentar recuperar la Iglesia primitiva de las capas que consideraban que la Iglesia católica romana había acumulado sobre ella. La Biblia era el único testimonio seguro e infalible del cristianismo primitivo que ellos conocían, una especie de atadura a la Iglesia apostólica. Por ello, adoptaron el lema *ad fontes* («a las fuentes»).

Por ejemplo, la Vulgata medieval (la Biblia en latín que se utilizaba en el siglo XVI) mostraba signos de corrupción: «arrepiéntete» fue sustituido por «haz penitencia». Esta sensación de que el verdadero cristianismo había quedado enterrado bajo capas extras acumuladas llevó a los reformadores a hacer una especie de arqueología en otras fuentes también. Empezaron a buscar en la historia cristiana primitiva una fe pura y prístina, representada por lo que podían leer claramente en las Escrituras. Asumieron que todo lo demás era un desarrollo posterior y, por tanto, ilegítimo. Por ejemplo, el argumento de Calvino contra la iconografía era que no había iconos antes del siglo VI (lo cual no era cierto, pero presumiblemente no tenía las fuentes disponibles para poder verlo).

La Ortodoxia, por el contrario, tiene la Escritura en muy alta estima, pero la considera un libro escrito como parte de la vida de la Iglesia. Como tal, su lectura correcta requiere la luz de la Sagrada Tradición, la fe dada a los apóstoles por Cristo a través de la enseñanza oral y preservada dentro de la Iglesia. Los ortodoxos tampoco necesitan la «arqueología» cuando se trata de la vida y la fe cristianas. Sostienen que, para la Ortodoxia, nunca hubo una ruptura de esa continuidad con la Iglesia primitiva. Ciertamente, los ortodoxos estarían de acuerdo con los reformadores en que Roma ha añadido algo al depósito apostólico, pero no en que recuperarlo signifique sospechar de casi toda la tradición de la Iglesia.

Sola scriptura es la doctrina definitoria y distintiva más importante de todo el protestantismo. Con este principio, cualquier doctrina o práctica puede ser «probada» a partir de la Escritura, dependiendo de cómo se lea. Sobre este principio se fundaron todas las denominaciones protestantes. Sin él, entra en juego la cuestión de la autoridad eclesiástica, y el creyente se encuentra con que tiene que obedecer la interpretación de la Escritura de otra persona.

La mayoría de las denominaciones protestantes creen que toda la doctrina cristiana puede derivarse de la Escritura mediante el «sentido llano» del texto, que se deriva del uso del estudio textual, la historia y la razón. Su propósito es averiguar lo que los escritores «realmente querían decir» cuando escribieron los libros de la Biblia. Con esto en mente, la mayoría de los creyentes de la *sola scriptura* consideran que su propia interpretación de la Biblia es correcta, mientras que los que difieren están equivocados. Los que se equivocan suelen hacerlo por supuestos fallos en su lógica.

Una notable excepción es el anglicanismo/episcopalismo clásico, que desde finales del siglo XVI ha afirmado basar su doctrina en tres pilares: las Escrituras, la razón y la tradición. La mayor parte del anglicanismo moderno ha rechazado los tres en cualquier sentido significativo. Algunos lo hacen añadiendo un cuarto pilar: la experiencia (que se dice que justifica la revisión doctrinal). En los Estados Unidos, el Reino Unido y algunos otros lugares, uno puede ahora enseñar y hacer casi cualquier cosa y seguir siendo un anglicano en regla. Los anglicanos africanos y sus hermanos de otras partes del Sur Global son mucho más conservadores en su enfoque de la doctrina. También hay importantes movimientos conservadores de anglicanos en EE.UU. y el Reino Unido, aunque ambos están fracturados y son minoritarios.

Los ortodoxos tienen múltiples objeciones a la doctrina de la sola scriptura, por motivos de razón, por motivos prácticos y también por la historia y la tradición de la Iglesia. En primer lugar, la *sola scriptura* no supera su propia prueba, ya que tal idea no se encuentra en ninguna parte de la Biblia. Es cierto que la Biblia habla muy bien del valor de la Escritura (p. ej., 2 Tim. 3, 16), pero nunca dice que sea exclusivamente autorizada, ni siquiera que lo sea de forma suprema. Irónicamente, la Biblia describe a la Iglesia (no a sí misma) como «columna y fundamento de la verdad» (1 Tim. 3, 15).

San Pablo también ordena a los creyentes de Tesalónica que no se limiten a leer la Biblia, sino que «estén firmes y retengan las tradiciones en que han sido enseñados, sea por palabra [de boca] o por carta nuestra» (2 Ts. 2, 15). Es decir, Pablo espera que se aferren a la tradición de la iglesia, ya sea escrita (Escritura) o transmitida por enseñanza oral. Los lectores de la traducción de la Nueva Versión Internacional (NVI), hecha por los protestantes, no verán esto, porque la NVI traduce la palabra griega *paradosis* («tradición») como «enseñanza» cuando se usa de forma positiva, pero como «tradición» cuando se usa de forma negativa. Este enfoque distorsiona lo que realmente dice la Biblia. El texto bíblico distingue entre dos tipos diferentes de parádosis: la tradición del hombre y la tradición de Dios.

Otro problema lógico de hacer de la Biblia una fuente exclusiva o supremamente autorizada es que su propio diseño no se presta a ese uso. En la Biblia no hay una teología sistemática ni un catecismo. Tampoco hay en ella un manual sobre cuestiones importantes como la forma de realizar un culto. La Biblia es una colección de documentos de varios géneros escritos con diversos fines: historia, poesía, enseñanza pastoral, profecía y apocalipsis. Pero en ninguna parte encontramos en ella un manual exhaustivo sobre la vida cristiana.

La *sola scriptura* también introduce una serie de problemas prácticos. La antigua caracterización católica romana de la sola scriptura, «cada hombre es su propio papa», también parece apta para los ortodoxos, aunque vemos la infalibilidad individual como el problema, sin importar quién la reclame. Dado que cada creyente se convierte en una autoridad en la interpretación de la Escritura, tenemos que preguntarnos cómo vamos a defendernos de la herejía. Si todo el mundo está capacitado para interpretar la Escritura,

¿quién puede juzgar si alguien está enseñando una herejía? ¿Y cómo pueden los protestantes oponerse a un papado infalible mientras enseñan su propia infalibilidad personal? ¿El papa no es infalible, pero yo sí?

Irónicamente, al rechazar la tradición de la iglesia, los protestantes todavía tienden a interpretar según las tradiciones, de todos modos. Hay una cierta coherencia entre la mayoría de los presbiterianos, luteranos, bautistas, etc., porque siguen a sus propios maestros en la fe. Por lo tanto, violan su propio principio cada vez que se imparte un sermón o una clase de Biblia, porque en todos esos casos, un maestro está presumiendo de decirle a otro cómo leer la Biblia.

Como se ha señalado anteriormente, algunos protestantes sí apelan a sus propios textos tradicionales, como los confesionalistas. Esto se dice a veces para distinguir la *sola scriptura* («solo por la Escritura», que la Biblia es supremamente autorizada, haciendo permisible alguna tradición) de *solo scriptura* («solo la Escritura», que la Biblia es exclusivamente autorizada, rechazando toda tradición). Algunos pueden incluso admitir que la comunidad eclesial tiene autoridad para interpretar la Escritura. Pero entonces hay que plantear la pregunta: ¿Por qué es autoritativa la Confesión de Westminster (por ejemplo)? ¿De quién es la autoridad que representa? ¿Por qué elegirla en lugar de la tradición católica u ortodoxa? Al final, el problema sigue siendo el mismo: sin una eclesiología que ponga a una Iglesia a cargo de la doctrina, te quedas con opiniones que compiten entre sí y cuya autoridad descansa finalmente en su atractivo para sus oyentes.

En cuanto a la interpretación de las Escrituras, la mayoría de los creyentes de la *sola scriptura* dirán que el Espíritu Santo guía al lector individual. Pero si eso es cierto, ¿por qué hay tanto conflicto dentro del protestantismo sobre el significado de la Biblia? Si el texto es claro por sí mismo, ¿por qué esta hermenéutica (principio interpretativo) no ha unido a todos los protestantes, sino que, por el contrario, sigue fracturándolos? ¿Cómo puede el creyente honesto, pero confuso, decidir entre todas las personas que insisten en que «la Biblia dice claramente» varias cosas, pero que no están de acuerdo entre sí? ¿Cómo puede decidir qué afirmación sobre la guía del Espíritu Santo es la válida? ¿Simplemente se atiene a su propio entendimiento? Si es así, parece que en realidad no hay autoridad.

Algunos dirán que algunas partes de la Biblia son menos claras y que debemos interpretar los pasajes poco claros por medio de los claros. Pero, ¿quién decide qué pasajes se van a definir como «claros»? De nuevo, nos encontramos con el problema de la autoridad.

Otros con una visión elevada del mundo académico recurrirán a los eruditos bíblicos, utilizando métodos histórico-críticos de exégesis y crítica textual, para aclarar lo que no lo es. Sin embargo, cualquiera que esté mínimamente familiarizado con el mundo de la erudición bíblica académica verá su caos y división. Los estudios bíblicos académicos a menudo dan lugar a la negación de verdades cristianas básicas como la realidad histórica de Jesús o la Resurrección. La unidad por este método está aún más lejos.

¿Y qué sucederá cuando se descubra la próxima variante de un manuscrito o un hallazgo arqueológico? ¿Debemos (una vez más) revolucionar la fe cristiana? Aquellos que observan con diligencia los medios de comunicación en torno a la Navidad y la Pascua notarán que, de alguna manera, siempre aparecen algunos «descubrimientos» sorprendentes del mundo antiguo que supuestamente hacen que los creyentes cuestionen todo lo que siempre han afirmado: la «verdadera» tumba de Jesús, el «Evangelio de la esposa de Jesús», etc.

También hay varios problemas históricos importantes con la *sola scriptura*. En primer lugar, esta doctrina está ausente en los escritos de los Padres de la Iglesia. Ya sea que uno los considere autoritativos o no, lo que significa es que, si los apóstoles enseñaron la *sola scriptura* (a pesar de dejarla fuera del Nuevo Testamento), sus discípulos y los que los siguieron no parecen haber aprendido esa lección. Los Padres definitivamente hablan muy bien de la

Escritura e incluso a veces usan un lenguaje que parece que la hacen supremamente autoritativa, pero siempre están interpretando la Escritura desde la Tradición ortodoxa.

Sola scriptura también habría sido una imposibilidad práctica para la Iglesia primitiva. Después de la resurrección de Jesús, pasaron aproximadamente entre veinte y cuarenta años antes de que se empezara a escribir el Nuevo Testamento (algunos estudiosos sitúan el primer libro de Pablo, Tesalonicenses, como el primero en ser escrito, mientras que otros dan esa distinción a Gálatas). El último de los documentos del Nuevo Testamento, el Apocalipsis de San Juan, se escribió probablemente a finales del siglo I (hacia el 81–96 d. C.). Por tanto, los cristianos tuvieron que esperar décadas antes de que se terminara.

Cuando terminó el Apocalipsis, el apóstol Juan no envió su manuscrito a un editor junto con el resto de los libros del Nuevo Testamento y los hizo publicar para su distribución en la Iglesia. Estos libros circularon por separado durante mucho tiempo, siendo leídos en los servicios religiosos y citados por escritores cristianos posteriores, a menudo junto a otros libros que ahora no reconoceríamos como Escrituras.

Aunque existen listas canónicas anteriores (como la elaborada por Orígenes en el siglo II y el Fragmento muratoriano, que tradicionalmente se ha fechado en el siglo II, pero que puede ser tan tardío como el IV), no fue hasta el año 367 cuando se escribió la primera lista exacta conocida de los veintisiete libros del Nuevo Testamento tal y como los conocemos ahora. En ese año, San Atanasio el Grande, el papa y Patriarca de Alejandría (y el héroe del Primer Concilio Ecuménico de Nicea en el año 325, aunque en ese momento era solo un diácono), escribió una carta a sus iglesias instruyéndolas sobre qué libros debían ser considerados canónicos en términos de su uso en los servicios de la iglesia.

Este es el contexto en el que surgió el canon de la Escritura: lo que se leía en voz alta en los servicios litúrgicos de la iglesia. Al principio, había libros incluidos junto al Nuevo Testamento que conocemos y que se leían en la iglesia, como el Apocalipsis de Pedro o una epístola de los Corintios a Pablo. Con el tiempo, en el cuidado de sus iglesias, los obispos comenzaron a comparar notas y a emitir listas de lo que estaba permitido leer en voz alta. La lista de Atanasio en el año 367 es la primera vez que vemos el Nuevo Testamento que reconocemos, pero fue en algún momento del siglo V cuando esa misma lista se utilizó en toda la Iglesia.

Desde el momento del descenso del Espíritu Santo en Pentecostés hasta que los cristianos pudieron finalmente señalar un canon para el Nuevo Testamento pasaron más de trescientos años y probablemente más cerca de cuatrocientos. La pregunta «¿Qué dice la Biblia?» no podía hacerse, porque la pregunta «¿Qué es la Biblia?» aún no había sido respondida. La Biblia en sí tiene una historia, no solo los detalles de las palabras en los textos, sino qué textos llegaron a ser considerados como Escritura.

Irónicamente para los reformadores, «¿Qué es la Biblia?» volvió a preguntarse en el siglo XVI, porque procedieron a editar el canon real para adaptarlo a sus propios gustos, eliminando libros del Antiguo Testamento que habían sido considerados canónicos durante siglos (p. ej., los Macabeos, Tobías, etc.). ¿De qué sirve la *sola scriptura* cuando se puede cambiar lo que constituye la Escritura? ¿Y en qué parte del canon se define el propio canon? Ese índice tiene que venir de alguna parte.

Para los ortodoxos, la Biblia —su contenido, canonización e interpretación— siempre ha sido un asunto de la comunidad eclesiástica. Cristo dio autoridad a su Iglesia, y la Iglesia utilizó esa autoridad para escribir, recopilar y canonizar la Biblia. La Iglesia sigue utilizando esa autoridad para interpretarla. Por lo tanto, la Escritura no puede ser interpretada de forma fiable fuera de la única Iglesia.

Sola fide

La doctrina de la *sola fide* enseña que la justificación viene por la sola fe. En la doctrina protestante clásica, la justificación consiste en ser «declarado justo» por Dios, recibiendo la justicia «imputada». La doctrina de la justicia imputada contrasta con la enseñanza católica romana de la justicia infusa (que Dios infunde la justicia en el creyente y esta se convierte en parte de él mediante el mérito recibido en la vida espiritual).

Tener la justicia imputada es ser considerado o visto como justo por Dios porque Él ha «puesto sobre» (en lugar de «puesto dentro») o revestido al creyente con la justicia de Cristo; sin embargo, no hay ningún sentido en el que el creyente sea realmente justo en sí mismo. La imputación es un cambio en el estatus legal, pero no en la santidad personal, ni siquiera un cambio efectuado por la gracia. En este sentido, la doctrina desciende directamente de la teología occidental de finales de la Edad Media, basada en una visión jurídica del pecado con su énfasis en el estatus legal (un punto de vista que ha sido atenuado en la teología católica romana más reciente).

Especialmente en Lutero, la fe se contrapone específicamente a las buenas obras. Para él, las buenas obras no tienen nada que ver con la salvación más que ser un signo o resultado de la verdadera fe. La verdadera fe siempre llevará a dos cosas: la justificación y las buenas obras. Lutero describió la *sola fide* como la doctrina por la que la Iglesia se mantiene o cae.

La *sola fide* encuentra sus formulaciones más claras tanto en la Confesión de Augsburgo como en la Confesión de Fe de Westminster, que son declaraciones doctrinales autoritativas entre los cristianos luteranos y presbiterianos, respectivamente:

> *Nuestras iglesias, de común acuerdo... enseñan que los hombres no pueden ser justificados ante Dios por sus propias fuerzas, méritos u obras, sino que son justificados*

libremente por causa de Cristo, por medio de la fe, cuando creen que son recibidos a favor, y que sus pecados son perdonados por causa de Cristo, quien, por su muerte, ha hecho satisfacción por nuestros pecados. Esta fe Dios la imputa como justicia en Su presencia. (Confesión de Augsburgo, 1530)

A los que Dios llama eficazmente, también los justifica gratuitamente; no infundiéndoles la justicia, sino perdonando sus pecados, y considerando y aceptando sus personas como justas; no por nada que se haya producido en ellos, o hecho por ellos, sino solo por Cristo; ni imputándoles la fe misma, el acto de creer, o cualquier otra obediencia evangélica, como su justicia; sino imputándoles la obediencia y la satisfacción de Cristo, recibiendo y descansando en Él y en su justicia por la fe; fe que no tienen por sí mismos, sino que es el don de Dios. (Confesión de Fe de Westminster, 1647)

Sola fide se formuló principalmente en respuesta a la insistencia católica romana en las buenas obras (y todo el sistema de méritos, satisfacción, purgatorio e indulgencias), que fue interpretada por Lutero como un intento de ganarse el camino al cielo. (Eso no es lo que el catolicismo romano enseñaba oficialmente, pero era una interpretación popular de la doctrina católica en el siglo XVI y probablemente era predicada por quienes vendían indulgencias). De ahí proviene la tradición protestante casi universal según la cual el catolicismo romano enseña la «justicia por obras», es decir, que los católicos «se ganan» la salvación. Los reformadores también vieron el monacato de ese modo: como un intento de ganarse la salvación. Sin embargo, conviene notar que el lenguaje de la «satisfacción» del catolicismo romano es adoptado por el protestantismo, continuando su énfasis legal en la soteriología.

Lutero insistió tanto en esta formulación de que la salvación viene por la fe y no por las obras que, cuando tradujo Romanos 3, 28 al alemán, añadió la palabra alemana *allein* («solo»), de modo que el versículo quedara así: «Por lo tanto, concluimos que el hombre es justificado solo por la fe, sin las obras de la ley». Pero la palabra *solo* no está presente en el texto griego, ni siquiera lo sugiere el contexto.

A pesar de esta oposición establecida entre la fe y las buenas obras, Lutero se involucró en una extensa controversia contra los antinomianos, que enseñaban que la moral era totalmente irrelevante para la vida cristiana. Él no veía las buenas obras como algo irrelevante, sino como el resultado de la fe.

Lutero también estaba tan molesto por la aparente oposición a su doctrina de la *sola fide* en la Epístola de Santiago que cuestionó su autoría apostólica porque está «rotundamente en contra de San Pablo y de todo el resto de las Escrituras, [ya que] atribuye la justicia a las obras, y dice que Abraham fue justificado por sus obras» (Prefacio a las Epístolas de Santiago y San Judas). Así, Lutero concluye que, en comparación con otras obras del Nuevo Testamento, «la epístola de Santiago es realmente una epístola de paja... porque no tiene nada de la naturaleza del evangelio» (*Luther's Works*, 35:362). Aunque inicialmente Lutero quería omitir a Santiago de su canon, finalmente optó por dejar la epístola en su lugar.

Cuestionó la autoridad no solo de Santiago, sino también de Judas, Hebreos y Apocalipsis, libros que también habían sido cuestionados mucho antes en la historia de la Iglesia, pero que finalmente fueron aceptados por ella. (En algunas denominaciones luteranas, cuando un candidato a la ordenación firma el Juramento de Suscripción, se puede, de hecho, optar por no aceptar la canonicidad de esos libros). Irónicamente, el único lugar en el que «solamente por la fe» (o a veces «solo la fe») aparece como frase en el Nuevo Testamento es en Santiago 2, 24: «Pueden ver, pues, que el hombre es justificado por las obras y no solamente por la fe».

Santiago también dice, en 2, 17: «Así también la fe, si no tiene obras, está muerta en sí misma».)

En algunos sectores del protestantismo, desde el Segundo Gran Despertar en el siglo XIX, la *sola fide* llegó a entenderse como una simple creencia o acuerdo con ciertas proposiciones doctrinales, como que la salvación no depende de la fidelidad, sino de un asentimiento único, normalmente como parte de una experiencia de conversión.

La Ortodoxia enseña, con la Escritura, que la salvación es por gracia, mediante la fe, y no por obras (Ef. 2, 8-9). Donde la Ortodoxia difiere de la doctrina de la *sola fide* es en su comprensión de la fe, las obras y la justificación. Para el cristiano ortodoxo, la fe incluye las buenas obras, no porque ganen la salvación, sino porque son una forma de cooperación con la gracia divina, que realiza la obra de transformación. Para los ortodoxos, la justificación consiste en ser hecho realmente justo, no simplemente declarado como tal («imputado»), y se efectúa mediante el bautismo. Esto es posible gracias a la presencia de Dios en la persona. Además, la Ortodoxia tiene una visión mucho más amplia de la justificación (en griego, *dikaiosyne*), más en línea con el uso que hace Jesús en el Sermón del Monte (Mt. 5–7), en lugar de la noción más estrecha y jurídica que se ha ido desarrollando desde el siglo XVI en la teología romana y protestante.

Basándose en su dialéctica Ley/Evangelio, Lutero entiende erróneamente que las «buenas obras» en la Escritura son idénticas a las «obras de la ley», es decir, la ley mosaica de los judíos. Sin embargo, aunque San Pablo predica contra la eficacia de la ley judía para la salvación, en ningún momento predica contra las buenas obras en sí mismas ni las opone a la fe. «Las obras de la Ley» que no nos ayudan son la tradición judía, pero las buenas «obras» sin las cuales la fe está «muerta» (Santiago 2, 17-26) constituyen la vida justa del creyente.

Aun así, estas buenas obras no logran nada por sí mismas. Es la gracia de Dios la que hace que se produzca la transformación.

Las buenas obras son solo parte de la apertura de la puerta a esa transformación. Nuestra vida de fe y buenas obras es nuestra cooperación con la gracia divina, el don gratuito de Dios. Los ortodoxos creen en la sinergia, en la colaboración con Dios para nuestra salvación (1 Cor. 3, 9; 2 Cor. 6, 1), un concepto que no está del todo ausente, pero que se malinterpreta y se ignora en la mayoría de la teología protestante.

Sola gratia

La enseñanza de la *sola gratia* es que solo la gracia de Dios logra la salvación. Ningún acto del hombre contribuye a la salvación de ninguna manera. Esta doctrina está estrechamente relacionada con la sola fide, ya que la fe es lo que activa la gracia salvífica. Los creyentes de la *sola gratia* suelen plantear su doctrina en términos opuestos al pelagianismo (la doctrina de que el hombre puede alcanzar la salvación sin ayuda divina, porque no está sujeto al pecado original/ancestral, es decir, su voluntad permanece intacta a pesar de la Caída). Cualquiera que sugiera que el hombre tiene algún papel sustancial en su salvación suele ser acusado de pelagiano o semipelagiano.

La forma más extrema de esta doctrina es la sostenida por el predestinacionismo clásico (a menudo asociado con el calvinismo, pero con una historia previa entre los dominicos católicos), que sostiene que el hombre no tiene absolutamente ningún papel en su salvación, ni siquiera el asentimiento. Es decir, Dios te salva lo quieras o no. También te condena lo quieras o no. Este punto de vista se llama monergismo («un solo agente», es decir, Dios). Estas dos acciones juntas se llaman doble predestinación: tanto los salvados como los condenados están predeterminados a sus destinos. En este caso, tanto la fe como la gracia son dones de Dios y no implican en absoluto la voluntad del hombre. La gracia se denomina a menudo «irresistible». Sin embargo, la mayoría de los creyentes en la *sola gratia* no llegan a este extremo; creen que el hombre debe al menos asentir a la salvación en algún momento, aunque solo sea una vez. Algunos teólogos reformados matizan este punto de vista con lo que se denomina «compatibilismo», permitiendo un espacio en los decretos irresistibles de Dios para el verdadero asentimiento del hombre, un asentimiento que es incapaz de dar a menos que Dios lo quiera. (Sí, parece una contradicción).

Los ortodoxos pueden estar de acuerdo con la *sola gratia* si se entiende que es la gracia de Dios la que realiza la obra transformadora de la salvación. Sin embargo, la Ortodoxia cree en la sinergia, en que Dios y el hombre son colaboradores (1 Cor. 3, 9; 2 Cor. 6, 1), en que el hombre debe ocuparse en su salvación «con temor y temblor» (Fil. 2, 12). El episodio de la Anunciación ilustra bastante bien el punto de vista ortodoxo, a saber, que Dios no impuso su voluntad a la Virgen María, sino que deseó su consentimiento, que ella dio en el *fiat mihi* («Hágase en mí»).

Uno de los principales problemas de la *sola gratia* es que la gracia se entiende como algo distinto de Dios mismo. En la teología de la Reforma, la gracia es el «favor inmerecido», una actitud de Dios, a menudo contrastada con su ira. Para la Ortodoxia, la gracia es increada, es decir, la gracia es Dios, su presencia y actividad reales, sus energías. Pero si la gracia es meramente un «favor», entonces la unión con Dios (theosis) queda excluida. El distanciamiento de Dios que a veces se encuentra en la teología católica romana se mantiene en el protestantismo.

Solus Christus

Solus Christus, la enseñanza de que «solo Cristo» es el medio de salvación, se formuló en respuesta a la compresión fuertemente mediadora popular entre el clero católico romano del siglo XVI: que solo a través del clero puede el hombre acercarse a Dios. Los protestantes también tienden a rechazar la intercesión de los santos, pues, tratándose de la salvación, «solo Cristo» es lo único pertinente. El temor es que un ser humano falible se arrogue interponerse entre un creyente y Dios, que un sacerdote pueda de hecho impedir que alguien tenga acceso a la salvación o que un creyente piense que no puede llegar a Dios sin pasar por un santo.

La interpretación de la doctrina católica romana sobre el clero como mediador encuentra su máxima expresión en la enseñanza de que el papa es el vicario de Cristo en la tierra, la noción de las obras meritorias realizadas por los santos y, sobre todo, la idea de que el papa puede dispensar esos méritos como estime. Aunque el catolicismo romano a menudo enfatiza el papel mediador del clero, en nuestros días, al menos, no es tan extremo como lo caracterizaron los reformadores. Esta actitud de la Reforma es una especie de donatismo, pero en lugar de una negación de la eficacia de los sacramentos de un sacerdote malvado en particular, es una negación del sacerdocio en su totalidad debido a la falibilidad del clero.

En el sentido que los reformadores solían darle, es decir, que la salvación solo es posible en y a través de Cristo, *solus Christus* es aceptable para la Ortodoxia. Sin embargo, el rechazo que acompaña a la función del clero, especialmente en el servicio de los sacramentos, que algunos reformadores consideraron comprendida en esta doctrina, no es aceptable para la Ortodoxia. Enfatizaron el «sacerdocio de todos los creyentes» excluyendo el sacerdocio ministerial (sacerdotal), enfrentando así a los laicos con el clero. La Ortodoxia también cree en el sacerdocio de todos los creyentes, pero no en el ancianato (esto es, el presbiterado) de todos los creyentes. El antiguo Israel tenía una noción similar para todos los creyentes (Éx. 19, 6), pero mantuvo un sacerdocio sacrificial para dirigir el culto en el templo. La Iglesia ortodoxa nunca ha destacado al clero principalmente como mediador, porque hay un solo mediador entre Dios y el hombre, Jesucristo (1 Tim. 2, 5). Sin embargo, son intercesores, al igual que los santos. Los ortodoxos no ven a los santos como personas que hablan con Dios en lugar de nosotros, como si no pudiéramos hacerlo. Son compañeros de fe a los que llamamos a nuestro lado para que recen con nosotros y por nosotros. Y el clero también tiene un papel en la salvación como ministros de los sacramentos, como los que son iconos de Cristo al ofrecer el sacrificio, pero no es un papel absoluto. Dios puede salvar a alguien a pesar de la maldad de un sacerdote, y consideramos a todos los creyentes como iconos de Cristo y miembros del sacerdocio real.

La mayor debilidad del *solus Christus* es que resta la plenitud de Cristo en su Cuerpo, la Iglesia, no solo enfrentando al clero con los laicos e ignorando el papel de los miembros ya difuntos de la Iglesia (los santos), sino sugiriendo una separación incluso entre la Cabeza (Cristo) y el Cuerpo (la Iglesia). Si aislamos a Cristo «solo» y no prestamos atención a cómo nos salva a través de los demás miembros del Cuerpo y con ellos, entonces estamos en esencia descartando la eclesiología, o al menos reduciéndola en gran medida.

Soli Deo gloria

Soli Deo gloria es la enseñanza de que solo a Dios se le debe dar gloria. Esta doctrina es un rechazo a la veneración de los santos y otros objetos o personas santas. Es una reacción a la ostentosa gloria terrenal del catolicismo romano del siglo XVI. En cierto modo, *soli Deo gloria* puede considerarse redundante con el *solus Christus*, ya que hace hincapié en que la salvación solo procede de Dios; pero añade la idea de que los seres humanos no deben buscar su propia gloria (en otras palabras, predica la humildad).

Soli Deo gloria también confunde la adoración con la veneración, enseñando así que solo Dios es adorado y venerado. Esta confusión puede ser la razón por la que muchos protestantes, al ver la veneración que se practica en el cristianismo ortodoxo, la confunden con la adoración y, por lo tanto, concluyen que el cristiano ortodoxo que besa un icono o se inclina ante una cruz está cometiendo idolatría.

La Ortodoxia está de acuerdo con la esencia de esta doctrina, que solo Dios es digno de nuestra adoración. Sin embargo, es un rechazo a su Encarnación y a su obra en los seres humanos a lo largo de la historia negar el honor a esas personas y lugares, porque vemos que la santidad que entró en la materia en la Encarnación se extiende a todos los lugares donde se da la bendición de Cristo.

En la Ortodoxia, la adoración es una entrega total y una unión con Dios principalmente a través del sacrificio. Por lo tanto, no tiene sentido que adoremos a los santos o a los objetos sagrados. La veneración, por el contrario, consiste en mostrar el respeto y el honor debidos allí donde Dios ha actuado, ya sea en una persona (como un santo) o incluso en objetos inanimados (como la tumba de Cristo).

La veneración a los santos se debe únicamente a la obra de Cristo en ellos. No resta nada a la adoración que solo se debe a Dios. Por supuesto, nunca debemos buscar nuestra propia gloria, pero no hay nada malo en mostrar respeto y veneración a los santos de Dios, que muestran Su gloria. Los protestantes suelen mostrar una especie de veneración a las personas de sus propias tradiciones a las que admiran, aunque normalmente no llegan al tipo de piedad que es normal en las prácticas de veneración ortodoxas, como besar iconos o cantar himnos. Sin embargo, pueden nombrar iglesias o incluso denominaciones enteras con el nombre de sus héroes, y existe una tradición de contar las historias de los mártires o misioneros protestantes que, en cierto modo, es paralela a la hagiografía ortodoxa.

Soli Deo gloria, aunque intenta preservar la adoración exclusiva a Dios, de hecho, resta importancia a la obra salvadora de Dios en su creación, porque niega el sentido más pleno de reconocimiento a la obra que Dios realiza en sus santos. En el fondo está la sensibilidad de que no puede haber una verdadera unión entre lo increado y lo creado, sino solo un otorgamiento de «favor». Cuando se aplica a la cristología, es una forma de nestorianismo.

Una nota interesante: en su énfasis en la humildad, la frase *Soli Deo gloria* se ha utilizado como una forma de dar gracias a Dios por una obra de arte en particular. El gran compositor barroco Johann Sebastian Bach, por ejemplo, escribió «SDG» en muchos de sus manuscritos musicales.

Las denominaciones de la reforma magisterial

Aparte de la herencia general de las cinco solas de la Reforma magisterial, las diversas denominaciones que surgieron de la primera ola de la Reforma también tienen sus propios distintivos.

Luteranismo

Los puntos de vista sobre la interpretación de las Escrituras varían actualmente dentro del luteranismo y se han diversificado desde la época del propio Lutero. Algunos están influenciados por el racionalismo del siglo XVIII, que cuestionaba la autoridad de la propia Biblia. Algunos luteranos siguen un enfoque del siglo XIX que enfatiza la inerrancia bíblica, una reacción al racionalismo, haciendo hincapié en la corrección de la Biblia en la mayoría de los detalles (y para algunos en el extremo, en todos los detalles). En el siglo XIX también se renovó el interés por el confesionalismo, situando la autoridad en los textos luteranos primitivos (p. ej., el *Libro de la Concordia*, la Confesión de Augsburgo, etc.), esencialmente una apelación a la tradición luterana.

La Ortodoxia considera que toda la Escritura se interpreta de forma fiable solo dentro de la Iglesia ortodoxa. El racionalismo no tiene cabida en la Ortodoxia, porque la razón humana es notoriamente falible. La inerrancia bíblica también es problemática para los ortodoxos, ya que aísla la Escritura como norma de la Iglesia que la produjo. Si pudiéramos adoptar algún sentido de inerrancia o infalibilidad, sería en una continuidad ininterrumpida entre Cristo y su Iglesia y la Escritura, no aislando a ninguno de ellos entre sí.

La Ortodoxia elogia los llamamientos a volver a la tradición, pero en el caso del confesionalismo luterano, se trata de una tradición divorciada de la Santa Tradición y, por tanto, incompleta o incorrecta en varios aspectos. Sin embargo, el respeto confesional luterano por la tradición es algo que atrae a los ortodoxos, y compartimos un terreno común especialmente cuando los luteranos hacen referencia a los Padres de la Iglesia, aunque en muchos casos los leemos de forma diferente.

En general, los luteranos consideran que la hermenéutica de las Escrituras se divide en Ley y Evangelio. La Ley es la obediencia a los mandatos de Dios, mientras que el Evangelio es la obra misericordiosa de Dios en Cristo que otorga la salvación. Solo el Evangelio es verdaderamente necesario para la salvación (véase más arriba sobre la *sola fide* y la *sola gratia*), pero la Ley puede ayudar a llevarnos a la salvación en la medida en que nos muestra nuestros pecados. Si bien hay algo en esta disposición que podemos apreciar como una abreviatura, la Ortodoxia no divide las Escrituras de esta manera.

A diferencia de la Ortodoxia, los luteranos solo reconocen dos sacramentos, el bautismo y la sagrada comunión, aunque no existe una enumeración oficial. La confesión se practicó durante el primer siglo del luteranismo (y fue considerada inicialmente por Lutero como un sacramento) y está experimentando un pequeño retorno en nuestra época. Los luteranos varían en cuanto a si algo «real» ocurre en los sacramentos, dependiendo en gran medida de sus divisiones según los campos hermenéuticos descritos anteriormente.

Los luteranos creen tradicionalmente que el bautismo es una obra salvífica de Dios (aunque difieren en lo que eso significa), y lo administran a los niños. En esto, son similares a los ortodoxos.

Para los luteranos, la sagrada comunión incluye tradicionalmente la creencia en la presencia real de Cristo, pero no en términos de que el pan y el vino se transformen en el Cuerpo y la Sangre de Cristo en los términos aristotélicos adoptados por Roma. Roma enseña la transustanciación, que la «sustancia» del pan y el vino cambia, pero que sus «accidentes» permanecen, por lo que siguen teniendo el mismo aspecto. Lutero creía más bien que el Cuerpo y la Sangre de Cristo estaban «en, con y bajo» el pan y el vino (aunque no se decide por una formulación específica de esto hasta su Catecismo Menor, que utiliza «bajo»), lenguaje utilizado para ampliar la teología en una dirección más mística.

Los luteranos señalan que tanto Cristo como Pablo siguen utilizando los términos pan y vino para lo que ha sido cambiado, lo que significa que el pan y el vino siguen presentes, aunque el Cuerpo y la Sangre de Cristo estén ahora presentes. Este punto de vista es a veces llamado consustanciación por los no luteranos, pero ese término suele ser rechazado por los luteranos como demasiado filosófico y sugiriendo algo demasiado «carnal», es decir, que ellos creen en la «impanación» (que Cristo se encarna como pan). En términos de lo que realmente creen, la mayoría de los luteranos hoy sostienen alguna forma de consustanciación, aunque no empleen ese término.

La Ortodoxia siempre ha evitado tal especulación o definición y dice simplemente que el pan y el vino se convierten en el Cuerpo y la Sangre de Cristo. Cómo sucede esto, si el pan y el vino siguen estando presentes de alguna manera, si seguir refiriéndose a ellos como pan y vino significa algo sobre la naturaleza de esa presencia, etc., no se tratan como preocupaciones dogmáticas. El lenguaje de Lutero «en, con y bajo» también puede entenderse de manera esencialmente ortodoxa.

El propio Lutero también enseñó una doctrina de la theosis (en alemán, *vergöttlichung*), pero no es bien conocida entre la mayoría de los luteranos modernos. Varios luteranos finlandeses han trabajado para revelar que esto forma parte de la tradición luterana, aunque su trabajo solo se conoce en los círculos académicos europeos. En Finlandia, este terreno común con los ortodoxos ha servido de base para el diálogo teológico.

En la segunda generación del luteranismo, se mantuvo una correspondencia entre los teólogos de Tubinga y el Patriarca Ecuménico Jeremías II de Constantinopla. Los luteranos estaban convencidos de que los ortodoxos resultarían ser como ellos, ya que también rechazaban la supremacía papal. Al final, el diálogo fracasó en líneas que todavía existen hoy: el rechazo de los luteranos al monacato, las opiniones sobre las buenas obras, etc. Finalmente, el propio Jeremías rompió la correspondencia, diciendo que los luteranos debían volver a escribirle solo por amistad. (Más adelante mencionaremos más sobre esto).

Las principales denominaciones luteranas en Estados Unidos son la Iglesia Evangélica Luterana en América (ELCA, por sus siglas en inglés, que fue una fusión de tres denominaciones en 1988), la Iglesia Luterana—Sínodo de Misuri (LCMS, por sus siglas en inglés) y el Sínodo Evangélico Luterano de Wisconsin (WELS, por sus siglas en inglés). La Iglesia Evangélica Libre, que también está presente en Estados Unidos, es una escisión de las Iglesias luteranas estatales de Europa.

En general, la ELCA, la más grande, se considera la más liberal. Ordena a las mujeres, las uniones entre personas del mismo sexo y a ministros homosexuales y es la menos confesional entre los luteranos. La LCMS y el WELS son mucho más conservadores, no ordenan mujeres y son más confesionales. Hay muchas denominaciones luteranas más pequeñas en Estados Unidos, incluida la Iglesia Luterana de América del Norte (NALC, por sus siglas en inglés), de reciente creación (en 2010), que es un organismo escindido de la ELCA y se describe a sí misma como representante del «centro teológico» del luteranismo en Estados Unidos. La NALC mantiene la ordenación de mujeres, pero es menos probable que mantenga posiciones morales liberales en cuestiones como la homosexualidad o el aborto.

Las denominaciones más conservadoras son más propensas a tener un tipo de culto litúrgico, procedente de la tradición occidental de la misa, algunas pueden incluso utilizar la palabra *misa* y a veces llamar a su clero «Padre». Sin embargo, este culto sigue siendo relativamente informal en comparación con las tradiciones más católicas, con un mayor énfasis en la predicación que en la mayoría de las Iglesias litúrgicas. La mayoría de las iglesias del WELS son no litúrgicas, lo que también es común en la LCMS. A veces también se ofrecen servicios de estilo tradicional junto a los de estilo contemporáneo. Unas pocas denominaciones luteranas, como algunas Iglesias luteranas suecas, mantienen una teología de sucesión apostólica para sus obispos, aunque es meramente en términos de sucesión de ordenación, no de mantenimiento de la fe apostólica. No todos los luteranos tienen obispos. Sin embargo, para los que lo tienen, el obispo es principalmente un cargo administrativo más que sacramental.

En otros países, a los luteranos se les suele llamar simplemente «evangélicos» (el término original), lo que tiene un significado diferente al de Estados Unidos. En Alemania, *Evangelische* se refiere al protestantismo en general. En su uso original en Alemania, «evangélico» significaba «del Evangelio» y se refería a la hermenéutica Ley/Evangelio.

Las iglesias reformadas

Calvinismo

El calvinismo, llamado así por las enseñanzas de Juan Calvino (un abogado ginebrino), influyó fuertemente en varios grupos protestantes. El calvinismo se identifica a menudo con el predestinacionismo, pero esto es solo una parte de una tradición mucho más amplia. Un lugar mejor para ubicar el rasgo distintivo principal del calvinismo es su enseñanza sobre la justicia imputada dentro de un marco del pacto.

El marco del pacto, como se refleja en los pactos bíblicos, es el paradigma de cómo Dios ha actuado a través de la humanidad, p. ej., los pactos de la creación, con Noé, con Abraham o con Moisés. (Este marco del pacto no debe confundirse con el dispensacionalismo, del que hablaremos más adelante. La diferencia fundamental para nuestros propósitos es que los dispensacionalistas ven una discontinuidad entre el Antiguo y el Nuevo Pacto, mientras que la tradición reformada ve una continuidad entre ellos).

Todos los pactos se basan en la condicionalidad: Dios es el rey soberano que emite las bendiciones del pacto (p. ej., la vida eterna), pero recibirlas es condicional, y varía en función de los términos del pacto. Por ejemplo, el pacto con Adán solo tenía un mandato (no comer del árbol), mientras que el pacto con Moisés era todo un sistema de leyes. El beneficiario del pacto tiene un plazo para cumplir su parte del trato (un «período de prueba»). Los dos pactos que son especialmente claves en el Antiguo Testamento son el de Adán y el de Moisés.

Adán no cumple su pacto, lo que provoca el exilio del Edén. Israel no cumple el pacto con Moisés, lo que le lleva al exilio de la Tierra Prometida. Dios, sabiendo que fracasarían, ya había preparado un nuevo pacto, el Pacto de Redención, un pacto entre el Padre y el Hijo. (Las opiniones varían en cuanto a si el decreto de predestinación de Dios causa o es causado por Su decreto de la Caída del hombre: supralapsarianismo e infralapsarianismo, respectivamente).

Cuando el Hijo cumple las condiciones del pacto, recibe un pueblo para sí mismo. Tanto Adán como Israel fracasan en convertirse en ese pueblo, por lo que Cristo mismo es tanto el Nuevo Adán como el Nuevo Israel, y tiene éxito donde ellos fracasaron (p. ej., al resistir la tentación de Satanás que Adán no pudo resistir y al guardar la Ley de Moisés). El nuevo pacto con Cristo no debe entenderse como un «Plan B» que Dios instituye porque los pactos anteriores fracasaron, porque la predestinación está involucrada: Dios lo sabía y está activo en todas las etapas.

Hay una condición para la humanidad en el nuevo pacto, además de las condiciones impuestas a Cristo: la fe. Aquí es donde el calvinismo se basa en el principio general de la Reforma de la sola fide. Por lo tanto, Pablo hace que el nuevo pacto sea análogo al pacto de Abraham —basado en la fe— en lugar del pacto mosaico, que se basaba en las obras.

Dentro de este marco del pacto se encuentra la versión calvinista de la justicia imputada. En este punto de vista, las condiciones impuestas a la humanidad son realmente cumplidas por Cristo. Cristo obedece al Padre tanto pasiva como activamente. Su obediencia pasiva —Su sufrimiento en la cruz— satisface la justicia de Dios, porque el pecado de los elegidos es imputado a Cristo y luego castigado en Cristo en la Cruz. Su obediencia activa —su cumplimiento de la Ley de Moisés— se imputa a los elegidos por medio de su fe. ¿Y cómo se obtiene la fe? El Espíritu Santo la concede, pero solo si ya eres uno de los elegidos, predestinado por Dios.

La corriente de la predestinación dentro del calvinismo es una visión muy argumentada y altamente racionalista de la relación entre la presciencia de Dios, su soberanía y el libre albedrío del hombre. Aunque el propio calvinismo se define a menudo por el predestinacionismo (especialmente por sus críticos y por quienes importan ciertos elementos del calvinismo a otras tradiciones), el conjunto de doctrinas que suelen definir ese punto de vista fue en realidad una formulación del Sínodo de Dort en 1618-19, más de medio siglo después de la muerte de Calvino.

Los cinco Cánones de Dort condenaron a Jacobo Arminio y a su Movimiento Remonstrante, y son estos cánones los que constituyen la base del «calvinismo de cinco puntos». Los Cánones de Dort, junto con el Catecismo de Heidelberg y la Confesión Belga, son las Tres Formas de Unidad que forman las normas doctrinales de las iglesias reformadas continentales. Los reformados de las Islas Británicas utilizan las Normas de Westminster.

Los cinco puntos son:

1. depravación total (la Caída de la humanidad borró por completo cualquier bondad en el hombre, haciéndolo incapaz de elegir a Dios);

2. elección incondicional (la elección de Dios de salvar a ciertas personas no se basa en nada que hayan hecho y fue hecha incluso antes de la creación misma);

3. expiación limitada (el sacrificio sustitutivo de Cristo en

la Cruz es salvífico solo para los elegidos, porque solo el pecado de los elegidos es imputado a Cristo);

4. gracia irresistible (cuando Dios decide salvar a alguien, este no tiene otra opción que ser salvado; el libre albedrío no está involucrado de ninguna manera);

5. perseverancia de los santos (una vez que Dios ha salvado a alguien, nunca caerá; los que parecen caer nunca fueron realmente salvados).

Las primeras iniciales de estas doctrinas en inglés forman el acrónimo TULIP, que es un recurso mnemotécnico útil para recordarlas todas [*Total depravity, Unconditional election, Limited atonement, Irresistible grace,* y *Perseverance of the saints*]. (Sin embargo, el orden de los Cánones de Dort es diferente, y formaría en su lugar el acrónimo ULTIP).

Implícito en estos puntos (y enseñado por Calvino) está el corolario de que, si el hombre no tiene elección para ser salvado y si Dios salva solo a algunos, entonces eso significa que Él ha elegido deliberadamente a algunos para condenación: todos, lo deseen o no, quieran seguir a Dios o no (aunque una persona reprobada nunca querría seguirle; los que se condenan no están entre los elegidos y se dice que son «reprobados»). Este punto de vista se llama doble predestinación, y tiene sus orígenes en algunos de los errores de San Agustín. En esencia, antes de todos los tiempos, Dios escribió dos listas, la de los elegidos y la de los réprobos, y no hay nada que pueda hacer nadie para que su nombre sea movido de una lista a la otra.

La Ortodoxia rechaza los cinco puntos, que se basan principalmente en la negación del libre albedrío del hombre. Como el famoso predicador protestante John Wesley señaló una vez, «Pero si esto es así, entonces toda la predicación es vana. Es innecesaria para los elegidos; porque ellos, ya sea con la predicación o sin ella, se salvarán infaliblemente». Del mismo modo, los réprobos, «con la predicación o sin ella, se condenarán infaliblemente» (Sermón 128,

«La libre gracia»). Para la Ortodoxia, aunque la voluntad del hombre esté infectada por la Caída, su capacidad de elegir a Dios no ha sido destruida, sino solo perjudicada.

Los cristianos ortodoxos consideran que el calvinismo es monstruoso, sobre todo porque describe a un Dios que salva arbitrariamente a algunas personas y condena a otras, pero también porque Dios decreta realmente la caída de la humanidad. Un «Dios» así no es el Dios de una relación amorosa, el Cristo amable que corteja a su novia, la Iglesia. Se trata más bien de un «Dios» caprichoso, errático y vengativo, que salva a algunos hombres y condena a otros «para su gloria» (una frase utilizada a menudo por Calvino y convertida en una especie de eslogan por los calvinistas). Además, Cristo no murió en la cruz para castigar los pecados imputados de los elegidos, sino para entrar en la muerte y destruir su poder.

Calvino es coherente en su baja visión de la naturaleza del hombre y su compromiso con la doble predestinación, y utiliza un lenguaje fuerte para expresarlo:

> *Por lo tanto, incluso los niños que traen su condenación desde el vientre de su madre, no sufren por otro, sino por su propio defecto. Porque, aunque todavía no han producido los frutos de su propia injusticia, tienen la semilla implantada en ellos. Es más, toda su naturaleza es, por así decirlo, un semillero de pecado, y por lo tanto no puede sino ser odiosa y abominable para Dios... Los que la llaman concupiscencia usan una palabra no muy inapropiada, siempre que se añada... que todo lo que hay en el hombre, desde el intelecto hasta la voluntad, desde el alma hasta la carne, está contaminado e impregnado de esta concupiscencia; o, para expresarlo más brevemente, que todo el hombre no es en sí mismo más que concupiscencia. (Institución de la religión cristiana II.1.8)*

> *Llamamos predestinación al decreto eterno de Dios, por el que ha determinado en sí mismo lo que tendría que ser de cada individuo de la humanidad. Pues no todos han sido creados con un destino similar, sino que la vida eterna está predestinada para unos, y la condenación eterna para otros. Por lo tanto, cada hombre, siendo creado para uno u otro de estos fines, decimos que está predestinado a la vida o a la muerte.* (*Institución* III.21.5)

> *Podemos estar seguros de que Dios nunca habría permitido que se matara a ningún niño, excepto a los que ya estaban condenados y predestinados a la muerte eterna.* (*Comentario sobre el Deuteronomio* 13, 15)

La eucaristía es también central para Calvino, tan central, de hecho, que enseñó que su cisma estaba justificado porque Roma había efectivamente «abolido» la eucaristía por sus distorsiones. Y el Catecismo de Heidelberg también dice que la misa es «una idolatría anatematizada» (Pregunta 80). La doctrina de Calvino sobre la eucaristía enfatiza que los creyentes son en cierto sentido transportados al cielo y allí se alimentan espiritualmente de Cristo, pero que el creyente se alimenta de Cristo solo por la fe y no con la boca. Así, recibir a Cristo en la eucaristía no se centra en el pan y el vino, sino en la celebración del sacramento en su conjunto.

Este enfoque contrasta con la Ortodoxia, que cree que el Cuerpo y la Sangre de Cristo son objetivamente lo que está recibiendo el comulgante en la boca, por lo que recibir puede ser para la propia condenación: «Porque el que come y bebe, no discerniendo el cuerpo, juicio come y bebe para sí» (1 Cor. 11, 29). Aunque los ortodoxos estarían de acuerdo con gran parte de lo que Calvino destaca en la eucaristía, el problema es lo que rechaza.

Los calvinistas después de Calvino son extremadamente diversos en su teología eucarística: lo que comparten es la enseñanza de que Cristo no está objetivamente presente en el pan y el vino.

Si está presente, es solo cuando el creyente tiene fe (una primacía irónica de la gracia sobre la fe; el calvinismo suele ir en sentido contrario, que la fe es un producto de la gracia). Unas cuantas figuras históricas calvinistas (como el puritano Richard Baxter) también enseñaron una doctrina de recepcionismo eucarístico: Cristo se hace presente localmente en el pan y el vino solo cuando el creyente tiene fe.

El propio Calvino también enseñó una teocracia, sometiendo el gobierno a la Iglesia, lo que llevó a la quema de un hereje en Ginebra y al derrocamiento del rey inglés por Oliver Cromwell (fue durante el reinado de Cromwell que se produjeron las Normas de Westminster). Pero esto ya no forma parte de la mayoría de las creencias calvinistas. Sin embargo, existe un movimiento dentro del presbiterianismo llamado Teonomía (también llamado Dominionismo o Reconstrucción cristiana), que enseña que la ley del Antiguo Testamento debe ser instituida en las sociedades modernas.

Para ser justos, hay que señalar que el único hereje que fue quemado, Miguel Servet (Michael Servetus), era fuertemente herético, rechazaba la doctrina de la Trinidad y llamaba al derrocamiento violento de las sociedades católicas y protestantes. Además, su ejecución se produjo en 1533, antes de que el propio Calvino tuviera mucha influencia en el gobierno de Ginebra. Calvino incluso intercedió con él varias veces para intentar que se retractara. Así que Calvino no era un teócrata violento. Sin embargo, en contraste con todo esto, los ortodoxos no enseñan la teocracia que permite quemar a los herejes, derrocar a los reyes en una revolución teológica o reinstaurar la ley del Antiguo Testamento.

Entre las iglesias reformadas, el gobierno de la iglesia suele adoptar la forma de un gobierno regional a cargo de un consejo de presbíteros (ancianos) en lugar de obispos. Suele haber una distinción entre los presbíteros docentes y los gobernantes; en algunas denominaciones, esta distinción es solo funcional, mientras que otras consideran que son cargos realmente diferentes. En algunos contextos, el presbítero docente se denomina «obispo» o «superintendente». También puede ser conocido como «ministro de la palabra». También hay diáconos, que se encargan principalmente de funciones no relacionadas con la enseñanza o el gobierno.

La mayoría de las denominaciones reformadas ya no mantienen la doctrina calvinista histórica. Solo un pequeño grupo todavía lo hace. Muchas denominaciones ordenan mujeres. La Iglesia Unida de Cristo, la Iglesia presbiteriana de los Estados Unidos de América (PCUSA) y la Iglesia reformada de América han adoptado un enfoque muy liberal de la teología y la moral.

Zuinglianismo

El zuinglianismo, basado en las enseñanzas del suizo Ulrico Zuinglio (que precedió a Calvino en la Reforma suiza), no está representado por ninguna denominación específica en nuestros días, porque su movimiento queda absorbido por el movimiento reformado más amplio. Sin embargo, Zuinglio influyó profundamente en varios grupos reformados, incluidos aquellos considerados calvinistas. No existe una definición consensuada de «zuinglianismo» en sí, pero Zuinglio es más recordado por su enseñanza de que los sacramentos son puramente simbólicos.

Zuinglio y Lutero estaban de acuerdo en varios puntos importantes, pero divergían en otros, especialmente en la eucaristía, que Zuinglio consideraba únicamente simbólica. Para Zuinglio, no era una realidad presente, sino un mero signo de los actos pasados de Dios. También consideraba una superstición la enseñanza de que el bautismo efectuaba realmente algo salvífico. Tenía una visión esencialmente dualista del universo, según la cual la realidad material no tenía ningún papel en la salvación.

La versión de Zuinglio de la *sola scriptura* era más radical que la de Lutero. En lugar de ser simplemente la máxima autoridad para la vida cristiana, Zuinglio enseñaba que la Escritura tenía una autoridad exclusiva e independiente. También enseñó que la Escritura era «perspicua», lo que significa que cualquier creyente puede tomar la Biblia y entenderla, ayudado solo por el Espíritu Santo. Fue en gran parte responsable de la desvinculación de la Escritura de todo sentido de la tradición. Las Escrituras debían leerse de forma aislada y en exclusiva, y todo su significado debía derivarse de ese método. (No obstante, citó selectivamente a los Padres de la Iglesia en un intento de demostrar que sus puntos de vista no eran exclusivamente suyos).

Las iglesias reformadas anteriormente celebraban el culto de forma litúrgica, como los luteranos, pero ahora prácticamente todas ellas —especialmente las reformadas holandesas— han abandonado el culto litúrgico en favor de los estilos de culto heredados de los movimientos revivalistas de los siglos XIX y XX. El enfoque principal en el culto de estas iglesias es el sermón.

Arminianismo

Los cinco puntos del calvinismo se formularon como reacción al arminianismo, dilucidado por primera vez en el siglo XVII por Jacobo Arminio y destinado a corregir lo que él veía en la enseñanza reformada. Arminio, a diferencia de Calvino, enseñaba que el libre albedrío del hombre era real y eficaz en la salvación o la condenación, y en esto está de acuerdo con la Ortodoxia. La forma wesleyana del arminianismo enseñaba que cualquier predestinación por parte de Dios es según la presciencia de Dios, es decir, debido a que Dios sabía que ciertas personas elegirían libremente ser salvadas, Él actuó de acuerdo con esa elección. Esto también es esencialmente ortodoxo. En cuanto a la predestinación, el propio Arminio simplemente la rechazó. Gran parte de lo que hoy se considera arminianismo es en realidad la versión wesleyana, enseñada por Juan Wesley.

Calvino enseñaba que el hombre es totalmente depravado, y por tanto todo acto de elegir a Dios es el resultado de la acción directa de la gracia divina. Arminio enseñó, sin embargo, que la voluntad humana permanece intacta en una medida suficiente como para que el hombre pueda elegir a Dios. También enseñó que Cristo murió por los pecados de toda la humanidad. En esto, su pensamiento es muy parecido al de la Ortodoxia. Como la mayoría de los teólogos occidentales, también enseñó la teoría de la «satisfacción de la justicia divina» de la salvación. Sin embargo, al igual que la Ortodoxia, enseñaba que era posible alejarse de Dios. A diferencia de la Ortodoxia, es posible que él creyera que era imposible volver de tal apostasía.

El arminianismo, de una u otra forma, ha influido profundamente en gran parte del protestantismo moderno.

Las principales denominaciones reformadas de Estados Unidos son la Iglesia presbiteriana de Estados Unidos (PCUSA), la Iglesia Presbiteriana de Estados Unidos (PCA), la Iglesia Presbiteriana Ortodoxa, la Iglesia Reformada en América (RCA, «reformada holandesa»), la Iglesia Cristiana Reformada (CRC, «reformada holandesa»), la Iglesia Reformada Unida (URC, «reformada holandesa») y la Iglesia Unida de Cristo (UCC). De ellas, la PCUSA, la UCC y la RCA son ampliamente liberales en su teología moral; también restan importancia a las cuestiones de la salvación personal en favor de las cuestiones sociales.

Al igual que los luteranos, los presbiterianos de la corriente principal (PCUSA) han sufrido recientemente una segunda oleada de escisiones en Estados Unidos, en gran medida por motivos similares: las nuevas denominaciones mantienen la ordenación de mujeres, pero rechazan las posturas morales liberales sobre la sexualidad. Las dos mayores denominaciones presbiterianas resultantes de estas escisiones son la Iglesia evangélica presbiteriana (EPC) y ECO: A Covenant Order of Evangelical Presbyterians (Orden del Pacto de Presbiterianos Evangélicos), compuestas en gran parte por antiguas Iglesias de la PCUSA. La PCA se separó en 1973, cuando rechazó la ordenación de mujeres. La OPC es una escisión mucho más antigua, formada en 1936.

Anglicanismo y sus herederos

El anglicanismo, representado en Estados Unidos principalmente por la Iglesia Episcopal de los Estados Unidos (ECUSA) y, en segundo lugar, por la Iglesia Anglicana de América del Norte (ACNA), se originó en un cisma del siglo XVI con la Iglesia católica romana de Inglaterra. El cisma inicial no se produjo por la doctrina, sino por la política, principalmente por la negativa del papa a conceder el divorcio al rey Enrique VIII para que pudiera volver a casarse. Pronto se produjo el rechazo de las potestades del papa sobre la Iglesia, junto con la afirmación de que el monarca de Inglaterra era el «Gobernador Supremo» de la Iglesia en ese país, superando incluso al arzobispo de Canterbury. (Irónicamente, Enrique había recibido del papa el título de Defensor de la Fe antes del cisma, en recompensa por un escrito en el que defendía los sacramentos y la supremacía del papa frente a los primeros reformadores protestantes).

Inmediatamente después del cisma de Roma en la década de 1530, la teología anglicana se mantuvo prácticamente sin cambios respecto a sus orígenes católicos romanos, aparte de su rechazo a la supremacía papal. Sin embargo, pronto comenzó a vacilar entre la teología conservadora de Roma y la teología más radical de los reformadores del continente. Esta vacilación siguió a menudo a los cambios en las simpatías eclesiásticas de quien ocupaba el trono inglés.

A partir del acuerdo religioso isabelino de 1559, la Iglesia de Inglaterra comenzó a formar lo que llamaba una *via media*, es decir, un «camino intermedio» entre el catolicismo y el protestantismo (aunque fue fuertemente calvinista hasta alrededor de 1660, debido a que la Iglesia de la reina Isabel I estaba dominada por hombres de Zúrich después de que ella cambiara oficialmente la religión de Inglaterra de nuevo al protestantismo en 1559).

Sin embargo, a pesar del deseo de una vía media, el anglicanismo acabó derivando cada vez más hacia el protestantismo, aunque conservando algunas de las formas externas del culto litúrgico de Roma. Esto se convirtió finalmente en la definición de la vía media: un culto litúrgico mayoritariamente católico, pero permitiendo la teología protestante. Con este «compromiso» isabelino, los anglicanos podían decir las mismas palabras en el culto, pero manteniendo las creencias católicas o protestantes.

Con la fuerte influencia del calvinismo en el anglicanismo, Gran Bretaña vio surgir a los puritanos, presbiterianos, separatistas y congregacionalistas, muchos de los cuales fueron perseguidos en Inglaterra y se dirigieron a América (los famosos peregrinos de la colonia de Plymouth, en Massachusetts, entre ellos).

El movimiento de Oxford del siglo XIX llevó a muchos anglicanos a recuperar la fe y la práctica católica. Los eruditos tradujeron los escritos de los Padres de la Iglesia (y los angloparlantes que leen a los Padres deben mucho a este movimiento), lo que a su vez mostró la separación entre el protestantismo y la Iglesia primitiva. Varios anglicanos de mentalidad católica fueron recibidos en la Iglesia romana, aunque algunos empezaron a mirar hacia Oriente.

En nuestra época, el anglicanismo conservador y «católico» existe principalmente en el sur global (aunque muchos de ellos pueden ser más evangélicos en su estilo de culto), con pequeños focos en el norte global (que suelen llamarse a sí mismos «anglocatólicos») cuya teología es en algunos aspectos bastante cercana a la Ortodoxia. Estos anglocatólicos pueden pertenecer a varias pequeñas agrupaciones denominadas colectivamente «continuo anglicano». Los grupos del «continuo» no suelen estar en comunión con las iglesias anglicanas principales.

Sin embargo, la mayoría de los anglicanos y episcopales del norte global son muy liberales desde el punto de vista teológico. No solo ordenan a mujeres y a homosexuales abiertamente practicantes, sino que a menudo se les puede encontrar negando verdades centrales comunes a casi todos los demás cristianos, como la divinidad de Jesús, el nacimiento virginal y la realidad de la resurrección; el obispo John Shelby Spong, antiguo obispo de Newark, es uno de los más famosos.

Muchos entre el ala más liberal incluso incorporan elementos no cristianos en su culto, como el paganismo, la brujería y el budismo. (Una vez me dolió especialmente ver una estatua de Buda en la capilla episcopal de la antigua isla sagrada de Iona, en Escocia, directamente frente a un icono ortodoxo de la Resurrección). Debido a este caos teológico, varias parroquias más conservadoras y diócesis enteras se han separado de sus provincias eclesiásticas y se están alineando con las provincias del Sur Global, que incluso ahora están a punto de excomulgar a las provincias del norte global. La ACNA es el más significativo de estos grupos realineados.

Dada esta situación, las diferencias que los ortodoxos de América y Europa tienen con la mayoría de los anglicanos que pueden conocer son tan numerosas que puede ser casi imposible encontrar algún terreno común. Sin embargo, este liberalismo extremo en el anglicanismo es de desarrollo relativamente reciente, a partir del siglo XX. Antes de esa época, en realidad había conversaciones en curso para establecer la comunión entre el anglicanismo y la Iglesia ortodoxa. A medida que las Iglesias anglicana y episcopal se han ido adentrando en el liberalismo teológico, su número ha disminuido drásticamente, y muchos de sus clérigos y fieles se han convertido en católicos romanos u ortodoxos. Incluso algunos anglocatólicos han tomado esta dirección, incluido un obispo que se convirtió en sacerdote ortodoxo, mi amigo el padre Alban (antes Robert) Waggener en Lynchburg, Virginia.

Metodismo

Los metodistas comenzaron como un movimiento del siglo XVIII dentro de la Iglesia anglicana, pero acabaron por separarse para formar una nueva denominación, originalmente llamada

Metodistas episcopales. Los hermanos John y Charles Wesley, fundadores del movimiento, junto con sus seguidores, se ganaron el apodo de metodistas por propugnar un «método» de vida cristiana, que incluía elementos ascéticos. Los Wesley eran clérigos de la Iglesia de Inglaterra, pero sus seguidores acabaron separándose del anglicanismo, para disgusto de los Wesley. Los Wesleys leían a los Padres ortodoxos de Oriente y se basaban en su teología, incluyendo la noción de «entera santificación», que es similar en algunos aspectos a la doctrina ortodoxa de la theosis.

Al igual que la mayoría de las denominaciones principales, el metodismo moderno se ha alejado del énfasis de los Wesley en la salvación personal y se ha centrado en la justicia social, también conocida como el evangelio social. También hay un gran liberalismo teológico en el metodismo, y la mayor denominación metodista de Estados Unidos, la Iglesia metodista unida, se fundó explícitamente sobre la base de un acuerdo para aceptar el pluralismo doctrinal.

La mayoría de los metodistas ordenan a las mujeres (incluso como obispas) y generalmente suscriben una visión puramente simbólica de la eucaristía. Al igual que la mayoría de las Iglesias de la Reforma magisterial, bautizan a los niños, aunque no tienen ninguna teología sacramental fuerte vinculada a este acto.

Los wesleyanos (antes llamados «metodistas wesleyanos») son esencialmente una rama del metodismo, aunque debido a que surgieron del movimiento de santidad (del que se hablará en los capítulos cinco y seis), su teología se centra más en la salvación personal que en la justicia social, siguiendo más de cerca la teología de los hermanos Wesley. (La editorial St. Vladimir's Seminary Press ha publicado tres volúmenes en los que se compara la teología ortodoxa con la wesleyana: *Orthodox and Wesleyan Spirituality*, *Orthodox and Wesleyan Scriptural Understanding and Practice*, y *Orthodox and Wesleyan Ecclesiology*).

Las principales denominaciones metodistas y wesleyanas de Estados Unidos son la Iglesia metodista unida (UMC), la Iglesia metodista libre (¡originalmente llamada así porque no había que pagar por el asiento!), la Iglesia metodista episcopal africana (AME), la Iglesia metodista africana Sión (AME *Zion*) y la Iglesia wesleyana.

Terreno común: Lo que pudo haber sido

Casi tan pronto como inició, la Reforma protestante comenzó a dividirse en facciones, todas ellas con diferencias sobre cuestiones importantes de teología. Los principales puntos de fricción eran las cuestiones de (1) si el libre albedrío tenía algún papel en la salvación del hombre y (2) la verdadera naturaleza de la eucaristía. Muchos estudiosos de Lutero, al observar el cambio en la teología de un «joven Lutero» en comparación con un «Lutero posterior», reconocen que el padre de la Reforma modificó sus propios puntos de vista teológicos sobre la eclesiología y los sacramentos con el paso del tiempo.

En la generación posterior a Lutero, cuando se habían formado varias facciones teológicas de protestantes, se inició una correspondencia teológica entre varios teólogos luteranos de segunda generación en Tubinga y el Patriarca Ecuménico de Constantinopla, cuyo patriarcado había estado bajo el dominio turco-otomano durante más de un siglo.

Los luteranos, al parecer, esperaban encontrar en el Oriente ortodoxo un aliado contra su enemigo común en el papado romano. Dado que los reformadores no se entendían a sí mismos como innovadores en la doctrina, sino como purificadores de la Iglesia occidental de las innovaciones, y dado que se creía que Oriente había conservado su pureza frente al papado, estos luteranos esperaban claramente que los ortodoxos («la iglesia griega») fueran de hecho teológicamente luteranos.

A lo largo de ocho años, se intercambiaron cartas entre la Facultad de Teología de la Universidad de Tubinga y el Patriarca Ecuménico Jeremías II de Constantinopla, en las que se discutía la teología y la práctica de sus respectivas comuniones. Sin embargo, para consternación de los luteranos, el patriarca acabó pidiéndoles que dejaran de escribirle sobre cuestiones teológicas, porque tenía claro que nunca podrían ponerse de acuerdo.

Había, por supuesto, mucho que tenían en común, pero había mucho en lo que diferían, siendo algunas herencias de la Roma medieval (como el *filioque*, la justificación, el pan ácimo en la eucaristía, la negación de la comunión a los niños) y otras eran posiciones claramente luteranas (incluyendo el papel de la tradición, el monaquismo, el lugar de las buenas obras, el libre albedrío, el número de sacramentos, cómo y cuándo debían administrarse el bautismo y la crismación, la naturaleza de la eucaristía, si la Iglesia y los concilios ecuménicos podían ser infalibles, la veneración de los santos y sus iconos y reliquias, y la celebración de las fiestas). Algunos puntos en común eran la predestinación, la eucaristía (para los primeros luteranos) y la cristología.

En resumen, aunque había puntos en común en una serie de temas, seguían existiendo dos tipos de desacuerdo sustancial: la herencia teológica de Roma y las innovaciones por parte de los reformadores. En particular, los reformadores continuaron, con Roma, considerando la salvación poniendo el énfasis principalmente en términos jurídicos en lugar de la transformación personal y la comunión con Dios. Ambos énfasis estaban presentes tanto en el catolicismo medieval como en el luteranismo temprano, pero el modelo jurídico predominó.

El eje de todas las innovaciones del protestantismo fue la doctrina de la sola scriptura. Como los reformadores creían que podían leer la Biblia y deducir toda la teología de ella sin depender de la tradición autorizada de la Iglesia, o al menos sin tener que obedecer a esa tradición, estaban obligados a cometer errores. Cada persona aporta alguna tradición a la lectura de la Biblia: todos tenemos lentes y prejuicios a través de los cuales leemos. El error está en negar que esto sea cierto y también en rechazar que exista la tradición, es decir, la Santa Tradición transmitida por los apóstoles.

La única forma de leer la Biblia correctamente es asegurarse de estar dentro de la sucesión de la tradición iniciada por los apóstoles. Dado que los reformadores aceptaban sin rechistar muchos de los presupuestos teológicos de una Iglesia romana cismática, no era de extrañar que se apartaran más de la tradición a medida que se alejaban de Roma.

Dicho esto, los reformadores concebían en gran medida la tradición en términos de lo que veían en Roma. Probablemente no tenían claro que los ortodoxos representaran una continuidad ininterrumpida de la tradición libre de los cambios realizados por Roma.

Sin la sola scriptura, todas las doctrinas distintivas del protestantismo quedan en entredicho. Sin embargo, con ella se puede ir en casi cualquier dirección teológica y afirmar que se basa en la Biblia. Para los ortodoxos, sin embargo, la Iglesia es la columna y el fundamento de la verdad (1 Tim. 3, 15).

Hay que preguntarse cómo habría resultado la historia cristiana occidental si aquellos luteranos de segunda generación hubieran leído las cartas del Patriarca Ecuménico con un espíritu de humildad y verdadero diálogo; o si otros teólogos, como Martín Chemnitz (que en muchos aspectos se hizo eco de los Padres de la Iglesia), hubieran podido unirse a la conversación. Tal vez entonces su contacto con la Iglesia de Oriente habría tomado una dirección más favorable. Sin embargo, su respeto por la pureza de la «Iglesia griega» no era mayor que su devoción por su propia doctrina, derivada de sus presupuestos aislados de la tradición ortodoxa.

Desgraciadamente, este deseo de algunos luteranos de conectar con la Ortodoxia desapareció rápidamente, y las distintas denominaciones del protestantismo continuaron su evolución. Hoy en día, la mayoría de los metodistas no serían reconocibles para John y Charles Wesley, ni la mayoría de los luteranos para Martín Lutero, ni la mayoría de los calvinistas para Juan Calvino.

Dicho esto, el gran amor de los protestantes tradicionales por la Escritura, y en muchos casos su devoción por la historia y la tradición (aunque sea una tradición mucho más joven), son puntos de contacto entre las Iglesias de la Reforma magisterial y la Iglesia ortodoxa. Ese contacto ha llevado a muchos formados en esas iglesias a encontrar un hogar en la Ortodoxia, incluso en la era moderna. Entre estos conversos se encuentra al menos una que se convirtió en mártir de la fe ortodoxa, Santa Isabel la Nueva Mártir (1918; fue criada como luterana), y el mayor escritor de nuestro tiempo en el campo de la historia de la Iglesia en inglés, el profesor Jaroslav Pelikan, de la Universidad de Yale (antiguo clérigo luterano). También hay muchos antiguos luteranos, calvinistas, anglicanos y metodistas entre el clero ortodoxo.

Queda mucho por hacer en cuanto al contacto entre estas diversas tradiciones y la tradición ortodoxa. En la actualidad, la mayoría de los protestantes desconocen la existencia de la Ortodoxia, y muchos ortodoxos que podrían tener contacto con cristianos de esas tradiciones tienen poco o ningún conocimiento de lo que creen.

Pasemos ahora a la siguiente fase importante del inicio del protestantismo, la Reforma radical.

4

La reforma radical

El fin de la eclesiología

Conviene subrayar que los medios divinos de la Palabra y de los sacramentos atañen al hombre interior. De ahí que no baste con escuchar la Palabra con el oído externo, sino que hay que dejarla penetrar hasta el corazón, para que allí escuchemos al Espíritu Santo hablar, es decir, con viva emoción y consuelo sintamos el sello del Espíritu y el poder de la Palabra... Tampoco basta con adorar a Dios en un templo externo, sino que el hombre interior adora mejor a Dios en su propio templo, esté o no en un templo externo en ese momento. (Philipp Jacob Spener, *Pia Desideria*, trad. Theodore G. Tappert, 117)

Aquellos que no confesaron correctamente a Cristo, sino que buscaron su propia justicia y pusieron su confianza en las ceremonias externas, se impusieron en el mundo; por lo tanto no fue necesario que este bautismo de infantes fuera confirmado por ningún decreto o concilio papal, ya que se abrió paso gradualmente en todas las clases, naciones y lenguas y acabó imponiéndose por completo; pues toda la Iglesia, después de la muerte de los apóstoles, por medio de las enseñanzas ignorantes de

> *los obispos, pasó gradualmente de confiar en Jesucristo a confiar en ceremonias externas, como puede verse claramente.* (Menno Simons, «An Explanation of Christian Baptism in the Water, from the Word of God», en *The Complete Works of Menno Simon* [sic], 211)

En el año 1817, el rey Federico Guillermo III de Prusia seguía disgustado. Era miembro de la Iglesia reformada, y su difunta esposa Luisa había sido luterana. Lo que le molestaba no era, en sí, su distinta pertenencia eclesial. Lo que le molestaba era que él y su reina no pudieran comulgar en la iglesia del otro. Aunque ella llevaba siete años muerta (y él no se volvería a casar hasta dentro de tres), la cuestión seguía rondando por su cabeza y, por supuesto, le preocupaban también las lealtades religiosas divididas de sus súbditos.

La división de los prusianos en dos iglesias protestantes existía desde hacía unos doscientos años, cuando en 1617 el príncipe elector Juan Segismundo declaró su conversión del luteranismo al calvinismo. La mayoría de sus súbditos seguían siendo luteranos en ese momento, pero la fe reformada creció en Prusia tras la conversión de su monarca, especialmente con la recepción de muchos refugiados calvinistas que huían de la persecución religiosa en otras partes de Europa occidental. Con el tiempo, los descendientes de esos refugiados formaron una minoría significativa en Prusia.

Un año después de convertirse en rey, Federico publicó un nuevo libro de servicios litúrgicos que debía ser utilizado en común por los cristianos reformados y luteranos de Prusia. Era 1799, Luisa aún vivía, y esto los pondría a ellos y a su país en el camino hacia una vida religiosa común.

La solución final de Federico a este problema en 1817 fue instar a que las iglesias reformadas y luteranas de Prusia se unieran en una una sola administración denominacional en un acto legal conocido como la Unión Prusiana de Iglesias. Comenzó con la unión de dos congregaciones en Potsdam el 31 de octubre de 1817, el tercer centenario de la Reforma. Pronto le siguieron otras congregaciones. En realidad, la orden del rey no tenía fuerza legal absoluta en sí misma, debido a la forma en que se regían las congregaciones, pero muchas optaron voluntariamente por convertirse en Iglesias de la Unión.

La nueva denominación unida, que en 1821 adoptó el nombre de Iglesia evangélica en las tierras reales de Prusia, se fundó sobre la noción de pluralismo doctrinal —los miembros no estaban obligados a adherirse a las confesiones clásicas ni del luteranismo ni de las iglesias reformadas— con una vida litúrgica y parroquial común. En 1829, el rey exigió a todas las Iglesias luteranas y reformadas de Prusia que abandonaran sus respectivos nombres y pasaran a llamarse evangélicas. La denominación, que sufrió varias disensiones y cismas a lo largo de los años para llevar a cabo la unión, acabó convirtiéndose en la mayor iglesia independiente del imperio alemán.

Lo que sentó las bases de la Unión Prusiana fue un movimiento iniciado en el siglo XVI, poco después de la Reforma magisterial, conocido por los historiadores como la Reforma radical. Este movimiento tuvo varias influencias, como el pietismo, iniciado por un pastor luterano, pero transdenominacional, y el milenarismo, un enfoque en el próximo fin del mundo.

Sin embargo, lo que más caracteriza a la Reforma radical es que no se centró tanto en las iglesias como instituciones, sino que fue un movimiento dentro y entre varios grupos de teólogos que pertenecían a diferentes comuniones. Los reformadores radicales reaccionaron no solo contra la corrupción y la apostasía que percibían en la Iglesia católica romana, sino también contra los reformadores magisteriales, como Lutero y Calvino, que gozaban de apoyo estatal para sus iglesias.

Los radicales consideraron que Lutero y Calvino no habían ido lo suficientemente lejos en su reforma, así que tomaron los presupuestos doctrinales básicos de la Reforma y llevaron su lógica más allá. En esta revolución dentro de la revolución, los radicales cambiaron la forma de leer las Escrituras, de entender la pertenencia a la Iglesia, el significado y la práctica del bautismo y, en algunos casos, incluso las doctrinas tradicionales sobre la identidad de Dios.

En cierto modo, los reformadores radicales simplemente llevaron las doctrinas de los primeros reformadores a sus conclusiones lógicas. Sin embargo, quizá la corriente más significativa dentro de la Reforma radical fue la creciente noción de que el cristianismo era una especie de contrato privado entre el creyente y Dios, que no dependía de la pertenencia a ninguna Iglesia específica ni de la confesión de ninguna tradición doctrinal concreta.

La Reforma radical acabó produciendo varias denominaciones, pero como su teología traspasaba las líneas confesionales, en este capítulo nos centraremos principalmente en los movimientos y sus doctrinas.

Pietismo

A finales del siglo XVII y principios del XVIII, surgió un movimiento principalmente dentro del protestantismo alemán conocido como pietismo. El pietismo, una reacción contra la percepción de que los reformadores de la corriente principal se centraban en exceso en la doctrina y las instituciones, pretendía reorientar la vida del creyente individual hacia la piedad y el compromiso personales.

El padre del movimiento pietista fue Philipp Jacob Spener, teólogo luterano alemán y pastor en Fráncfort, que más tarde fue capellán de la corte en Dresde y luego pastor en Berlín. Fue durante su estancia en Fráncfort (1666-1686) cuando publicó sus dos principales obras (*Pia Desideria*, en 1675, y *Allgemeine Gottesgelehrtheit*, en 1680) e inició el estilo de trabajo pastoral que se conocería como pietismo, comenzando con pequeñas reuniones de creyentes en su casa, donde leía sus sermones y organizaba tertulias sobre la Biblia y otros temas religiosos. Spener insistía en que el cristianismo se centrara en una vida moral vigorosamente estricta y en el amor sincero a Dios. El cristiano debía ser más «práctico» que «teológico».

En *Pia Desideria* («Deseo ferviente»), Spener instó a la reforma y renovación de la vida eclesial luterana mediante seis propuestas: (1) estudios bíblicos privados de pequeños grupos de «iglesias dentro de las iglesias»; (2) gobierno plenamente congregacionalista, ya que los laicos formaban parte del sacerdocio universal; (3) conocimiento del cristianismo expresado a través de la práctica diaria; (4) trato irénico y amable con los herejes y los incrédulos; (5) reformulación de la formación universitaria del clero, haciendo hincapié en la vida devocional; y (6) hacer que la predicación sea más práctica y se centre en la vida interior del creyente.

Estas propuestas fueron controvertidas, pero fueron adoptadas por un buen número de pastores luteranos en la Alemania de la época. El movimiento llegó a llamarse pietismo por la *Pia* («seriedad») del título de Spener. En el estilo de protestantismo que surgió del pietismo, lo importante no era la adhesión a las creencias de las confesiones de fe de los reformadores, ni la pertenencia a un cuerpo eclesiástico concreto, sino que la experiencia individual y la sinceridad pasaron a ser la característica que definía la vida cristiana.

En un principio, el pietismo no supuso ninguna ruptura con las denominaciones mayoritarias que se formaron en el siglo XVII; la mayoría de los primeros pietistas eran luteranos. Lo que hizo, sin embargo, fue formar pequeñas «iglesias dentro de las iglesias», pequeñas reuniones de creyentes para devociones privadas, estudio de la Biblia, etc., como había sugerido Spener. Esta actividad sirvió para desconectar a los creyentes de un fuerte compromiso con su Iglesia local como comunidad formal de adoradores y compañeros de comunión.

Aunque la motivación básica del pietismo es algo con lo que la Ortodoxia puede estar de acuerdo —un compromiso personal con la vida en Cristo—, las prácticas y los resultados del movimiento pietista no son algo que la Iglesia ortodoxa pueda alabar. El pietismo acabó por generar un sentimiento generalizado de que la doctrina no importa demasiado y que la vida concreta de la Iglesia como comunidad solo tiene una importancia secundaria. Pero para los ortodoxos, la piedad personal es la expresión de las verdades de la doctrina cristiana, y esa piedad solo tiene sentido dentro de la comunidad litúrgica.

El teólogo y filósofo ortodoxo Christos Yannaras escribió un capítulo en el que critica el pietismo en su libro *The Freedom of Morality* [La libertad de la moral], calificando este movimiento (que observó entre algunos ortodoxos en Grecia) de «herejía eclesiológica»:

> *El pietismo socava la verdad ontológica de la unidad de la Iglesia y de la comunión personal, si es que no la niega por completo; aborda la salvación del hombre en Cristo como un acontecimiento individual, una posibilidad individual de vida. Es la piedad individual y el proceso subjetivo de «apropiación de la salvación» hecho absoluto y autónomo, y traslada la posibilidad de la salvación del hombre al ámbito del esfuerzo moral individual.*

> *Para el pietismo, la salvación no es principalmente el hecho de la Iglesia, la «nueva creación» teantrópica del cuerpo de Cristo, el modo de existencia de su prototipo trinitario y la unidad de la comunión de las personas. No es la participación dinámica y personal del hombre en el cuerpo de comunión de la Iglesia lo que le salva a pesar de su indignidad individual, devolviéndole sano y salvo la posibilidad existencial de la universalidad personal, y transformando incluso su pecado, mediante el arrepentimiento, en la posibilidad de recibir la gracia y el amor de Dios. En cambio, son principalmente*

> *los logros individuales del hombre, el modo en que
> él, como individuo, vive los deberes religiosos y los
> mandamientos morales e imita las «virtudes» de Cristo,
> lo que le asegura una justificación que puede ser verificada
> objetivamente. Para el pietismo, la Iglesia es un fenómeno
> dependiente de la justificación individual; es la asamblea
> de individuos moralmente «renacidos», una reunión de
> «puros», un complemento y una ayuda al sentimiento
> religioso individual.* (The Freedom of Morality, 121-122,
> énfasis en el original)

El pietismo en su forma más conservadora influyó directamente en la formación del movimiento metodista dentro de la Iglesia anglicana (así como en el posterior movimiento de santidad), y ayudó a preparar a Europa para el individualismo de la Ilustración. En sus formas más radicales, el pietismo es una de las influencias más significativas en todo el protestantismo actual, especialmente el evangélico, con su énfasis en una «relación personal con Jesucristo» y la tendencia de sus creyentes a cambiar de denominación o de congregación varias veces en la vida.

El pietismo, de una u otra forma, afecta a casi todos los cristianos de la era moderna, independientemente de su pertenencia a una iglesia. Aunque no es la tradición de la Iglesia ortodoxa, muchos cristianos ortodoxos funcionan en términos de pietismo. Mi experiencia como pastor ha consistido en ayudar a las personas a curarse de los daños causados por este movimiento. Los cristianos que hacen de la sinceridad la clave de la vida espiritual a menudo se alejan cuando sienten que la llama de su celo se ha enfriado, que no sienten la presencia de Dios, o que seguir las tradiciones comunitarias de la Iglesia ya no les satisface.

El individualismo del pietismo es también una de las corrientes que ha afectado a toda la cultura de Estados Unidos, que fue fundada en gran parte por inmigrantes ingleses y alemanes profundamente influenciados por esta forma de cristianismo. El pietismo se impone no solo en el ámbito de la vida eclesial, sino también en la política, la literatura, la música, el matrimonio, la crianza de los hijos, etc.: la medida cultural de la autenticidad es lo profundo que sientes algo por ti mismo, y no si está a la altura de las verdades atemporales o cómo sirve a la comunidad en general.

Antinomianismo

Una de las consecuencias del énfasis del movimiento pietista en el individualismo, particularmente en sus sectores más radicales, se derivó de un enfoque en la doctrina de la Reforma de la sola fide. Este fenómeno teológico se llama antinomianismo, un término proveniente del griego que significa «contra la ley». El antinomianismo es una deducción de la doctrina de la justificación por la sola fe. En el pensamiento antinomiano, si el creyente es justificado ante Dios por su sola fe, entonces el hecho de que viva o no una vida moral no es algo crucial y, por lo tanto, es opcional.

El antinomianismo existió en formas tempranas en la historia cristiana, especialmente entre algunos gnósticos, cuya aversión hacia el mundo material los llevó a concluir que lo que uno hacía con su cuerpo era irrelevante. (Otros gnósticos tomaron el camino opuesto, insistiendo en un estricto ascetismo).

El término antinomiano fue acuñado por Martín Lutero, quien vio esta interpretación de su doctrina sola fide de la justificación como una distorsión de su mensaje. Fue especialmente durante sus controversias con los antinomianos (1538-1539) que Lutero refinó su distinción entre Ley y Evangelio en su hermenéutica. Insistió en que la verdadera fe no puede dejar de producir buenas obras. El *Libro de la Concordia* luterano terminaría con incluir rechazos explícitos del antinomianismo.

Junto con la doctrina de la seguridad eterna —la enseñanza de que es imposible perder la salvación una vez que se tiene—, el antinomianismo lleva al cristiano a creer que, porque «ha sido salvado», irá al cielo después de la muerte, incluso si lleva una vida de egoísmo y maldad después de su conversión a Cristo.

Aunque muy pocos cristianos enseñan explícitamente el antinomianismo, se lo encuentra expresado, por ejemplo, cuando la exhortación moral se responde con que los cristianos están ahora «bajo la gracia» y «no bajo la ley». El rechazo del legalismo por parte de muchos protestantes suele ir acompañado de una retórica de tintes antinomianos.

La Iglesia ortodoxa también rechaza el legalismo —que es el sentido de que el mero cumplimiento de requisitos o reglas es suficiente para la salvación— pero también rechaza el antinomianismo. La vida moral tiene un propósito en la salvación, que es la cooperación con la gracia de Dios. Si no vivimos moralmente, apartamos de nosotros la gracia y nos condenamos. El arrepentimiento siempre es posible en esta vida, pero el arrepentimiento no es real si se utiliza cínicamente como «tapadera» de las faltas morales.

Escritura y Tradición

Aunque los primeros reformadores creían en la doctrina de la *sola scriptura*, sus interpretaciones de las Escrituras tendían a ser en muchos aspectos similares a las interpretaciones tradicionales de sus predecesores católicos romanos. Aunque no reconocían firmemente el lugar de la tradición en la interpretación de las Escrituras, hombres como Lutero estaban tan influenciados por la tradición que siguieron haciendo uso de ella en su teología. Sin embargo, los reformadores radicales, especialmente los de la segunda generación del protestantismo, llevaron la *sola scriptura* a sus extremos lógicos.

Rechazaron cualquier tipo de tradición. Los radicales enseñaban que las Escrituras no eran simplemente la máxima autoridad para los cristianos, sino la autoridad exclusiva. Cualquier cosa que pareciera contradecir las Escrituras tenía que ser «purificada» de la Iglesia. Para muchos de los radicales, si las

Escrituras guardaban silencio sobre un tema, esto significaba que su práctica no era meramente opcional, sino que estaba terminantemente prohibida.

La comprensión ahora común de la lectura de las Escrituras como algo que requiere la posesión del Espíritu Santo encontró una expresión extrema en el anabaptista radical Hans Denck. Denck insistía en que cualquiera que no tuviera el Espíritu solo encontraría que la Escritura era oscuridad en lugar de luz, y en 1526 llegó a decir que alguien que tuviera el Espíritu no necesitaba la Escritura en absoluto: «cualquiera que realmente tenga la verdad puede dar cuenta de ella sin ninguna Escritura» (como se cita en Jaroslav Pelikan, *Reformation of Church and Dogma* [1300–1700], 320). Este punto de vista formaba parte de un programa más amplio de rechazo de cualquier estructura tradicional para entender la verdad, ya sea la sucesión apostólica o la hermenéutica bíblica convencional.

Este enfoque de la Biblia planteó la cuestión de cómo se debía leer la Escritura. Por ejemplo, la mayoría de los cristianos de todos los tiempos que habían leído la Biblia llegaron a la conclusión de que esta enseñaba que el pan y el vino de la eucaristía se transformaban realmente en el Cuerpo y la Sangre de Cristo. Pero los radicales enseñaban que no había que creer eso, sino que había que leer la Biblia a su manera.

Así, aunque la Reforma radical decía rechazar la tradición por completo, lo que hacía en realidad era simplemente rechazar la antigua tradición y sustituirla por una nueva. Sin ninguna tradición continua y autorizada que informe y dé forma a la interpretación bíblica, cualquiera puede afirmar que «solo enseña la Biblia». Pero, de nuevo, ¿por qué las personas que hacen esta afirmación están todas en desacuerdo entre sí?

Algunas de las comunidades que surgieron de la Reforma radical (especialmente ciertos bautistas) profesan la doctrina de la competencia del alma. Según esta doctrina, cada alma individual es, en última instancia, responsable ante Dios de su salvación. Mientras que los ortodoxos pueden estar de acuerdo con esta enseñanza en su esencia (responsabilidad personal), estos bautistas y otros también sostienen que cada creyente tiene la plena autoridad para interpretar la Escritura por sí mismo sin la corrección de alguna otra autoridad. La doctrina de la competencia del alma convierte a «cada hombre en su propio papa» en un dogma.

El enfoque de los radicales sobre la Escritura también condujo al congregacionalismo, según el cual cada congregación local es completamente autónoma y no puede ser corregida por ninguna autoridad ajena a ella. En algunos casos, esto convierte al pastor local en una especie de «papa» por derecho propio, pero en la mayoría de las congregaciones, significa que el gobierno democrático controla no solo la parte «administrativa» de la Iglesia, sino incluso las cuestiones de doctrina y la contratación y el despido del clero.

En la Ortodoxia, por el contrario, el obispo es la sucesión de los apóstoles y ejerce la autoridad dada por Cristo, lo que le convierte en el centro de la unidad de la Iglesia local y de la vida sacramental. Esta tradición de los apóstoles no solo confiere al obispo autoridad administrativa, sino que, sobre todo, lo convierte en el presidente de la celebración de la eucaristía, que es el centro de toda la vida de la Iglesia. Como dijo San Ignacio de Antioquía, un discípulo del apóstol Juan que murió en el siglo II. «Dondequiera que aparezca el obispo, debe estar presente toda la congregación, así como donde está Jesucristo, está toda la Iglesia» (*Carta a los esmirniotas*, 8:2).

En el siglo IV, San Basilio el Grande, arzobispo de Cesarea de Capadocia, escribió sobre la relación entre la Escritura y la tradición, expresada en términos de tradición escrita y no escrita:

De las doctrinas y preceptos que guarda la Iglesia, algunos los hemos recibido por instrucción. Pero otros los hemos recibido, de la Tradición Apostólica, por transmisión privada [es decir, tradición no escrita]. Tanto unos como otros tienen una misma fuerza para la piedad, y esto no lo contradeciría nadie que tenga aunque sea un mínimo conocimiento de las ordenanzas de la Iglesia; porque si

> *nos atreviéramos a rechazar las costumbres no escritas, como si no tuvieran gran importancia, insensiblemente mutilaríamos el Evangelio, incluso en los puntos más esenciales, o, mejor dicho, de la enseñanza de los apóstoles no dejaríamos más que un nombre vacío. (Sobre el Espíritu Santo, 66)*

El contemporáneo de Basilio, San Juan Crisóstomo, arzobispo de Constantinopla, escribió de manera similar al explicar 2 Tesalonicenses 2, 15: «Por lo tanto, es evidente que ellos [los apóstoles] no entregaron todas las cosas por epístola, sino también muchas cosas no escritas, y de la misma manera tanto las unas como las otras son dignas de crédito. Por lo tanto, consideremos que la tradición de la Iglesia también es digna de crédito. Es una tradición, no busques más» (*Homilía IV sobre II Tesalonicenses*).

Toda la Iglesia, reunida en torno al obispo, es el contexto adecuado para la interpretación de las Escrituras, y esta santa reunión es el lugar de la Sagrada Tradición, la vida en la fe dada por Cristo a sus apóstoles y luego transmitida a través de las generaciones.

Anticlericalismo y antisacramentalismo

Con el antitradicionalismo y el congregacionalismo que los radicales promovían en su lectura de las Escrituras y en la vida eclesial en general, no tardó en surgir un rechazo al propio ministerio ordenado. Después de todo, si la jerarquía católica romana con todos sus capas del clero era el lugar de tanta corrupción, y si los luteranos y calvinistas eran corruptos por aprovecharse del Estado, entonces quizá el problema era el propio clero.

El sentimiento anticlerical se vio exacerbado por las doctrinas zuinglianas de los sacramentos como mero símbolo. Los primeros reformadores redujeron el número de sacramentos a solo dos, el bautismo y la eucaristía. Zuinglio y los que le siguieron, especialmente los reformadores radicales, redujeron aún más la vida sacramental al enseñar que esos dos sacramentos eran solo símbolos, signos externos que representaban la gracia de Dios, pero no la comunicaban realmente. Por lo tanto, si estas ceremonias eran realmente solo símbolos, ¿por qué era necesario que fueran administradas por un clero ordenado en sucesión lineal desde los apóstoles?

La mayoría de los reformadores radicales siguieron teniendo clérigos al frente de sus iglesias, pero se les entendía principalmente como predicadores y administradores, no como sacerdotes que ofrecían el sacrificio a Dios en nombre del pueblo. Ciertamente, no eran un elemento necesario para la vida de la Iglesia. En caso de necesidad, cualquier grupo de creyentes podía formar su propia congregación y nombrar un pastor. Por tanto, si los rituales del cristianismo no son nada especial, el sacerdote tampoco lo es.

Los radicales que rechazaban el sacerdocio sacramental consideraban a los que creían en él como supersticiosos creyentes en la magia dirigida por una clase de brujos tribales. Durante varios siglos, la teología latina había considerado que las palabras pronunciadas por el sacerdote, *hoc est corpus meum* («esto es mi cuerpo»), eran el momento clave de la misa, cuando el pan se convertía en el cuerpo de Cristo. Es probable que *hoc est corpus meum* acabó por deformarse en «hocus pocus» por los radicales, que despreciaban la eucaristía católica.

Más allá del rechazo al sacramento, los radicales también tendían a mirar con desdén el arte eclesiástico. Se destruyeron estatuas y pinturas en muchas iglesias. Los reformadores ponían tanto énfasis en la razón y el lenguaje desnudo como en la piedad privada y la sinceridad, consideradas claves de la vida eclesial, que se desató una feroz iconoclasia en toda Europa. El énfasis excesivo en la razón heredado de Roma, que había desconectado la mente y el cuerpo, lo que condujo a excesos en ambos, se volvía ahora contra todo lo físico. La mente y el corazón pasaron a predominar, y así las iglesias fueron profanadas, las estatuas derribadas, y todo lo que se consideraba ostentoso o «carnal» fue denunciado como idolatría.

Tal era el antimaterialismo de los radicales que su culto preferido llegó a describirse con el lema «cuatro paredes desnudas y un sermón». Lo que se rechazaba era finalmente el énfasis tradicional en el lado físico del ser espiritual. La materia física no podía ser el lugar de la presencia de Dios.

Para los ortodoxos, todo este planteamiento es profundamente erróneo. El hombre se compone de aspectos inmateriales y materiales, por lo que su salvación implica el mundo material. El Hijo de Dios se encarnó como un ser humano real y concreto, por lo que tiene sentido que comamos físicamente su Cuerpo y bebamos su Sangre, que se hagan iconos que lo representen a Él y a sus santos, que las iglesias se embellezcan para glorificar a Dios y que los servicios litúrgicos se adornen ricamente para conectarnos con el esplendor del cielo mismo.

El rechazo del mundo material en la vida cristiana es esencialmente una aceptación del dualismo filosófico pagano o de la herejía del siglo V de Nestorio, que enseñaba que el Hijo de Dios «espiritual» y Jesucristo «físico» eran dos personas distintas. Para los ortodoxos, los efectos de la Encarnación son omnipresentes. El contacto entre lo divino increado y la materia creada no termina con la carne de Jesús.

El bautismo de los creyentes

Antes de la Reforma radical, la mayoría de los cristianos seguían bautizando a los niños para incorporarlos a la comunidad cristiana. En la actualidad, la mayoría de las denominaciones de la Reforma magisterial bautizan a los niños. Aunque la teología variaba en cuanto a lo que el bautismo realmente lograba, todavía había un acuerdo general de que lograba algo, incluso si ese algo era simplemente la condición de miembro de la Iglesia y no una contribución a la salvación. Pero los radicales veían el bautismo como algo puramente simbólico, un mero signo externo de la obra espiritual de Dios.

Cuando los radicales dirigieron su mirada antisacramental a las Escrituras, pudieron ver el bautismo en varios lugares del Nuevo Testamento. Pudieron ver que el bautismo siempre parecía seguir a una profesión de fe. También pudieron ver que no hay ningún pasaje inequívocamente claro en el que se bautice a un niño. Por lo tanto, razonaron que el bautismo debería ser solo para aquellos que hacen una clara profesión de fe en Cristo. Y como no creían en la eficacia sacramental del bautismo, lo consideraban principalmente como un acto de obediencia por parte del creyente, no como un acto de gracia por parte de Dios. Esto se llama bautismo de los creyentes o, a veces, credobautismo.

Hubo un precedente en la historia cristiana occidental para este punto de vista, y se encontró en la práctica católica romana. Roma bautizaba a los niños, por supuesto, pero durante siglos (y hasta el día de hoy) les negaba la comunión hasta la «edad de la razón», normalmente en torno a los siete u ocho años, momento en el que también se confesaban por primera vez. Este concepto de «edad de la razón» continuó en la mayor parte del protestantismo, y para los que enseñaban el bautismo de los creyentes, también retrasaba el bautismo.

En nuestros días, muchos de los que practican el bautismo de los creyentes no lo consideran como una obra de Dios, sino simplemente una obediencia a su mandato de ser bautizado. En el bautismo, es el creyente el que está haciendo una declaración sobre sí mismo, no Dios efectuando un cambio en el creyente. Anecdóticamente, en casi todos los bautismos a los que he asistido en los que se cree en esta doctrina, el sermón del pastor que lo oficia siempre hace hincapié en que el bautismo no hace nada en realidad.

Algunos de los reformadores radicales incluso rechazaron el bautismo de niños que los creyentes habían recibido mientras eran miembros de otras iglesias: como no habían alcanzado la edad de la razón, el bautismo no contaba. Esperaban que esos cristianos se bautizaran de nuevo tras hacer una profesión de fe. Así, algunos se ganaron el nombre de anabaptistas, que significa «los que bautizan de nuevo».

Si bien es cierto que no hay ningún pasaje explícito en el Nuevo Testamento en el que se bautice a los niños (aunque se insinúa en Hechos 10 y 16 y en 1 Cor. 1, 16, donde se bautizaba a hogares enteros, casi con toda seguridad incluyendo a niños pequeños), tampoco hay ninguna prohibición en el Nuevo Testamento al respecto. Además, San Pablo relaciona el bautismo del Nuevo Testamento con la circuncisión del Antiguo Testamento (Col. 2, 11-12), que se administraba a los niños judíos de ocho días. La evidencia más explícita a favor del bautismo de niños reside en su práctica a lo largo de toda la historia de la Iglesia después del período apostólico. Sin embargo, la teología radical de la Reforma es, en cierto sentido, un rechazo de la historia, por lo que los radicales rechazaron los argumentos de la historia de la Iglesia que carecían de referencias explícitas e innegables en las Escrituras.

Pero, ¿por qué los cristianos, que dan comida, ropa y cobijo a sus hijos, les negarían lo esencial del crecimiento espiritual? No esperamos un acuerdo racional cuando los alimentamos, así que ¿por qué deberíamos esperar un acuerdo racional para que se incorporen a Cristo y a su Iglesia? Después de todo, el bautismo contribuye a nuestra salvación (Mc. 16, 16; 1 Pe. 3, 21). En el bautismo, nos revestimos de Cristo (Gál. 3, 27), quien ordenó que se permitiera a los niños acercarse a Él (Mt. 19, 14; Mc. 10, 14; Lc. 18, 16).

Los ortodoxos ven otros problemas con esta enseñanza. Dado que el bautismo no puede administrarse a quienes no hacen una profesión de fe racional, no solo se niega a los niños, sino que lógicamente debe negarse también a quienes tienen una discapacidad intelectual grave o una enfermedad mental. Por lo tanto, es concebible que algunos miembros permanentes de las comunidades cristianas nunca sean bautizados.

Dicho esto, dentro de las iglesias que practican el bautismo de los creyentes, el acto de ser bautizado suele considerarse opcional en lo que respecta a la salvación. No concede la justificación ni contribuye a la salvación y es simplemente un acto de obediencia por parte del creyente, que hace una declaración pública de su propia fe. Dios lo ordena, pero a pesar de la prominencia del bautismo en la Iglesia del Nuevo Testamento, parece no dar razones para su mandamiento.

La gran apostasía

Cuando los reformadores radicales miraban a su alrededor y veían a aquellos que decían ser cristianos pero que, según la definición de los radicales, no lo eran, era natural que empezaran a preguntarse qué había sido de la Iglesia pura y primitiva de los apóstoles. ¿Cómo era posible que el verdadero cristianismo hubiera estado ausente durante tanto tiempo y que solo se hubiera redescubierto recientemente durante la Reforma?

Uno de los elementos más influyentes de la Reforma radical es el concepto de la «gran apostasía». Los que creen en esta enseñanza profesan que en algún momento después de los apóstoles —ya sea inmediatamente después de su muerte o más tarde, como en la época del emperador San Constantino el Grande en el siglo IV— la Iglesia cayó completamente y dejó de existir.

La gran apostasía definida como la caída de la Iglesia al principio de su historia no se encuentra en las Escrituras. Hay referencias a una gran apostasía en 1 Timoteo 4, 1 y Mateo 24, 10-11, pero la Escritura asocia esa apostasía con el fin del mundo. Incluso si uno considera que los siglos transcurridos desde los apóstoles son en algún sentido «el fin del mundo», los pasajes bíblicos no dan fechas exactas y no proporcionan una clave específica para aplicar su significado de la manera en que lo hicieron los radicales.

Los calvinistas enseñan algo parecido a la doctrina de la gran apostasía, pero modificada en el sentido de que la propia Iglesia, y no solo los creyentes individuales, debe estar siempre reformándose (*ecclesia semper reformanda*) y arrepintiéndose del error. Así, los reformadores magisteriales no se veían a sí mismos como redescubriendo la Iglesia, sino como quienes ayudaban a repararla y a devolverla al cristianismo primitivo.

Otra modificación de la doctrina de la gran apostasía es enseñada por una minoría de calvinistas en nuestros días que siguen la teología de Mercersburg del siglo XIX. En esa versión, la Iglesia sigue siendo *ecclesia semper reformanda*, pero en realidad evoluciona a lo largo de los siglos. Así, Roma y los ortodoxos representan formas «anteriores» pero «infantiles» de la Iglesia, siendo las Iglesias de la Reforma no una restauración del cristianismo primitivo, sino una mejora de todo lo anterior. ¿Y quién sabe lo que podría venir después?

Pero los radicales veían las cosas desde una perspectiva mucho más extrema. Sebastian Franck, un bávaro del siglo XVI, lo expresó con crudeza:

> *Creo que la Iglesia externa de Cristo, incluyendo todos sus dones y sacramentos, a causa de la irrupción y la destrucción del Anticristo justo después de la muerte de los apóstoles, subió al cielo y yace oculta en el Espíritu y en la verdad. Por lo tanto, estoy bastante seguro de que desde hace mil cuatrocientos años no ha existido ninguna iglesia reunida ni ningún sacramento. (Carta, ca. década de 1530)*

Este punto de vista es esencial para quienes siguen las enseñanzas de la Reforma, ya sea en sus formas magisteriales o radicales, si examinan de cerca la historia cristiana. Después de todo, tanto si se elige la muerte de los apóstoles como la época de Constantino como punto final del cristianismo original y puro, está claro que la gran mayoría de la historia cristiana incluye obispos, la creencia en la verdadera presencia de Cristo en la eucaristía, el bautismo de niños, etc. Estos muchos siglos de la historia cristiana que no están de acuerdo con los puntos de vista de los radicales tienen que ser explicados de alguna manera. La doctrina de la gran apostasía es un intento de explicarlo.

Desde el punto de vista ortodoxo, hay muchos problemas con esta enseñanza. Por un lado, es una negación de la promesa de Cristo en Mateo 16, 18 de que las puertas del Hades no prevalecerán contra su Iglesia. También es una negación implícita de su condición de Cabeza de la Iglesia, porque ¿cómo puede apostatar toda la Iglesia si Él es miembro de ella? También niega el lugar de la Iglesia como «columna y fundamento de la verdad» (1 Tim. 3, 15). ¿Nos dejaría Dios sin «columna y fundamento de la verdad»?

Esta enseñanza también plantea esta cuestión: si la Iglesia se ha perdido durante todos estos años, ¿cómo se puede estar seguro de que se ha vuelto a encontrar de verdad? Hay muchas afirmaciones que compiten por la restauración de la Iglesia perdida. ¿Cómo podemos saber cuál es la correcta?

Una variante de la doctrina de la gran apostasía enseñada por una minoría de bautistas se llama la teoría del «Rastro de sangre», que también se denomina linderismo (de Prov. 22, 28, «No cambies de lugar el lindero antiguo que establecieron tus padres»). En esta teoría, se enseña que toda la Iglesia institucional cayó, pero un remanente de verdaderos creyentes continuó a lo largo de los siglos, perseguidos por la Iglesia oficial (de ahí, *Trail of Blood* [El rastro de sangre], el título de un libro de J. M. Carroll).

Los «verdaderos» bautistas son rastreados a través de los siglos identificándose con varios grupos heréticos, como los donatistas, los novacianos y los montanistas, todos los cuales tienen poco en común entre sí, excepto que se oponían a la corriente principal de la Iglesia, que los linderistas identifican como la Iglesia católica romana (aparentemente ignorando la existencia separada de la Ortodoxia). Todos estos grupos existieron, pero no hay nada que los vincule históricamente en sucesión unos con otros.

Con esta teoría, los linderistas reclaman una conexión histórica ininterrumpida con los apóstoles, pero el camino por el que se reclama es bastante extraño. También habría que preguntarse qué pensarían los bautistas linderistas si fueran transportados en el tiempo para conocer a sus imaginados antepasados bautistas, como los donatistas, que defendían la presencia real de Cristo en la eucaristía; o los novacianos, que habían establecido su propio obispo en Roma; o los montanistas, que afirmaban que su líder Montano (no el Espíritu Santo) era el Consolador prometido por Cristo.

En cualquier caso, la mayoría de los reformadores radicales y, de hecho, ahora la mayoría de los protestantes de cualquier tendencia aceptan alguna forma de la doctrina de la gran apostasía, aunque solo sea implícitamente. La verdadera Iglesia debe haber desaparecido por completo en algún momento, o de lo contrario no tendría sentido reinventarla o redescubrirla. Los que aceptan esta doctrina también deben aceptar la implicación de que los apóstoles fracasaron fundamentalmente en su misión. Aunque los apóstoles practicaron el cristianismo puro, no lograron transmitirlo a sus discípulos.

La Iglesia ortodoxa enseña, sin embargo, que la misión apostólica no fracasó. Basta con mirar los escritos de alguien como San Ignacio de Antioquía, que fue discípulo del apóstol Juan, para ver que fue el cristianismo ortodoxo, y no el protestantismo de la Reforma radical, el que practicaron los que aprendieron a los pies de los apóstoles. De hecho, a lo largo de los primeros siglos de la historia de la Iglesia, incluso antes de la época de Constantino, una de las marcas de que una Iglesia era digna de confianza era que podía remontarse históricamente a los apóstoles (esto fue atestiguado explícitamente incluso en el siglo II por San Ireneo de Lyon). La sucesión apostólica siempre se definió por dos elementos: la continuidad de la sucesión de la imposición de manos y el mantenimiento de la misma fe apostólica. La Ortodoxia ha mantenido ambos elementos hasta la actualidad.

Por último, hay que plantearse esta cuestión: si, como enseñaban los reformadores radicales, no debemos confiar en la sucesión apostólica como salvaguarda contra la herejía, entonces ¿por qué deberíamos confiar en alguien cuya autoridad se extiende solo hasta su sala de lectura privada? Una vez más, ¿cómo se puede juzgar entre muchos maestros diferentes que afirman ser guiados por el Espíritu Santo para restaurar la Iglesia?

La Iglesia invisible

Habiendo rechazado la continuidad histórica a través de los siglos que se remonta a los apóstoles, y habiendo rechazado también las instituciones de la Iglesia católica romana, las Iglesias luteranas y otras iglesias reformadas respaldadas por el Estado, era lógico que los radicales se preguntaran si la organización externa de la comunidad cristiana tenía algún valor teológico. ¿Tiene la Iglesia «visible» algún estatus a los ojos de Dios?

Con el énfasis pietista en el individualismo, la respuesta de los radicales a esta pregunta fue «no». Aunque la organización externa de las iglesias podía ser útil para ayudar a los creyentes a convivir y organizar sus esfuerzos, la salvación eterna solo dependía de una cosa: la relación privada del creyente con Dios.

Y como los radicales habían rechazado los sacramentos y el sacerdocio, no había nada que nadie pudiera ofrecer al creyente que no pudiera conseguir por sí mismo directamente. Así, la Iglesia «invisible», compuesta por todos los verdaderos creyentes, dondequiera que se encuentren, era la única que importaba. Esta enseñanza se vio reforzada por el hecho de que los radicales no hacían hincapié en la adhesión a la doctrina correcta: se podía ser un «verdadero cristiano» independientemente de si se era luterano, reformado, zuingliano o cualquier otra cosa. En cuanto a los no protestantes, había más dudas, pero algunos seguían diciendo cosas como: «Probablemente hay algunos verdaderos cristianos en la Iglesia católica».

Es comprensible que los radicales reaccionaran contra el fuerte énfasis cristiano occidental en la institución y la organización, sobre todo porque su experiencia en este tipo de cosas estaba contaminada por la corrupción que casi inevitablemente conlleva el patrocinio del Estado, incluida la persecución por parte de las iglesias estatales.

Cuando una iglesia empuña no solo la Palabra sino también la espada, las tentaciones de abuso son muchas.

Es cierto que, en la antigüedad, algunos escritores teológicos habían establecido una distinción entre la Iglesia «visible» y la «invisible». La Iglesia visible era reconocible en términos de comunidades concretas. Era una parte normal y tradicional de la vida cristiana. Pero como no había ninguna garantía de que la pertenencia formal a la Iglesia visible otorgara la salvación, se propuso la idea de la Iglesia «invisible», cuya verdadera pertenencia solo era conocida por Dios. La tensión entre estos dos conceptos fue particularmente explorada por San Agustín. Según este antiguo punto de vista, los aspectos visibles e invisibles de la Iglesia no se oponen entre sí, sino que simplemente se distinguen.

La Ortodoxia no hace una distinción tajante entre la Iglesia visible y la invisible. Aunque estamos de acuerdo en que solo Dios sabe quiénes gozarán de la salvación eterna, si forman parte canónicamente de la Iglesia ortodoxa en esta vida o no, también sabemos que la respuesta definitiva a esa pregunta debe aplazarse hasta el final de los tiempos. Solo en el escatón, la era venidera, se revelará la plenitud de los miembros de la Iglesia. Hasta ese momento, la misión de la Iglesia no está completa.

Además, la Ortodoxia no considera a la Iglesia visible como una organización o institución, aunque tenga esos aspectos. Más bien, la Iglesia es un organismo que tiene elementos exteriores y visibles, y elementos interiores e invisibles, todos gobernados por la Cabeza, que es Cristo. Cristo no fundó un movimiento filosófico o ideológico llamado «cristianismo», sino una comunidad concreta e histórica llamada Iglesia.

Repudio del dogma central

Tal vez uno de los elementos más chocantes del antitradicionalismo de los radicales vino en forma de cambios en algunas de las doctrinas centrales de la fe cristiana por parte de ciertos teólogos. Cuando algunos de los radicales intentaron leer la Biblia sin tener en cuenta la tradición anterior, comenzaron a revivir algunas de las antiguas herejías. Conocidos como unitarios, algunos de los teólogos radicales, incluso en la época de Lutero, rechazaron la doctrina de la Trinidad y reafirmaron (como hizo el hereje Sabelio en la Iglesia antigua) que el Padre, el Hijo y el Espíritu Santo eran simplemente nombres, modos o máscaras de una única Persona divina. Un teólogo unitario se refirió al trinitarismo tradicional como «esa monstruosidad de tres realidades», esa «Trinidad imaginaria, tres seres en una sola naturaleza», diciendo que era triteísmo (Miguel Servet, *Sobre los errores de la Trinidad*).

Esta vuelta a las herejías de los primeros siglos de la Iglesia fue denunciada por los reformadores magisteriales, como Lutero y Calvino, pero su defensa de los credos tradicionales acabó cayendo en saco roto ante la doctrina común que todos compartían, la sola scriptura. Puesto que todos los reformadores, tanto los más tradicionales como los radicales, compartían el rechazo a la autoridad de la tradición de la Iglesia, y puesto que todos compartían la lealtad a la sola scriptura, no había una forma autorizada de responder a la acusación de que la lectura de la Biblia de un teólogo era incorrecta mientras que la de otro era coherente con la revelación de Dios.

Mientras que los luteranos y calvinistas criticaban a estos escritores, alegando que se apartaban de la Escritura al rechazar las confesiones tradicionales, los unitarios afirmaban defender «las antiguas tradiciones de los Apóstoles» (Miguel Servet, ibíd.). Afirmaban que, si los dogmas clásicos fueran realmente coherentes con la Escritura, esta los «habría cierto [así en el original] enseñado en algún lugar de una manera clara, evidente y libre de complicaciones y ambigüedades verbales» (Fausto Socino, *Explicación del prólogo del Evangelio de Juan*).

Algunos de los unitarios y otros revolucionarios del dogma creían ser los primeros en ver el verdadero significado de la Escritura. Fausto Socino, al referirse al Prólogo del primer capítulo del Evangelio de Juan (Juan 1, 1-18), que habla de la naturaleza de Dios, afirmó que «hasta donde yo sé, nunca ha sido correctamente expuesto por nadie» (Socino, ibíd.). Siguió leyendo este pasaje como una clara afirmación de que Jesucristo no es Dios y, por lo tanto, no es digno de adoración.

Los radicales que repudiaban la doctrina trinitaria tradicional también rechazaban los diversos credos históricos de la historia cristiana, especialmente el Credo Niceno, que se consideraba un producto de la «caída de la Iglesia» e ideado por Satanás. San Atanasio de Alejandría, cuyos profundos escritos sobre la Encarnación influyeron profundamente en el Primer Concilio Ecuménico de Nicea, fue llamado por Socino «el Anticristo» (Socino, *Jesucristo el Salvador*).

Otro teólogo de la Reforma radical expuso una cristología que decía que el Hijo de Dios se hizo hombre no «del vientre» de María, sino «en el vientre» (Menno Simons, *Confesión contra Jan Laski*), lo que significa que la humanidad de Jesús es una nueva creación, no una asunción de la humanidad creada en Adán. María se convierte en una especie de madre sustituta, y Jesús no es verdaderamente un miembro de nuestra raza.

Estos ataques a la triadología y a la cristología son realmente graves, mucho más graves que casi todas las demás diferencias que los ortodoxos tienen con otros cristianos. ¿Por qué? Porque atacan el corazón mismo de nuestra forma de creer y adorar. Si la vida eterna consiste en conocer a Dios y a Jesucristo, a quien ha enviado (Juan 17, 3), ¿qué ocurre cuando se entiende tan mal el carácter de Dios? O si el Cristo creado (y no divino) es el «verdadero», entonces ¿cómo vamos a ser uno con Dios? Jesús ya no es el puente entre Dios y el hombre. Nuestro acceso está cortado.

Dicho esto, la mayoría de los reformadores radicales no rechazaron las doctrinas tradicionales de la triadología y la cristología que se formularon en los primeros siglos de la Iglesia: estarían de acuerdo con la mayor parte o incluso con todo lo que figura en el Credo de Nicea. Sin embargo, la sola scriptura hizo posible estas desviaciones del dogma tradicional.

Familias y movimientos denominacionales

Anabaptistas

Los anabaptistas fueron llamados así por su práctica de insistir en el bautismo de los creyentes, incluso para aquellos que habían sido bautizados antes como bebés. Anabaptismo significa «ser bautizado de nuevo». Los estudiosos no se ponen de acuerdo sobre el origen exacto de los movimientos anabaptistas, pero aparecieron principalmente en el siglo XVI en el norte de Europa, especialmente en Alemania y los Países Bajos, así como en la actual República Checa. Los anabaptistas suelen llamarse Hermanos, término que se incorpora a los nombres de varias denominaciones anabaptistas.

Menonitas

Los menonitas, llamados así por su fundador Menno Simons (un antiguo sacerdote católico que se unió al movimiento anabaptista tras la muerte de su hermano anabaptista pacifista), existen en múltiples denominaciones en Norteamérica. Entre las principales denominaciones de la Reforma radical, los menonitas suelen estar entre los más conservadores y siguen más de cerca la teología de los anabaptistas originales; sin embargo, algunos de ellos han comenzado a liberalizarse en cuestiones morales, como las uniones homosexuales. Entre otros rasgos distintivos, los menonitas, como la mayoría de los anabaptistas, tienden a ser pacifistas.

Amish

Estrechamente relacionados con los menonitas están los *amish*, que existen en varias denominaciones pequeñas en Estados Unidos. Llamados así por su fundador, Jakob Ammann, los *amish* formaban parte originalmente de un movimiento de reforma de los menonitas suizos. Antes de Ammann, el anabaptismo en Suiza se remontaba a la obra de los teólogos Felix Manz y Conrad Grebel, que formaban parte del movimiento zuingliano en Suiza.

Ammann creía que sus compañeros menonitas se habían alejado de las enseñanzas del venerado Menno Simons. Quería incluir la práctica del ostracismo, es decir, el rechazo social deliberado de aquellos que habían sido bautizados en la Iglesia pero que posteriormente la abandonaron. También quería celebrar la comunión con más frecuencia. Con el tiempo, los *amish* tendieron a apartarse casi por completo de la sociedad en general, basándose en el llamamiento bíblico de estar separados del «mundo». En 1693, el estricto literalismo de Ammann provocó la ruptura de sus seguidores con el resto de los menonitas suizos.

Los *amish* insisten en una vida sencilla como parte de la vida espiritual, que suele incluir el rechazo de la mayoría de la tecnología moderna. Su compromiso con este principio es tal que a menudo se producen disensiones por cuestiones aparentemente triviales, por ejemplo, cuántos botones de una camisa constituyen vanidad. Los *amish* existen ahora casi en su totalidad en Estados Unidos y Canadá, y aunque la mayoría habla inglés, también hablan un dialecto del alemán antiguo comúnmente llamado «alemán de Pensilvania».

Un grupo similar a los *amish* que no practica el mismo tipo de separatismo deliberado son los huteritas. Los huteritas también están comprometidos con la vida sencilla, pero, a diferencia de los amish, su vestir admite colores vivos. Aunque es poco probable que posean televisores o la mayoría de los aparatos de entretenimiento, no rechazan la mayoría de la tecnología moderna como hacen los amish. Al igual que los amish, los huteritas hablan su propio dialecto del alemán entre ellos y viven en colonias comunales.

Los Hermanos (que es un término tradicional utilizado por todos los grupos anabaptistas) están representados por numerosas denominaciones tanto en Estados Unidos como en el extranjero. Su teología es conservadora y anabaptista, y tienen una serie de prácticas distintivas. Cuando bautizan, lo hacen por triple inmersión (que es lo que hacen también los ortodoxos). También acompañan la recepción de la comunión con un banquete de amor, una comida común, una práctica en la Iglesia antigua que puede haber estado originalmente relacionada con la eucaristía. Practican un lavado de pies ritual antes de recibir la comunión. En la mayoría de los aspectos, las denominaciones de los Hermanos son bastante similares a la corriente principal de los protestantes conservadores.

Los ortodoxos podemos apreciar el pacifismo de los anabaptistas, aunque no adoptamos una posición doctrinaria al respecto. Y la simplicidad de vida que es la norma entre varias de sus comunidades recuerda a las enseñanzas ascéticas de la Ortodoxia. La separación de los *amish* del mundo es problemática a la luz del mandato del Señor de evangelizar, aunque es similar en algunos aspectos a la práctica monástica ortodoxa.

Hermanos Moravos

La Hermandad de Moravia, como comunidad diferenciada, es anterior incluso a la Reforma magisterial, ya que tienen su origen en las enseñanzas de Jan Hus, un sacerdote católico y reformador de Bohemia y Moravia de los siglos XIV y XV, que quería que la Iglesia celebrara los servicios en el idioma local (checo), que diera a los laicos la comunión en ambas especies (tanto el Cuerpo como la Sangre —la práctica de la época era dar a los laicos solo el Cuerpo—) y que eliminara las enseñanzas sobre el purgatorio y las indulgencias. (Aquellos que apoyaban la comunión en ambas especies también eran llamados utraquistas, del latín *sub utraque specie*, «en ambas especies»). En estos aspectos, la teología de Hus es compatible con la Ortodoxia. La Hermandad de Moravia, muy notablemente para los ortodoxos, tampoco utiliza el *filioque* en el Credo Niceno.

El propio Hus fue finalmente quemado en la hoguera por herejía en 1415, en una sesión anterior del Concilio de Constanza (que puso fin al Gran Cisma de Occidente con sus tres papas). Unos cincuenta años después de su muerte, sus seguidores se organizaron en un grupo llamado Unitas Fratrum («Unidad de los Hermanos», también «Hermanos de Bohemia»), que actuó al principio dentro de la Iglesia católica romana.

Aunque se suele considerar a Lutero como el «Padre de la Reforma», los orígenes de la Hermandad de Moravia en el siglo XV, con Jan Hus, la convierten en la denominación protestante más antigua del mundo. Hus se asemeja en cierto modo al reformador inglés Juan Wiclef (1331-1384), que era una generación anterior. Sin embargo, no existe ninguna denominación wiclefita (aunque la organización Wycliffe Bible Translators lleva su nombre en honor a él).

El nombre de moravos no se utilizó para los husitas hasta principios del siglo XVIII, cuando varios de ellos huyeron de la persecución religiosa en sus países de origen para ponerse a salvo en Sajonia. Los sajones locales se referían a ellos con el nombre de su tierra natal, Moravia, que ahora se encuentra en la República Checa.

Tras el inicio de la Reforma en Alemania, los husitas comenzaron a interactuar con la teología de la Reforma y llegaron a ser similares a la mayoría de los creyentes del movimiento anabaptista. Influyeron y fueron influidos por los grupos anabaptistas que se convirtieron en los Hermanos.

La inmigración de los moravos al Nuevo Mundo en el siglo XVIII inició un énfasis en la misión y el ecumenismo, expresado principalmente como buenas relaciones tanto con los luteranos como con los reformados. Muchos de los primeros moravos en Estados Unidos eran formalmente miembros de una de esas otras iglesias. En este sentido, el moravismo se veía al principio más como un movimiento y menos como una denominación. Con el tiempo, sin embargo, se convirtieron en una denominación distinta. Su vigorosa labor misionera convirtió a varios indios nativos americanos y les ayudó a extenderse por todo el mundo.

En la actualidad, los moravos han llegado a parecerse teológicamente a otras denominaciones protestantes históricas en el sentido de que han dejado de hacer hincapié en la salvación personal y se han centrado más en las cuestiones sociales. También se han liberalizado en temas como la ordenación de mujeres y la moral sexual. Sin embargo, conservan muchas de sus tradiciones culturales y de culto, y atraen especialmente la atención de los curiosos en Navidad, cuando montan una escena de pueblo en miniatura llamada putz de Navidad (del alemán *putzen*, «decorar»), a menudo alrededor de la base de un árbol de Navidad, y celebran servicios muy concurridos para la fiesta.

Hay unos 750.000 moravos en el mundo, y unos 60.000 en Estados Unidos. El centro tradicional de los moravos estadounidenses está en Bethlehem, Pensilvania. (El pueblo cercano en el que vivo, Emmaus, fue fundado como comunidad morava en 1759). El asentamiento de Salem, en Carolina del Norte, fue fundado por un grupo procedente de Bethlehem y se llamó originalmente «Wachovia».

Puritanos

La Comunión Anglicana dio origen a varios grupos disidentes, y la mayoría de los que abandonaron la Iglesia de Inglaterra fueron conocidos colectivamente como disidentes. Entre ellos destacan los metodistas, de los que se habló en el capítulo anterior, muy influidos por el pietismo. Los presbiterianos (en su mayoría calvinistas escoceses) también se clasifican como disidentes, pero al igual que los metodistas estaban teológica y estructuralmente más vinculados a la Reforma magisterial.

Sin embargo, aparte de los metodistas, el mayor grupo de disidentes de la iglesia inglesa son los puritanos. Los puritanos, que florecieron en los siglos XVI y XVII, eran fuertemente calvinistas en su teología e instaban a los ingleses a purificar todo el «papismo» de la vida eclesial: querían que se eliminara del anglicanismo todo lo que se pareciera al catolicismo romano.

El puritanismo fue la religión de los peregrinos que desembarcaron en Plymouth. Los puritanos que se asentaron en Plymouth, Massachusetts, eran conocidos como separatistas y se diferenciaban de la mayoría de los puritanos en que abogaban por separarse de la Iglesia de Inglaterra oficial. También hubo varios movimientos separatistas entre los puritanos de Inglaterra. Varios puritanos no separatistas también se establecieron en Massachusetts y en otros lugares de Nueva Inglaterra.

Los puritanos, al igual que los metodistas que llegaron mucho más tarde, eran esencialmente pietistas en su perspectiva básica. El puritanismo también incluía una poderosa ética del trabajo, basada en la concepción calvinista de la predestinación de los elegidos. Se creía que los elegidos tendrían éxito material en esta vida, por lo que los puritanos y otros calvinistas siempre trabajaban duro por el deseo de demostrar su elección a sí mismos y a los demás.

Este sentido de ser parte de los elegidos es también lo que llevó a los puritanos a estar tan seguros de sus condenas de aquellos que creían que estaban de manera demostrable entre los condenados. Su fuerte énfasis en que la moralidad personal se imponga mediante la condena pública condujo en Estados Unidos a los conocidos juicios por brujería en el siglo XVII en Massachusetts, y también se describe de forma memorable en la novela de Nathaniel Hawthorne, *La letra escarlata*, en la que una adúltera es obligada a llevar una letra «A» roja en público. (Los puritanos no eran los únicos que temían a las brujas; durante la ruptura del cristianismo en toda Europa en ese periodo, se produjo un aumento de los juicios por brujería en general).

El economista y sociólogo alemán Max Weber analiza la fuerte ética del trabajo del calvinismo en su obra clásica, *La ética protestante y el espíritu del capitalismo*, publicada por primera vez en 1905. En un sentido muy real, fue la necesidad de los puritanos de tener la seguridad de su elección eterna lo que llevó a la construcción de Estados Unidos.

Cuáqueros y *Shakers*

Los propios puritanos sufrieron cismas, y uno de los más significativos fue el de los cuáqueros, llamado oficialmente Sociedad Religiosa de los Amigos. Su fundador, George Fox, creía que Dios le había hablado directamente, y comenzó a predicar en 1647 que esto era posible para todos. Al principio, solo pretendía influir en sus compañeros cristianos ingleses en lugar de fundar una nueva denominación, pero con el tiempo se formaron comunidades separadas y los cuáqueros fueron objeto de persecución en Inglaterra. Más adelante, en el siglo XVII, se formaron comunidades cuáqueras en el Nuevo Mundo, atraídas por la promesa de libertad religiosa. William Penn, el fundador de Pensilvania, fue un famoso cuáquero.

Se dice que los seguidores de Fox llegaron a ser apodados «cuáqueros» por el «temblor» físico que mostraban en momentos de misticismo, aunque algunos sitúan el origen del apodo en las advertencias de Fox de que sus oponentes temblarían ante la palabra del Señor. En cualquier caso, los cuáqueros creen que cada cristiano puede y debe experimentar a Dios directamente. Su misticismo tiende a ser practicado en forma de grupo más que individualmente y típicamente ocurre durante las reuniones.

Las reuniones de los cuáqueros no tienen clero, y los miembros hablan «según los mueve el Espíritu» dentro de la reunión. Los cuáqueros creen que el bautismo se experimenta como una realidad interior y por ello no se someten a un rito de bautismo físico. Los cuáqueros tampoco se adhieren oficialmente a la sola scriptura, porque creen que el Espíritu Santo nunca los desviará en su interpretación de la Biblia. Sin embargo, con el paso del tiempo, esta creencia provocó divisiones entre los cuáqueros cuando no estaban de acuerdo con la dirección que Dios les daba.

La mayoría de los cuáqueros modernos, sin embargo, no se preocupan mucho por la teología como conjunto normativo de doctrinas y prácticas; en cambio, lo que creen que es más importante es cómo Dios les guía en el momento. En esto, son claramente pietistas en su perspectiva. En la actualidad hay unos 359.000 miembros adultos del movimiento cuáquero.

Un grupo que se separó de los cuáqueros fue el de los *shakers* [sacudidos] (oficialmente Sociedad Unida de Creyentes en la Segunda Venida de Cristo), que practicaban un modo de vida y un conjunto de creencias similares, aunque tendían a organizarse en comunas separatistas. Sin embargo, los *shakers* o sacudidos disminuyeron con el tiempo, ya que algunos miembros fueron atraídos a las ciudades para trabajar, y también porque la doctrina shaker enseñaba el celibato a todos los miembros. Los *shakers* comenzaron a mediados del siglo XVIII en Inglaterra y llegaron a tener unos seis mil miembros en 1840. En 2010, solo quedaban tres miembros vivos, que vivían juntos en el sur de Maine.

Bautistas

Existen teorías contradictorias sobre el origen de los bautistas. Es posible que sean una rama del movimiento anabaptista o que hayan sido fundados por los puritanos. (Se sabe que los anabaptistas en Inglaterra ya se llamaban «bautistas» en 1569). Cualquiera que sea el caso, los primeros bautistas como comunidad diferenciada aparecieron en algún momento a finales del siglo XVI o principios del XVII.

Los primeros bautistas se dividían en dos bandos generales, en función de si aceptaban las opiniones calvinistas o arminianas sobre la salvación. Los bautistas particulares eran generalmente calvinistas, y creían que Dios tenía unos elegidos predestinados desde antes de la creación, mientras que los bautistas generales eran arminianos, y creían que el creyente individual podía elegir la salvación.

En nuestra época, los bautistas pueden mantener cualquiera de los dos puntos de vista o a menudo sostienen una especie de posición híbrida, en la que el creyente es responsable de elegir a Dios inicialmente, pero luego su libre albedrío queda ligado para siempre después de ese momento: no puede volver a ser «no salvo» una vez que es «salvo»; este punto de vista se suele abreviar como «salvo, siempre salvo».

Los bautistas que creen que la salvación puede ganarse y luego perderse de nuevo se llaman bautistas de libre albedrío. Para la mayoría de los bautistas, sin embargo, la salvación es un evento de una sola vez que consiste en tomar una «decisión [personal] por Cristo», que, si se hace con sinceridad, hace que una persona sea «salva».

La mayoría de los bautistas se adhieren firmemente a la sola scriptura, pero como cada congregación tiene derecho a decidir su propia doctrina, no todos coinciden en lo que la Biblia significa. Sin embargo, debido a que comparten una tradición común, los bautistas tienden a compartir un conjunto común de doctrinas distintivas. Creen firmemente en la responsabilidad individual del creyente ante Dios, sin ninguna referencia a la comunidad eclesiástica (lo que se denomina competencia del alma o libertad del alma). Rechazan la teología sacramental, considerando el bautismo y «la Cena del Señor» (no suelen utilizar el término eucaristía) como «ordenanzas» provenientes de Cristo pero que no contribuyen a la salvación.

También creen que la congregación local es la máxima autoridad en el gobierno de la iglesia. Si una congregación pertenece a una denominación, suele entenderse simplemente como una asociación o afiliación. La denominación no tiene ningún poder directo sobre la congregación local. La ordenación suele ser solo para hombres, pero no confiere ninguna función sacramental o sacerdotal especial. Simplemente actúa como una especie de acreditación de la capacidad de un hombre para dirigir y, sobre todo, para predicar.

En la mayoría de los aspectos, los bautistas de Estados Unidos se agrupan con los evangélicos (de los que hablaremos en el próximo capítulo). Son especialmente conocidos entre los evangélicos por su conservadurismo, que puede expresarse en términos políticos como parte de las «guerras culturales». Su estilo de culto informal, con un fuerte énfasis en la predicación, se deriva directamente de los movimientos de avivamiento de los siglos XVIII y XIX.

La Conferencia Bautista del Sur es la mayor denominación protestante de Estados Unidos, con unos 16 millones de miembros y 42.000 iglesias. Hay otras denominaciones importantes de bautistas en Estados Unidos, como la Asociación General de Bautistas Regulares.

Terreno común

La Reforma radical fue, en la mayoría de los aspectos, una mera expansión de los presupuestos teológicos de la Reforma magisterial. Con la doctrina de la sola scriptura firmemente establecida, e informada por la vena antiautoritaria que caracterizaba a los radicales, la división en numerosas facciones y movimientos, todos con teología y prácticas diferentes, avanzó rápidamente. Más que nada, la aceptación de la doctrina de la «gran apostasía» llevó a que cada nuevo grupo insistiera en que por fin había descubierto o restaurado la verdadera Iglesia del Nuevo Testamento.

Al igual que los reformadores que les precedieron, los radicales no se consideraban innovadores en la doctrina o en la práctica. Más bien, creían que estaban devolviendo a los cristianos al cristianismo antiguo, puro y primitivo. Pero sin tradición ni jerarquía que los guiara, sus movimientos se dividieron rápidamente en una multitud de divisiones, todas ellas afirmando tener la verdad en sus manos, pero sin ninguna evidencia histórica o tradicional que acreditara sus afirmaciones.

Debido a su rechazo de la sucesión apostólica, los radicales no podían dar a sus seguidores ninguna garantía de que sus doctrinas fueran verdaderas, salvo que les parecieran verdaderas a sus oyentes. Todos los puntos en común se basaban casi exclusivamente en el acuerdo mutuo sobre cómo debía leerse la Biblia. Casi siempre que había un desacuerdo dirigido por un teólogo carismático, se formaba una nueva denominación.

En el fondo, la Reforma radical es un rechazo de la Encarnación, especialmente en cuanto a sus implicaciones para el culto y la eclesiología. La mayoría de los radicales se adhieren conceptualmente a los dogmas tradicionales sobre el Hijo de Dios hecho hombre, pero su teología y su práctica no reflejan todas las implicaciones de la Encarnación.

Para los ortodoxos, se encarnó como hombre, físico y material, la Iglesia tiene una realidad concreta e histórica. La ordenación requiere un acto físico de imposición de manos. La eucaristía tiene un componente físico en su realidad espiritual. El acto físico del bautismo efectivamente realiza algo espiritual. Los iconos son un testimonio de la Encarnación y una parte integral de la vida de la Iglesia. Todos estos elementos materiales de la vida salvífica del cristiano son rechazados por los radicales, lo que sugiere que a su teología de la Encarnación le falta algo. Lo que se rechazó en la Reforma radical fue la materialidad en la vida espiritual.

Los ortodoxos tienen mucho en común con varios sectores de la Reforma radical, sobre todo la insistencia en que el creyente individual es responsable ante Dios de su propia salvación. Pero la Ortodoxia ve y practica esa responsabilidad dentro de la comunidad de la Iglesia, no como un contrato privado que el cristiano tiene con Dios independientemente de cualquier comunidad. La Ortodoxia comparte el énfasis de los pietistas en vivir una vida de devoción a Dios y a sus enseñanzas morales. Pero, al mismo tiempo, creemos que esa vida solo es posible si está formada por los dogmas salvíficos que Dios ha revelado a la Iglesia a través de los apóstoles en la comunidad de la Iglesia.

A pesar de estas diferencias, y quizás debido a nuestros puntos en común, muchos de los que se están convirtiendo a la fe ortodoxa provienen de las iglesias descendientes de la Reforma radical. «Cuatro paredes desnudas y un sermón» a menudo pueden dejar a uno anhelando algo más, lo que lleva a algunos a dirigirse al Dios que realmente puede ser tocado.

Una vez analizado el segundo gran desarrollo de la historia del protestantismo, pasemos ahora al tercero, el conjunto de movimientos que inicialmente se denominó revivalismo o «movimiento de avivamiento», pero que hoy se conoce principalmente como evangelicalismo.

5

Evangelicalismo y revivalismo

El fin de la liturgia

*Hay algunos que van a orar por costumbre y formalidad;
hay otros que van con la amargura de su espíritu: el uno
ora por mera noción y un conocimiento desnudo; el otro
tiene las palabras arrancadas por la angustia de su alma.
Ciertamente, a ese hombre es a quien Dios mirará. (John
Bunyan, I Will Pray with the Spirit, 66, 1663)*

*Casi toda la religión del mundo ha sido producida por
avivamientos. Dios ha encontrado necesario aprovechar
la excitabilidad que hay en la humanidad, para producir
poderosas excitaciones en ellos, antes de llevarlos a
obedecer... La voluntad está, en cierto modo, esclavizada
por los deseos carnales y mundanos. Por lo tanto, es
necesario despertar a los hombres a un sentido de culpa
y peligro, y así producir una excitación contraria de
sentimientos y deseos que romperá el poder del deseo
carnal y mundano y dejará la voluntad libre para obedecer
a Dios. (Charles G. Finney, What a Revival of Religion
Is, 1834)*

[E]l culto bajo la dispensación cristiana que Dios ordena,

y que acepta por medio de Cristo Jesús, es un culto que se distingue por una vitalidad interior del culto exterior de la mente carnal. Es la adoración de un niño hacia su padre, sintiendo dentro de sí mismo un parentesco con lo divino; es una adoración obrada en nosotros por Dios el Espíritu Santo, porque el Padre nos ha buscado y nos ha enseñado cómo adorarlo. Es una adoración que no es externa, sino del hombre interior, y que no ocupa la mano, el ojo y el pie, sino el corazón, el alma y el espíritu; y es una adoración que no es profesional y formal, sino real, sincera, ferviente, y muy aceptable ante Dios. (Charles H. Spurgeon, *The Axe at the Root: A Sermon Against Puseyite Idolatry*, 1866)

La disolución de la eclesiología marcó la Reforma radical, con sus movimientos interconfesionales e interdenominacionales y su teología «viral» que saltaba fácilmente de una secta a otra. Esta disolución permitió la sensación de que casi «todo vale» cuando se trata de teología, aunque en la mayoría de los casos, los teólogos intentaron limitarse a lo que podían derivar de la hermenéutica bíblica. Aunque la sola scriptura acabó conduciendo a excesos importantes, junto con la influencia ahora implícita de la tradición (como la persistencia de la teología trinitaria), siguió sirviendo de freno a la experimentación teológica ilimitada, especialmente durante los primeros siglos después de la Reforma.

Lo que se introdujo en lugar de la tradición, la eclesiología y el confesionalismo como el nuevo «canon de la fe» fue el pietismo, ese sentido de que la *sinceridad* —no la continuidad doctrinal o litúrgica— era la clave del verdadero cristianismo. Y lo que vino junto a ese nuevo «canon» fue el sentimiento de que la sinceridad podía ser probada por la *espontaneidad* y la *experiencia de conversión*.

Los cristianos habían practicado la adoración litúrgica durante siglos antes de la Reforma, sin que la liturgia fuera un formalismo muerto, y los reformadores iniciales no dieron muestras de querer cambiar eso:

> *Cuando los primeros rumores de la Reforma sonaron entre los wiclefitas, lolardos y husitas en la Inglaterra y Bohemia de los siglos XIV y XV, el cristianismo, tanto en Oriente como en Occidente, había sido una religión litúrgica durante casi un milenio y medio. Una rica práctica y literatura de culto había florecido desde Sarum hasta Kiev, sin que se percibiera la crítica al ritual y el ethos de la espontaneidad que reharía el culto cristiano por completo.* (Lori Branch, *Rituals of Spontaneity: Sentiment and Secularism from Free Prayer to Wordsworth*, 36)

Pero el énfasis pietista en la sinceridad y la espontaneidad, unido a otros cambios culturales, dio lugar a la crítica del ritual como algo inherentemente insincero:

> *Las controversias de la Reforma de los siglos XVI y XVII acompañaron lo que se ha llamado una crisis de la representación, en la que el término ceremonia, por ejemplo, empezó a adquirir connotaciones negativas de vacuidad y superstición, y en la que las interrogaciones sobre el poder de los símbolos, «en particular el símbolo comunitario, repetitivo, formal y performativo», llevaron a los reformadores a desarrollar una «semiótica antimágica» definida en contra de una comprensión «mística, sacral, esencialista» de los símbolos. En esto, Erasmo y Calvino marcaron el camino, y aparentemente es a Calvino a quien debemos nuestra permanente asociación de «superstición» con cualquier forma de comportamiento ritualizado.* (ibid., 37)

El sentimiento de que la religión había quedado «muerta» se extendió como un virus por las Iglesias de la Reforma. Al principio, la crítica se dirigía principalmente a la liturgia de la Iglesia católica romana, pero con el tiempo llegó a aplicarse a casi todo lo que parecía formal, institucional o tradicional. Los revolucionarios de la última generación podían convertirse en el estamento dirigente de la siguiente. Y así, en el corazón apasionado del nuevo protestantismo surgió el anhelo de renacimiento.

Los Grandes Despertares

El *revivalismo* como movimiento dentro del protestantismo no tiene un punto de partida histórico claro, aunque se podría señalar especialmente a los predicadores itinerantes del siglo XVII entre los presbiterianos escoceses como los primeros predicadores revivalistas de la Reforma. El avivamiento como concepto es tan antiguo como el propio cristianismo, pero en lo que respecta al *revivalismo* como movimiento de avivamientos con capacidad para remodelar comunidades enteras de cristianos, probablemente el punto de partida más conveniente sea el de los Grandes Despertares. Hubo dos movimientos en la historia angloamericana que se conocen como los «Grandes Despertares».

El Primer Gran Despertar se asocia con predicadores como Jonathan Edwards, de raíces calvinistas puritanas, así como el anglicano George Whitefield y el presbiteriano Samuel Davies. Los tres hacían hincapié en la conversión personal como elemento principal de su predicación, típicamente extemporánea, que incluía descripciones gráficas de las alegrías de la salvación y los horrores de la condenación. En las décadas de 1730 y 1740, este fenómeno se extendió por las colonias británicas en América, atrayendo a grandes multitudes a las reuniones de avivamiento que atraían tanto a los no creyentes como a los miembros de todas las denominaciones locales.

Si en el *revivalismo* no había discriminación entre las denominaciones, tampoco solía haberla entre las clases sociales o las razas. Davies, que más tarde se convertiría en presidente de la Universidad de Princeton, llegó a ser conocido por convertir a esclavos africanos en Estados Unidos. La crisis de conciencia, que conducía a una sensación directa de encuentro con Dios, de «renacimiento» y de cambio de vida, llegó a ser el sello de cómo el creyente sabía que había alcanzado la salvación eterna, la marca de la verdadera religión.

El Primer Gran Despertar trajo consigo un aumento del número de miembros de la iglesia y de la actividad religiosa, pero también trajo consigo el cisma dentro de las denominaciones entre los que apoyaban el nuevo movimiento y el estamento dirigente que a menudo desconfiaba de él.

El Segundo Gran Despertar, aproximadamente entre 1790 y 1850, fue similar al primero en el sentido de que enfatizó el emocionalismo y la conversión en las reuniones de avivamiento, pero también trajo consigo algo más: una expectativa de lo sobrenatural. Este fue el comienzo de las frecuentes afirmaciones de milagros en el revivalismo, así como el aumento de las fortunas de los bautistas y metodistas en Estados Unidos. También surgió la expectativa de que la Segunda Venida de Cristo podría estar cerca, aunque esa expectativa no floreció plenamente hasta que el pentecostalismo surgió del movimiento de Santidad de finales del siglo XIX (del que hablaremos en el próximo capítulo).

Probablemente la figura más conocida del Segundo Gran Despertar sea Charles G. Finney, un congregacionalista y presbiteriano anticalvinista que a veces es conocido como «el padre del *revivalismo* moderno». Junto con otros clérigos de su época, Finney fue activo en el abolicionismo, así como en la promoción de la educación igualitaria de las mujeres y los no blancos. La reforma social fue característica del Segundo Gran Despertar, derivada de la creencia de que el mundo debía ser purificado para la Segunda Venida.

Finney también fue crucial en la creación de lo que ahora se conoce como el «llamado al altar», un intento deliberado de provocar una crisis emocional en los oyentes para llevarlos a la conversión. Estableció el «banco de la ansiedad», un asiento cerca del predicador en el que alguien especialmente preocupado por su condición espiritual podía sentarse, recibir oraciones e incluso entablar conversación con el predicador. La presión pública de tal disposición provocaba fuertes sentimientos tanto en quienes participaban como en quienes lo presenciaban.

Las reuniones de avivamiento eran un acontecimiento ocasional, pero acabaron dejando su huella incluso en el culto dominical regular de aquellos a los que afectaron. El estilo popular del servicio dominical matutino que se ve ahora en todo el evangelicalismo, con música emotiva, llamados enfáticos a la conversión y un sermón como característica principal del servicio, tiene sus orígenes en el revivalismo.

Con esta nueva «liturgia» para los evangélicos, la liturgia tal y como se había conocido durante siglos, centrada sobre todo en recibir la comunión juntos, se acabó de hecho en ese sector del protestantismo. La forma específica ya no importaba: ¿le importaba realmente a Dios qué libro de oraciones se utilizaba o si se utilizaba alguno? Ahora, la sinceridad del corazón, expresada en la espontaneidad y en el sentimiento de conversión, era la marca del verdadero cristiano.

¿Los nuevos gnósticos?

Si el hijo que dio a luz la Reforma radical fue la idea de que se podía ser un verdadero cristiano sin pertenecer a la iglesia, entonces el *revivalismo* y su encarnación moderna —el evangelicalismo— es el aspecto de esa idea cuando ha crecido. Definimos aquí el *revivalismo* en términos bastante amplios para referirnos a la vida y el culto cristianos característicos que tienen su origen en los Grandes Despertares de los siglos XVIII y XIX, que se produjeron principalmente en Estados Unidos, la tradición en la que surgió el evangelicalismo (algunos historiadores también sitúan los orígenes del evangelicalismo en el moravismo en Europa). Por lo tanto, aquí utilizaremos indistintamente *revivalismo* y evangelicalismo, aunque no son exactamente sinónimos.

Mientras que los radicales de los siglos XVI y XVII reaccionaron contra el seco confesionalismo de las iglesias magisteriales con un énfasis en la piedad personal, sus herederos en los movimientos revivalistas convirtieron ese pietismo en un movimiento verdaderamente popular que podía ser abrazado por las masas, conservando casi todas las posiciones doctrinales de los radicales.

Hemos visto en el capítulo anterior cómo los radicales se distanciaron de todos los elementos materiales del cristianismo tradicional. No conservaron el sacerdocio, ni los sacramentos, ni los lugares sagrados, ni el ascetismo, ni el lugar para la belleza visual en el culto. Sin embargo, conservaron el sentido de la comunidad, aunque no de la iglesia tal y como se había entendido durante siglos. Una vez eliminados por los radicales todos esos elementos tradicionales que definen la comunidad cristiana sagrada, el *revivalismo* dio el siguiente paso lógico y prescindió por completo de la necesidad de comunidad. En lugar de una Iglesia, una comunidad concreta e histórica regida por una estructura y un dogma, el *revivalismo* era un movimiento, una corriente popular definida por el entusiasmo, la emoción y el carisma personal.

El *revivalismo* ha tenido diferentes niveles de influencia en el cristianismo estadounidense, pero prácticamente no hay ningún cristiano en Estados Unidos que no haya sido tocado por la cultura creada por el revivalismo. Con el advenimiento de la cultura religiosa revivalista, el carácter peculiar del cristianismo estadounidense se hizo finalmente realidad. Este movimiento se denomina a menudo evangelicalismo, pero este término es difícil de definir en la actualidad, especialmente desde que ha sido adoptado por los medios de comunicación populares. No sería exagerado decir que la gran mayoría de los protestantes de Estados Unidos son, en cierta medida, revivalistas.

Una de las definiciones del evangelicalismo que se ha propuesto recientemente es la de cuatro afirmaciones doctrinales, lo que puede resultar útil si se piensa principalmente en términos de doctrina. Estas cuatro afirmaciones son (según el informe del National Association of Evangelicals, en colaboración con LifeWay Research en 2015):

1. La Biblia es la máxima autoridad para lo que creo.

2. Es muy importante para mí personalmente animar a los no cristianos a confiar en Jesucristo como su Salvador.

3. La muerte de Jesucristo en la cruz es el único sacrificio que podría eliminar la pena de mi pecado.

4. Solo aquellos que confían en Jesucristo como su Salvador reciben el regalo gratuito de Dios de la salvación eterna.

Sin embargo, como ya hemos visto, el revivalismo/evangelicalismo no se define solo por afirmaciones doctrinales particulares, sino especialmente por un estilo de vida espiritual, que incluye sobre todo la experiencia de conversión y el culto característico. El historiador David Bebbington en su *Evangelicalism in Modern Britain: A History from the 1730s to the 1980s* (1989) ofrece una definición para evangelicalismo similar aunque más amplia:

1. **Biblicismo:** toda verdad espiritual esencial se encuentra en la Biblia.

2. **Crucicentrismo:** la salvación se encuentra en la obra expiatoria de Cristo en la cruz.

3. **Conversionismo:** toda persona necesita ser convertida.

4. **Activismo:** el Evangelio debe ser expresado con esfuerzo humano.

Ya vimos en el primer capítulo cómo los antiguos gnósticos fueron los primeros herejes de la Iglesia. El gnosticismo estaba fuertemente marcado por el individualismo, la creencia de que la salvación era, en última instancia, un asunto privado más que una experiencia comunitaria. Los gnósticos también hacían hincapié en que la salvación se obtenía mediante el conocimiento salvador, más que por la participación fiel en la vida sacramental de la Iglesia. El sistema religioso gnóstico era fuertemente dualista, creyendo que las cosas «espirituales» eran buenas, mientras que el mundo físico era malo o, en el mejor de los casos, sin importancia. En su comprensión de la salvación y de la cultura en general, el gnosticismo era también profundamente escapista, buscando retirarse del mundo. El gnosticismo ponía un gran énfasis en la experiencia extática personal, en contraste con la vida ritual y sacramental «ordinaria» de la mayoría de los creyentes cristianos.

Aunque no existe un vínculo histórico directo con el antiguo gnosticismo —los revivalistas se inspiraron en su lectura de la Biblia y en sus antepasados de la Reforma, no en la influencia de la especulación esotérica pagana—, los paralelismos entre el evangelicalismo y ese antiguo movimiento son lo suficientemente sorprendentes como para que más de una persona los haya comentado, en particular el enfoque en la salvación personal del creyente. El pastor presbiteriano Philip J. Lee incluso dedicó un libro entero a este punto de vista, titulado *Against the Protestant Gnostics* [Contra los gnósticos protestantes], en el que escribió:

Si los Evangelios se escribieron «para que conozcáis la fiabilidad de las palabras sobre las que fuisteis instruidos», entonces tal vez podría decirse que los textos gnósticos se escribieron para que los gnostikoi conocieran la verdad, no sobre las palabras, sino sobre su propia salvación. En el gnosticismo, no había ese paso extra de ir a una literatura sagrada que existía totalmente aparte del yo y encontrar en ella, como un beneficio periférico, una verdad que pudiera

> *aplicarse al yo. En el gnosticismo, la Escritura era sagrada
> en la medida en que salvaba al yo. De nuevo, lo que
> se conocía en los círculos gnósticos era personal. Si no
> era personal, no era gnóstico.* (Philip J. Lee, *Against the
> Protestant Gnostics*, 4)

En este capítulo utilizaremos el gnosticismo como una manera de agrupar algunas de las enseñanzas y prácticas distintivas del evangelicalismo, pero esto no significa decir que los evangélicos sean realmente gnósticos —el gnosticismo histórico fue mucho más que estos paralelismos.

Al describir diversas actitudes, doctrinas y comportamientos, conviene entender que cualquier creyente o Iglesia influida por el movimiento revivalista puede adherir solo una selección de los muchos elementos que, en conjunto, conforman las características del movimiento. No existe una persona ni una denominación evangélica «genérica».

Individualismo

Cuando estaba en la universidad, uno de los cursos que tomé cubría los primeros siglos del cristianismo, estudiando los escritos de los cristianos que siguieron inmediatamente los pasos de los apóstoles. Después de unas semanas de estudio, un estudiante de la clase levantó la mano, aparentemente un poco frustrado. Cuando el profesor le atendió, dijo: «Sabe, no veo nada aquí sobre aceptar a Jesús en tu corazón como tu Señor y Salvador personal».

Ese momento me subrayó lo ajeno que debe parecer a los evangélicos el carácter del cristianismo en la época de sus orígenes. No hay nada en los escritos de los primeros Padres de la Iglesia sobre «aceptar a Jesús en tu corazón como tu Señor y Salvador personal», porque en aquella época tal formulación no tenía nada que ver con convertirse en cristiano. Pero esa fórmula define tanto el cristianismo para muchos creyentes de nuestro tiempo que consideran que los escritos de los discípulos de los apóstoles y sus sucesores inmediatos carecen de algo fundamental.

Para conocer el espíritu de lo que impulsa este enfoque de la vida cristiana, veamos un ejemplo de cómo se predica. El 8 de julio de 1741, en el pueblo de Enfield, Connecticut, Jonathan Edwards se levantó y predicó un sermón que se ha convertido en un clásico del revivalismo. (Como dato interesante para los ortodoxos, aunque Edwards es más conocido por este ardiente sermón, también enseñó una doctrina de la theosis). Este sermón, el conocido «Pecadores en las manos de un Dios airado», que probablemente le llevó cerca de una hora de predicación, incluye palabras como estas:

> *Que cada uno que esté sin Cristo, y colgando sobre el abismo del infierno, ya sea anciano o anciana, de mediana edad, joven o niños, oigan ahora los fuertes llamados de la palabra y la providencia de Dios. Este año aceptable del Señor, un día de tanto favor para algunos, será sin lugar a dudas un día de notable venganza para otros... Dios ahora parece estar reuniendo apresuradamente a sus escogidos de todas partes de la tierra; y probablemente la mayor parte de los adultos que se salvarán, serán traídos dentro de poco tiempo, y será como el gran derramamiento del Espíritu sobre los judíos en los días de los apóstoles. Los elegidos obtendrán la salvación, y el resto será cegado. Si este fuera tu caso, maldecirás este día eternamente, y maldecirás el día en que naciste al ver el tiempo de derramamiento del Espíritu, y desearás haber muerto e ido al infierno antes de haberlo contemplado... Por tanto, que todo aquel que esté sin Cristo, despierte ahora y huya de la ira por venir. La ira del Dios Todopoderoso se cierne ahora sobre una gran parte de esta congregación. Que cada uno huya de Sodoma: «Dense prisa y escapen por sus vidas; no miren tras sí, escapen al monte, no sea que perezcan».*

El estilo estereotipado de predicación «fuego y azufre» tiene su origen en el revivalismo. El propósito de este tipo de sermón es hacer que el oyente sea fuertemente consciente de su culpa personal ante Dios, normalmente ilustrado con representaciones gráficas de los condenados sufriendo eternamente en el infierno. Con el oyente en un estado suficiente de temor por su vida eterna, es entonces conducido por el predicador a hacer un «compromiso personal con Cristo».

Se le puede indicar que diga la «oración del pecador», que normalmente incluye un reconocimiento del pecado personal, una declaración sincera de arrepentimiento, una declaración de creencia en que solo Jesús puede salvarlo (posiblemente incluyendo la creencia en su muerte y resurrección), seguida de una petición para que Jesús «entre en mi corazón» y le conceda la salvación del pecado. La oración del pecador también puede incluir un reconocimiento de Jesús como «Señor de mi vida». Es absolutamente necesario que esta oración se pronuncie con la máxima sinceridad.

Puede que ya conozcas esta táctica si alguna vez se te ha acercado alguien y te ha preguntado: «Si usted muriera esta noche, ¿sabe sin ninguna sombra de duda dónde pasaría la eternidad?» A los que se someten a todo este proceso se les dice entonces que ahora son cristianos y están destinados al cielo, y normalmente (aunque no siempre) también se les dice que irán al cielo hagan lo que hagan a partir de ahora. Ahora forman parte de un grupo especial llamado «salvos», y todos los que no pertenecen a él son «no salvos» o «perdidos». Su salvación es, en última instancia, entre tú y Dios, y la «iglesia» consiste en todos los que son «salvos», pertenezcan o no a una comunidad eclesiástica. Esto puede llamarse «tomar una decisión por Cristo».

Se hace tanto hincapié en una única conversión personal como elemento vital de la salvación que los que han sido educados como cristianos desde su nacimiento pueden a veces no encontrar ese momento en sus vidas; si nunca han tenido ese momento, pueden ser dirigidos a pasar por el acto para asegurar su salvación. Incluso aquellos que sí experimentan ese momento pueden preguntarse si ese momento fue «real» o no, ya que una sinceridad que se sintió de niño (por ejemplo) puede dudarse más tarde como adulto. Y hay que preguntarse si los profundamente discapacitados intelectuales pueden «salvarse».

Lo que ocurre en estas experiencias de conversión es muy diferente del proceso correspondiente en el cristianismo tradicional en general y en la Ortodoxia en particular. En ninguna parte de todo esto se hace referencia a la entrada en la Iglesia, el Cuerpo de Cristo. El bautismo no está necesariamente implicado. No hay ningún sentido de que la salvación en sí misma implique críticamente algo más que escapar del infierno después de la muerte. De lo único que eres «salvo» es del infierno: de la ira de Dios. Todo el proceso es esencialmente privado, mental y emocional. No se requiere que haya una vida continua de lucha contra las pasiones pecaminosas.

Contrastemos este modelo de conversión y salvación con el experimentado por San Pablo. Su conversión incluyó ciertamente un cambio de corazón (Hechos 9, 3-9). Pero su conversión es también comunitaria, ya que Dios le dijo que fuera a escuchar a Ananías para saber lo que debía hacer (9, 6). Es ascética, ya que ayuna durante tres días (9, 9). Finalmente, es sacramental, pues Ananías también lo bautiza (Hechos 9, 18). En esta conversión, la más emblemática del Nuevo Testamento, no vemos la salvación definida en los términos limitados del modelo de la «oración del pecador». En ningún momento se insta a Pablo a «aceptar a Jesús en su corazón».

El impulso religioso básico que hay detrás del individualismo del *revivalismo* es bueno: el creyente tiene que decidir por sí mismo hacer lo que es correcto y bueno ante Dios, cambiar su vida. Pero en lo que difiere esta actitud de la Ortodoxia es en que la Iglesia ortodoxa dice que tomar esta decisión es solo el principio. Darse cuenta de que uno es pecador es bueno, y arrepentirse de sus pecados es bueno, pero probablemente nunca seremos verdaderamente conscientes en un solo momento de la profundidad del pecado que la mayoría de nosotros esconde en nuestros corazones. Y, por supuesto, también seguimos pecando, incluso después de la conversión. Necesitamos arrepentirnos a lo largo de toda nuestra vida, no porque eso gane la salvación, sino porque el arrepentimiento es una cooperación con Dios para que Él pueda llevar la salvación y la transformación personal a cada parte de nuestra humanidad.

La parte más problemática del individualismo revivalista es que, aunque funciona comunitariamente, elimina el carácter crucial de la vida comunitaria de la Iglesia. Muchos creyentes de esta tradición pertenecen a comunidades eclesiásticas evangélicas. Pero esa pertenencia suele ser en términos de compañerismo o ayuda para la vida cristiana, más que una participación en el Cuerpo de Cristo considerada necesaria para la salvación. El culto comunitario es importante e incluso puede facilitar un encuentro espiritual con Dios, pero no es realmente crítico para la salvación. Y debido al enfoque no sacramental del cristianismo del revivalismo, si la mayor parte del énfasis se pone en la conversión, en última instancia no hay nada disponible en la Iglesia que no esté también disponible en casa o en el bosque. Puedes ser salvo sin la Iglesia. No querrías serlo, pero podrías. La Iglesia es, en última instancia, opcional, aunque sigue siendo normal.

La espiritualidad de «Iglesia opcional» que vino del pietismo y floreció en el *revivalismo* es la raíz de la actitud «espiritual pero no religiosa». Si no hay nada crucial para la salvación disponible solo en la comunidad de la iglesia, ¿no es más fácil ser «espiritual» sin que todos esos otros creyentes pecadores y defectuosos se interpongan en el camino? Al habérseles dicho o haber aprendido a través de la cultura que la salvación personal (o la iluminación, la realización, la paz interior) es un asunto privado entre ellos y Dios, descubren que se sienten mucho más cómodos obedeciendo solo sus propias interpretaciones de las Escrituras o su experiencia espiritual en lugar de contar con un pastor, un confesor o un maestro. La tradición —que es el funcionamiento normal de una comunidad a lo largo del tiempo— no es necesaria, porque el individuo particular es la medida de todo.

Ralph Waldo Emerson, el héroe del siglo XIX de los individualistas, escribió una vez: «El verdadero hombre no pertenece a ningún otro tiempo o lugar, sino que es el centro de las cosas. Donde él está, está la naturaleza. Él te mide a ti, y a todos los hombres, y a todos los acontecimientos» (de su ensayo «Autosuficiencia»). La herejía interior del individualismo es el rechazo de la comunión. El enfoque de la «oración del pecador» para la salvación, al estar centrado en el yo, daña la comunión del pueblo de Dios tanto entre sí como con Dios mismo en Jesucristo.

El santo ortodoxo del siglo XX, Siluán el Athonita, dijo famosamente: «Mi hermano es mi vida». Para él, la vida en comunidad era fundamental para su propia salvación. Pero con el individualismo del evangelicalismo, uno podría preguntarse con toda seriedad: «¿Soy yo el guardián de mi hermano?».

En la Iglesia ortodoxa, hay un dicho común: «Nos salvamos juntos, pero nos condenamos solos». De la Iglesia antigua procede un dicho latino: *unus Christianus, nullus Christianus* («un cristiano no es cristiano»). La salvación no es un asunto privado. Es una comunión de personas que se unen a Dios en el Cuerpo de Cristo, la Iglesia. Y esa Iglesia no es solo la suma de todos los que creen en Cristo, sino un organismo activamente cohesionado que funciona conjuntamente.

Me recuerda especialmente la descripción que hace San Pablo del don de Cristo, que es para…

> …*capacitar a los santos para la obra del ministerio,* para la edificación del cuerpo de Cristo, *hasta que todos alcancemos la unidad de la fe y del conocimiento del Hijo de Dios, hasta ser un hombre de plena madurez, hasta la medida de la estatura de la plenitud de Cristo. Esto, para que ya no seamos niños, sacudidos a la deriva y llevados a dondequiera por todo viento de doctrina por*

> *estratagema de hombres que, para engañar, emplean con astucia las artimañas del error sino que, siguiendo la verdad con amor, crezcamos en todo hacia aquel que es la cabeza: Cristo. De parte de él* todo el cuerpo, bien concertado y entrelazado por la cohesión que aportan todos los ligamentos, *recibe su crecimiento de acuerdo con la actividad proporcionada a cada uno de los miembros para ir edificándose en amor.*
>
> (Ef. 4, 12–16, énfasis añadido)

Debemos subrayar que los evangélicos creen en lo que dice Pablo aquí. Pero lo que dice se ve socavado por su modelo individualista de salvación, y ese modelo es la fuente de toda la variabilidad en el culto y la práctica evangélica, que presiona constantemente para innovar. Si la Iglesia no es una parte integral de lo que significa ser salvo, entonces la forma que toma la vida eclesial se reduce a una cuestión de gusto personal o de conveniencia. Esa variabilidad hace que el evangelicalismo sea mucho más susceptible de ser «sacudidos a la deriva y llevados a dondequiera por todo viento de doctrina».

Tal vez no sea una coincidencia que Emerson, que fue ministro de la Iglesia Unitaria, acabara rechazando todas las formas de cristianismo por su odio al rito de la sagrada comunión. Su individualismo rechazaba la idea de comulgar con otros creyentes. La mayoría de los evangélicos, por supuesto, no seguirían a Emerson lejos de Cristo, pero siempre hay dentro del individualismo del evangelismo la semilla de la desunión.

Fe como conocimiento

Antes hicimos referencia a esa pregunta prototípica que hacen los que «dan testimonio» del cristianismo evangélico: «¿Sabe usted dónde pasará la eternidad?» Una de las marcas de la comprensión revivalista de la salvación es la búsqueda de la certeza absoluta, saber sin lugar a dudas que el cielo es tu destino eterno. Esta certeza epistemológica se llama «fe», pero no es la comprensión de la fe que los ortodoxos ven en el Nuevo Testamento y en toda su tradición.

Los primeros gnósticos no estaban satisfechos con la confianza y la fe ordinarias del creyente promedio de la Iglesia primitiva, y por eso buscaban la gnosis, el «conocimiento» de su salvación, una seguridad interior absoluta y la certeza de que estaban salvados. ¡El problema con este enfoque es que no es fe! Tener fe o confianza en algo no es lo mismo que saber algo con certeza.

La palabra griega para «fe» es *pistis*, que, como casi todas las palabras terminadas en *-is*, se refiere a una realidad progresiva, continua y dinámica. Una traducción más exacta, aunque quizá más torpe, podría ser «fe*ando*». O quizás podamos traducirlo como «fidelidad». En el cristianismo histórico, la fe no se entiende como una certeza única y absoluta, basada en una experiencia única de salvación. Es un movimiento activo y continuo hacia y con Dios.

Quienes definen la fe como conocimiento absoluto no siguen la tradición de los apóstoles, sino la de la Ilustración del siglo XVIII en Europa y América, que elevó la razón humana y trató de dar a la humanidad una seguridad perfecta de todo lo que intentara conocer. Mientras que la Ilustración llevó a muchos a abandonar la religión, porque esta se consideraba irracional, muchos más aplicaron los principios de la Ilustración a la religión, redefiniendo la experiencia de la fe dinámica como una seguridad mental del conocimiento. El conocimiento absoluto se convirtió en la definición de la fe.

Los que predican la doctrina de la fe como conocimiento suelen citar versículos como 1 Juan 5, 13 para respaldar sus afirmaciones: «Estas cosas les he escrito a ustedes que creen en el nombre del Hijo de Dios *para que sepan que tienen vida eterna* [y para que crean en el nombre del Hijo de Dios]» (énfasis añadido). Sin embargo, la palabra en ese versículo para «sepan» no es el término griego para la certeza racional y mental, *epistemi*. Más bien, es *eidite*, que es un conocimiento basado en algo que uno ve y experimenta, no algo de lo que uno está mentalmente seguro.

La fe no se reduce a un conocimiento mental interno, ni siquiera a un sentimiento. La fe es más bien una relación continua y dinámica de confianza y cooperación del creyente con Dios. La fe es una vida de comunión. De la misma manera que un matrimonio no se hace por la ceremonia de la boda o el intercambio de anillos, la salvación no se hace por tomar una sola decisión por Cristo. Se inicia con ese acto, y al igual que el matrimonio, que San Pablo utiliza como metáfora de la salvación en Efesios 5, la salvación debe mantenerse y alimentarse para llegar a su pleno desarrollo.

Los evangélicos suelen hablar de la vida cristiana como una «relación con Jesucristo», pero la relación se refiere en gran medida a lo que ocurre después de que se haya adquirido la salvación. Esto es un subproducto de la división de la Reforma entre la justificación y la santificación, que hace de la justificación la parte verdaderamente crucial de la salvación. Debes seguir teniendo una relación con Jesucristo, pero no se trata de la salvación en sí misma.

Este error de confundir la fe con el conocimiento conduce al ya mencionado error de la seguridad eterna, conocido popularmente como «salvo, siempre salvo». Debido a que el creyente piensa que tiene una certeza absoluta de su salvación, se le ha hecho creer que no importa lo que haga ahora por el resto de su vida, él es «salvo».

Pero en la Escritura hay un lenguaje que no tiene sentido si la salvación fuera un evento único y pasado que es absolutamente seguro (p. ej., el progresivo «ser salvo» en Hechos 2, 47; 1 Cor. 1, 18; y 2 Cor. 2, 15). Tampoco hay ninguna indicación en las Escrituras de que Dios honre nuestro libre albedrío por un momento para salvarnos y luego lo viole por el resto de nuestras vidas para evitar que caigamos. Sin embargo, debería bastar con citar las palabras de Cristo en Mateo 10, 22; 24, 13; y Marcos 13, 13: «el que persevere hasta el fin, este será salvo».

Incluso en las otras luchas de la vida, la comprensión de la fe como conocimiento lleva a la gente a pensar que, si solo pueden convencerse de algo que, de otro modo, creerían que no es verdadero, entonces se pueden realizar milagros. Si tienen cáncer, pueden curarse si tienen suficiente fe. Pero esto no es fe. Es solo un ejercicio psicológico de autoconfianza. La fe en tal circunstancia es confiar en Dios y acercarse a Él sin importar lo que Él decida permitir.

Uno de los desafortunados efectos secundarios de la transformación de la fe en conocimiento es que algunos creyentes cuya vida cristiana se define por este sentido de certeza absoluta pueden empezar a considerarse profetas. Lo que en términos cristianos tradicionales podría describirse con un lenguaje como «Creo que tal vez debería...», «Tal vez Dios nos está llevando a...», o «Puede ser que Dios me esté mostrando...», puede ser descrito en estos términos: «Esto es lo que el Señor quiere que haga», «El plan de Dios para nosotros es...», o «Dios me está diciendo que...». Este tipo de discurso es especialmente común en los círculos pentecostales, donde a menudo se asume que las frecuentes intervenciones sobrenaturales de Dios (como hablar en lenguas) son una marca de que uno es salvo.

Podemos afirmar con certeza lo que Dios ha revelado a la humanidad: que quiere que todos nos salvemos, que desea que todos nos arrepintamos de nuestros pecados y que llevemos el Evangelio a quienes nos rodean. El peligro comienza cuando el creyente empieza a verse a sí mismo como el portavoz de Dios de una revelación nueva y específica. Hay quienes dicen que Dios les ha dado «una palabra» para otra persona y la expresan en términos directos y taxativos. Creen hablar en nombre de Dios no solo en el ministerio profético que todos ejercemos al anunciar el Evangelio, sino también con instrucciones detalladas y directas, por lo común dirigidas a otras personas. Con ello no solo pretenden ser padre o madre espirituales para otros, sino además considerarse clarividentes. (De estos temas hablaremos con más detalle en el próximo capítulo).

Aunque esta conducta pueda ser sincera y nacer del deseo de servir a Dios, debe examinarse con cuidado, porque atribuirse un papel profético —sobre todo respecto de otras personas— constituye un engaño espiritual. La verdadera clarividencia es rara incluso entre los santos, y quienes poseen ese don suelen huir de él antes que llevarlo con entusiasmo a los demás. En cualquier caso, una espiritualidad desvinculada de la vida comunitaria de la Iglesia —que actúa como elemento de estabilidad— y vivida fuera del marco de obediencia a un padre confesor experimentado tenderá siempre a la desviación.

Dualismo

En el sistema religioso revivalista, al igual que en el de los gnósticos, la salvación eterna no incluye el mundo material. La mayoría de los cristianos influenciados por el *revivalismo* creen que la moralidad tiene un componente material —que lo que se hace con el cuerpo, por ejemplo, es importante, porque se puede pecar con él—, pero esta perspectiva moral no está informada por la comprensión cristiana tradicional del papel de la creación en la salvación y el lugar del hombre en la creación. Por lo tanto, el cristianismo revivalista puede tender a ser fuertemente dualista.

Los cristianos que predican que la realidad material tiene un papel en la salvación suelen ser considerados por los de la tradición evangélica como supersticiosos o incluso idólatras, una actitud que se deriva especialmente de los comentarios de Juan Calvino. (En el calvinismo moderno, casi todo con lo que un calvinista no está de acuerdo puede ser llamado «idolatría»).

Con esta cosmovisión dualista, el cristianismo revivalista no practica un cristianismo verdaderamente sacramental. Si un creyente se bautiza o comulga, tales actos se entienden como mera obediencia, «ordenanzas» o símbolos de una realidad «espiritual», símbolos de una presencia ausente. En algunos casos, la palabra *sacramento* puede seguir utilizándose, pero lo que ocurre no transmite una presencia espiritual ni contribuye a la salvación. El bautismo no salva, y la comunión no salva, a pesar de las indicaciones bíblicas en sentido contrario (1 Pedro 3, 21; Marcos 16, 16; Juan 6, 53).

Al igual que el antiguo gnosticismo, el dualismo del cristianismo revivalista niega efectivamente la Encarnación de Jesucristo, que Dios se hizo hombre. Pero si Dios se hizo hombre y nos invita a comer y beber su Cuerpo y Sangre, entonces los sacramentos como experiencia física tienen sentido. Por eso, comulgar de forma indigna puede ser condenatorio (1 Cor. 11, 29). Si el pan y el vino no se convierten realmente en el Cuerpo y la Sangre de Cristo, entonces ¿cómo podría ser tan peligroso recibir meros símbolos? Sin embargo, la Escritura dice lo contrario.

Dado que los evangélicos afirman la Encarnación, tenemos que considerar su dualismo como una negación implícita de la Encarnación más que explícita. Consideran que la participación de la creación material en la salvación termina con la carne de Jesús, mientras que los ortodoxos ven la Encarnación como un acto cósmico, localmente en su plenitud en Jesucristo, pero con implicaciones para toda la creación y especialmente para la vida cristiana cotidiana.

Por eso, aunque la mayoría de los revivalistas no niegan la Encarnación, que Dios se hizo hombre, sí niegan lo que los cristianos vieron históricamente como resultado de la Encarnación: los sacramentos, el sacerdocio, los santos iconos y todos los componentes físicos de la vida cristiana a lo largo de la historia. Estas expresiones físicas y extensiones de la encarnación de Cristo son los medios por los que los cristianos participan en ella. Él es ahora tangible, por lo que lo tocamos en los sacramentos. Se convirtió en nuestro sumo sacerdote y ordenó a los apóstoles, por lo que tenemos un sacerdocio sacramental. Y se hizo visible, por lo que tenemos iconos. Para la mayoría de los cristianos, tanto a través del tiempo como de las culturas, este modo de vida era normal, tanto para los que se sentaban a los pies de los apóstoles como para sus propios discípulos. Solo por ignorancia de la historia o por negación de su autoridad se puede pasar por alto el lado tradicionalmente físico del ser espiritual.

El dualismo del evangelicalismo se extiende más allá de la vida sacramental. Sin un sentido del elemento físico esencial de la vida espiritual, la antropología cristiana se resiente: solo tratamos una parte de lo que significa ser humano. Si tu cuerpo no importa realmente, no hay necesidad de ascetismo. (¡Come, bebe y alégrate!) ¿Cómo podrían el ayuno, las vigilias y los períodos específicos de castidad sexual tener algún efecto en la vida espiritual? Todos estos tipos de prácticas, que son evidentes en la Sagrada Escritura, carecen de sentido en la visión dualista del mundo. Aunque existe alguna discusión u observancia de estas prácticas entre los evangélicos, normalmente están ausentes. Si están presentes, son consideradas como actos ocasionales de piedad extraordinaria más que como un estilo de vida normativo que disciplina al cuerpo para ser sumiso al alma y así trae la salvación incluso al cuerpo.

El dualismo del evangelicalismo tiene incluso un impacto ambiental. La antropología cristiana tradicional enseña que el hombre no es simplemente el administrador de la creación, sino su sacerdote. Pero sin sacramentos, sin altar y sin una cosmovisión que considere lo físico como algo sagrado, la creación es simplemente algo que hay que explotar, algo que hay que usar, aunque se use con sabiduría. Los ecologistas tienen razón al criticar este enfoque de nuestro mundo, aunque pueden hacerlo por razones equivocadas. Mientras que los ecologistas suelen elevar a la «madre naturaleza» por encima de la humanidad, el cristiano ortodoxo ve al hombre como un sacerdote y a la creación como la iglesia en la que rinde culto. ¿Cómo podría un sacerdote profanar su propia iglesia? Un verdadero sacerdote ve la creación como un regalo de Dios para él, que debe ser ofrecido en el altar, santificado por la gracia, y luego devuelto a él para su salvación.

El antimaterialismo tiene otras ramificaciones. Para la mayoría de los evangélicos, la historia tampoco tiene importancia para la vida cristiana. Sin embargo, ¿qué es la historia cristiana sino la extensión continua de la Encarnación? La Iglesia tampoco puede tener una realidad concreta, ni límites actuales.

El dualismo también tiene un efecto en la moral, especialmente en aquellas áreas que involucran al cuerpo. Algunos gnósticos antiguos enseñaban que la moral corporal era irrelevante, y se entregaban al libertinaje. Y a muchos creyentes de nuestro tiempo, incluso a los cristianos serios, les cuesta entender por qué podría ser malo entregarse sexualmente a otro sin estar unidos en un matrimonio cristiano: las enseñanzas morales siguen estando ahí, porque obviamente están en las Escrituras, pero su propósito interno está oscurecido. Esta oscuridad es lo que ha permitido que algunos evangélicos comiencen a aceptar las revisiones de la cultura circundante sobre la moral sexual. Si alguna vez has tratado de enseñar la moral sexual a un adolescente, sabes que es difícil de vender, incluso sobre bases racionales. Pero la tradición ortodoxa nos enseña que hay una unión espiritual que ocurre junto con la unión física, porque tenemos un sentido definido de que la espiritualidad está estrechamente asociada con la fisicalidad. También es la razón por la que el contexto diseñado por Dios para la sexualidad —un hombre y una mujer unidos en matrimonio para toda la vida— tiene una seriedad y una dignidad para los ortodoxos que son cada vez menos evidentes para el mundo.

Hay incluso una realidad espiritual en los alimentos que comemos, por lo que pedimos a Dios que los bendiga antes de comerlos, no comemos demasiado y le damos las gracias después. Por eso comer juntos es una de las expresiones más profundas de la comunidad humana.

La teología moral del cuerpo no es una mera cuestión de obediencia al mandato divino y de temor a las represalias por la desobediencia, sino que surge de la comprensión de la realidad mística de la propia creación. Si Dios está en cada átomo y molécula de cada cosa porque es omnipresente, entonces la santidad está en todas partes, especialmente en aquellos lugares y cosas que Él ha bendecido particularmente con su presencia en la Encarnación. Por tanto, sus mandatos no son arbitrarios, sino que revelan algo sobre la realidad espiritual interna de la creación material.

Entonces, ¿qué podemos concluir respecto a una perspectiva espiritual que niega la historia, la liturgia, el sacramento, el icono, la ascesis, la comunidad eclesial concreta y un profundo sentido de la santidad de toda la creación? Solo puede considerarse como una negación implícita de la Encarnación de Cristo.

Una vida espiritual diaria desvinculada de la parte material de lo que somos es insostenible. El hombre espiritual, aunque no puede vivir solo de pan, tampoco puede vivir sin pan. Necesita la actividad física en su vida espiritual. Necesita un edificio de la iglesia al que acudir. Necesita canciones para cantar. Necesita libros que leer e imágenes espirituales que poner delante de sus ojos. El dualismo cristiano no puede suprimir la necesidad espiritual básica que tiene la humanidad de elementos físicos en la vida espiritual.

Debido al divorcio de la Iglesia histórica, el evangelicalismo ha buscado una nueva forma de satisfacer la necesidad de materialidad. Por eso, estos creyentes han acogido la música pop y el *rock and roll* en sus iglesias. Por eso la emoción se confunde con la espiritualidad. Por eso se sustituye la santidad por el sentimiento. El sentimiento sincero es el criterio de autenticidad. En lugar de iconos de Cristo, cuya mirada penetrante te llama al arrepentimiento, el evangélico puede ir a una librería cristiana y comprar una imagen de Jesús con un enfoque suave y pelo largo. Es un Jesús «simpático», pero es difícil creer que ese sea Dios.

Todo esto equivale a una especie de enfoque pseudoencarnacional del lado físico del ser espiritual. Cuando el mundo mira esto y se le dice que es «cristianismo», fácilmente se aleja. Después de todo, el *rock and roll* del mundo es mejor *rock and roll*. (Yo era tramoyista cuando descubrí la Ortodoxia, y fue un domingo por la mañana en una iglesia evangélica cuando se me ocurrió que el *rock and roll* de mi trabajo era música de mayor calidad que la de mi iglesia). En lugar de transformar y transfigurar la cultura, como ha hecho tradicionalmente la Iglesia, el evangelicalismo ha sido transformado por la cultura.

Los evangélicos dirían que el medio no importa si el mensaje es verdadero. Pero, aunque es cierto que el medio no es idéntico al mensaje, el medio forma parte del mensaje. La manera de adorar no es neutral. Un servicio de culto llamativo, de estilo espectáculo, comunica algo que la liturgia tradicional no comunica. Y esa liturgia comunica algo que el servicio teatral no puede. La eternidad, la majestad y la capacidad de tocar a Dios encarnado están presentes en la liturgia cristiana tradicional de un modo en que sencillamente no lo están en el culto de estilo contemporáneo.

Este problema del medio y el mensaje se exacerba al examinar un desarrollo más reciente en el culto evangélico: la «iglesia multisede». Las iglesias multisede suelen ser iglesias no confesionales que (quizá irónicamente) forman varias congregaciones pertenecientes a una misma estructura. Lo que las une no es solo lo administrativo o lo doctrinal, sino lo tecnológico. Una Iglesia multisede suele tener a un solo predicador presente en uno de los «campus» y conectado mediante una transmisión de video a los demás lugares. La música puede ser completamente local en cada sede, o bien los músicos locales pueden tocar acompañados por la señal de video de los músicos de la sede principal. Así, la experiencia del culto queda literalmente digitalizada y se vuelve aún más desencarnada.

El evangelicalismo tiene que seguir cambiando, buscando los últimos medios nuevos para atraer asistencia a la iglesia, siempre en pos de la innovación. Las iglesias de tradición evangélica —en especial las no confesionales— pueden cambiar de doctrina cada vez que cambian de pastor. En cambio, si asistes a un oficio ortodoxo en cualquier lugar del mundo, oirás la misma fe predicada, contemplarás la misma fe en la liturgia y verás la misma fe vivida por los creyentes serios, tanto a través de la geografía como del tiempo. Hay consistencia en partes del mundo evangélico, pero es más bien en términos de una cultura y un estilo espirituales comunes que en el dogma, la teología y la liturgia, y no se mantiene igual con el paso del tiempo. Y también hay cambio en el culto ortodoxo, pero el cambio que se da en la tradición litúrgica suele ser muy lento y no depende de los gustos de la cultura secular. Por último, debería quedar claro que el dogma ortodoxo no cambia con un nuevo liderazgo eclesial.

Escapismo

La cosmovisión dualista del evangelicalismo tiene una fuerte vena escapista. Dado que este mundo no es algo sagrado que deba ser rescatado y ofrecido de nuevo a Dios, el creyente desea en última instancia retirarse de él. El escape es uno de los temas clásicos gnósticos, y la Iglesia ortodoxa lo rechaza porque la redención traída por Cristo es una restauración de toda la creación con el hombre en su centro, en lugar de un retiro del hombre de una creación irremediablemente corrupta.

El escapismo en el evangelicalismo se manifiesta de varias maneras. Una de las más obvias es el intento de crear una subcultura evangélica con su propia jerga, marca y nichos de mercado. En lugar de ver películas «mundanas», puedes ver las «cristianas». En lugar de escuchar «la música del diablo» (*rock and roll*), puedes escuchar rock «cristiano». Incluso hay novelas románticas cristianas. Si entras en una librería cristiana, puedes encontrar no solo medios cristianos, sino también juguetes cristianos, juegos cristianos, camisetas cristianas e incluso caramelos de menta cristianos.

Quizás la parte más exitosa de este intento de crear alternativas culturales cristianas fue la música popular. El nacimiento de la música cristiana contemporánea (MCC; en inglés, Contemporary Christian Music, CCM), en particular, se produjo en la década de 1960 con el Jesus Movement (Movimiento de Jesús), pero en la década de 1980 se produjo una explosión de sellos discográficos y artistas cristianos. Con el tiempo, la MCC llegó a dominar tanto la cultura evangélica estadounidense que ahora la mayoría de las iglesias no confesionales la utilizan casi exclusivamente en sus servicios.

Este escapismo también alimenta el enfoque revivalista general del propio mundo físico. Philip J. Lee, en su libro *Against the Protestant Gnostics* [Contra los gnósticos protestantes], detalla un interesante relato sobre el secretario del Interior estadounidense James Watt. The Wall Street Journal preguntó al secretario a principios de la década de 1980, cuando acababa de tomar medidas para permitir la explotación masiva de los recursos planetarios, incluyendo a menudo la minería a cielo abierto, la venta de terrenos de los Parques Nacionales, etc., si estaba preocupado por las generaciones futuras y su capacidad para vivir y disfrutar de la tierra. El Sr. Watt, sin duda un cristiano de origen revivalista, respondió: «No sé con cuántas generaciones futuras podemos contar antes de que vuelva el Señor» (Lee, 190). Como los evangélicos esperan escapar del mundo, no importa mucho cómo lo traten.

Pero lo que quizá sea el elemento más llamativo del escapismo en este sistema de creencias es una poderosa fascinación por el fin del mundo. Este período de la historia es quizás el único que realmente interesa a los revivalistas. Puedo recordar de mi propia juventud cómo varias de las iglesias evangélicas a las que asistía mi familia parecían basar la gran mayoría de los sermones en el libro del Apocalipsis.

Hay algo seductor en la idea de mirar hacia el futuro, y aunque la Biblia advierte explícitamente que no se debe hacer ninguna predicción sobre cuándo ocurrirá la Segunda Venida de Cristo (Mateo 25, 13), ha habido varios líderes evangélicos que han dado fechas exactas de cuándo llegaría el fin del mundo, a menudo incluidas en las páginas de libros de gran éxito. Incluso sin hacer predicciones específicas, el cristianismo revivalista tiene una fuerte orientación hacia la expectativa escatológica, creyendo que el eschaton, el fin del mundo, está cerca. Quizás el acontecimiento más popular de esta expectativa es lo que comúnmente se llama «el Rapto».

La versión más básica de la doctrina del Rapto es algo así: cuando se acerque el fin del mundo, Jesús aparecerá en el cielo y quedará suspendido allí. Todos los verdaderos creyentes serán entonces «raptados» en el aire para seguir a Jesús de vuelta al cielo. Lo que suceda después de eso es materia de debate, si hay siete años literales de una «Gran Tribulación» o si eso habrá estado sucediendo por un tiempo o estará terminando en ese momento. El Armagedón puede ocurrir antes o después, también. También hay un debate sobre si alguien se dará cuenta de que el Rapto está ocurriendo (algunos creen en un «Rapto secreto»). En cualquier caso, este Rapto tiene lugar antes de la Segunda Venida final de Cristo.

Esta creencia se basa en varios pasajes bíblicos, pero sobre todo en 1 Tesalonicenses 4, 16-17:

> *Porque el Señor mismo descenderá del cielo con aclamación, con voz de arcángel y con trompeta de Dios; y los muertos en Cristo resucitarán primero. Luego nosotros, los que vivimos y habremos quedado, seremos arrebatados juntamente con ellos en las nubes para el encuentro con el Señor en el aire; y así estaremos siempre con el Señor.*

Pero este pasaje en ninguna parte habla de Jesús flotando. Para los ortodoxos, estos versículos se refieren al fin del mundo. Cuando Cristo vuelva, se producirá la resurrección general, y el tiempo tal y como lo conocemos terminará. En un momento, todo habrá terminado.

Lo que muchos rapturistas no saben es que su forma particular de creencia tiene menos de doscientos años. Algunos historiadores remontan esta creencia a las supuestas visiones de una adolescente escocesa llamada Maggie MacDonald, cuya influencia acabó siendo ejercida por Cyrus I. Scofield, cuya *Scofield Reference Bible* incluía la doctrina del Rapto y fue muy popular entre los revivalistas de los siglos XIX y XX, especialmente después de que el inicio de la Primera Guerra Mundial sugiriera a muchos que el fin del mundo estaba cerca. Otros apuntan a diferentes fuentes de origen, y hubo varias doctrinas del Rapto propuestas antes de MacDonald y Scofield.

Cualquiera que sea el caso, se acepta en general que no fue hasta el siglo XIX que muchas personas comenzaron a creer en el Rapto tal como se enseña comúnmente. Esta doctrina está muy extendida, y se pueden encontrar personas que creen en ella en muchas denominaciones e iglesias independientes. Es tan común que los creyentes en el Rapto que se encuentran con quienes no están de acuerdo con ellos a menudo se sorprenden, como si sus interlocutores estuvieran negando la creencia en la divinidad de Jesús. Pero la mayoría de los cristianos del mundo, incluidos los católicos romanos, los cristianos ortodoxos, los anglicanos tradicionales y muchos en las denominaciones reformadas, nunca han creído en la doctrina del Rapto.

El Rapto es tan popular que está representado en novelas y películas (como la popular serie *Dejados atrás*, protagonizada por Kirk Cameron y posteriormente por Nicolas Cage) e incluso en videojuegos. Hay incluso un sitio web al que puedes enviar dinero y que enviará un correo electrónico a todos tus amigos «no salvos» después de que seas raptado, haciéndoles saber lo que te ha pasado y que deben arrepentirse pronto (YouveBeenLeftBehind.com). Una pegatina popular del Rapto para los parachoques de los coches dice: «En caso de Rapto, este coche quedará sin conductor». Y otra pegatina algo menos popular responde con: «En caso de Rapto, ¿puedo quedarme con tu coche?».

Sin embargo, lejos de ser simplemente un conjunto de enseñanzas pintorescas y fantasiosas sobre el fin del mundo, esta variedad de escatología es espiritualmente peligrosa. Los que creen en ella esperan el Rapto y tienen la seguridad de que, si aún no se ha producido, todavía tienen tiempo para vivir como quieran. Esto es especialmente cierto para aquellos que creen que el Rapto los salvará del Anticristo. ¿Pero qué pasa si un Anticristo real viene y el

Rapto no ha ocurrido? ¿Lo seguirán estos creyentes, pensando que no puede ser el verdadero Anticristo?

Junto con la creencia en el Rapto, a menudo regresa una antigua herejía llamada quiliasmo (del griego *chiliasmos*, «mil»), la creencia de que a la Segunda Venida de Cristo le seguirán mil años literales de su gobierno aquí en la tierra. Aunque esta creencia fue sostenida por algunos de los primeros escritores cristianos, con el tiempo fue rechazada por la Iglesia como inconsistente con la tradición apostólica. Más bien, ahora estamos viviendo en los «mil años» (una metáfora para un tiempo muy largo) de la era de la Iglesia.

Experiencia y entusiasmo

El antiguo gnosticismo, centrado en el individuo, encontró su sentido de plenitud en la búsqueda de la experiencia espiritual personal. Del mismo modo, el fuerte individualismo del evangelicalismo, al estar desvinculado de la tradicional vida comunitaria sacramental de la Iglesia histórica, llegó a carecer de algo más que vinculara a sus comunidades, alguna forma de que el creyente individual tuviera cierta seguridad de su salvación. El sentido de pertenencia es generalmente fuerte para aquellos que participan en el cristianismo litúrgico, pero para aquellos cuyo culto no incluye la liturgia, tiene que haber algo más para conectar al creyente con Dios y con sus compañeros cristianos. Para el revivalismo, este algo puede describirse en dos términos: experiencia y entusiasmo.

Con su énfasis en la conversión individual, los revivalistas aman pocas cosas más que una buena historia de conversión. Las mejores son las que cuentan los pecadores «sucios» que se han reformado. Los mentirosos, los tramposos y los que albergan odio, gula, envidia y afán de juzgar en sus corazones son menos interesantes que los que tienen pecados más «espectaculares» como el asesinato, la adicción al alcohol y a las drogas y la depravación sexual. Se valoran especialmente las historias de conversión de quienes solían pertenecer a religiones no cristianas. En los años setenta y ochenta, en particular, hubo un aumento de los que decían haberse convertido del satanismo (el más famoso de ellos fue el comediante cristiano Mike Warnke, cuya historia fue posteriormente desmentida).

La clave de todas estas historias es una experiencia personal que se puede transmitir, especialmente una con un fuerte contenido emocional. Esta transmisión suele denominarse «dar testimonio». Estas historias personales de conversión inspiran a los oyentes a tener una experiencia similar. Se anima a los creyentes a desarrollar sus propios relatos de salvación personal, llamados «testimonios», para ayudar a reclutar a otros para la fe. La predicación en las iglesias revivalistas está marcada por esta tendencia al emocionalismo entusiasta y la insistencia en una experiencia personal.

Este deseo de una experiencia entusiasta puede llegar a ser tan intenso que los creyentes empiezan a poner gran énfasis en ver manifestaciones milagrosas de la obra del Espíritu Santo, normalmente acompañadas de música emocionalmente conmovedora y de una predicación frenética. Este fenómeno suele asociarse al pentecostalismo y a las iglesias afectadas por el movimiento carismático. En la cultura religiosa de las congregaciones revivalistas suele haber también una vena antiintelectualista. Especialmente en muchas congregaciones rurales, si el predicador nunca fue a ningún seminario o incluso a la universidad, es un mérito suyo, porque esas cosas solo te confunden y te roban la verdadera fe. Este es el fruto del pietismo con su insistencia en la experiencia espiritual personal en lugar de la adhesión a la doctrina y la participación en la vida sacramental. El antiintelectualismo encaja bien con la negación de la importancia de la historia para la vida cristiana, así como con el refuerzo de la doctrina de la sola scriptura, en la que solo estamos «mi Biblia y yo», sin ninguna interferencia de los académicos o del clero autoritario.

Además del pentecostalismo, el deseo de una experiencia personal junto con el individualismo ha dado lugar a otra corriente en la religión revivalista, el cambio hacia la conversión del cristianismo en un programa de autoayuda. Este enfoque se ve particularmente en muchas megaiglesias modernas, que tratan de atraer a los «buscadores», dándoles todo lo que quieran para que entren por la puerta. Este tipo de religión, informada y moldeada por los estudios de mercado, ofrece docenas de programas cuidadosamente adaptados para satisfacer las «necesidades» de los creyentes individuales.

Al estar orientado y dirigido al consumo, el cristianismo como autoayuda apela al egoísmo de los creyentes y satisface la mentalidad de cafetería de la mayoría de los cristianos estadounidenses. En lugar de que la Iglesia los transforme a ellos, son ellos quienes definen y transforman sus iglesias, de modo que muchas aparecen no como templos, sino como teatros, cafeterías y centros comerciales. No es raro entrar en el vestíbulo de una megaiglesia evangélica y ver exactamente estas características. En el cristianismo consumista, Cristo no está ahí para que yo entre en su Crucifixión y muera y resucite con Él, siendo transfigurado a su imagen y haciéndome partícipe de la naturaleza divina, sino para «ayudarme» con lo que yo quiero.

Este tipo de religión, centrado en la autorrealización más que en el arrepentimiento, también se ha desvinculado con éxito del contexto explícitamente religioso y se ha vuelto a comercializar con gran éxito. Quizá el ejemplo más exitoso de este tipo de religión sea la espiritualidad ofrecida por personas como Oprah Winfrey, casi indistinguible de lo que venden muchos televangelistas y otros pastores de megaiglesias como Joel Osteen, cuyos libros son superventas y cuya iglesia se llena de multitudes que buscan «sentirse mejor».

La Ortodoxia se caracteriza por la sobriedad, no por el entusiasmo emocional. También se caracteriza por una persistencia bastante «ordinaria» en vivir la vida humilde y coherente de Cristo, no por buscar experiencias extraordinarias, especialmente las sobrenaturales. Para el verdadero creyente, esas experiencias a veces llegan, pero son raras, y los santos a menudo desconfían de ellas. Es mejor rechazar por accidente a un ángel por exceso de vigilancia que abrazar a un demonio por un entusiasmo falto de discernimiento.

Esto no significa que los cristianos ortodoxos sean personas adustas, sin alegría (aunque he conocido a algunos que eran así). Simplemente significa que no damos primacía al contenido emocional del cristianismo. La fe cristiana debería ser igual de edificante en momentos de poca o incluso ninguna emoción que cuando sentimos una conciencia inmediata de gozo. Uno de los peligros de enseñar el entusiasmo emocional como marca de la verdadera fe es que quienes no se sienten así pueden empezar a preguntarse si realmente pertenecen a Cristo. La Ortodoxia no espera que sientas de una manera particular para vivir bien la vida cristiana.

Familias y movimientos denominacionales

Muchas de las actitudes, doctrinas y prácticas que hemos discutido pueden incluirse ampliamente bajo la etiqueta de evangelicalismo, pero probablemente no hay una denominación, congregación o incluso persona que las mantenga todas. Algunas pueden tener solo uno o dos elementos de los que hemos descrito. Sin embargo, el protestantismo evangélico representa la segunda agrupación cristiana más grande en Estados Unidos, solo superada por la Iglesia católica romana, y tiene una gran influencia en todo el mundo.

Lo que comparten casi todos los evangélicos es el énfasis en una «relación personal con Cristo». Para la mayoría, la conversión que inició esta relación tiene un objetivo: llegar al cielo después de la muerte. Para algunos, puede incluir otro tipo de objetivos, como la riqueza terrenal, el entretenimiento o una especie de terapia religiosa. Los evangélicos y los revivalistas en general también comparten un compromiso con el evangelismo, que, aunque es loable en sí mismo, es probablemente el resultado de su falta de una vida espiritual detallada para el creyente ya convertido: hay actividades en las que participar, por supuesto, pero no son cruciales para la salvación. Por lo tanto, el converso, habiendo sido «salvado», carece de mucho significado eterno a la hora de hacer cosas, excepto salir y ayudar a otras personas a salvarse.

Ahora que hemos visto el *revivalismo* en general, veamos más de cerca algunos movimientos específicos y familias denominacionales que tienen sus raíces en el revivalismo. Los dos primeros, el restauracionismo y el adventismo, tienen sus orígenes en el siglo XVIII y adoptaron enfoques opuestos a la doctrina central de la Reforma radical, la eclesiología.

Restauracionismo

El restauracionismo surgió de los movimientos revivalistas del Segundo Gran Despertar a finales del siglo XVIII y principios del XIX en Estados Unidos, siguiendo las enseñanzas de los líderes Barton W. Stone y Thomas y Alexander Campbell. Los seguidores de Stone (que se autodenominaban simplemente «cristianos») y los miembros del movimiento de Campbell (conocidos como «discípulos de Cristo») acabaron por fusionarse, por lo que el restauracionismo también se conoce como Movimiento Stone-Campbell.

Barton Stone fue inicialmente un ministro presbiteriano, pero finalmente llevó a su propio presbiterio a disolverse y a buscar la unidad con otros cristianos. Thomas Campbell también había sido presbiteriano, pero más tarde se asoció con los bautistas. Ambos estaban comprometidos con la restauración del cristianismo apostólico a través de un proceso de reconstrucción racional, que a su vez aceleraría la llegada del reinado milenario de Cristo. Thomas Campbell y su hijo Alexander acabaron enviando un representante para fusionarse con el movimiento de Stone en 1832, y el acuerdo se cerró con un apretón de manos.

La idea central del restauracionismo es que debe haber una sola Iglesia y que todos los cristianos deben formar parte de ella. El movimiento busca restaurar esa única Iglesia, que se perdió en algún momento de la historia. Por lo tanto, los restauracionistas creen en la Gran Apostasía, aunque la sitúan a lo largo de muchos siglos y no poco después de la muerte de los apóstoles.

Los restauracionistas creen que están trabajando para la renovación y restauración de la Iglesia del Nuevo Testamento y que los credos tradicionales del cristianismo histórico solo sirven para dividir en lugar de unir a los creyentes. Se les ha descrito como el «primer movimiento ecuménico», ya que sus fundadores pretendían que todas las iglesias cristianas se fusionaran para demostrar que eran la Iglesia del Nuevo Testamento. Enseñan que deben abandonarse todas las etiquetas denominacionales, ya que tales términos son divisorios, y en su lugar utilizan únicamente términos explícitamente bíblicos para los seguidores de Jesús. La unidad se alcanza enfatizando los puntos comunes de los cristianos y centrándose en la práctica de la Iglesia primitiva tal y como se lee en la Biblia.

Irónicamente, el propio restauracionismo se dividió a finales del siglo XIX después de un período de unidad tras la fusión de 1832, con divisiones más o menos claras entre los que hacían hincapié en la unidad cristiana y los que buscaban restaurar la Iglesia primitiva. Las divisiones iniciales se referían a si debían utilizarse instrumentos musicales en la iglesia y, luego, a principios del siglo XX, a si debían existir estructuras denominacionales. Fue en esta última ruptura cuando surgió el gran movimiento de Iglesias de Cristo totalmente independientes pero afiliadas. En la década de 1990, una nueva ruptura dio lugar a las iglesias internacionales de Cristo, basadas en el énfasis del movimiento de «discipulado».

Al igual que los ortodoxos, los restauracionistas se consideran idénticos a la Iglesia del Nuevo Testamento. Sin embargo, las Iglesias de Cristo no tienen ninguna sucesión apostólica que respalde esta creencia, lo que también contradice su creencia en la

Gran Apostasía. ¿Cómo pueden las Iglesias de Cristo ser la Iglesia original del Nuevo Testamento si esa Iglesia del Nuevo Testamento cayó completamente en algún momento de la historia? Y si la Iglesia del Nuevo Testamento ha sido verdaderamente restaurada después de haberse perdido (algo que reclaman muchos movimientos), ¿por qué los restauracionistas tienen el mejor argumento?

Para los restauracionistas, la eclesiología se entiende principalmente en términos de organización y prácticas más que de teología. La unidad es un tema importante, y este objetivo debe lograrse a través de un conjunto común de doctrinas y prácticas, pero generalmente sin jerarquía ni denominación fuerte más allá de la congregación local. Sin el contexto de la autoridad correctiva o la tradición, es fácil ver por qué el restauracionismo se dividió pronto y sigue dividido. Lo que se suponía que iba a unir a todos los cristianos dividió incluso a los miembros del movimiento.

Los restauracionistas tienen varias cosas en común con los ortodoxos, como la creencia en la necesidad del bautismo (aunque no bautizan a los niños ni creen que el bautismo logre algo en sí mismo), la celebración de la comunión con frecuencia (aunque sin creer en la presencia real) y (en muchos casos) la música a capela en la Iglesia (los Discípulos de Cristo utilizan instrumentos musicales).

No obstante, a pesar de estas similitudes, los restauracionistas suelen mantener una visión de la Biblia en la que el silencio se considera una prohibición. Así, muchos no utilizan instrumentos musicales en el culto porque no los encuentran en el Nuevo Testamento. En los primeros años del movimiento, el sector de Stone enseñaba que solo un ministro ordenado podía oficiar la Eucaristía; pero ahora no tienen clérigos ordenados, aunque son atendidos por pastores asalariados. Las congregaciones tienen ancianos y diáconos, pero estas son funciones administrativas y carecen de un significado teológico o sacramental especial.

Por último, la crítica más importante que la Ortodoxia hace al movimiento restauracionista es la misma que hace a todos los hijos y nietos de la Reforma radical: si la verdadera Iglesia se perdió realmente en algún momento, ¿cómo pueden saber que su versión de ella es una verdadera restauración? Recurrir a sola scriptura no resuelve este problema, ya que todos los descendientes de la Reforma, divididos en cientos de denominaciones y decenas de miles de congregaciones independientes, afirman simplemente enseñar la Biblia.

Hay dos grandes denominaciones restauracionistas en Estados Unidos: las Iglesias de Cristo (la más grande) y la Iglesia Cristiana (Discípulos de Cristo) (que se ha liberalizado a lo largo de los años y tiene aproximadamente la mitad del tamaño de las Iglesias de Cristo). Casi tan grande como las Iglesias de Cristo es una red no denominacional de iglesias de tradición restauracionista que pueden utilizar el nombre de Iglesia Cristiana o Iglesia de Cristo. A menudo se les llama Iglesia de Cristo «no institucional».

Adventismo

Las iglesias adventistas, la mayor de las cuales es la Iglesia Adventista del Séptimo Día, son las herederas espirituales de los milleritas de la década de 1840, uno de los muchos movimientos milenaristas del siglo XIX centrados en el inminente regreso de Jesús a la tierra. Los milleritas, al igual que los pietistas y quienes lideraron los movimientos revivalistas, atrajeron a seguidores de todas las denominaciones, entre ellos bautistas como su líder William Miller, así como presbiterianos, metodistas y miembros de las iglesias restauracionistas.

William Miller era un predicador bautista de Low Hampton, Nueva York, que calculó que Jesucristo volvería a la tierra el 22 de octubre de 1844. Los milleritas sostenían algunas doctrinas que los distinguían de las diversas denominaciones a las que pertenecían, pero lo que los unía era la creencia común en la veracidad del cálculo de Miller, que él afirmaba haber derivado de pasajes proféticos del libro de Daniel. Como Miller compartía la creencia común en el rechazo de la tradición y la autoridad eclesiástica, creía que su método de lectura de la Biblia estaba fuera de toda duda.

Sin embargo, el 22 de octubre de 1844 llegó y pasó sin que hubiera indicio claro de que Jesús hubiera regresado a la tierra. Esto se conoció como la «Gran Decepción», y la mayoría de los milleritas se dispersó y volvió a sus diversas iglesias. Algunos, sin embargo, creían que los cálculos de Miller eran correctos, pero que su lectura de Daniel era errónea. En lugar de regresar Cristo a la tierra en 1844, entró en un «santuario interior» en el cielo, señalando el comienzo de un «juicio investigador» de los creyentes profesos. Algunos creían que la fecha de octubre de 1844 marcaba una «puerta cerrada» después de la cual no podrían producirse verdaderas conversiones a Cristo, aunque esto ha sido rechazado desde entonces (probablemente porque los seguidores posteriores, todos nacidos después de 1844, se consideraban a sí mismos verdaderos conversos).

De este grupo reorganizado de milleritas se formaron las actuales iglesias adventistas. Siguen creyendo que la Segunda Venida es inminente, aunque ya no fijan fechas concretas. Uno de los grupos adventistas en particular cree que el culto cristiano debe seguir el patrón judío, por ello rinden culto los sábados y se denominan Iglesia Adventista del Séptimo Día, la mayor de las denominaciones adventistas. No todos los adventistas comparten una teología idéntica.

Además de la creencia en el juicio investigador y la observancia del sábado como día santo cristiano (sabatismo), algunas de las doctrinas peculiares de los adventistas del Séptimo Día incluyen el «sueño del alma», en el que el alma humana «duerme» inconscientemente desde la muerte física hasta el juicio final. También enseñan la «inmortalidad condicional», que significa que los malvados no sufren eternamente en la otra vida, sino que son completamente aniquilados. La inmortalidad está condicionada a la salvación. Ninguna de estas doctrinas es enseñada por los ortodoxos.

Los adventistas son tradicionalmente abstemios y rechazan el consumo de alcohol y tabaco. También fomentan el vegetarianismo y evitan la cafeína. Muchos otros protestantes consideran estos énfasis como legalistas, pero los ortodoxos ven en ellos al menos un eco del ascetismo cristiano tradicional, que incluye el ayuno de ciertos tipos de alimentos en momentos determinados.

La eclesiología de los adventistas del Séptimo Día enseña que un remanente de verdaderos creyentes se salvará al final. Por tanto, la verdadera Iglesia está extendida por todo el mundo y probablemente por muchas denominaciones. Ellos aceptan la eclesiología de la «Iglesia invisible» de la Reforma radical, según la cual la verdadera Iglesia no tiene límites visibles.

Sin embargo, también creen que la Iglesia Adventista del Séptimo Día es la verdadera «Iglesia visible», como se explica en los escritos de la adventista de principios del siglo XX Elena G. White, a quien muchos adventistas consideran una profetisa. Así, la verdadera Iglesia es invisible, pero su representante visible exclusivo es la Iglesia Adventista del Séptimo Día. La eclesiología adventista representa, por tanto, una especie de refinamiento de la eclesiología de la Reforma radical. Otros protestantes pueden considerar a los adventistas como exclusivistas debido a esta creencia.

Los adventistas del Séptimo Día, al igual que la mayoría de los sabatistas, sitúan la Gran Apostasía alrededor del año 135 d. C. La descripción de San Justino Mártir, en el año 160 d. C., del culto litúrgico en domingo, en lugar de dar autoridad al culto dominical para los cristianos debido a su temprana fecha, se considera una prueba de una apostasía muy temprana de la verdadera fe.

El Movimiento de Santidad

El movimiento de santidad surgió de la Iglesia metodista a mediados del siglo XIX y representó otro avivamiento pietista, haciendo especial hincapié en la necesidad de la pureza moral personal. Su doctrina central es la entera santificación, que es la idea de que el cristiano tiene la posibilidad de lograr la perfección moral en la vida terrenal, liberándose de todos los deseos pecaminosos. Esta «segunda obra de gracia» (o segunda bendición) es independiente de la experiencia de conversión y concede al creyente la posibilidad de no pecar más.

Los seguidores creían que las enseñanzas originales de John Wesley sobre la perfección cristiana se habían erosionado en la Iglesia metodista, por lo que combinaron esas enseñanzas con las técnicas revivalistas del siglo XIX para crear un nuevo movimiento. Aparte de su génesis en la Iglesia metodista, el movimiento también tuvo éxito entre algunos congregacionalistas gracias a la predicación de Charles G. Finney y Dwight L. Moody. Moody no se unió al movimiento, pero su predicación se alineaba en términos generales con él.

Aunque Wesley había enseñado que la vida cristiana era más bien un proceso (al igual que la Ortodoxia), el movimiento de santidad enfatizaba los temas revivalistas, como la conversión y la decisión personales, con una insistencia cada vez mayor en las evidencias visibles de la conversión, en particular la posterior segunda bendición. A través de una serie de reuniones de campamento revivalistas, el movimiento comenzó a extenderse por Norteamérica y Gran Bretaña. Las tensiones con los líderes metodistas en las últimas décadas del siglo XIX acabaron llevando al cisma y a la formación de nuevas denominaciones. Los creyentes del movimiento de santidad también fueron de los primeros en ordenar mujeres como ministras.

Los ortodoxos pueden alabar el deseo de rigor moral del movimiento de santidad, pero no su creencia en la segunda bendición como un acontecimiento estandarizado que otorga la impecabilidad. La pureza moral es el fruto de la theosis, que es un proceso de unión con Dios a lo largo de toda la vida. El énfasis en la pureza también puede derivar en una especie de puritanismo, una actitud condenatoria incompatible con la búsqueda ortodoxa de la sanación de toda la humanidad.

Con un fuerte énfasis en el papel del Espíritu Santo, el movimiento de santidad acabó dividiéndose en aproximadamente dos grupos generales. Los seguidores más tradicionales formaron denominaciones como los wesleyanos, la Iglesia del Nazareno y la Alianza Cristiana y Misionera. Otra denominación de santidad muy conocida es el Ejército de Salvación, que es especialmente reconocible por sus colectas con campanillas en torno a la Navidad. El Ejército de Salvación hace especial hincapié en la acción social junto con la conversión moral, pero se distingue del resto del movimiento de santidad por su rechazo del bautismo y de la comunión.

Los seguidores más radicales del movimiento, los que hacían más hincapié en las experiencias milagrosas (vinculando el hablar en lenguas, por ejemplo, a la segunda bendición), pasarían a formar el movimiento pentecostal. Unos pocos grupos pentecostales, llamados pentecostales unicitarios, abrazaron la herejía del modalismo (también llamado sabelianismo en la Iglesia antigua), la enseñanza de que Dios no es tres Personas, sino una Persona con tres «modos». (Hablaremos más del movimiento de santidad en el próximo capítulo en relación con el surgimiento del pentecostalismo).

Dispensacionalismo

Uno de los movimientos teológicos surgidos en el siglo XIX es el dispensacionalismo. La idea central de esta teología es que Dios ha dividido la historia en varios segmentos llamados «dispensaciones». En cada una de estas dispensaciones, la relación del hombre con Dios se practica de forma distinta. Así, los medios de salvación para los antiguos judíos serían distintos de los medios para los cristianos de hoy. Ahora bien, los dispensacionalistas probablemente no lo expresarían así, sino que dirían que cada dispensación supone más bien un acento en algún aspecto particular de la obediencia a Dios. Enseñan que todas las personas se salvan solo por la gracia mediante la fe, aunque la forma que adopta eso difiere en cada dispensación. Las normas establecidas por Dios son distintas en cada una.

El dispensacionalismo se interesa mucho por los últimos tiempos, pues entiende toda la historia como una serie de profecías que conducen a esos días finales. Los manuales teológicos sobre dispensacionalismo suelen incluir amplias series de cuadros y diagramas, por lo general con imaginería apocalíptica tomada de los libros de Daniel y del Apocalipsis. Varios dispensacionalistas han intentado predecir la fecha del fin del mundo.

Para muchos de estos creyentes, el judaísmo sigue siendo una religión legítima y confiere salvación a los judíos. Esta teología ha influido con fuerza en el evangelicalismo estadounidense y también en la política exterior de Estados Unidos. Algunos de estos cristianos consideran la formación del Estado moderno y laico de Israel en 1948 como un cumplimiento de la profecía bíblica, y creen por tanto que Estados Unidos debería hacer todo lo posible por apoyar al Estado de Israel frente a sus enemigos y en sus políticas internas, posición que, en la práctica, a menudo enfrenta a los cristianos estadounidenses con los cristianos de Oriente Medio.

Desde el punto de vista ortodoxo, cualquier intento de superponer un sistema complejo a la historia conducirá a conclusiones falsas. Más bien, lo que vemos revelado en cada tiempo y lugar es Cristo. El propio Antiguo Testamento debe leerse a la luz de Cristo. Si bien hay un Antiguo Pacto y un Nuevo Pacto, podemos ver un proceso gradual de revelación de Dios a lo largo del Antiguo Testamento, que finalmente se revela y cumple plenamente en Cristo. La propia Biblia, los apóstoles y la tradición que enseñaron no incluyen un sistema de períodos históricos discretos.

Además, el judaísmo tal y como se practica ahora es esencialmente el fariseísmo de la sinagoga, la única secta que sobrevivió a la destrucción del Templo de Jerusalén en el año 70 d. C. No es un sucesor directo del judaísmo antiguo, ya que el sacerdocio con sus sacrificios no sobrevivió. La Ortodoxia siempre ha enseñado que todas las promesas de Dios a Israel pertenecen ahora a la Iglesia, que es el Nuevo Israel.

Algunos creyentes influenciados por el dispensacionalismo han formado grupos conocidos como judaísmo mesiánico, que mantienen las creencias cristianas, pero también practican algunos rituales judíos. A menudo reinterpretan la doctrina cristiana clásica en términos judíos. En lugar de leer el Antiguo Testamento a la luz del Nuevo, tienden a leer el Nuevo Testamento a la luz del Antiguo. Este movimiento es esencialmente un renacimiento de la antigua herejía judaizante. Unos cuantos han rechazado el trinitarianismo, y algunos incluso creen que el regreso de Jesús a la tierra implicará la restauración de los sacrificios de animales en el Templo judío.

Con todo, resulta interesante que algunos judíos mesiánicos se hayan hecho cristianos ortodoxos, como el P. James Bernstein, autor de *Surprised by Christ* (Ancient Faith Publishing, 2008), que en su día fue un miembro destacado de «Judíos para Jesús». Estos conversos encuentran en la Ortodoxia la respuesta a su anhelo de raíces históricas.

Liberalismo y fundamentalismo

En nuestro tiempo es habitual escuchar las palabras *liberalismo* y *fundamentalismo* en los debates sobre religión. Sin embargo, lo que no suele saberse es que estas palabras tienen bases históricas. El liberalismo en el protestantismo (históricamente llamado Modernismo) es característico de las denominaciones principales (metodistas, episcopales, algunos presbiterianos y luteranos, etc.) y es el resultado del racionalismo de los siglos XVIII y XIX.

Con el énfasis del racionalismo en la razón humana, unido a la arqueología y a los estudios de las variantes textuales de los manuscritos de la Biblia, muchos cristianos de estas denominaciones llegaron a dudar de la autenticidad y la autoridad de la Escritura misma. Esta duda tuvo un efecto devastador para muchos creyentes, ya que su fe se basaba en la sola scriptura. Si la fe cristiana se deriva exclusivamente de la Biblia, y si se demuestra que la Biblia resulta insuficiente o errónea, entonces ¿por qué debería creer en Cristo? Esta dinámica todavía está en juego en nuestros días con varios intentos académicos de socavar la Biblia.

Para algunos creyentes, esta cuestión los llevó a perder la fe. Para otros, su fe cambió radicalmente. La Biblia pasó a entenderse como un antiguo texto interesante con muchas buenas enseñanzas, pero no debía tomarse demasiado en serio. Lo que realmente importaba era principalmente la reforma social, un punto de vista que a menudo se llama Evangelio Social. (El Evangelio Social surgió antes de esta sospecha hacia la autenticidad de la Biblia, pero permaneció como el énfasis principal de las iglesias predominantes). Las doctrinas tradicionales, especialmente las que dependían de los milagros, como el Nacimiento Virginal, debían mantenerse quizá con sospecha o, en algunos casos, descartarse por completo.

El fundamentalismo fue una reacción contra el Modernismo, que comenzó en la Iglesia Presbiteriana en los Estados Unidos a principios del siglo XX. Los Fundamentalistas enseñaban que había ciertos «fundamentos» de la fe en los que era preciso creer para que un creyente fuera un cristiano legítimo. Tras una serie de juicios por herejía, los fundamentalistas acabaron rompiendo con los modernistas y formaron una nueva denominación, la Iglesia Presbiteriana Ortodoxa. El nombre Fundamentalista fue utilizado hasta al menos finales de los años setenta por muchos cristianos protestantes —no solo presbiterianos— que sostenían que era necesario profesar ciertas doctrinas para ser un verdadero cristiano. Así, mientras que el fundamentalismo se refería originalmente a la formación de una ortodoxia presbiteriana (y más tarde evangélica), hoy significa algo totalmente diferente. Su uso es bastante vago, pero normalmente parece significar «cualquiera que sea más serio que yo en materia de religión».

El movimiento de las megaiglesias

El siglo XX, en particular, vio en Estados Unidos el crecimiento del no denominacionalismo, que es esencialmente el desenlace más lógico del compromiso con el congregacionalismo en el gobierno eclesial. Las iglesias no denominacionales se enorgullecen de ser organizaciones completamente autónomas que no responden ante nadie fuera de la comunidad local. Esta independencia de las denominaciones y de la jerarquía a menudo degenera en un pastorado autoritario en las megaiglesias, donde el liderazgo ni siquiera rinde cuentas a un consejo congregacional.

A medida que el enfoque de mercadotecnia para el crecimiento de las iglesias fue imponiéndose, especialmente en la década de 1980, muchos creyentes abandonaron sus iglesias tradicionales para pasar a formar parte de lo que hoy se conoce como megaiglesias, cuya feligresía está compuesta en gran medida por traspasos procedentes de iglesias más pequeñas y denominacionales.

La más grande e influyente de estas megaiglesias en nuestros días es Willow Creek Community Church, cerca de Chicago. Willow Creek y otras similares practican una forma de evangelicalismo profundamente influido por el avivamiento. La música de culto suele ser animada y vibrante, música cristiana contemporánea —por lo general de estilo pop o rock and roll—, a menudo mezclada con música de la tradición del góspel afroamericano.

Suele haber decenas de programas para atender a los segmentos demográficos a los que estas iglesias quieren atraer. Toda la iglesia se diseña con ayuda de estudios de mercado, lo que la hace orientada al consumidor. A menudo este mercadeo «sensible al buscador» analiza el grupo demográfico dominante en un área y trabaja para atenderlo, lo cual puede volver a estas congregaciones desequilibradas demográficamente, con muchos treintañeros pero muy pocos ancianos.

En 2007, la propia Willow Creek dio a conocer un estudio sobre su éxito a lo largo de los años y constató que los miembros más insatisfechos de su congregación no eran los más descomprometidos. Por el contrario, los insatisfechos eran los que estaban más implicados. Aquellos a los que consideraban espiritualmente maduros, según sus propias mediciones, eran los más propensos a empezar a alejarse de la iglesia.

Mientras Willow Creek está reajustando sus programas para tratar de atender esta necesidad, el problema es inherente al revivalismo: tiene un fuerte énfasis en la conversión personal, pero, sin ninguna tradición cristiana histórica, ofrece muy poco a largo plazo. Todo lo que puede hacer es seguir añadiendo nuevos programas para ayudar a los creyentes a gestionar cada parte de la vida. La solución de Willow Creek fue, finalmente, un retorno al pietismo, en gran medida enseñando a las personas cómo alimentarse espiritualmente en lugar de plantear preguntas más difíciles sobre lo que significa ser la Iglesia.

Lo que ofrece la Ortodoxia, por el contrario, es la participación en las energías divinas de Dios. Eso no es muy «sensible al buscador», pero es el camino hacia la semejanza con Cristo, la comunión con la Santísima Trinidad, y también ofrece toda una vida de exploración y profundidad espiritual.

El futuro del evangelicalismo

En la serie de ciencia ficción *Dune*, de Frank Herbert, hay un dicho que describe con precisión una línea argumental repetida en los libros: «Toda revolución lleva en sí misma las semillas de su propia destrucción». En cada uno de los libros, una revolución de toda la sociedad llega a buen puerto al final. En el libro siguiente, esa revolución se ha convertido en el «estamento dirigente», y comienza a formarse una nueva revolución que derroca al nuevo estamento dirigente. Esta misma dinámica parece estar en funcionamiento en gran parte del protestantismo, especialmente en el evangelicalismo.

En 2009, el difunto escritor evangélico Michael Spencer (conocido popularmente en la red como «el Monje de Internet») publicó un ensayo en el *Christian Science Monitor* titulado «The Coming Evangelical Collapse» [El próximo colapso evangélico] (una versión anterior, ampliada, apareció en varias partes en su blog, *The Internet Monk*). En este artículo, predijo que, dentro de dos generaciones, el evangelicalismo se reduciría a aproximadamente la mitad de su tamaño actual:

> *En el «protestante» siglo XX, los evangélicos florecieron. Pero pronto vivirán en un siglo XXI muy secular y religiosamente antagónico.*
>
> *Ese colapso anunciará la llegada de un capítulo anticristiano del Occidente poscristiano. La intolerancia hacia el cristianismo se elevará a niveles que muchos de nosotros no hemos creído posibles en nuestra vida, y la política pública se volverá hostil hacia el cristianismo evangélico, viéndolo como el oponente del bien común.*
>
> *Millones de evangélicos se darán por vencidos. Miles de ministerios llegarán a su fin. Los medios de comunicación cristianos se reducirán, si no es que son eliminados. Muchas escuelas cristianas entrarán en un rápido declive. Estoy convencido de que la gracia y la misión de Dios llegarán hasta los confines de la tierra. Pero el fin del evangelicalismo como lo conocemos está cerca. (The Christian Science Monitor, 10 de marzo de 2009)*

Este influyente ensayo, que aún circula por las redes sociales, decía que el evangelicalismo como cultura cristiana diferenciada fracasaría en un mundo cada vez más hostil, debido principalmente a siete factores: (1) la identificación con la guerra cultural y el conservadurismo político, (2) la falta de catecismo básico en la doctrina ortodoxa, (3) las iglesias basadas en el consumismo pragmático, (4) un sistema educativo cristiano mal desarrollado, (5) el trabajo social de los evangélicos se volverá menos identificable como cristiano, (6) los bastiones evangélicos tradicionales (como el Sur de Estados Unidos) se volverán inhóspitos para el cristianismo, y (7) el dinero se agotará.

Aunque su ensayo fue controvertido en los círculos evangélicos, ha servido de referente para muchos debates sobre el rumbo del evangelicalismo. El pastor presbiteriano Peter Leithart llegó a predecir el «fin del protestantismo» («The End of Protestantism», *First Things*, 11 de noviembre de 2013).

En los últimos años, ha comenzado otra serie de movimientos. Lo que comenzó en los siglos XVIII y XIX como un movimiento nuevo, emocionante y poco convencional se ha convertido ahora en el estamento dirigente evangélico, y nuevos revolucionarios teológicos están empezando a preparar el terreno para el próximo conjunto de innovaciones doctrinales y litúrgicas. ¿Sobrevivirán al «próximo colapso evangélico» de Spencer? Aquí examinaremos brevemente algunos de estos desarrollos.

La Iglesia emergente

En respuesta al estamento dirigente evangelismo, surgió una «conversación» entre varios cristianos, basada en los lineamientos de la filosofía posmoderna y las sensibilidades culturales. Este movimiento suele denominarse la iglesia emergiendo (o emergente). También se les puede conocer como posevangélicos, posprotestantes o con otros nombres similares. Algunos autores distinguen entre emergiendo (un ala más conservadora) y emergentes (un enfoque más liberal y progresista).

Es difícil precisar lo que los emergentes creen y hacen, y esto es en gran parte por diseño. No hay una visión teológica unificada que acompañe a esta etiqueta. Incluso cuando se examinan los escritos de creyentes individuales, es casi imposible averiguar lo que cree cada persona.

Como ejemplo, consideremos un libro del autor emergente Brian D. McLaren. Su libro *A Generous Orthodoxy* [Una Ortodoxia generosa] (que no tiene nada que ver con la Iglesia ortodoxa) tiene este subtítulo: «Por qué soy un cristiano misional, evangélico, posprotestante, liberal/conservador, místico/poético, bíblico, carismático/contemplativo, fundamentalista/calvinista, anabaptista/anglicano, metodista, católico, ecológico, encarnacional, deprimido-pero-esperanzado, emergente, inacabado».

Otro nombre fuertemente asociado al movimiento es Rob Bell, cuyo coqueteo con el universalismo le ha valido las críticas de los evangélicos tradicionales, pero cuyas enseñanzas reales son difíciles de determinar, ya que, como él mismo ha dicho, está más interesado en hacer preguntas que en dar respuestas. Se pronunció a favor de las uniones homosexuales y renunció al pastorado de su iglesia, y acabó asociándose con Oprah Winfrey como una especie de consultor espiritual independiente.

Podemos decir algunas cosas sobre el movimiento emergente. Es fuertemente contrario a todo estamento dirigente. Los emergentes han abandonado las comunidades eclesiásticas establecidas y a menudo han creado nuevas comunidades en los hogares. Tienden a valorar estar «en el límite», no solo en términos de su teología sino también en su culto. El culto emergente puede incluir elementos litúrgicos que un creyente encuentra en un libro, y también puede incluir en el mismo servicio un desconcertante espectáculo de luces eléctricas y música «mística» cargada de emoción.

Los evangélicos de corriente principal suelen considerar a los emergentes como heréticos, sobre todo porque las nuevas ideas teológicas están ganando terreno en esos círculos. Una de esas ideas es el llamado teísmo abierto, cuyo núcleo es la enseñanza de que ni siquiera Dios puede conocer el futuro, porque el futuro aún no existe. Esta doctrina se basa en la suposición errónea de que Dios experimenta el tiempo del mismo modo que nosotros. La teología y la vida cristiana no suelen expresarse en términos de credo o tradición, sino de «conversación». Todavía está por verse si esa conversación llegará a alguna conclusión; las propias conclusiones suelen considerarse limitantes. El movimiento comenzó siendo controvertido, pero sin ningún distintivo que lo defina, no ha llegado muy lejos hasta ahora.

La dedicación a la doctrina entre los emergentes es típicamente débil, y los emergentes se ven a sí mismos más como un «movimiento» que como una denominación, a menudo cruzando las líneas denominacionales como sus antepasados pietistas. Los cristianos emergentes están más aún orientados hacia el enfoque de la religión de tipo «smörgåsbord» que las iglesias establecidas de las que proceden. Suelen estar bastante interesados en la tradición, pero casi nunca están dispuestos a adoptar una tradición en su totalidad, sino que prefieren seleccionar ciertos elementos de la tradición para incorporarlos a su espiritualidad híbrida. Los emergentes están, curiosamente, más abiertos a los elementos físicos y místicos en el culto de lo que normalmente sería aceptable en el mundo pietista generalmente dualista.

Este movimiento es una indicación de que existe una insatisfacción con la corriente evangélica principal, en particular con su aspecto comercial percibido. Los ortodoxos tienen la oportunidad de ir al encuentro de estos creyentes allí donde se encuentran, de discutir con ellos sus críticas al evangelicalismo dominante y de mostrarles lo diferente que es la Ortodoxia y cómo responde a sus anhelos más profundos.

El movimiento misional

El movimiento misional (o «vida misional») que surgió a finales del siglo XX se ha hecho notar dentro del evangelicalismo, aunque es difícil de definir. No parece tener unos límites característicos claros. En el mejor de los casos, lo misional puede definirse como un movimiento de renovación entre los evangélicos que hace hincapié en la evangelización con especial sensibilidad hacia la cultura existente, centrándose especialmente en la narrativa bíblica leída como la misión de Dios al mundo. En el peor de los casos, lo misional funciona como una palabra de moda que indica autenticidad o tendencia.

En su libro de 1995, *Incarnational Ministry*, Paul Hiebert y Eloise Hiebert Meneses describen la vida misionera como «contextualización» e «inculturación», y afirman que este enfoque de la evangelización no se limita a la comunicación, sino que consiste en formar nuevas comunidades. Se trata, pues, de una especie de teología de la cultura. Puede verse como una fusión de las sensibilidades evangélicas revivalistas centradas en la salvación individual con las preocupaciones de los movimientos del Evangelio Social que buscaban reformar la sociedad y que acabaron por apoderarse en gran medida de las principales denominaciones protestantes. En cierto sentido, estos evangélicos están redescubriendo el aspecto social del Evangelio: los cristianos deben centrarse no solo en salvar almas, sino también en atender a los pobres, abordar la cultura popular, etc.

El trabajo práctico real del movimiento misional no es muy diferente del tipo de trabajo social que las iglesias han realizado tradicionalmente. El sentido distintivo del movimiento es más bien actitudinal —ver la Iglesia más como «ser enviados» que como captar miembros—. Por lo tanto, hay un énfasis renovado en que todos los miembros de la iglesia participen en la labor de evangelización y alcance social en lugar de depender de los profesionales religiosos.

Sin adoptar las implicaciones que pueda tener el término misionero dentro del movimiento, probablemente no sea incorrecto decir que la Iglesia ortodoxa siempre ha sido misionera en el sentido de que se ve a sí misma como enviada al mundo con el propósito de transformar la cultura y establecer una comunidad, y que hace uso del amor activo como uno de los medios para hacerlo. Las parroquias individuales pueden ser mejores o peores en esto, pero al menos como se describe brevemente aquí, vivir «misionalmente» suena principalmente como un énfasis en ciertas partes de la tradición cristiana histórica y es básicamente compatible con la Ortodoxia.

Nuevo calvinismo: Los jóvenes, inquietos y reformados

Recientemente ha surgido un movimiento dentro de los círculos evangélicos que adopta la soteriología del calvinismo pero deja de lado gran parte del resto de su sistema teológico: el nuevo calvinismo. Aunque hay influencias entre otras denominaciones, muchos de sus principales defensores son bautistas (normalmente bautistas del sur) que, por lo demás, son evangélicos en su teología, pero se aferran a los postulados predestinacionistas del calvinismo de cinco puntos (TULIP) formulados originalmente como los cinco cánones del Sínodo de Dort. El nuevo calvinismo ha sido objeto de gran controversia dentro de la Convención Bautista del Sur, la mayor denominación protestante de Estados Unidos.

Los nuevos calvinistas son conocidos popularmente como los «jóvenes, inquietos y reformados» en el mundo angloparlante. (Este movimiento no debe confundirse con el «neocalvinismo» dentro de los reformados holandeses iniciado por el teólogo Abraham Kuyper, que se centra en gran medida en los enfoques cristianos de la cultura y la sociedad). Muchos de los nuevos calvinistas están involucrados en el modelo de megaiglesia «sensible al buscador» para el crecimiento y desarrollo eclesial.

Los nuevos calvinistas, cuyos líderes más destacados son hombres como John Piper, Mark Driscoll y Al Mohler, suelen estar en el punto de mira del público y comentan con frecuencia los problemas culturales modernos. Mohler, como presidente del Seminario Teológico Bautista del Sur (Louisville, Kentucky), escribe a menudo sobre temas de la «guerra cultural», como la sexualidad. Driscoll, a quien a veces se le llama el «predicador malhablado», destaca especialmente sus opiniones sobre el matrimonio cristiano, sobre todo la sumisión de las esposas a sus maridos, y es conocido por hablar con franqueza sobre la sexualidad en el matrimonio. Su carrera pastoral en la iglesia Mars Hill de Seattle sufrió un revés en 2014 con su dimisión tras varios escándalos públicos. El compromiso de Piper con el calvinismo es bastante pronunciado públicamente, y es conocido por utilizar las redes sociales para atribuir los desastres naturales al castigo de Dios para los réprobos.

Aunque se sitúan dentro del evangelicalismo, los nuevos calvinistas suelen compararse con los «viejos» calvinistas de las denominaciones tradicionalmente reformadas (como los presbiterianos y los reformados continentales). Mark Driscoll estableció en un momento dado cuatro distinciones entre el «nuevo» y el «viejo» calvinismo: (1) El nuevo calvinismo es «misional», (2) el nuevo calvinismo tiene un atractivo urbano, (3) el nuevo calvinismo está más abierto a los dones milagrosos (p. ej., hablar en lenguas, profecía), y (4) el nuevo calvinismo está más abierto al diálogo con otros grupos cristianos. Los «viejos» calvinistas tienden a considerar que los nuevos calvinistas no son verdaderamente calvinistas porque no se adhieren a las confesiones reformadas tradicionales, como la Confesión de Fe de Westminster o las Tres Formas de Unidad (la Confesión Belga, los Cánones de Dort y el Catecismo de Heidelberg). Por lo tanto, su similitud con el calvinismo tradicional es principalmente que han adoptado solo una pieza de la tradición calvinista, su soteriología.

Una de las áreas del nuevo calvinismo que ha llamado la atención es su enfoque de la disciplina eclesiástica. Los miembros de la iglesia suelen firmar pactos (esencialmente contratos) con la congregación que podrían someterlos a un proceso angustioso si son sorprendidos en pecado, especialmente en pecado sexual. Alguien que es acusado bajo estos protocolos puede encontrarse frente a un panel de ancianos de la iglesia que exigirán arrepentimiento y pueden amenazar con consecuencias si no se obedece. Los miembros de la iglesia que abandonan la congregación como resultado de estos procesos pueden ser objeto de rechazo por parte de los miembros que se quedan.

Este enfoque de la disciplina proviene de una lectura más bien rígida de los pasajes del Nuevo Testamento que hablan de cómo tratar el pecado dentro de la congregación. Las descripciones de reunir testigos y «[decirlo] a la iglesia», de tratar a alguien como «gentil y publicano» (Mt. 18, 15-17), se literalizan y sistematizan en una especie de proceso legal. La experiencia de este tipo de disciplina puede ser severa, exigente e inflexible, con la disciplina eclesiástica convertida en un sistema ideológico con exigencias para sus adherentes en lugar de un proceso para la curación del pecado.

En la Iglesia ortodoxa, aunque hay cánones que tratan los pecados que perturban el orden público, la mayoría de los pecados —incluidos los graves como el adulterio, la fornicación o la violencia— se tratan dentro de la relación privada del creyente con su padre-confesor. Incluso si alguien tiene que ser excomulgado por un tiempo, no es rechazado por la iglesia. El anatema que define la expulsión real de alguien de la Iglesia se reserva solo para los herejes más impenitentes que buscan activamente socavar la Iglesia y desviar a los fieles, y se aplica muy raramente.

Las diferencias de los ortodoxos con los nuevos calvinistas son, grosso modo, las mismas que mantiene allí donde estos coinciden con el calvinismo tradicional y allí donde funcionan como parte del movimiento evangélico en general. La «personalidad» del nuevo calvinismo a menudo se percibe como airada y severa y, aunque la Ortodoxia puede ser inflexible cuando es necesario (por ejemplo, en materia de dogma), su objetivo es la salvación de toda la humanidad. La creencia del calvinismo predestinacionista de que algunos (quizá incluso la mayoría) de los seres humanos están predestinados por Dios a la condenación produce una actitud muy distinta. Si a los réprobos se los deja de lado mientras se defiende la ideología calvinista, ¿por qué debería importar demasiado?

Futuro antiguo: Apropiación evangélica de la Tradición

Uno de los fenómenos que he observado en los últimos años es que algunos evangélicos —a menudo los que podrían describirse a sí mismos como «posevangélicos» o incluso «emergentes» (los términos no son necesariamente intercambiables)— han comenzado a apreciar la teología y el culto cristianos históricos.

He leído y también he conocido personalmente megaiglesias que observan la Cuaresma (incluso celebran servicios rituales de Semana Santa), iglesias carismáticas que encienden coronas de Adviento, y bautistas que ayunan o citan a los Padres de la Iglesia. He tenido más de un amigo evangélico que se describe a sí mismo como «ortocurioso», y sé de una iglesia presbiteriana que utiliza fragmentos de la Liturgia de San Juan Crisóstomo en sus servicios. Algunos evangélicos han empezado a utilizar la Oración de Jesús (una antigua oración meditativa de la Iglesia ortodoxa). La frase *ressourcement* evangélico (en referencia al movimiento católico Ressourcement) aparece aquí y allá. Aunque este movimiento dentro del evangelicalismo no es muy grande, es de especial interés para los ortodoxos por su interacción con los teólogos que más apreciamos.

Se están publicando varios libros que introducen a los evangélicos en la tradición histórica cristiana, de autores como Robert E. Webber y Daniel H. Williams. InterVarsity Press —la rama editorial de un bastión del ministerio universitario evangélico— ha publicado *Ancient Christian Commentary on Scripture*, una amplia serie de selecciones de los Padres de la Iglesia que comentan la Biblia, bajo la dirección de Thomas Oden (un metodista y antiguo liberal teológico que leyó a los Padres y se volvió más ortodoxo). *Christianity Today*, la principal revista evangélica, ha publicado artículos sobre este concepto.

La frase «futuro antiguo» ha sido empleada por algunas conferencias y redes evangélicas diferentes, todas ellas destinadas a conectar a los evangélicos con los recursos de la historia cristiana. La Ancient Evangelical Future Conference es ahora un evento anual, y la Ancient Future Faith Network celebra convocatorias cada año. Wheaton College, otra importante institución evangélica, alberga ahora el Wheaton Center for Early Christian Studies.

Entre las cosas que he observado en toda esta oleada de interés entre algunos evangélicos está el hecho de que es poco común (aunque hay excepciones) que se incluya a los cristianos ortodoxos en las listas de ponentes de las conferencias o que se les invite a escribir artículos o libros, algo llamativo si se tiene en cuenta que los ortodoxos expresan abiertamente su dedicación a la teología patrística. Los católicos romanos y los anglicanos son algo más visibles, pero siguen siendo una decidida minoría. Este fenómeno se debe en gran medida a que los evangélicos leen a los Padres y luego hablan entre ellos sobre lo que han leído.

En primer lugar, creo que se trata de un feliz desarrollo, y no solo porque haya provocado conversiones a la Ortodoxia desde el evangelicalismo (aunque probablemente sean más los que han abrazado el anglicanismo o el catolicismo). Los Padres de la Iglesia son casi totalmente desconocidos para la mayoría de los evangélicos e, incluso, para miembros de las denominaciones protestantes más antiguas. Que los protestantes se expongan a sus enseñanzas es muy bienvenido. Hay una riqueza, profundidad y amplitud en la teología patrística y en los comentarios bíblicos, así como en el culto litúrgico tradicional, que rara vez se encuentra en el mundo evangélico; y en la medida en que cualquier cristiano se alinee más estrechamente con el testimonio de los Padres de la tradición ortodoxa, estará viviendo una experiencia cristiana más plena y auténtica.

Ahora bien, la apropiación de la tradición cristiana por parte de los evangélicos es precisamente eso: una apropiación. La mayoría de los evangélicos que se encuentran con los Padres lo hacen de una manera no muy diferente a como se encuentran con C. S. Lewis: como escritores de talla a quienes se puede atender o ignorar sin traicionar nada fundamental. (La mayoría de los evangélicos, por ejemplo, que pueden venerar a Lewis, probablemente no simpatizan con su creencia en el purgatorio). Por lo tanto, la matriz en la que se encuentran con la tradición cristiana es básicamente la misma que se utiliza para cualquier otro escrito extrabíblico. Nada es específicamente vinculante ni debe obedecerse, salvo en la medida en que al lector le parezca una buena explicación de la Escritura. La hermenéutica del individuo sigue siendo suprema. Pero ¿por qué leer a los Padres de la Iglesia si no representan una tradición que exige obediencia?

Los Padres también tienen un sentido de pertenencia común. No se ven entre sí como lo hacen los escritores evangélicos modernos —pertenecientes a distintas denominaciones y movimientos, todavía más o menos en la misma cultura, pero sin que nadie esté realmente al mando ni rinda cuentas a los demás—. Los Padres están, precisamente, todos en la Iglesia: adorando, creyendo y practicando esencialmente de las mismas maneras, formando parte de la misma comunidad eclesial.

Para los ortodoxos, los Padres de la Iglesia no son meros recursos que usar, sino verdaderos líderes dentro de una comunidad real —una comunidad en la que los evangélicos probablemente no se sentirían cómodos mientras sigan siendo verdaderamente evangélicos—. Aunque un evangélico esté de acuerdo con Crisóstomo en su exégesis de algún pasaje de las epístolas de Pablo, ¿no se sentiría la mayoría fuera de lugar en el contexto litúrgico en el que lo predicaba? Una exploración a fondo incluso de los primeros siglos de la historia cristiana dejaría a la mayoría de los evangélicos con la sensación de estar mirando desde fuera a una iglesia que no se parece a la suya.

Existe además el problema de que los evangélicos no tienen un sentido unificado de lo que significa realmente «tradición». Rob Bell, por ejemplo, en sus insinuaciones universalistas, dirá que eso está «en la tradición». Pero los cristianos ortodoxos ciertamente discreparían. Ahora bien, tales enseñanzas pueden estar en la historia cristiana, pero no todo lo que existe en la historia cristiana califica como tradición. Si la tradición es aquello que la Iglesia «transmite», entonces ello implica un proceso de selección que excluye ciertas enseñanzas y autores de formar parte de la tradición.

El problema, en última instancia, es eclesiológico: ¿quién selecciona y transmite? Para los ortodoxos (y para los católicos), hay un «quién» definido que expresa la Tradición. En la Ortodoxia, lo hace el cuerpo entero de la Iglesia, guiado por el episcopado, mientras que para los católicos se resuelve finalmente en el papa al frente del Magisterio. El enfoque católico es más ordenado, pero incluso en el contexto más complejo del enfoque ortodoxo de la autoridad existen límites que mantienen definida la tradición, incluso a través de la historia y de las culturas.

Para los evangélicos que se apropian de elementos de la tradición cristiana, el reto es semejante al que afrontan al interpretar la Escritura: ¿quién decide? En este caso, ¿quién decide no solo qué textos leer, sino cómo interpretarlos y aplicarlos? ¿Hay alguna parte de la historia más aceptable que otras? ¿Por qué usar fragmentos de la liturgia de Crisóstomo y no su conjunto? ¿Pueden ignorarse sin más a los Padres de la Iglesia en una enseñanza incluso cuando son casi unánimes? Sin una eclesiología clara —y, en especial, sin el testimonio fiable de la sucesión apostólica—, no hay respuestas claras a estas preguntas.

Conclusiones

Muchos de los conversos a la Iglesia ortodoxa en los últimos años proceden del evangelicalismo. Cuando estas personas empiezan a considerar que la vida espiritual puede expresarse corporalmente, y también si empiezan a considerar las implicaciones de la historia cristiana, se ven naturalmente llevadas a plantear cierto tipo de preguntas: ¿Qué es la Iglesia? ¿Dónde está? ¿Tiene autoridad?

También podemos observar en los últimos años un renacimiento del interés por la historia cristiana, aunque los interesados sean todavía una minoría. El éxito de libros como *El código Da Vinci* (una obra de ficción, no de hechos, como podría decir cualquier estudiante de primer semestre de historia de la Iglesia) es testimonio de este interés. La novedad de la frontera estadounidense se ha desvanecido en el último siglo, al igual que las promesas del proyecto modernista de construir una civilización sobre principios puramente racionales, y muchos cristianos cultivan ahora un deseo de arraigo y firmeza. Mientras que el cambio y la novedad como constantes perpetuas siguen dominando la cultura popular, el corazón humano sigue deseando lo que es profundamente auténtico.

Las tasas más altas de crecimiento en el cristianismo estadounidense se dan entre los grupos que tienen un fuerte sentido de la doctrina inmutable, mientras que los que abrazan el liberalismo teológico y el pluralismo registran las mayores deserciones (Terry Mattingly, «Canadian researchers find that doctrine really does matter, in terms of church growth», *On Religion*, 12 de diciembre de 2016). También estamos viendo un alejamiento de los cristianos nominales de las instituciones de la vida eclesial: aceptan que no son cristianos ni siquiera de nombre.

Esto significa que hay una oportunidad para aquellos que aman a Cristo y creen en la verdad inmutable de examinar de nuevo la historia del cristianismo, especialmente su comienzo, y plantearse preguntas difíciles sobre qué es realmente la Iglesia.

Ahora que hemos analizado el movimiento evangélico en su conjunto, examinemos lo que puede ser un subconjunto del mismo o bien puede ser un nuevo tipo de cristianismo distinto de él: el pentecostalismo.

6

Pentecostalismo

La lluvia tardía

Él me dejó claro que me había levantado y formado para declarar esta poderosa verdad al mundo, y que, si yo estaba dispuesto a defenderla, con todas las persecuciones, dificultades, pruebas, calumnias y escándalos que ello conllevaría, Él me concedería la bendición. Y dije: «Señor, lo haré, si me das esta bendición». En ese momento sentí un leve temblor en la garganta, una gloria cayó sobre mí y comencé a adorar a Dios en la lengua [sic] sueca, que luego cambió a otros idiomas y así continuó hasta la mañana. (Charles F. Parham, «The Latter Rain» [1900–1901], en *The Life of Charles F. Parham: Founder of the Apostolic Faith Movement* [compilado por Sarah Thistlethwaite Parham], 1930, 54)

Predicadores orgullosos y bien vestidos vienen a «investigar». Pronto sus miradas altivas son reemplazadas por el asombro, luego viene la convicción, y muy a menudo los encontrarás al poco tiempo revolcándose por el piso sucio, pidiendo a Dios que los perdone y los haga como niños pequeños. Sería imposible decir cuántos han sido convertidos, santificados y llenos del Espíritu Santo. Han ido y van diariamente a todos los puntos de la brújula para difundir este maravilloso evangelio. (The Apostolic Faith, vol. 1, núm. 1, septiembre de 1906)

Entonces se me apareció el propio Señor Jesús. Lo vi tan claramente como te vería a ti. Se detuvo a un metro de mí. Él discutió cosas concernientes a mi ministerio y finanzas, e incluso discutió cosas concernientes al gobierno de los Estados Unidos. Todas estas cosas sucedieron tal como Él dijo que sucederían. Concluyó exhortándome: «Sé fiel y cumple tu ministerio, hijo mío, porque el tiempo es corto». (Kenneth Hagin, *How to Write Your Own Ticket with God*, 1979)

El pentecostalismo tiene más que ver con la experiencia religiosa que con desarrollos doctrinales específicos, aunque, por supuesto, tiene sus peculiares doctrinas. (Usaré el término «pentecostalismo» para referirme no solo a los primeros pentecostales o a las denominaciones que utilizan la palabra en su nombre, sino también a los movimientos y derivaciones relacionadas con él). Por lo tanto, daremos más peso a la historia del movimiento que tal vez a cualquier otro grupo que cubramos en este libro. Hago esto porque, aunque el pentecostalismo se considera generalmente un movimiento protestante, creo que puede representar un nuevo tipo de cristianismo, quizá incluso una «cuarta» variedad (después de la Ortodoxia, el Catolicismo y el Protestantismo).

Si dedicamos más tiempo a la historia en este capítulo, también debemos recordar que hemos tenido los tres capítulos anteriores para desarrollar la historia de los principales movimientos protestantes, además de señalar que la historia y el carácter interno del pentecostalismo son bastante desconocidos para la mayoría de los cristianos. Espero, por tanto, que me perdonen por dedicar más tiempo a la narración aquí y que tengan paciencia antes de que lleguemos a las partes específicamente comparativas de este capítulo.

Orígenes en el movimiento de santidad

Los inicios del pentecostalismo se remontan al movimiento de santidad que surgió principalmente del metodismo del siglo XIX. Entender el trasfondo del pentecostalismo en el movimiento de santidad, especialmente en su recorrido histórico, es fundamental para entender el pentecostalismo mismo, por lo que, aunque hemos cubierto el movimiento en el capítulo anterior, volveremos a algunos de sus temas aquí como una especie de prólogo, especialmente aquellos que apuntan hacia el pentecostalismo. (En este capítulo estoy especialmente en deuda con la obra *Vision of the Disinherited: The Making of American Pentecostalism*, de Robert Mapes Anderson, y la citaré con frecuencia).

Fue en el movimiento de santidad donde se hizo especial hincapié en la experiencia personal del Espíritu Santo, y esas experiencias confluyeron en la doctrina de la «segunda obra de gracia», o la «segunda bendición» (la primera bendición es la conversión a Cristo). Esta experiencia de la segunda bendición permitió a los creyentes del movimiento de santidad vivir su deseo de volver a una enseñanza moral estricta, en consonancia con los temas *revivalistas* de la renovación cristiana. La experiencia se identificaba con la doctrina de la «entera santificación», que había enseñado el fundador metodista John Wesley (una doctrina similar, en cierto modo, a la enseñanza ortodoxa sobre la *theosis*). La doctrina de Wesley se centraba especialmente en la erradicación del pecado del cristiano.

Dos de los fundadores del movimiento de santidad, Phoebe Palmer y su esposo, el Dr. Walter Palmer, comenzaron a celebrar reuniones en la casa de la hermana de Phoebe en la ciudad de Nueva York. Fue durante una de esas reuniones en 1837 cuando Phoebe Palmer afirmó experimentar la entera santificación, y se convirtió en líder del movimiento. Con el tiempo, a sus reuniones asistieron obispos metodistas y cientos de clérigos y laicos. Ella hablaba especialmente de poner «todo en el altar», asumiendo un compromiso total con Dios mientras creía que Él santificaría lo que se pusiera en su altar.

Paralelamente a la experiencia de Phoebe Palmer, en 1836 Asa Mahan, un calvinista y entonces presidente del Oberlin College, dijo que experimentó un «bautismo en el Espíritu Santo», que le quitó todo deseo y tendencia al pecado. Charles G. Finney, que enseñaba en Oberlin y más tarde fue su presidente, reconoció en esta enseñanza la solución a un problema práctico que había visto en las reuniones de avivamiento: una experiencia de conversión genuina seguida de una recaída en formas de vida pecaminosas. La corriente *revivalista* de Finney interpretó la doctrina de la entera santificación como una consagración total a una vida de acción, con énfasis en la reforma social (como la abolición de la esclavitud), mientras que la mayoría de los predicadores de la santidad se preocupaban principalmente por las posibilidades de la impecabilidad real durante la vida terrenal (Anderson, 28-29).

Finney predicaba la impecabilidad; además, enseñaba que la santificación se daba después de la renuncia al pecado. Mientras él veía la santificación como un crecimiento constante, el punto de vista más común del movimiento de santidad la consideraba el resultado de la dramática experiencia de la segunda bendición y la tenía más estrechamente asociada con la impecabilidad misma. Finney hablaba de una «investidura de poder de lo alto», a menudo asociada con el evangelismo.

A mediados del siglo XIX, otras denominaciones protestantes también informaron de experiencias similares de una segunda bendición. Así, el énfasis *revivalista* en la conversión llegó a vincularse también a la segunda bendición. La conversión a Cristo no era suficiente. Tenía que haber otro momento espiritual importante para el creyente: recibir el bautismo en el Espíritu Santo.

Los predicadores de santidad llegaron a enseñar la necesidad de una segunda bendición dada a los cristianos. Se enseñaba que esta experiencia otorgaba una completa purificación del pecado, incluida la tendencia a pecar, y permitía al creyente, teóricamente, vivir una vida sin pecado. La doctrina fue definida de la siguiente manera por la Primera Asamblea General de Santidad, en Chicago, en mayo de 1885:

> *La entera santificación, más comúnmente designada como «santificación», «santidad», «perfección cristiana» o «amor perfecto», representa esa segunda etapa definitiva en la experiencia cristiana en la que, por el bautismo en el Espíritu Santo, administrado por Jesucristo, y recibido instantáneamente por la fe, el creyente justificado es liberado del pecado innato, y en consecuencia es librado de todos los afectos impuros, purificado de toda contaminación moral, hecho perfecto en el amor e introducido en la plena y permanente comunión con Dios.* (citado en Anderson, 39)

La creencia en la segunda bendición es lo que caracterizó especialmente al movimiento de santidad, pero el movimiento también llevaba consigo un enfoque literal de las Escrituras, un fervor emocional en la piedad y el culto, un moralismo estricto expresado sobre todo como separación del mundo, y una hostilidad con las instituciones tradicionales de la religión. Todas estas características fueron heredadas por el pentecostalismo y siguen siendo parte integrante de él (*ibid.*, 28).

Además de estas características, el movimiento de santidad también fue el contexto de la devoción a lo sobrenatural que había surgido durante el Segundo Gran Despertar. Aunque es el pentecostalismo el que más se asocia en nuestros días con un fuerte fervor emocional y la creencia en frecuentes señales sobrenaturales de Dios, no era inusual a finales del siglo XIX ver escenas como estas en el movimiento de santidad, descritas por Maria B. Woodworth-Etter en sus memorias:

> *Hombres, mujeres y niños fueron derribados en sus casas, en sus lugares de trabajo, en las carreteras, y quedaron como muertos. Tuvieron visiones maravillosas, y se levantaron convertidos, dando gloria a Dios…*

> *El poder de Dios cayó sobre la multitud… Muchos cayeron al suelo. Otros se pusieron de pie con la cara y las manos levantadas al cielo. El Espíritu Santo se posó sobre ellos. Otros gritaban, otros hablaban, otros lloraban en voz alta. Los pecadores se convertían y empezaban a dar testimonio y a alabar a Dios. Fui sobrecogida y llevada a mi tienda…*

> *Varios hablaban con notable claridad en otros idiomas, según el Espíritu les daba que hablasen».* (citado en Anderson, 34–35)

Al principio, el movimiento resultó ser una bendición para la Iglesia metodista, cuyos líderes trataron de aprovechar el nuevo entusiasmo. Sin embargo, en las décadas siguientes, muchos creyentes de la santidad abandonaron la denominación (y otras) debido a su percepción de conformidad con el mundo, particularmente en su dedicación a las reformas temporales del Evangelio Social. El metodismo se había vuelto demasiado próspero, establecido y centrado en la reforma social como para seguir siendo un hogar natural para quienes se concentraban en lograr la perfección sin pecado en oposición al mundo. Surgieron varias denominaciones de santidad, aunque también se formaron muchas congregaciones independientes, todas ellas motivadas por el deseo de «salir» del «mundo» (una frase a menudo asociada con las denominaciones establecidas).

Creció el sentimiento de que las denominaciones establecidas habían abrazado la apostasía y la «mundanidad». Y, tal vez en respuesta a ese sentimiento, dentro del movimiento de santidad, comenzó a cobrar fuerza un poderoso milenarismo. Tal vez se trataba de la gran «apostasía» que había sido predicha en las Escrituras y que precedería al fin del mundo. Los creyentes pensaban que Jesús iba a regresar pronto a la tierra, no el simple «pronto» que los cristianos siempre habían sostenido en un sentido, sino «pronto» en el sentido de «en cualquier momento». La expectativa escatológica aumentó. Se acercaba el fin del mundo, o al menos el fin del orden al que los cristianos habían estado acostumbrados durante siglos. Los rápidos cambios provocados por la revolución industrial, los desplazamientos de la población de las zonas rurales a las ciudades y las diversas guerras libradas en todo el mundo a finales del siglo XIX y principios del XX contribuyeron a que los *revivalistas* de la santidad sintieran que el fin estaba realmente cerca. Dios estaba a punto de hacer algo grande.

Ese «algo grande» encontró su voz especialmente en una variante del movimiento de santidad que apuntaba a un inminente fin de la era actual. La mayoría de los creyentes del movimiento de santidad creían que las manifestaciones sobrenaturales eran una parte normal de la vida cristiana, y por tanto lo que estaban experimentando era en cierto sentido una restauración de lo que se veía en el Nuevo Testamento. Pero surgió un movimiento fuertemente influenciado por las reuniones de avivamiento celebradas en Keswick, Inglaterra, que sugería que algo mayor estaba sucediendo.

El conocido *revivalista* estadounidense Dwight L. Moody visitó Inglaterra y predicó en los avivamientos de Keswick, donde los reunidos aceptaron en general el marco dispensacionalista de John Nelson Darby (véase el capítulo anterior), en particular su afirmación de que Dios estableció diferentes dispensaciones históricas bajo las cuales las reglas para la relación de la humanidad con Dios eran distintas. No solo aceptaban este marco, sino que tenían la sensación de que una nueva dispensación estaba a punto de comenzar, y la prueba de ello sería un brote mundial de avivamiento, que finalmente haría posible que toda persona viva tuviera la oportunidad de convertirse a Cristo (Anderson, 40–41).

Otro de los defensores de las enseñanzas de Keswick —que llegó a conocerse como el movimiento de «vida superior»— fue C. I. Scofield, autor de la famosa Biblia de referencia Scofield, que dejó la marca del dispensacionalismo profundamente en el pentecostalismo (también la dejó la Biblia de estudio Dake). Scofield creía que estaba empezando a despuntar una era del Espíritu Santo:

Nos encontramos en medio de un marcado avivamiento del interés por la Persona y la obra del Espíritu Santo. Durante los últimos 80 años han salido de la imprenta más libros, folletos y tratados sobre ese tema que en todo el tiempo anterior desde la invención de la imprenta. De hecho, en los últimos 20 años se ha escrito y dicho más sobre la doctrina del Espíritu Santo que en los 1800 años anteriores… [Muchas de estas obras] hablan de nuevos Pentecostés. (citado en Anderson, 41–42)

La profecía de Joel 2, 28, que predijo un derramamiento del Espíritu acompañado de profecías milagrosas, sueños y visiones, se estaba volviendo a aplicar. No solo se refería al primer Pentecostés (como se interpreta en Hechos 2, 17), sino que ese acto de derramamiento se estaba repitiendo con un segundo. (Vemos que esto se vuelve a hacer en el pentecostalismo de la «tercera ola», que comenzó en la década de 1980).

Combinada con las enseñanzas de Oberlin de que la entera santificación consistía en la consagración total de las facultades humanas, una «investidura de poder de lo alto», la influencia del movimiento de Keswick sentó las bases para la creencia de que no solo estaba a punto de volverse una página de la historia, sino que Dios estaba a punto de dar una nueva bendición de poder a los cristianos con el propósito de un último avivamiento evangelístico mundial. El grupo de Keswick

> *rechazó la postura «ortodoxa» del movimiento de santidad de que la santificación y el Bautismo en el Espíritu Santo eran una misma experiencia. Más bien, creían que la santificación era un proceso de por vida, de crecimiento constante en la gracia que comenzaba en la conversión pero nunca se completaba, y sostenían que el Bautismo en el Espíritu era una «investidura de poder» separada.* (Anderson, 41)

Algunos comenzaron a hablar de una bendición más allá de la segunda bendición, una tercera bendición que otorgaba un poder sobrenatural. Otros sostenían que era la segunda bendición la que otorgaba este poder. El escenario estaba preparado para un movimiento religioso impulsado por la experiencia de la «lluvia tardía», una nueva efusión del Espíritu Santo sobre los cristianos: un nuevo Pentecostés.

«Una poderosa ola de salvación»

En su primera edición, fechada en septiembre de 1906, *The Apostolic Faith*, con un artículo titulado «Ha llegado Pentecostés», declaró acerca de Los Ángeles, California:

> *El poder de Dios tiene ahora esta ciudad agitada como nunca antes. El Pentecostés seguramente ha llegado y le siguen las evidencias bíblicas, con muchos siendo convertidos y santificados y llenos del Espíritu Santo, hablando en lenguas como lo hicieron en el día de Pentecostés. Las escenas que se ven a diario en el edificio de la calle Azusa y en las misiones e iglesias de otras*

partes de la ciudad están más allá de toda descripción, y el verdadero avivamiento no ha hecho más que empezar, ya que Dios ha estado trabajando con sus hijos en su mayoría, llevándolos a Pentecostés y sentando las bases para una poderosa ola de salvación entre los inconversos. (*The Apostolic Faith*, vol. 1, núm. 1, septiembre de 1906)

La revista hablaba del famoso avivamiento de la calle Azusa, que comenzó el 9 de abril de 1906 y continuó durante unos nueve años. Este avivamiento es ampliamente considerado como el comienzo del pentecostalismo, pero, como hemos visto, la mayoría de los ingredientes básicos estaban listos para el surgimiento del pentecostalismo en el movimiento de santidad antes de la misión de Azusa. La cultura del movimiento constituyó un terreno fértil para el desarrollo de este nuevo tipo de cristianismo: un cristianismo intenso y emocional, lleno del sentido de lo sobrenatural:

Dada la mentalidad absolutista de buena parte de las filas del movimiento de Santidad, cualquier tipo de compromiso se tildaba de «pecado»; la organización no pasaba de ser mero «eclesiasticismo» o «institucionalismo religioso», y el más mínimo orden en el culto se interpretaba como un intento de «apagar el Espíritu». Para el verdadero creyente, nada de esto resultaba admisible. Por ello, en el seno de dicha corriente fue fraguándose un núcleo de fieles descontentos —unos integrados en las propias denominaciones de santidad y otros, la mayoría, en pequeñas asociaciones o iglesias y misiones independientes—, todos ellos resueltos a explorar nuevos horizontes de experiencia espiritual. Para este grupo, solo un cristianismo dramático, definido por una profunda carga emocional, podía resultar plenamente satisfactorio. (Anderson, 46)

Los que han estudiado la historia del pentecostalismo suelen saber algo sobre el avivamiento de Azusa, pero lo que quizá sea menos conocido es lo que sucedió justo antes. El hombre que desencadenó el avivamiento de Azusa fue William Seymour, pero, en realidad, Seymour no fue el iniciador de la experiencia que comenzó en la primavera de 1906 en Los Ángeles. Presentaba una versión simplificada de las doctrinas y prácticas que había aprendido en Houston, Texas, de un hombre llamado Charles Fox Parham.

El movimiento de la fe apostólica

El papel fundamental de Parham en la historia temprana del pentecostalismo quedó oscurecido durante décadas para la mayoría de sus correligionarios pentecostales debido a fallos personales y escándalos que minaron su credibilidad. Por ejemplo, fue arrestado en 1907 por cargos de sodomía (que luego fueron retirados), mostró racismo (incluso se involucró con el Ku Klux Klan; su racismo era irónico, teniendo en cuenta que su alumno más exitoso era afrodescendiente), y también fue acusado de irregularidades financieras.

Además, la complejidad y la novedad de algunas de sus enseñanzas dificultaron su transmisión. Por ejemplo, enseñaba que Dios había creado dos razas humanas, los «Hijos de Dios» y la raza adámica. Caín era miembro de esta última, pero se casó con una de la primera (el matrimonio interracial fue así condenado por Parham). Noé se salvó del diluvio porque era un descendiente puro de Adán. Parham también enseñaba una forma de israelismo británico: la creencia de que los habitantes de las Islas Británicas son descendientes directos de las diez tribus perdidas de Israel.

Sin embargo, a pesar de estos problemas, la influencia de Parham en los inicios del pentecostalismo a través de Seymour fue profunda. Su contribución más significativa a la génesis del pentecostalismo fue la enseñanza de que hablar en lenguas era la «evidencia bíblica» de la experiencia de la segunda bendición del bautismo en el Espíritu Santo. En 1900, Parham estableció una pequeña escuela llamada Bethel College en las afueras de Topeka, Kansas, donde se proponía enseñar la Biblia y buscar el «verdadero» bautismo en el Espíritu, que él creía que nadie en el movimiento de santidad había encontrado todavía. Varias habitaciones de la escuela también se habilitaron como casa de sanidad, donde los enfermos podían acudir para ser sanados por la fe.

Los estudiantes de su escuela eran en su mayoría ex ministros u obreros religiosos de diversas denominaciones o iglesias independientes. Todos compartían la vinculación de Parham con el movimiento de santidad y, al igual que Parham, buscaban una nueva experiencia del Espíritu Santo, un nuevo poder con fines de evangelización. Compartían todo en común, mantenían una vigilia de oración continua por turnos de tres horas, oraban y ayunaban juntos, celebraban servicios por la noche y evangelizaban casa por casa durante el día. Durante su estancia, Parham enseñó a sus alumnos que la segunda bendición que probablemente habían experimentado antes no era más que una forma de santificación o «la unción que permanece», y que aún debían buscar el «verdadero» bautismo en el Espíritu (Anderson, 51–52).

Fue allí, en Topeka, donde Parham presidió un momento que es uno de los marcadores históricos tradicionales del comienzo del pentecostalismo. Antes de partir para tres días de predicación en Kansas City a finales de diciembre de 1900, Parham indicó a sus alumnos que pasaran un tiempo a solas estudiando Hechos 2, diciéndoles:

> *Los dones están en el Espíritu Santo y con el bautismo en el Espíritu Santo los dones, así como las gracias, deben manifestarse. Ahora, estudiantes, mientras me voy, vean si no hay alguna evidencia dada del bautismo para que no haya dudas sobre el tema.* (Charles F. Parham, «The Latter Rain» [1900–1901], en *The Life of Charles*

F. Parham: Founder of the Apostolic Faith Movement,
comp. Sarah Thistlethwaite Parham, 1930, 58–59)

Por esas indicaciones se ve que pretendía que sus alumnos entendieran que las señales milagrosas de Hechos 2 debían acompañar el bautismo en el Espíritu Santo. No extrañaría que, a su regreso, todos relataran resultados similares. Y, en efecto, Parham dijo que así ocurrió:

> *Para mí asombro, todos contaban la misma historia: aunque ocurrían diferentes cosas cuando caía la bendición pentecostal, la prueba indiscutible en cada ocasión era que hablaban en otras lenguas. (ibid., 52)*

Un examen minucioso de los testimonios de Parham y de otros dos estudiantes que llevaron sus propios diarios sugiere que la historia tradicional de múltiples y simultáneas experiencias de hablar en lenguas no se ajusta a lo realmente ocurrido. El propio Parham ya había creído durante algún tiempo que hablar en lenguas era una evidencia del bautismo en el Espíritu, y los relatos de otros testigos presenciales de los acontecimientos en torno al Año Nuevo sugieren con fuerza que se trataba de una experiencia transmitida de un estudiante a otro y no de algo que ocurriera de forma independiente. Un estudiante, Howard Stanley, dio testimonio de ello: «Agnes Ozman me dejó claro que, cuando fuéramos llenos del Espíritu Santo, hablaríamos en otras lenguas» (Anderson, 52–57). En otras palabras, lo aprendieron unos de otros.

Parham afirmó haber tenido una experiencia extática de hablar en sueco, mientras que Agnes Ozman habló y escribió en chino y otros idiomas después de que Parham le impusiera las manos. Stanley escribió que vio «lenguas repartidas como de fuego [sic]» entrar en la sala de reuniones, descendiendo y permitiéndole hablar otro idioma, algo que vio hacer a otros también. Todos los reunidos cantaron «¡Oh Jesús, mi gran amor!» en al menos seis idiomas diferentes mientras estaban rodeados por un milagroso resplandor de luz blanca. El relato de Parham recuerda mucho a la narración de Hechos 2. Era el 3 de enero de 1901. Su segundo Pentecostés había llegado.

La defección, una semana después, de uno de sus miembros, S. J. Higgins, que declaró a un periódico local que la escuela era «falsa», llevó el movimiento a la prensa. Pronto llegaron reporteros de Kansas City, San Luis, Cincinnati y otras ciudades, que informaron sobre el curioso movimiento religioso cerca de Topeka. Un artículo incluía incluso una transcripción del hablar en lenguas de la cuñada de Parham, Lillian Thistlethwaite. Con la mirada del público puesta en la «Escuela de Lenguas Parham», a pesar de algunos contratiempos iniciales, el movimiento comenzó a planificar campañas por todo el país.

Es importante notar aquí que el carácter preciso del hablar en lenguas en esta etapa temprana del pentecostalismo no es el mismo que hoy. Lo que se afirmaba experimentar entonces era la xenoglosia, es decir, la capacidad milagrosa de hablar en lenguas extranjeras. Esto es más o menos lo que ocurre en Hechos 2, donde los discípulos de Jesús, después de haber recibido el Espíritu Santo, comienzan a predicar públicamente y cada uno oía en su propia lengua:

En Jerusalén habitaban judíos, hombres piadosos de todas las naciones debajo del cielo. Cuando se produjo este estruendo, se juntó la multitud; y estaban confundidos porque cada uno les oía hablar en su propio idioma. Estaban atónitos y asombrados, y decían: —Miren, ¿no son galileos todos estos que hablan? ¿Cómo, pues, oímos nosotros cada uno en nuestro idioma en que nacimos? Partos, medos, elamitas; habitantes de Mesopotamia, de Judea y de Capadocia, del Ponto y de Asia, de Frigia y de Panfilia, de Egipto y de las regiones de Libia más

> *allá de Cirene; forasteros romanos, tanto judíos como prosélitos; cretenses y árabes, les oímos hablar en nuestros propios idiomas los grandes hechos de Dios. Todos estaban atónitos y perplejos, y se decían unos a otros: —¿Qué quiere decir esto?*
>
> (Hechos 2, 5–12)

No está del todo claro cómo funciona esto en Hechos 2. ¿Los apóstoles hablan realmente en lenguas extranjeras? ¿O están hablando y el milagro está en el oír de los presentes, un efecto como el Traductor universal de *Star Trek*, donde la tecnología permite que múltiples especies conversen mientras hablan y oyen en su propio idioma?

Puede ser razonable interpretar el milagro de los apóstoles como el hecho de *hablar* en lenguas extranjeras, en lugar de que el milagro se produzca en la audición. En cualquier caso, esto es lo que afirmaban los primeros pentecostales —que se autodenominaban Movimiento de la Fe Apostólica—: que en su segundo Pentecostés se les concedió el don idéntico al que se dio a los apóstoles en el primer Pentecostés. Su propósito era el mismo que el de los apóstoles: el evangelismo.

Para 1905, Parham acabó llegando a Houston junto con otros miembros de su movimiento, y se hicieron con una congregación local del movimiento de santidad para establecer allí su sede. Abrió una nueva escuela en Houston similar a la de cerca de Topeka, pero con la adición de un nuevo énfasis: Dios estaba dando instrucciones directas a los fieles por medio de la inspiración profética y de mensajes transmitidos mediante el don de lenguas, junto con el don de interpretación.

Fue en la escuela de Houston donde Parham conoció al predicador bautista William Seymour, creyente del movimiento de santidad, nacido en Luisiana hijo de esclavos liberados. Seymour estaba de visita en Houston y escuchó a alguien hablar en lenguas en una de las iglesias afroamericanas de la zona (según los relatos de la época). Seymour se presentó en la escuela de Parham, pidiendo la admisión. Parham dudó inicialmente y, por las leyes de segregación vigentes en Texas, le permitió escuchar las clases desde el pasillo con la puerta abierta. Sin embargo, finalmente accedió a la solicitud de Seymour, y este aceptó sus enseñanzas sobre el hablar en lenguas, aunque todavía no tuvo la experiencia del bautismo en el Espíritu Santo mientras estuvo en Houston.

Mientras estudiaba en la escuela de Houston, Seymour conoció a una mujer de Los Ángeles que le habló de una misión afroamericana en su ciudad natal. Finalmente regresó a California y convenció a su iglesia para que invitara a Seymour a ser su pastor asociado. Se envió una invitación. Cuando Seymour la recibió, lo habló con Parham, y este trató de convencerle de que se quedara en Houston hasta que el Espíritu cayera sobre él. Pero Seymour ya estaba decidido, y pidió a Parham que le impusiera las manos en enero de 1906. Abordó el tren hacia la Costa Oeste:

> *Fue un punto de inflexión. Al imponer las manos sobre el arrodillado Seymour, Parham estaba pasando, sin saberlo, el liderazgo del movimiento a otros. Seguiría teniendo seguidores en el Medio Oeste, pero nunca alcanzaría la prominencia entre los pentecostales a nivel nacional. Lo que bajo Parham había sido un movimiento relativamente pequeño y localizado, iba a adquirir proporciones internacionales a través del ministerio en Los Ángeles del oscuro y fornido hombre negro que se sentaba a mirar por la ventana sucia del tren, perdido en la oración y la meditación mientras las llanuras de Texas se deslizaban tras él.* (Anderson, 61)

La autoridad de Parham en el movimiento se vio resentida poco después, pero solo en parte debido a los problemas antes mencionados. Con el enfoque del movimiento ahora en Seymour, Parham también comenzó a atacar el liderazgo emergente por resentimiento. Los enemigos que se hizo como resultado usaron las acusaciones legales contra él para desacreditarlo durante años.

El avivamiento de la calle Azusa: la expansión del pentecostalismo

La ciudad de Los Ángeles a la que llegó Seymour ya rebosaba de actividad del movimiento de santidad, especialmente centrada en las minorías raciales y étnicas pobres de la ciudad. En los primeros años del siglo XX, las denominaciones protestantes establecidas solían ser poco acogedoras no solo para los afroamericanos, sino también para diversas comunidades de inmigrantes pobres. Fue en estos grupos donde la experiencia del movimiento de santidad caló especialmente, ya que la naturaleza extática de los servicios de culto a menudo proporcionaba una salida a las frustraciones debidas a la injusticia social y la marginación que sentían esas comunidades.

Aunque el propio Seymour aún no había experimentado el hablar en lenguas, su primer sermón del domingo por la mañana en la misión de la calle Santa Fe llevaba la contundente insistencia de que nadie había recibido el bautismo en el Espíritu Santo a menos que hablara en lenguas. La congregación creía en gran medida que había recibido esa experiencia de bautismo, pero en cambio la asociaban principalmente con la santificación. Habían oído sobre el hablar en lenguas, pero para ellos era solo uno de los posibles dones del Espíritu dados después del bautismo en el Espíritu. Cuando Seymour regresó para el servicio de la tarde, encontró cerradas las puertas del edificio.

Una vez terminada su carrera de un día en la misión de la calle Santa Fe, Seymour creyó, sin embargo, que Dios le había llamado a trabajar en Los Ángeles. Así que comenzó a visitar los hogares de familias negras en toda la ciudad. Durante este tiempo, todavía no había hablado en lenguas y no pudo, como Parham, provocarla en otros. Con este éxito limitado, Seymour escribió a Parham para pedirle ayuda, y Lucy Farrow y J. A. Warren vinieron de Houston esa primavera. Farrow era especialmente conocida por su capacidad para suscitar el hablar en lenguas simplemente imponiendo las manos, y pronto se produjo la experiencia el 9 de abril de 1906, y múltiples personas comenzaron a hablar en lenguas, incluyendo a William Seymour (Anderson, 65). Ella había traído «el evangelio completo» (*The Apostolic Faith, ibid.*).

Al correrse la voz sobre la experiencia pentecostal, Seymour encontró un pequeño espacio para alquilar en la calle Azusa, una antigua Iglesia metodista episcopal africana en desuso cuyo piso inferior había sido convertido en un establo, pero que tenía un «cenáculo» que estaba disponible para las reuniones. Fue allí, durante el verano de 1906, donde el movimiento pentecostal comenzó finalmente a explotar en popularidad. Sin embargo, la prensa local no estaba impresionada:

> *Las reuniones se celebran en una casucha destartalada de la calle Azusa, cerca de la calle San Pedro, y los devotos de la extraña doctrina practican los ritos más fanáticos, predican las teorías más descabelladas y se dejan llevar por su peculiar celo hasta un estado de excitación enloquecida. La congregación está compuesta por gente de color y una pizca de blancos, y la noche se vuelve espantosa en el vecindario por los aullidos de los adoradores, que pasan horas balanceándose hacia adelante y hacia atrás en una actitud enervante de oración y súplica. Afirman tener el «don de lenguas» y ser capaces de entender la babel. (Los Angeles Daily Times, 18 de abril de 1906, 1)*

En su predicación, Seymour predijo que pronto llegaría una gran calamidad, una señal de que el fin de los tiempos estaba cerca. Efectivamente, pocos días después del comienzo del avivamiento, el 18 de abril de 1906, San Francisco fue sacudido por el Gran Terremoto, que se sintió hasta en Los Ángeles. Se decía que Dios estaba derramando su Espíritu en un nuevo Pentecostés, preparando a sus fieles con dones de poder, especialmente la xenoglosia, para una última evangelización mundial antes de que llegara la era milenial, como se había prometido en la teología dispensacionalista. Se registraron sanidades milagrosas que acompañaban la señal de las lenguas, todo ello autenticando el mensaje: Jesús viene pronto.

A medida que el pentecostalismo ganaba terreno en el movimiento de santidad, con el tiempo se reunieron recursos para comenzar a enviar misioneros a tierras extranjeras con el fin de usar el don de lenguas y convertir a los habitantes locales a Cristo. Jesús iba a venir pronto, así que el trabajo tenía una gran urgencia. El mundo necesitaba escuchar el Evangelio y, como las denominaciones establecidas habían fracasado en llevarlo al mundo, serían los bautizados en el Espíritu quienes lo harían:

> *La creencia de Parham de que el propósito principal de hablar en lenguas era hacer posible el cumplimiento de la última señal del fin —la propagación milagrosa del evangelio en las lenguas de todos los pueblos del mundo— no era, como algunas de sus ideas, una mera idiosincrasia. Tampoco era, como quieren hacer creer los apologistas pentecostales, una aberración que solo tenían unos pocos extremistas. Fue más bien una noción fundamental y casi universal durante los primeros años del movimiento.*
> (Anderson, 90)

La misión de la calle Azusa, donde el pentecostalismo comenzó su verdadera difusión, lo enseñaba:

> *Un ministro dice que Dios le mostró hace veinte años que el plan divino para los misioneros era que recibieran el don de lenguas antes de ir al campo extranjero o en el camino. Debe ser una señal para los paganos de que el mensaje es de Dios. El don de lenguas solo puede ser usado cuando*

> *el Espíritu da la palabra. No se puede aprender como las lenguas nativas, sino que el Señor toma el control de los órganos del habla a voluntad. Es, enfáticamente, el mensaje de Dios.* (*The Apostolic Faith*, ibid.)

Pronto se enviaron misioneros a lugares como Japón, China e India. En esa época, la Sociedad Misionera Bíblica investigó a dieciocho misioneros pentecostales para ver cómo les iba. Ninguno de ellos informó ser capaz de comunicarse con éxito con aquellos a los que fueron enviados. El evangelismo mediante hablar en lenguas no estaba funcionando.

Pero el desmoralizante fracaso del hablar en lenguas como don evangelizador no desacreditó de hecho las afirmaciones de los pentecostales. En cambio, el movimiento pronto cambió su teología de la naturaleza de las lenguas. Hablar en lenguas pasó a entenderse como glosolalia, una expresión extática de oración bajo el poder divino. La xenoglosia seguía admitiéndose como un don espontáneo, pero ya no se identificaba el hablar lenguas extranjeras a voluntad con el don de lenguas. La glosolalia ya había sido admitida antes de este cambio, especialmente emparejada con el don de interpretación de lenguas (una explicación en lenguaje común), pero no había sido la teología estándar para el hablar en lenguas.

Sin embargo, muy rápidamente la glosolalia se convirtió en la teología estándar, y persistió en las décadas siguientes. El énfasis inicial en las lenguas extranjeras con fines de evangelización —que había sido la concepción dominante al principio— fue en esencia barrido bajo la alfombra como la creencia de unos pocos individuos excepcionales y equivocados. Este cambio era probablemente inevitable, ya que solo era cuestión de tiempo que el don se pusiera a prueba ante hablantes verdaderamente extranjeros.

Las divisiones dentro del movimiento surgieron en torno a diversas cuestiones, como la segregación racial y una importante cuestión doctrinal. Algunos pentecostales se fijaron en la referencia al bautismo en agua en el nombre de Jesús (Hechos 2,38) y la tomaron literalmente, diciendo que el mandato de bautizar «en el Nombre del Padre y del Hijo y del Espíritu Santo» (Mateo 28,19) se refería al bautismo en un solo nombre. El «Nombre» al que se refería era el de *Jesús*. A partir de ahí, razonaron que Dios no es tres Personas, sino una sola. Una minoría de pentecostales abrazó una doctrina de la unicidad de Dios, rechazando la Trinidad. Llegaron a ser conocidos como pentecostales de la Unicidad. Sin embargo, la mayoría de los pentecostales siguieron siendo trinitarios.

A pesar de estos problemas, los pentecostales tuvieron éxito en el crecimiento y en la labor misionera, tanto en el país como en el extranjero. En los Estados Unidos, los misioneros pronto salieron de la misión de la calle Azusa y comenzaron a llevar el evangelio pentecostal por todo el movimiento de santidad, dividiéndolo de facto y proporcionando la base para la formación de denominaciones pentecostales, aunque muchas congregaciones siguieron siendo independientes. El pentecostalismo primitivo fue uno de los movimientos religiosos con mayor diversidad racial de la historia de Estados Unidos, aunque, con la formación de las denominaciones establecidas, finalmente comenzó a segregarse.

A nivel internacional, el pentecostalismo encontró su éxito trabajando a través de organizaciones misioneras ya establecidas y funcionando a la manera tradicional, aprendiendo de verdad las lenguas locales. En diversas formas, el pentecostalismo es ahora una de las variedades de cristianismo más extendidas y de más rápido crecimiento en el mundo, con especial éxito en las naciones en desarrollo.

Con el tiempo, surgieron denominaciones, como las Asambleas de Dios (la mayor y más estable de las denominaciones pentecostales) y la Iglesia de Dios en Cristo. Hay muchas denominaciones más pequeñas, así como numerosas congregaciones independientes. Puede haber hasta 280 millones de cristianos pentecostales en todo el mundo (algunas estimaciones añaden a los carismáticos y sitúan el total en más de 500 millones), lo que, si se cuenta como un solo movimiento, los convierte en el segundo grupo de cristianos más grande del mundo. La mayor denominación, las Asambleas de Dios, tiene unos 67 millones de miembros.

Con el establecimiento del movimiento pentecostal, se proclamaba algo nuevo. Hasta ese momento, los protestantes se habían centrado en gran medida en una restauración del verdadero cristianismo según su lectura del modelo apostólico en el Nuevo Testamento. La mayoría de las denominaciones formadas a partir de la Reforma son variaciones sobre ese mismo tema. Sin embargo, lo que el pentecostalismo afirmaba era algo muy diferente.

Los pentecostales ciertamente miraban a la Iglesia de los apóstoles en busca de inspiración y autoridad. Pero se anunciaba un nuevo *acontecimiento* histórico: el Segundo Pentecostés, la nueva efusión del Espíritu Santo. Dios había establecido su Iglesia en el primer siglo, pero ahora estaba comenzando una nueva era en la historia, una era de poder y maravillas. Lo que había sucedido en el primer siglo no solo continuaba, sino que se *repetía*.

Y con ello llegó no solo el poder de hablar en lenguas y realizar curaciones milagrosas, sino también una nueva revelación. Dios hablaba directamente a través de un nuevo grupo de profetas y apóstoles, cuya autoridad estaba, en la práctica (si no de forma explícita), al mismo nivel que la de las figuras bíblicas de antaño. Los apóstoles y profetas de la Biblia seguían ocupando un lugar único en la revelación cristiana, pero el nuevo derramamiento del Espíritu otorgaba un acceso al poder y a la revelación muy similar.

Es esta afirmación histórica la que, a mi juicio, distingue al pentecostalismo como un cuarto tipo de movimiento cristiano. Y es el atractivo de esta idea —que Dios está haciendo algo nuevo— lo que en la década de 1960 ayudó al fenómeno pentecostal a extenderse más allá de sus fronteras confesionales habituales.

El movimiento carismático

Antes de la década de 1960, los pentecostales estaban esencialmente solos, aislados incluso de la tradición *revivalista* más amplia. La mayoría de los protestantes los consideraban extraños, heréticos y posiblemente ni siquiera cristianos. La mayoría de los protestantes eran «cesacionistas», considerando que los dones milagrosos del Nuevo Testamento habían cesado poco después de su aparición. Sin embargo, las prácticas pentecostales resultaban convincentes para algunos espectadores, que creían estar conectando directamente con Dios en una experiencia inmediata y mística de la presencia divina. Y, con el carácter transdenominacional del movimiento, heredado del trasfondo pietista revivalista, no pasó mucho tiempo antes de que parte de su espíritu se abriera paso en otros grupos protestantes.

El 3 de abril de 1960, el sacerdote episcopal Dennis J. Bennett declaró en un sermón en la Iglesia episcopal St. Mark, en Van Nuys, California, que había recibido el bautismo en el Espíritu Santo. Su proclamación atrajo la atención de las revistas *Newsweek* y *Time* y, finalmente, se le pidió que renunciara a la Iglesia St. Mark. Lo hizo, pero continuó su ministerio en Seattle, difundiendo la noticia de los dones «carismáticos» disponibles a través de la experiencia del bautismo en el Espíritu.

La experiencia de Bennett y la cobertura mediática que recibió difundieron la experiencia pentecostal y sugirieron que esa experiencia no tenía por qué limitarse a las denominaciones pentecostales tradicionales ni a las iglesias independientes del propio movimiento. El bautismo en el Espíritu salía de sus contextos habituales de pentecostalismo y del movimiento de santidad. El pentecostalismo estaba a punto de «volverse viral».

Pronto, varios ministros de las denominaciones protestantes históricas —episcopales, presbiterianos, congregacionalistas y luteranos— comenzaron a declarar su experiencia de ser bautizados en el Espíritu. Algunos hablaban en lenguas; algunos interpretaban esas lenguas; algunos practicaban la sanidad por fe; otros reclamaban profecías. Los oficios empezaron a parecerse al carácter más entusiasta del pentecostalismo.

En 1967, un grupo de profesores católicos romanos de la Universidad de Duquesne, en Pittsburgh, que habían estado estudiando la literatura pentecostal, comenzaron a buscar una experiencia del Espíritu Santo. En enero de ese año, dos de ellos, Ralph Keifer y Patrick Bourgeois, asistieron a una reunión de oración donde experimentaron el bautismo en el Espíritu Santo. Pronto, Keifer comenzó a imponer las manos a otros profesores, y muchos católicos comenzaron a hablar en lenguas. Se envió la noticia a la Universidad de Notre Dame, donde pronto se produjeron fenómenos similares.

Había surgido el movimiento carismático —también llamado renovación carismática o neopentecostalismo—, que hacía hincapié en los nueve *charísmata* («dones») del Espíritu Santo (1 Cor 12, 8–10) que habían practicado los pentecostales durante más de medio siglo. Curiosamente, aunque los pentecostales se parecían más a los evangélicos en cuanto a su estilo de culto y su historia en el movimiento revivalista, el movimiento carismático de los años sesenta y setenta se centró principalmente en las iglesias protestantes históricas y en la Iglesia católica estadounidense. La ironía no debe pasarse por alto aquí: fue precisamente en las iglesias establecidas que practicaban el «eclesiasticismo» que los creyentes del movimiento de santidad y los pentecostales tanto criticaban como mundana y apóstata donde las ideas pentecostales comenzaron a echar raíces.

Los carismáticos (aquí utilizaremos este término como distinto de *pentecostal*, aunque a veces se traslapan) adoptaron muchas de las prácticas y enseñanzas individuales de los pentecostales, aunque no solían parecerse a los pentecostales en todo. En el proceso, algunas de esas enseñanzas fueron ligeramente alteradas. La glosolalia, por ejemplo, no estaba firmemente unida a la experiencia del bautismo en el Espíritu, mientras que algunos pentecostales clásicos insistían en que uno no había recibido todavía esa experiencia sin la señal de las lenguas. (Recordemos cómo Charles Parham consideraba las lenguas la verdadera «evidencia bíblica» de haber recibido esa experiencia). Del mismo modo, el entusiasmo extremo y la experimentación doctrinal del pentecostalismo fueron pronto moderados por los carismáticos a medida que su movimiento se adaptaba a las restricciones normales de la vida eclesial denominacional.

Los primeros pentecostales hacían tanto hincapié en el mover espontáneo del Espíritu Santo que, por ejemplo, la misión de la calle Azusa se negó inicialmente incluso a poner carteles que anunciaran su presencia por miedo a «apagar» al Espíritu, que atraería a la gente de forma milagrosa. Pero los carismáticos emprendieron un proceso de *apropiación* de ciertos rasgos del pentecostalismo. Conservaron la estructura general de sus iglesias existentes, pero comenzaron a incluir algunos elementos pentecostales en un intento de renovar la vida de la iglesia.

Quizás el cambio más significativo en la apropiación del pentecostalismo por parte de los carismáticos fue el distanciamiento de los dones carismáticos de la idea de que Jesús iba a venir realmente pronto. Sin duda, su regreso se seguía considerando inminente, pero la relación directa entre ese regreso inminente y el derramamiento del Espíritu Santo había desaparecido. Si los primeros pentecostales consideraban que su poder era el heraldo del fin del mundo, aunque había algunas excepciones, la mayoría de los carismáticos pasaron a considerar que su experiencia servía a las normas existentes de la vida eclesial. (Sin embargo, en algunos grupos persistió la retórica de ser la «última generación» que demostraba el poder de Dios). Mientras que el pentecostalismo parecía al principio estar dispuesto a abrir paso al Milenio, los carismáticos estaban más preocupados por dar nueva vida a un orden existente. Lo que había sido un poder de evangelización a menudo se convirtió en una especie de terapia espiritual.

Otra diferencia significativa entre la cultura del movimiento carismático y el pentecostalismo fue su relación con otros cristianos.

Los pentecostales se veían como proféticos, en cuanto llamaban a las denominaciones establecidas al arrepentimiento mediante la condena de su apostasía. Pero los carismáticos, que se situaban dentro de esas denominaciones, veían en cambio su movimiento de renovación —doctrinalmente flexible y basado en la experiencia— como el medio que uniría a todos los cristianos.

El movimiento ecuménico había ido ganando impulso desde mediados del siglo XX, y algunos carismáticos creían que podían servir de influencia interdenominacional que reuniría a los cristianos y finalmente los uniría a todos en una sola Iglesia, dejando de lado las diferencias doctrinales al compartir todos la misma experiencia del Espíritu Santo. Si un católico carismático comenzaba a hablar en lenguas durante una devoción mariana, los protestantes carismáticos, que de otro modo criticarían tales devociones como idolatría, podrían estar dispuestos a dejar de lado sus objeciones tradicionales. Lo importante era que todos hablaran en lenguas.

Irónicamente, en lugar de servir para unir, el movimiento carismático acabó creando más división, tanto dentro de las denominaciones afectadas como en todo el evangelicalismo. Para algunos, unos cristianos tenían el Espíritu Santo y otros simplemente no. Se configuró una casta de cristianos casi gnóstica. Así, se podía ser un cristiano común y corriente o uno «lleno del Espíritu».

Había desaparecido el separatismo moral del movimiento de santidad que marcó el pentecostalismo primitivo: la condena tradicional de la bebida, el baile, el tabaco y la indecencia en la vestimenta eran demasiado extremas para los círculos eclesiales principales en los que se movían los carismáticos. Para algunos pentecostales, esto provocó una crisis de identidad: si los carismáticos estaban realmente llenos del Espíritu (como lo mostraba, por ejemplo, hablar en lenguas), ¿eran realmente necesarios estos tabúes tradicionales? Pero otros pentecostales clásicos miraban a los carismáticos con recelo: ¿podían ser auténticos sus dones espirituales si no observaban las normas morales tradicionales? El atractivo más generalizado del movimiento carismático también contribuyó a ampliar la aceptación de las denominaciones pentecostales históricas, que para entonces, tras medio siglo de existencia, ya iban acompañadas de una creciente estabilidad y prosperidad.

Pentecostalismo de tercera ola

A partir de finales de la década de 1970 y, sobre todo, a lo largo de la de 1980, la variedad pentecostal de énfasis en el Espíritu Santo finalmente se abrió paso en el evangelicalismo. Lo que marcó esta «Tercera Ola del Espíritu Santo» es que sus adherentes querían las experiencias de poder milagroso vistas en los movimientos pentecostales y carismáticos, pero discrepaban de que el bautismo en el Espíritu Santo fuera un evento separado y posterior a la conversión. En otras palabras, integraron la enseñanza tradicional del movimiento de santidad de la «segunda bendición» dentro de la experiencia de conversión.

Probablemente el proponente más famoso de esta teología fue John Wimber, que había sido pastor de una iglesia asociada al movimiento de Calvary Chapel, un movimiento evangélico con rasgos carismáticos. El énfasis de Wimber en la sanidad por fe y el Espíritu Santo le llevó a abandonar esa red y a entrar en el recién creado Vineyard Movement (Movimiento Vineyard), cuyos orígenes, a mediados de la década de 1970, incluyeron reuniones en la casa del primer cantante de rock cristiano Larry Norman. Wimber no fue el fundador de Vineyard, pero pronto se convirtió en su principal portavoz.

Las iglesias Vineyard son especialmente conocidas por su ambiente de «ven como eres». (Una vez me dijo alguien de ese movimiento que el hecho de que los pastores llevaran vaqueros era casi su «uniforme»). El dogmatismo explícito está mal visto, aunque la Vineyard tiene creencias definidas. En la mayoría de los aspectos, son esencialmente como los evangélicos convencionales, pero con la inclusión de los dones carismáticos. A diferencia de los pentecostales clásicos, no consideran que estos dones sean absolutamente fundamentales para la vida cristiana.

Uno de los añadidos peculiares de Wimber a la práctica de la sanidad por fe fue su «democratización». Es decir, en lugar de que la sanidad se ofreciera solo de manos de los líderes de la iglesia, se invitaba a todos los creyentes a practicar este don. Esto lo enseñó en el seminario Fuller a los estudiantes como una de las técnicas de crecimiento de la iglesia. Tales prodigios eran necesarios para una evangelización eficaz, y Wimber se refirió a Marcos 16, 20, que describe cómo la predicación de los apóstoles estaba marcada por estos milagros. Por ello, la Tercera Ola también se conoce como el «movimiento de las señales y los prodigios».

Vineyard fue uno de los primeros grupos evangélicos en utilizar música cristiana contemporánea (MCC) en sus servicios, en lugar de los tradicionales himnos protestantes, una práctica que ahora es la norma para la mayoría de los evangélicos. Tampoco esperan que el clero asista al seminario; más bien, los líderes de la iglesia se eligen de entre quienes tienen experiencia en la denominación.

Junto al movimiento de Vineyard (y las iglesias no denominacionales relacionadas) hay otro grupo que forma parte de la Tercera Ola, llamado Nueva Reforma Apostólica. El principal teólogo de este grupo es C. Peter Wagner (que acuñó la expresión «*Tercera Ola del Espíritu Santo*»), que hace hincapié en los «dones de poder» que caracterizan al pentecostalismo, pero también se centra especialmente en la restauración del liderazgo designado por Dios en las iglesias. Así, ahora surgen nuevos apóstoles y profetas para dirigir al pueblo de Dios, cargos que fueron restaurados, según él, en 2001. Wagner sostiene abiertamente que su movimiento —que, según él, abarca el pentecostalismo y el movimiento carismático— constituye una verdadera cuarta variedad de cristianismo.

Si bien es habitual que quienes están dentro del pentecostalismo o se ven influidos por él crean en las profecías y en las nuevas revelaciones a los creyentes, es relativamente raro oír a alguien afirmar ser un profeta o un apóstol. En cierto sentido, la Nueva Reforma Apostólica es un intento de tomar la variedad más dominante del movimiento carismático que se abre paso en el evangelicalismo y acercarla aún más al pentecostalismo tradicional, con su fuerte énfasis en ver señales y prodigios que confirman el mensaje de sus predicadores.

A pesar de sus diferencias de estilo, a principios de la década de 1980 Wimber y Wagner se asociaron en el Seminario Teológico Fuller de California para impartir un curso popular sobre el crecimiento de la iglesia centrado en señales y prodigios. Wagner ayudó a definir sus objetivos comunes cuando describió la Tercera Ola:

> *Veo históricamente que ahora estamos en la tercera ola. La primera ola del obrar del Espíritu Santo comenzó a comienzos del siglo con el movimiento pentecostal. La segunda ola fue el movimiento carismático, que comenzó en los años cincuenta en las principales denominaciones. Ambas olas continúan hoy. Veo la tercera ola de los años ochenta como una apertura de los evangélicos de línea tradicional y otros cristianos a la obra sobrenatural del Espíritu Santo que han experimentado los pentecostales y los carismáticos, pero sin llegar a convertirse en carismáticos ni pentecostales. Creo que estamos en una nueva ola de algo que ahora ha durado casi todo nuestro siglo.* (C. Peter Wagner, «The Third Wave?», *Pastoral Renewal*, julio–agosto de 1983, 1–5)

Al igual que el movimiento carismático, la Tercera Ola es, pues, otra *apropiación* de elementos del pentecostalismo, pero adaptada esta vez al contexto evangélico. Pero a diferencia de los pentecostales o los carismáticos, los adeptos a la Tercera Ola son mucho menos propensos a atribuirse una etiqueta que los identifique claramente. Aunque los que se alinean con la Nueva Reforma Apostólica destacan por sus afirmaciones de haber restaurado los oficios divinos de apóstol y profeta, la mayoría de los creyentes de la Tercera Ola se mezclan bien con el movimiento evangélico más amplio. Son evangélicos que practican algunos de los dones carismáticos, pero no se definen por ellos.

Uno de los fenómenos más curiosos de la Tercera Ola es un acontecimiento que comenzó en 1994 en la iglesia Toronto Airport Vineyard, conocido como la «Bendición de Toronto». Durante las reuniones de avivamiento que comenzaron en enero de ese año, los creyentes caían al suelo («caídos en el espíritu»), temblando y llorando, a veces haciendo sonidos de animales. El rasgo más característico era la «risa santa», una carcajada incontrolable que se apoderaba de los participantes. Se decía que todo esto venía por la acción directa del Espíritu Santo. En 1995, la denominación Vineyard retiró su reconocimiento de la iglesia (que desde 2010 se conoce como Catch the Fire Toronto). La Bendición de Toronto afectó a otras iglesias y pareció alcanzar su punto álgido a finales de la década de 1990.

Aunque su visibilidad y existencia institucional se «apagaron» con bastante rapidez, la influencia duradera de la Tercera Ola en el evangelicalismo es significativa. La generalización de la MCC, tanto en los servicios de la iglesia como para el consumo popular, vino de la mano de este movimiento. También hay un estilo de vida y de expresión espiritual que ahora es casi omnipresente en el evangelicalismo: es común, por ejemplo, escuchar a los creyentes promedio decir con confianza que Dios les está hablando directamente. La mayoría de los evangélicos de corriente principal probablemente no sea consciente de esta influencia, porque se ha producido principalmente sin incluir también la práctica de los dones carismáticos milagrosos.

El movimiento Palabra de Fe

Una teología que se desarrolló junto al movimiento carismático a mediados del siglo XX, con cierta polinización cruzada tanto con los pentecostales como con los carismáticos, es la enseñanza de la Palabra de Fe. A este movimiento también se le llama «Fe», el «evangelio de la salud y la riqueza» (normalmente utilizado de forma despectiva), o el «evangelio de la prosperidad» (aunque esta última etiqueta se utiliza a veces como algo distinto del resto). Este movimiento se basa en la idea teológica de que las palabras que pronuncian los creyentes tienen poder. A través del poder de la «confesión positiva», se pueden esperar efectos específicos, especialmente la sanidad física y el éxito financiero.

Este movimiento está, en comparación con los movimientos pentecostales y carismáticos más amplios, relativamente al margen. Sin embargo, es una de las formas de cristianismo más visibles en Estados Unidos por su presencia en los medios de comunicación. También es uno de los sectores de mayor crecimiento del pentecostalismo, especialmente en los países en desarrollo. Muchas de las iglesias autóctonas de África han adoptado esta teología. Así pues, aunque muchos cristianos pueden tener la tentación de descartar Palabra de Fe como una curiosidad extraña (e incluso ridícula) que no merece su atención, es probable que siga teniendo una influencia creciente en el mundo religioso. Sus seguidores consideran que es una forma de fe significativa que responde a sus preguntas y les da un sentido de identidad y espiritualidad.

La enseñanza de que el poder proviene de los creyentes que hablan con fe fue expresada con mayor plenitud por el pastor y predicador itinerante Kenneth E. Hagin, fundador del Instituto Bíblico Rhema en Broken Arrow, Oklahoma (cerca de Tulsa), que es el centro del movimiento Palabra de Fe. La región también alberga a varios maestros conocidos de este movimiento. Kenneth Copeland tiene su sede en Fort Worth, Texas. La cercana Dallas albergó durante mucho tiempo el ministerio de Robert Tilton. John Osteen tenía su sede en Houston, y su hijo Joel ha tenido éxito con una forma más suave de enseñanza de Palabra de Fe, heredando el pastorado de su padre. Entre los maestros más llamativos de Palabra de Fe se encuentran Benny Hinn, Creflo Dollar y Joyce Meyer (que no utiliza la etiqueta, pero predica la teología). Todos estos predicadores son conocidos a través de sus programas de televisión y empresas editoriales.

El «abuelo» de «Palabra de Fe»

Aunque Hagin desarrolló la enseñanza del movimiento «Palabra de Fe», no la inventó. Su propio maestro fue E. W. Kenyon, a quien a veces se le llama el «abuelo» del movimiento «Palabra de Fe». Kenyon difundió sus enseñanzas a través de la radio. Habiendo estado expuesto en la década de 1890 al movimiento del Nuevo Pensamiento (que dio origen a la Ciencia Cristiana), Kenyon comenzó como pastor bautista. Sin embargo, tuvo influencia entre los pentecostales, ya que en la década de 1920 hablaba a menudo en las reuniones de evangelización de la popular predicadora pentecostal Aimee Semple McPherson.

Las contribuciones teológicas de Kenyon a lo que se convirtió en el movimiento «Palabra de Fe» son las siguientes:

- La naturaleza humana es espíritu, alma y cuerpo, pero es fundamentalmente espíritu.

- Dios creó el mundo pronunciando palabras de fe y hace todo lo demás por fe, y nosotros debemos ejercer el mismo tipo de fe.

- En la caída, los seres humanos asumieron la naturaleza de Satanás y perdieron su dominio divino, convirtiéndolo en el dios legal de este mundo.

- Jesús murió espiritualmente y físicamente, asumiendo la

naturaleza de Satanás y sufriendo en el infierno para redimirnos, y luego nació de nuevo.

- Mediante nuestra confesión positiva con el tipo de fe de Dios podemos superar la enfermedad y la pobreza. (Robert M. Bowman Jr., *The Word-Faith Controversy: Understanding the Health and Wealth Gospel*, 37)

El desarrollo principal de Hagin de las enseñanzas de Kenyon fue llevarlas deliberadamente a un marco pentecostal, con el bautismo en el Espíritu Santo y el hablar en lenguas como parte de la vida cristiana normal. Hagin y sus seguidores también hicieron mucho más explícita la identificación del creyente con Dios, hablando de los seres humanos como «dioses», «pequeños dioses», «duplicados exactos de Dios», etc. No se centró tanto en la prosperidad material (Bowman, 38).

Hay controversia sobre los orígenes de las enseñanzas de Kenyon. ¿Son simplemente una consecuencia del pentecostalismo? ¿O son una reiteración del optimismo del Nuevo Pensamiento, con sus enseñanzas sobre que toda la verdadera realidad es espiritual? (El Nuevo Pensamiento se analizará en el capítulo siete, en la sección sobre la Ciencia Cristiana). ¿O qué hay de las tradiciones de fe y sanidad de la Vida Superior del movimiento de Keswick de finales del siglo XIX (que, como vimos antes, contribuyó a la formación del primer pentecostalismo)? Todas estas corrientes teológicas giraban en torno a Kenyon, por lo que no debe sorprender que su teología refleje algo de todas ellas.

Aunque Hagin es, en cierto sentido, el embudo teológico a través del cual se popularizaron las enseñanzas de Kenyon, no fue el primero en adherirse al mensaje de Kenyon. En su libro *The Word-Faith Controversy*, Robert M. Bowman Jr. identifica a dos «padres» anteriores del movimiento «Palabra de Fe» que desarrollaron las enseñanzas de Kenyon antes que Hagin.

La sanidad por la fe se populariza

A finales de la década de 1940, el movimiento de la Lluvia Tardía (que no debe confundirse con el término utilizado en el pentecostalismo primitivo) surgió en el seno de las Asambleas de Dios, impulsado por una serie de avivamientos que comenzaron en Saskatchewan, Canadá. La inspiración del movimiento fue el libro de Franklin Hall de 1946, *Atomic Power with God through Fasting and Prayer*, que enseñaba que se podían conceder poderes milagrosos (especialmente de sanidad) mediante ayunos prolongados (un discípulo supuestamente ayunó durante ochenta y tres días).

También enseñó algunas ideas menos populares, como que el Espíritu Santo podía evitar que la gente exudara olor corporal y que el hombre, una vez redimido, podía lograr la ingravidez y volar por el espacio exterior. También enseñaba que el hombre podía alcanzar la inmortalidad incluso antes del regreso de Cristo. La mayoría de los pentecostales no estaban de acuerdo con estas ideas, pero el mensaje de los resurgimientos de las sanidades milagrosas hechas por la oración y el ayuno era persuasivo, y uno de los asociados con Hall era el evangelista de sanidad por fe William Branham.

La popularización de la sanidad por fe en el pentecostalismo moderno se atribuye generalmente a Branham, así como a Oral Roberts. Branham fue influenciado no solo por Hall sino también por Kenyon, y al igual que él era un bautista que se sentía cómodo con los pentecostales. Branham recogió el mensaje de ayuno de Hall, así como las enseñanzas de Kenyon sobre la confesión positiva, y emprendió cruzadas de sanidad. También era teológicamente unicitario, enseñando que Jesús era también el Padre (aunque evitaba la etiqueta de unicitario). Al igual que Hall, tenía algunas enseñanzas extrañas, como que el pecado original de Eva fue tener relaciones sexuales con Satanás en forma de serpiente, engendrando una raza de seres humanos descendientes de esa unión. Creía que era un profeta que proclamaba la era final de la Iglesia.

El movimiento de la Lluvia Tardía, inspirado por el libro de Hall y las reuniones de avivamiento de Branham, se convenció de que se estaba produciendo un nuevo derramamiento del Espíritu, y que el don de sanidad estaba siendo restaurado por Dios. Dejó en gran medida las enseñanzas más extrañas de ambos hombres y permaneció trinitario (Bowman, 86–89).

La influencia de Branham en el pentecostalismo moderno —especialmente en la variante de Palabra de Fe— fue significativa, aunque, al igual que Charles Parham antes que él, su legado ha quedado en gran medida marginado dentro del movimiento debido a fallos personales. Kenneth Hagin supuestamente profetizó la muerte de Branham, atribuida a su intento de ser maestro sin la «unción» para ello (Bowman, 93).

La otra figura importante en la introducción de la sanidad por fe en la corriente principal del pentecostalismo es Oral Roberts. Roberts se crió en un entorno pentecostal y estableció relaciones amistosas con el movimiento de la Lluvia Tardía sin llegar a unirse a él. Ayudó a establecer la Fraternidad Internacional de Hombres de Negocios del Evangelio Completo, que acogió a Branham y a otros evangelistas de la sanidad.

La principal contribución de Roberts al movimiento Palabra de Fe, aunque difería de muchas de sus enseñanzas, fue llevar la sanidad por fe a las masas a través del televangelismo. También acuñó una serie de frases características utilizadas por el movimiento, como *Dios es un Dios bueno* (lo que significa que Dios solo permite cosas buenas para los que tienen fe), *esperar un milagro* (un componente clave de la práctica de la confesión positiva) y *semilla de fe* (dar esperando algo a cambio) (Bowman, 89–91).

Palabra de Fe toma forma

Con la influencia de las enseñanzas de Kenyon, Branham y Roberts, Kenneth Hagin reunió todos estos elementos y dio al movimiento Palabra de Fe su forma actual. Nacido en 1917, Hagin había sido criado como bautista del sur, pero se convenció de que hablar en lenguas era necesario para los cristianos cuando leyó 1 Cor. 14, 18 («Doy gracias a Dios que hablo en lenguas más que todos ustedes»).

Hagin nació prematuramente con un corazón deformado y vivió una infancia apagada como resultado de esta debilidad. En 1933, a la edad de quince años, enfermó gravemente y estuvo a punto de morir cuando su corazón dejó de latir. Sintió que «salía» de su cuerpo y dijo que empezaba a descender:

> *Cuanto más bajaba, más oscuro —y más caliente— se volvía hasta que finalmente, muy por debajo de mí, pude ver dedos de luz jugando en la pared de oscuridad. Y llegué al fondo del pozo... Delante de mí, más allá de las puertas o de la entrada al infierno, vi unas gigantescas y grandes llamas anaranjadas con una cresta blanca.*
> (Kenneth Hagin, *I Went to Hell*, 5)

Hagin relata que había ido al infierno, y poco después de su llegada, alguien lo sacó mientras una voz hablaba que lo sacudió todo profundamente. Entonces se encontró de nuevo en su cuerpo: «pareció saltar dentro de [su] cuerpo como un hombre deslizaría su pie dentro de su bota a la hora de la mañana» (*ibid.*, 7).

Después de hablar con su abuela, que estaba junto a su cama, su corazón se detuvo por segunda vez, y volvió a ir al infierno y experimentó la misma presencia de una criatura que lo conducía, la misma voz, y luego la misma «succión» hacia arriba que lo devolvía a su cuerpo, aunque no antes de que tuviera la oportunidad de pararse y mirar su cuerpo. Entonces tuvo la misma experiencia una tercera vez, pero esta vez empezó a pedir ayuda a Dios. Volvió a su cuerpo la tercera y última vez, pero esta vez había nacido de nuevo (*ibid.*, 12-17).

Estuvo atado a su cama otros dieciséis meses, y luego sanó milagrosamente. En el proceso de esa sanidad final, Hagin dijo que su habitación «se iluminó con la gloria de Dios», y volvió a abandonar su cuerpo. Esta vez «ascendió», pero se le impidió llegar hasta el final cuando una voz (que él cree que pudo ser la de Jesús) le dijo: «¡Vuelve! ¡Vuelve! ¡Vuelve a la tierra! ¡Tu trabajo no ha terminado!» (*ibid.*, 19–21).

Durante su largo tiempo en cama, Hagin comenzó a leer el Nuevo Testamento y llegó a Marcos 11, 24: «Por esta razón les digo que todo por lo cual oran y piden, crean que *lo* han recibido y *les* será hecho» (en otro relato, dice que llegó a Hechos 10, 38, que habla de Jesús sanando con el Espíritu que reposaba sobre Él). Hagin tomó esto como que simplemente tenía que *aceptar* que Dios lo había sanado, incluso frente a los síntomas reales de lo contrario. Hasta su muerte en 2003, Hagin dijo que, desde ese momento en agosto de 1933, nunca más tuvo un dolor de cabeza, aunque sí dijo que experimentó ataques del diablo en forma de dolor, que desaparecieron cuando confesaba positivamente «En el nombre de Jesús... No tengo dolor de cabeza» (Bowman, 92).

Comenzó a predicar la sanidad por fe y a asociarse con pentecostales, que le enseñaron a hablar en lenguas. Comenzó a hablar en lenguas simplemente «reclamando» el don del bautismo en el Espíritu al mismo tiempo que recibía su sanidad, en contraste con la «espera» que los pentecostales generalmente instaban, esperando que Dios concediera el don espontáneamente. Fue pastor de las Iglesias de Asambleas de Dios desde 1939 hasta 1949, y en 1943 experimentó repentinamente el don de enseñanza, algo que le ocurrió progresivamente en varias etapas a lo largo de su vida, cada vez con una nueva revelación. En 1949, comenzó una carrera itinerante de enseñanza (Bowman, 92-93).

En 1950, Dios se le apareció de nuevo, según relata Hagin, y le dijo que el enfoque de «reclamo» que había utilizado para la sanidad y para las lenguas también funcionaría para las finanzas, y comenzó a predicar que la prosperidad también era la voluntad constante de Dios para los creyentes, además de su sanidad física. También dijo que Dios le dijo que Adán fue el primer dios de este mundo, pero que su pecado traicionó a Dios, transfiriendo el derecho legal de este mundo a Satanás. A pesar de que Hagin afirmaba haber recibido estas enseñanzas por revelación directa, este fue también el año en que comenzó a leer a Kenyon, quien, como vimos anteriormente, enseñaba exactamente lo mismo sobre la pérdida de poder de Adán a favor de Satanás (ibíd., 93).

A partir de esto, se formó la forma básica de la enseñanza de Palabra de Fe tal como existe ahora. La voluntad de Dios es siempre que los creyentes estén físicamente sanos y sean materialmente prósperos, y Dios ya ha proporcionado estas cosas. Si carecemos de ellas, es porque en realidad no creemos que Dios las ha dado, o puede ser porque tenemos un pecado que bloquea la recepción de las bendiciones. Así que debemos confesar positivamente que las tenemos, y se harán realidad para nosotros. Este modelo se basa en el ejemplo de sanación de Cristo y en el poder benéfico de su expiación.

Una vez le pregunté a un amigo con experiencia en el movimiento Palabra de Fe sobre cómo funciona esto, y mencionó que conocía a alguien del movimiento con dolor crónico prolongado. ¿Cómo oraba para librarse del dolor? La mayoría de los cristianos pondrían sus oraciones en un lenguaje contingente: «Señor, si es tu voluntad, por favor sáname» o algo parecido. Pero esta persona, en cambio, oraba: «Gracias, Señor, porque mi dolor ya ha sido sanado», y seguía con una cita bíblica, repitiendo este proceso incluso ante la falta de resultados a largo plazo. La voluntad de Dios de sanar fácilmente se muestra repetidamente en la Biblia, lo que demuestra que la sanidad es su voluntad para nosotros. Por lo tanto, si no crees verdaderamente que ya tienes la sanidad, entonces no la recibirás. Así es como funciona la confesión positiva.

Se dice que Jesús se le apareció a Hagin varias veces (algo que, según Bowman, parece ser lo habitual para los predicadores de Palabra de Fe). En una de esas ocasiones, se dice que Él le reveló a Hagin la fórmula básica de cuatro pasos de cómo se supone que funciona la confesión positiva, un proceso que él llama «escribir tu propio boleto con Dios»: (1) decirlo, (2) hacerlo, (3) recibirlo y (4) contarlo.

Así, un creyente no puede limitarse a decir que ha recibido su bendición; también tiene que levantarse y vivir como si la hubiera recibido, dando incluso pruebas inmediatas de sanidad milagrosa. Entonces el creyente tiene que recibirla, sintiendo en sí mismo la experiencia de la bendición, y luego ir a proclamarla al mundo. Hagin da el ejemplo de la mujer sanada de la hemorragia en Marcos 5, 25-34, señalando cómo siguió los cuatro pasos.

Hagin luego dice que Jesús le dijo que todos estos mismos pasos podrían ser seguidos por alguien que buscara «la llenura del Espíritu Santo», la victoria sobre «el mundo, la carne y el diablo», e incluso la expulsión de demonios (Kenneth Hagin, *How to Write Your Own Ticket with God*, 1–32).

El envío de la palabra de Dios, su acto creativo de hablar, es lo que creó el universo inicialmente, y ya que somos creados a la imagen de Dios, también podemos hablar la palabra de Dios y así crear la realidad nosotros mismos. La realidad es creada por las palabras, y la palabra de fe participa en los actos creativos de Dios. Las palabras son, en cierto sentido, contenedores del poder de Dios. Las promesas de las Escrituras se reclaman cuando pronunciamos las palabras de Dios.

La fe es, por tanto, una fuerza, una «sustancia» espiritual identificada a partir de una lectura literal de Hebreos 11, 1: «La fe es la constancia de las cosas que se esperan, la comprobación de los hechos que no se ven». Con este tipo de «fe», el creyente es capaz de hacer que las cosas sucedan. Después de todo, ¿no dijo Jesús que los creyentes por fe podían mover montañas (Mt. 17, 20)?

En 1966, Hagin estableció su ministerio en Tulsa, y ocho años más tarde, fundó el Rhema Bible Training College en la cercana Broken Arrow. (*Rhema* es una palabra griega usada en el Nuevo Testamento para «palabra [hablada]». La «palabra» aquí se refiere a la confesión positiva de fe en términos de una palabra hablada). En 1979, junto con otros televangelistas, Hagin fundó la International Convention of Faith Churches and Ministers, «que funciona prácticamente como una denominación para el movimiento Palabra de Fe» (Bowman, 93). El ministerio de Hagin continúa después de su muerte en 2003 con su cuasidenominación, escuelas de formación ministerial en múltiples países, publicaciones y emisiones de radio y televisión, ahora dirigidas por su hijo Kenneth W. Hagin.

El evangelio de la prosperidad

En nuestra época, el movimiento Palabra de Fe es visible sobre todo a través de los muchos televangelistas que predican su mensaje, que todos consideraban a Hagin como «Papá Hagin» mientras estaba vivo. Un desarrollo que perturbó a Hagin fue el creciente énfasis en la riqueza material por parte de la generación más joven de líderes como Kenneth Copeland y Creflo Dollar. En 1999, Hagin convocó repetidamente a Copeland, Dollar y otros a Tulsa para discutir con ellos sus preocupaciones sobre su predicación. Un año después, publicó un libro que resumía sus cinco puntos esenciales, titulado *The Midas Touch*:

1. La prosperidad financiera no es por sí misma una señal de las bendiciones de Dios. Si lo fuera, entonces los ricos traficantes de drogas y otros criminales son tan bendecidos como los ricos predicadores de la prosperidad. Escribió: «La riqueza material puede estar conectada a las bendiciones de Dios o puede estar totalmente *desconectada* de las bendiciones de Dios. Ciertamente, la prosperidad financiera no es un indicador infalible de la espiritualidad de una persona» (Kenneth E. Hagin, *The Midas Touch*, 117–118).

2. La gente no debe dar a los ministerios esperando obtener mayor riqueza de Dios: «No hay una fórmula espiritual para sembrar un Ford y cosechar un Mercedes» (*ibid.*, 119).

3. Es incorrecto que los creyentes «nombren su semilla» al dar una ofrenda; es decir, no deben ofrecer una lista de deseos a Dios, centrándose en lo que desea el creyente. Al parecer, esta práctica se hizo popular en las conferencias de Palabra de Fe en los años 80 (*ibid.*, 120).

4. Literalizar un «retorno del cien por ciento» al dar no es bíblico. Si fuera cierto, «tendríamos a los cristianos caminando por ahí no con miles de millones o trillones de dólares, sino con ¡cuatrillones de dólares!» (*ibid.*, 126).

5. Los predicadores que afirman la capacidad de dar «cancelación sobrenatural de la deuda» son falsos maestros: «No hay una sola parte de las Escrituras que yo conozca que valide tal práctica. Me temo que es simplemente un esquema para recaudar dinero para el predicador, y en última instancia puede resultar peligroso y destructivo para todos los involucrados» (*ibid.*, 128). (Esta lista se enumeró en: J. Lee Grady, «Kenneth Hagin's Forgotten Warning», *Charisma Magazine*, http://www.charismamag.com/fireinmybones/Columns/030708.html)

Las advertencias de Hagin han sido esencialmente desatendidas, y a partir de esta lista de reprimendas, podemos determinar una forma general para el trabajo de los predicadores de la prosperidad. Dichos predicadores suelen hacer afirmaciones sensacionales, como el llamamiento de Creflo Dollar en 2015 para que sus seguidores le den para financiar un jet de 70 millones de dólares o el estribillo de Leroy Thompson de «¡El dinero viene!» La ostentación de la riqueza de los predicadores se toma como una señal del favor de Dios.

Un prominente predicador, Joel Osteen, ha alterado con éxito la enseñanza de Palabra de Fe para centrarse más en el estímulo de la autoayuda que en la sanidad física o la prosperidad material. También evita la cristología y antropología distintiva de Palabra de

Fe. En su libro de 2015 *El poder del yo soy*, se insta a sus seguidores a decir cosas buenas sobre sí mismos como «soy fuerte» o «soy talentoso». A veces hace referencia a la sanidad y a las finanzas, pero su énfasis es más general, y su uso de las fórmulas de Palabra de Fe es simplificado.

Sin embargo, no todos los que pertenecen a este movimiento gozan de una salud perfecta o tienen abundantes riquezas; la mayoría no las tienen. Entonces, ¿cómo es que este estilo de espiritualidad responde a las luchas cotidianas de los creyentes? La respuesta es que cualquier pequeño éxito en la vida se atribuye a esta teología. Así, aunque todavía no haya llegado esa gran recompensa en términos de sanidad o finanzas, si un creyente tiene una pequeña ganancia inesperada, consigue un nuevo trabajo, experimenta un alivio a través de la medicina, etc., entonces se considera un éxito para la técnica de Palabra de Fe. Y si alguien tiene un resultado espectacular en su vida, se pone a la vista de los fieles para que también vean y crean, esperando que les llegue el turno. Su llegada está siempre a la vuelta de la esquina.

El énfasis en la riqueza material es diametralmente opuesto a la espiritualidad ortodoxa, que se centra en el ascetismo, renunciando a lo que no necesitamos para aligerarnos de la lucha espiritual contra las pasiones. Buscar sinceramente las posesiones es perjudicial para el alma. Y aunque no hay nada malo en pedir a Dios que alivie la pobreza, aceptamos humildemente nuestra suerte, sea cual sea. No podemos creer que la voluntad de Dios sea siempre que estemos sanos o seamos prósperos; después de todo, tales cosas son temporales de todos modos, y sufrir con paciencia en este mundo a menudo nos prepara para la vida de la era venidera.

Prácticas, conceptos y características del pentecostalismo

Al comenzar este capítulo, señalamos que el pentecostalismo tiene mucho más que ver con la *experiencia* espiritual que con la doctrina. Pero, por supuesto, como hemos visto, la doctrina informa las experiencias y las prácticas. La creencia del movimiento de santidad en la segunda bendición, por ejemplo, es muy significativa en toda esta historia y en la mayoría de sus expresiones. Y la creencia general pentecostal en el segundo (o a veces tercer o cuarto) Pentecostés es igualmente muy formativa.

En esta sección, examinaremos una serie de prácticas y creencias que son comunes en todo el movimiento pentecostal, y aquí me refiero a todas las diversas denominaciones, movimientos y grupos que tienen orígenes o asociaciones con el pentecostalismo. Al establecer aquí una especie de catálogo de estas prácticas y creencias, debemos tener en cuenta que no todos los grupos pentecostales las practican o las siguen, o pueden no considerarlas de la misma manera. Por lo tanto, estamos generalizando. Al considerar cualquier parte particular del movimiento, háganse los ajustes necesarios.

Me gustaría hacer un último comentario antes de comenzar esta lista, y es sobre la naturaleza del funcionamiento del pentecostalismo como movimiento. Aunque hemos esbozado una historia y una especie de árbol genealógico de los grupos pentecostales, es muy difícil rastrear los orígenes de determinadas enseñanzas o prácticas. ¿A qué se debe esto? Creo que se debe a cómo funciona la autoridad en el pentecostalismo.

Aunque los pentecostales tienden a ser muy apegados a las palabras de la Escritura, su tipo de religión no es realmente *textual* como la de la mayoría de sus antepasados protestantes, es decir, la fe y la praxis distintivas del pentecostalismo no se *derivan* directamente de la propia Escritura. Más bien, se basan en una experiencia común, y luego la Escritura se utiliza como aval de sus prácticas, una ironía teniendo en cuenta el fuerte biblicismo literal del movimiento. Por lo tanto, considero que el pentecostalismo no es tanto textual como *viral*. En cierto modo, funciona como una tradición, pero sin los límites habituales que impone la tradición. Las ideas y las prácticas no se propagan a través de procesos históricos o determinaciones jerárquicas, sino que funcionan como experiencias comunicables, meméticas.

El segundo Pentecostés

Como hemos descrito anteriormente, la afirmación histórica clave del pentecostalismo es que se ha producido un nuevo Pentecostés. La profecía de Joel 2, 28, que tradicionalmente los cristianos toman como una predicción del Pentecostés apostólico de Hechos 2, se reaplica para referirse a un acontecimiento *adicional*. En la mayoría de los casos, se trata del acontecimiento que ocurrió a principios del siglo XX con la fundación del pentecostalismo, aunque este Pentecostés repetido puede asociarse también a momentos posteriores. En este nuevo Pentecostés, los dones milagrosos de poder son reclamados por los cristianos, tal vez después de haber permanecido inactivos durante siglos. Existe aquí un paralelismo con la enseñanza de la segunda bendición, salvo que es a escala de la propia historia. La conversión de la Iglesia ya se produjo, pero ahora el Espíritu Santo desciende para un empoderamiento de los creyentes. Puede que los pentecostales no utilicen el término *segundo Pentecostés*, pero en general comparten la sensación de que algo nuevo empezó a suceder a principios del siglo XX.

Para la Iglesia ortodoxa, al igual que no enseñamos una segunda bendición específica y formal, también hay un solo Pentecostés, el descrito en Hechos 2. No hay ninguna indicación de más de uno en la profecía de Joel. Además, lo que se lleva a cabo en Pentecostés es la constitución de la Iglesia en su plenitud en la tierra, no solo un empoderamiento de los creyentes para la evangelización. Al igual que la muerte y resurrección de Jesús, es irrepetible. Y la Iglesia siempre ha creído que Jesús vendrá «pronto», pero no sabemos el día ni la hora (Mt. 24, 36), ni siquiera como para poder decir que es realmente inminente. Tal vez lo sea, pero no lo sabemos.

Las dudas sobre los pentecostés adicionales pueden enmarcarse en términos de una objeción común a todas las nuevas revelaciones:

¿sobre qué base se debe confiar en la nueva revelación? Los pentecostales dirían que la prueba está en los milagros, pero los ortodoxos ven las cosas de otra manera. A diferencia de muchas iglesias protestantes, la Iglesia ortodoxa no es cesacionista. La Ortodoxia nunca ha enseñado que los dones milagrosos de sanidad y otros dones hayan sido retirados de la Iglesia. En eso, somos similares a los pentecostales. Sin embargo, en lo que nos diferenciamos es en que tales dones se asocian casi exclusivamente con personas cuya madurez espiritual es muy avanzada, algo que es poco frecuente.

Existen los milagros «normales» que ocurren, como el cambio del pan y el vino en el Cuerpo y la Sangre de Cristo, pero los dones milagrosos más inusuales suelen ser practicados solo por los santos. La capacidad de sanar espectacularmente a través de la oración o de conocer el futuro, etc., suelen ser dones concedidos por Dios solo a aquellos que han pasado mucho tiempo en el ascetismo y el arrepentimiento, lo que les hace humildes y más propensos a evitar el orgullo espiritual que tan a menudo afecta a los «hacedores de milagros» modernos. Incluso en el Nuevo Testamento, no vemos a todos los creyentes haciendo milagros. Son sobre todo los apóstoles. No hay ninguna indicación de que el tipo de dones que Dios les da sea normal para todos.

Los dones milagrosos siguen existiendo en la Iglesia, pero no son la norma, y tampoco se consideran la prueba de la autenticidad de la Ortodoxia. Los milagros no suelen ser muy publicitados, sino que se consideran normales en el sentido de que no son sensacionales.

Aunque la Ortodoxia no enseña que la segunda bendición sea un acontecimiento específico normal (y quizás necesario) para cada creyente, sí creemos que los cristianos individuales pueden experimentar la morada del Espíritu Santo de una manera nueva, especialmente después de una cooperación genuina y profunda con la gracia divina. Esta experiencia puede ocurrir muchas veces en la vida del creyente a medida que progresa en el arrepentimiento.

También podemos señalar que cada cristiano ortodoxo recibe su propia aplicación del único Pentecostés cuando es recibido en la Iglesia, en virtud de su crismación después del bautismo, el sello del don del Espíritu Santo. Sin embargo, no se trata de un segundo Pentecostés, sino simplemente de una participación en el único Pentecostés. Del mismo modo, el bautismo del Espíritu Santo mencionado en la Escritura (Lucas 3, 16) no es una segunda experiencia, sino el único bautismo que introduce a la persona en la Iglesia.

Hablar en lenguas

El rasgo más característico del pentecostalismo es la práctica de hablar en lenguas. Como ya hemos dicho, los primeros pentecostales se centraron en la xenoglosia, la capacidad milagrosa de hablar lenguas extranjeras, pero pronto pasaron a la glosolalia, entendida como lenguaje de oración divino, cuando quedó claro que, por ejemplo, los chinos no podían entender el «chino» que hablaban los misioneros pentecostales que hablaban en lenguas. Esa experiencia histórica por sí sola podría hacer tambalear la fe de algunos pentecostales en este fenómeno, si se enteraran de ello.

Pero a algunos puede no importarles y simplemente dirán que aquellos primeros pentecostales estaban equivocados o que aún no habían recibido la plena revelación de Dios prevista para ellos, una afirmación nada extraordinaria en un movimiento que con frecuencia reclama una nueva revelación (aunque con la advertencia de incluir siempre algún paralelo en las Escrituras). Y la experiencia real del éxtasis del hablar en lenguas es muy convincente. ¿Qué ocurre aquí?

Es muy difícil saber lo que ocurre exactamente cuando un pentecostal habla en lenguas. Él dirá que es un don de Dios, un lenguaje de oración que se le ha dado para su edificación espiritual. La lectura de 1 Corintios 14 puede sugerir que tal cosa ocurrió en el Nuevo Testamento y quizás incluso después. Pero lo que es especialmente notable en ese pasaje es que Pablo resta importancia a este acto, cualquiera que sea, diciendo que la profecía es mayor (1 Cor. 14, 5).

Continúa diciendo que las lenguas son un problema tanto para los creyentes como para los incrédulos; es mucho mejor profetizar para que los que escuchan puedan ser convencidos y persuadidos. (La profecía aquí no es necesariamente decir el futuro o recibir una nueva revelación, sino más bien hablar en nombre de Dios. Por tanto, la predicación puede considerarse, en cierto sentido, una profecía). Sus comentarios en 1 Corintios 13, 8 de que las lenguas «cesarán» podrían indicar que, incluso si tales cosas ocurrieron, ahora han terminado (este versículo es el texto de prueba estándar de los cesacionistas). Incluso si es verdad que el hablar en lenguas en el Nuevo Testamento es como lo describen los pentecostales, nunca se le da la prominencia que el pentecostalismo le da. Ciertamente no es, como sostienen algunos de ellos, un requisito absoluto para la salvación. Y ninguno de los Padres de la Iglesia lo menciona como parte de la auténtica vida cristiana.

He leído que algunos estudios científicos han examinado los cerebros de los que hablan en lenguas cuando realizan esta práctica (Benedict Carey, «A Neuroscientific Look at Speaking in Tongues», *New York Times*, 7 de noviembre de 2006). Estos científicos afirman que el centro del lenguaje del cerebro no se activa cuando esto ocurre. Los que hablan en lenguas pueden señalar esto como prueba de que sus lenguas son animadas por el Espíritu Santo. Pero esto no es una prueba en sí misma, ya que tales expresiones extáticas existieron en el paganismo y en grupos heréticos que se separaron de la Iglesia (como los montanistas a finales del siglo II).

Además, podemos preguntarnos con razón si los seres humanos no tienen simplemente esta capacidad en un sentido puramente natural y psicológico, incluso quizás acompañada de un estado alterado de conciencia. El cerebro humano es un órgano misterioso, y sus capacidades solo se conocen parcialmente. Que la boca pueda emitir sonidos que no son generados por los centros lingüísticos del cerebro no significa que solo puedan estar hablando un lenguaje divino.

Una de las cosas que he notado al escuchar a los que hablan en lenguas es que los fonemas —conjuntos de sonidos, vocales y consonantes— que utilizan en sus expresiones son casi siempre un subconjunto de su lengua natural y normal. Es decir, emiten sonidos que ya conocen. Pero, ¿por qué el conjunto de sonidos al hablar en lenguas emitido por alguien que habla normalmente en inglés debe limitarse al conjunto de sonidos que hace normalmente en inglés? ¿Por qué no los sonidos guturales de la h aspirada o las vocales difíciles del árabe, los chasquidos consonánticos de algunas lenguas africanas, las consonantes líquidas de ciertas lenguas asiáticas que están entre la «l» y la «r», o quizás algo desconocido en el lenguaje humano? Aunque no se trata de un argumento irrefutable contra la glosolalia, es sugerente. Cabría esperar que un estímulo divino a la lengua la hiciera capaz de aquello para lo que no se utiliza normalmente. ¿Por qué su lenguaje divino suena tan parecido a su lenguaje cotidiano?

Es observable que existe cierto nivel de agencia humana cuando se trata de iniciar la glosolalia. Recordamos cómo ciertos predicadores pentecostales son capaces de inducir el acto en otros. Y los servicios de avivamiento pentecostales pueden incluir a uno o más hablantes en lenguas reuniéndose alrededor e imponiendo las manos sobre alguien para tratar de inducir en ellos las lenguas. He hablado con más de un pentecostal o expentecostal que dijo que se le animó a practicar la pronunciación de sílabas sin sentido para «cebar la bomba», por así decirlo, para que el Espíritu Santo comenzara su trabajo. Y algunos dirán que el lenguaje de oración de uno puede crecer y desarrollarse con el tiempo.

Al igual que con otros reclamos de milagros, podemos preguntarnos si se trata realmente de una manifestación de algún poder ajeno a la capacidad humana normal. En los años setenta, el hieromonje ortodoxo ruso P. Seraphim Rose dijo que creía que había un espíritu en el movimiento carismático (que entonces tenía un pequeño impacto en un puñado de lugares de la Ortodoxia), pero que creía que no era el Espíritu Santo. Es decir, sugería que su origen era demoníaco:

> *Los propios textos «carismáticos» dejan bastante claro que lo que se produce en estas experiencias —cuando son auténticas y no el mero producto de la sugestión— no es simplemente el desarrollo de alguna habilidad mediúmnica, sino la posesión real por un espíritu. Estas personas parecen estar en lo cierto al llamarse a sí mismas «llenas de espíritu», ¡pero ciertamente no es el Espíritu Santo el que las llena! (P. Seraphim Rose, Orthodoxy and the Religion of the Future, 157)*

Merece la pena leer el análisis del P. Seraphim, pero no sé si tenía razón o, si la *tenía*, si su evaluación se aplica a todos los pentecostales que hablan en lenguas. Sus comentarios hacen referencia a este útil pasaje de San Agustín:

> *En los primeros tiempos, el Espíritu Santo cayó sobre los que creían; y hablaban en lenguas que no habían aprendido, según el Espíritu les daba a entender. Estas eran señales adaptadas a la época. Porque era necesario que el Espíritu Santo se manifestara en todas las lenguas, para mostrar que el Evangelio de Dios había de correr por todas las lenguas en toda la tierra. Eso se hizo como señal, y pasó. En la imposición de manos ahora, para que las personas reciban el Espíritu Santo, ¿buscamos que hablen en lenguas? O cuando impusimos la mano a estos niños, ¿miró cada uno de ustedes para ver si hablaban en lenguas, y, al ver que no hablaban en lenguas, fue alguno de ustedes tan malpensado como para decir: estos no han recibido el*

> *Espíritu Santo; porque, si lo hubieran recibido, hablarían
> en lenguas como sucedía en aquellos tiempos? Si, pues,
> el testimonio de la presencia del Espíritu Santo no se da
> ahora por medio de estos milagros, ¿por qué se da, por
> qué se llega a saber que se ha recibido el Espíritu Santo?
> Que se cuestione su propio corazón. Si ama a su hermano,
> el Espíritu de Dios habita en él.* (Agustín de Hipona,
> *Homilía sobre la Primera Carta de San Juan*, 6.10)

Mi propia conclusión con respecto a hablar en lenguas es que debemos ser extremadamente cautelosos. Sé que no es la norma dentro de la tradición ortodoxa. Incluso si es un fenómeno genuino entre los pentecostales —y tengo todas las razones para creer que la mayoría de ellos lo practican de buena fe y con sinceridad de creencias— ciertamente no es congruente con lo que uno ve en el Nuevo Testamento. No estoy lo suficientemente seguro como para hacer la afirmación que hizo el P. Seraphim Rose, pero sí veo que la práctica es profundamente problemática. Dicho esto, algunos antiguos pentecostales y carismáticos que se han convertido en ortodoxos han visto una sustitución natural de su lenguaje de oración por la meditativa Oración de Jesús («Señor Jesucristo, Hijo de Dios, ten piedad de mí»).

Sanidad por la fe

La sanidad por fe es el segundo rasgo característico del movimiento pentecostal, después del hablar en lenguas. Hemos visto su historia, tanto en el movimiento de santidad como en el momento en que los primeros predicadores de Palabra de Fe la incorporaron como parte frecuente de la práctica pentecostal. Hay algunas partes del pentecostalismo en las que es una práctica poco habitual y otras en las que se realiza casi siempre que se reúne una iglesia o habla un predicador itinerante.

En esta práctica, el predicador suele acercarse a alguien (como con la técnica de Kenneth Hagin) o, como es más frecuente hoy, ser abordado por alguien que busca sanidad física. Puede colocar una mano detrás del cuello y otra en la frente mientras ora. Un golpecito en la frente puede hacer que la persona caiga de espaldas, algo que a veces se llama «caer en el espíritu» (aunque eso puede ocurrir incluso fuera de la práctica de ser tocado para sanidad).

Cuando Hagin hizo esto, a menudo fue bastante discreto y no vistoso; incluso cuando era más entusiasta, no era un gran espectáculo. Pero muchos sanadores por la fe modernos hacen un gran espectáculo de ello, por lo general acompañados por música conmovedora que puede llegar a un clímax emocional justo en el momento en que el sanador empuja al creyente. La persona que ha tenido esta experiencia puede llorar, temblar, reír incontroladamente, bailar, correr, etc.

Algunos sanadores por la fe pueden ser extremos en sus técnicas de sanidad. Smith Wigglesworth, uno de los primeros pentecostales que afirmaba que muchas enfermedades eran el resultado de la actividad satánica o demoníaca (una afirmación común en los círculos de sanidad por fe), realmente abofeteaba o golpeaba la parte del cuerpo afligida. Afirmaba que su enfoque violento era en realidad un combate con los demonios. Es legendario en el pentecostalismo por haber resucitado a los muertos. En nuestros días, el sanador Todd Bentley ha sido grabado en video pateando a la gente en el estómago, golpeando la cabeza y sacudiendo violentamente sus cabezas. Benny Hinn se quita la chaqueta de su traje y golpea con ella la cara de la gente. Sin embargo, estas prácticas son poco frecuentes. La mayoría de los sanadores se limitan a tocar a la gente en la frente.

La sanidad por fe se asocia a menudo con una cosmovisión casi animista. Hay un demonio del cáncer, un demonio de las enfermedades del corazón, un demonio de las migrañas, etc. Las enfermedades son el resultado directo de la influencia demoníaca, por lo que hay que luchar contra los demonios para sanar la enfermedad. (También hay demonios de la duda, la pereza, la ira, etc.) Casi todo se convierte en un exorcismo.

Muchas personas dicen sentirse inmediatamente mejor de sus dolencias. La mayoría de los sanadores suelen tener una historia personal de sanidad de alguna enfermedad crónica o incurable. Todo esto se hace muy públicamente, con congregaciones enteras observando o incluso miles de personas que asisten a las reuniones de avivamiento. A menudo se anima a los que reciben sanidad a que muestren inmediatamente las pruebas de su curación: alguien que tenía un problema en la pierna puede verse obligado a empezar a correr por el escenario, por ejemplo. Se sabe que algunas iglesias toman muletas y sillas de ruedas y las cuelgan de la pared como trofeos de las sanidades exitosas: sus dueños ya no las necesitan. (Esta práctica es anterior al movimiento pentecostal. También se pueden encontrar exhibiciones de este tipo en algunas iglesias ortodoxas y católicas).

¿Pero qué pasa con las personas que no se curan? ¿O qué pasa con los que se sienten mejor de inmediato, pero sufren una recaída? Esto no se suele plantear públicamente en el movimiento de sanidad, pero algunos predicadores lo han abordado. A menudo se dice que la fe de una persona debe ser activa para que la sanidad funcione, y también que debe *seguir estando activa* para que la persona mantenga su sanidad. Esta enseñanza no tiene ningún precedente en las Escrituras.

Esta lucha no es lo que se pone en el centro de atención, pero es un problema existencial para los involucrados en el movimiento. Especialmente en el movimiento Palabra de Fe, que enseña que siempre es la voluntad de Dios que experimentes la sanidad física, esto puede ser realmente difícil. Si no experimentas la sanidad o no mantienes tu sanidad, ¿qué dice eso de tu fe? En esencia, se culpa a la persona que sufre. Deben estar pecando o tener una fe débil. La teología del sufrimiento de la tradición cristiana histórica está ausente, y ante las oraciones de sanidad no respondidas, los creyentes confundidos pueden simplemente redoblar su compromiso o desanimarse y abandonar por completo. No se enseña la idea de que la voluntad de Dios pueda incluir su sufrimiento:

> *El evangelio de la prosperidad mantiene esta ilusión de control hasta el final. Si un creyente se enferma y muere, la vergüenza agrava el dolor. Los que son amados y se pierden son solo eso: los que han perdido la prueba de la fe. En mi trabajo, he escuchado innumerables historias de personas que se niegan a reconocer que el final ha llegado. Un hombre demacrado era empujado en una silla de ruedas en una megaiglesia mientras los asistentes declaraban que ya estaba curado. Una mujer bailó alrededor del lecho de muerte de su hermana gritando a los familiares horrorizados que el cuerpo aún puede vivir. En el evangelio de la prosperidad no hay una muerte agraciada, ni un* ars moriendi. *Solo hay decepciones tras intentos febriles de negar su inevitabilidad.* (Kate Bowler, «Death, the Prosperity Gospel and Me», *New York Times*, 13 de febrero de 2016)

La sanidad milagrosa existe en la Ortodoxia, tanto ahora como a lo largo de la historia de la Iglesia. Pero su carácter y propósito son muy diferentes. Tal vez la diferencia más evidente es que rara vez es pública. Esto está en consonancia con el modelo establecido por Jesús, que a menudo enviaba a la gente fuera de la habitación antes de sanar y también con frecuencia decía a los que había sanado que no contaran a nadie lo que había sucedido.

Recordemos el incidente en el que Jesús sana a un ciego de nacimiento (Juan 9, 1-12). En ese relato, se plantea la cuestión de por qué nació ciego: ¿por sus propios pecados o por los de sus padres? Jesús dice explícitamente que no fue el resultado del pecado de nadie, sino para que manifestara la obra de Dios (Juan 9, 2-3).

Del mismo modo, la afirmación de que la voluntad de Dios es siempre que no suframos o que siempre podemos librarnos del sufrimiento mediante una confesión positiva va en contra de la predicción de Cristo de que los apóstoles sufrirían por su causa. Más profundamente aún, va en contra del sufrimiento de Cristo mismo: ¿por qué daría tan mal ejemplo con el sufrimiento y la muerte, si la voluntad de Dios es que siempre estemos sanos? Los predicadores de Palabra de Fe podrían decir que el sufrimiento de Cristo es lo que hizo que la sanidad física estuviera siempre disponible, pero esto confunde las cosas cuando se trata de creyentes que buscan imitar a Cristo.

En la Ortodoxia, la sanidad por fe para el cuerpo no está necesariamente dirigida a la sanidad física milagrosa inmediata. El sacramento de la Santa Unción, por ejemplo, se da «para la curación del alma y del cuerpo». ¿Pero qué pasa si no hay una sanidad física inmediata? Eso ocurre a veces (aunque raramente), pero esa curación tiene un propósito mucho más duradero y a largo plazo: la curación completa de la persona humana en la resurrección. Aunque a veces se produce un alivio temporal, la sanidad física en la Iglesia ortodoxa es, en última instancia, escatológica. No estamos hechos para durar para siempre en este estado actual. Todos moriremos y luego resucitaremos. Será entonces cuando la sanidad de Dios se realice *plenamente* en los que participan en ella.

Profecía

Es habitual escuchar a los pentecostales hablar con un lenguaje bíblico que resulta poco familiar a otros cristianos, incluso a los que forman parte de la tradición *revivalista* más amplia. Una de las áreas en las que esto ocurre es la profecía.

Los debates sobre la profecía en el pentecostalismo moderno giran en gran medida en torno a dos cuestiones: cómo distinguir la verdadera profecía de la falsa y cuál es la autoridad de las nuevas revelaciones en comparación con las Escrituras. Los pentecostales se encuentran en una situación muy desigual con respecto a estas dos cuestiones. Una vez que se introduce la idea de una nueva revelación —no solo en el sentido normal de que Dios habla a los creyentes, sino en el de una nueva revelación con autoridad que debe aplicarse ampliamente—, se abre una caja de Pandora que nos devuelve al problema básico de la autoridad. ¿Por qué debería creer a esta nueva persona que dice ser un profeta, especialmente cuando otros «profetas» dicen cosas contradictorias?

Dicho esto, gran parte de la profecía en el pentecostalismo parece estar estrechamente relacionada con dos de los dones espirituales mencionados por Pablo en 1 Cor. 12, 8: la palabra de conocimiento y la palabra de sabiduría. Mientras que la mayoría de los cristianos no considerarían estos dones en términos tan técnicos, viéndolos en cambio como formas generales de hablar de las habilidades intelectuales otorgadas por Dios, los pentecostales suelen referirse a ellos como efectos muy específicos.

Una palabra de conocimiento es un dato dada proféticamente por Dios a alguien que no podría conocer la información de otra manera. Un ejemplo podría ser cuando una persona enferma se acerca a un sanador por la fe y el sanador identifica inmediatamente alguna dolencia no evidente, como el cáncer.

Una palabra de sabiduría no es información, sino la comprensión de lo que hay que hacer, de nuevo, dada proféticamente por Dios. Así que, para continuar con nuestro ejemplo, la persona que ha sido identificada con cáncer el sanador le dirá que Dios le dice que debe acudir al oncólogo del hospital local.

Ambos dones pueden funcionar a nivel individual, pero muchos predicadores afirmarán tipos mucho más amplios de revelación, como saber cuándo viene el fin del mundo, qué nueva dirección debe tomar su ministerio, etc.

Estos dones no se limitan a los líderes pentecostales. Un creyente puede levantarse de repente en medio de un servicio y empezar a hablar en nombre de Dios. Tales revelaciones se dan también en primera persona gramatical, de modo que se entiende que es la propia voz de Dios la que habla a través de la persona como si fuera un oráculo. No es lo mismo que en la Biblia, donde los profetas encabezan esos mensajes con «Así dice el Señor», transmitiendo lo que Dios ya les había dicho antes de hablar. Se trata más bien de una posesión divina. Estas nuevas «profecías» pueden ir acompañadas de un «Así dice el Señor», pero está claro que se supone que esto ocurre en tiempo real: Dios no habla tanto *al* profeta como *a través* de él.

Los ortodoxos ven la profecía como ven los otros milagros. Ciertamente hay casos de clarividencia en la vida de los santos, y la sabiduría es un don común para los santos e incluso para los creyentes más ordinarios. Pero hablar en primera persona en nombre de Dios no es algo que se encuentre en la tradición ortodoxa.

En una ocasión pregunté a unos amigos pentecostales qué ocurre si alguien se levanta y empieza a hablar así, de forma que resulte objetable para los líderes de la iglesia. A menudo, a esas personas se les dice que «los espíritus de los profetas están sujetos a los profetas» (1 Cor. 14, 32), que deben controlarse y callarse. Incluso hay casos de aspirantes a profetas que son escoltados fuera. Otros pueden ser llevados primero ante el pastor u otros líderes para ser evaluados con rapidez antes de que se les permita hablar. Así que hay controles sobre esta práctica, y no suele ser un descontrol de nuevas revelaciones de Dios.

Unción

Otro término bíblico que los pentecostales utilizan de forma técnica específica es el de *unción*. El término en las Escrituras se usa típicamente de forma literal, normalmente refiriéndose a la unción con aceite de sacerdotes o reyes, pero también para la sanidad. Se utiliza dos veces de forma posiblemente metafórica en 1 Juan 2:

Pero ustedes tienen la unción de parte del Santo y conocen todas las cosas.

(1 Juan 2, 20)

Y en cuanto a ustedes, la unción que han recibido de él permanece en ustedes, y no tienen necesidad de que alguien les enseñe. Pero, como la misma unción les enseña acerca de todas las cosas, y es verdadera y no falsa, así como les enseñó, permanezcan en él.

(1 Juan 2, 27)

Para los ortodoxos, esto puede entenderse (ya sea literal o metafóricamente) como refiriéndose a la crismación y al conocimiento que proviene del don del Espíritu Santo. Pero los pentecostales suelen utilizar *unción* para referirse a una capacidad específica otorgada por Dios, y se utiliza principalmente de forma metafórica, aunque no se desconoce la unción con aceite.

Se puede decir que un predicador tiene la unción para predicar, lo que significa que Dios le ha dado ese don. O un maestro puede tener la unción para enseñar. Del mismo modo, un sanador podría tener la unción para sanar.

Pero a veces la unción puede ser extrañamente específica y temporal. Por ejemplo, un sanador de fe podría decir que está recibiendo una unción para la sanidad del cáncer de pulmón. Entonces el llamará a aquellos que sufren de cáncer de pulmón para que sean sanados durante una reunión de avivamiento.

A veces se dice que una unción está generalmente presente en un lugar específico, hablando ampliamente de la presencia de Dios: «¡Hay una unción en este lugar esta noche!»

Se cree que la unción de los predicadores especialmente dotados se adhiere a ellos de forma física. Pueden transmitirla mediante la imposición de manos. Incluso después de su muerte, se pueden encontrar personas que se acuestan en la tumba de un líder pentecostal fallecido, con la esperanza de absorber algo de su unción, una práctica llamada «remojo de tumbas» (o a veces «succión de tumbas» o «recoger el manto»). Esta práctica es criticada dentro del movimiento. Pero la idea esencial es que la unción puede ser transferida. Esta idea proviene del incidente en el que Eliseo recoge el manto de Elías (2 Reyes 2, 13) y recibe una «doble porción» del espíritu del profeta fallecido. Por lo tanto, un don profético especial también puede denominarse un *manto* que puede ser recogido.

Un término relacionado, popular en el movimiento Palabra de Fe, es *favor*, que podría entenderse mejor como providencia divina fortuita. Cuando Dios te da un favor, probablemente como resultado de tu confesión positiva de fe, obtienes algo que normalmente no tendrías.

Espectáculo y celebridad

Una de las cosas que uno puede notar en los servicios de las iglesias pentecostales y en las reuniones de avivamiento es que suelen ser bastante espectaculares, ya sea porque la gente se queda atónita al ver lo que creen que son milagros o porque se utilizan técnicas deliberadas para atraer a la gente de forma teatral.

Una de las primeras pioneras en el uso de técnicas de entretenimiento en la iglesia fue Aimee Semple McPherson, la fundadora de la Iglesia Internacional del Evangelio Cuadrangular, que hoy cuenta con cerca de ocho millones de miembros. La hermana Aimee, como se la llamaba, organizaba elaboradas representaciones escénicas para su público, que incluían disfraces y efectos especiales. Ella misma solía vestirse con una larga capa y un traje de aspecto vagamente clerical, así como con un sombrero de estilo militar.

Su Angelus Temple de Los Ángeles tenía capacidad para más de cinco mil personas y, durante los años veinte, se llenaba tres veces por semana; allí la hermana Aimee predicaba emotivos sermones y hacía demostraciones públicas de sanidad por fe. El número de miembros superó los diez mil, y se decía que era la mayor congregación cristiana del mundo. Sus programas de radio pueden representar la invención de la radio cristiana. Era una megaiglesia antes de que existieran las megaiglesias, y la hermana Aimee y su iglesia eran una sensación mediática. Quizá fue la primera predicadora famosa en la era de la comunicación de masas.

El carácter espectacular de los cultos pentecostales crea un marco adecuado para suscitar una experiencia emocional, y el sentimiento de expectación por los milagros puede estar fuertemente condicionado, especialmente en quienes están acostumbrados a este enfoque. Uno puede tener la sensación de ser manipulado en el estilo de culto fuertemente emocional que es normal en el pentecostalismo. Esto contrasta notablemente con la sobriedad del culto cristiano tradicional, que, aunque puede evocar sentimientos emocionales, no está diseñado específicamente para inducirlos.

Cuando la sensación de que un milagro está ocurriendo delante de ti es fuerte, la experiencia puede ser electrizante. Un expentecostal me dijo que lo encontraba adictivo. Siempre quería volver para conseguir más y mejores milagros. Dijo que los pentecostales que se convierten en ortodoxos pueden necesitar primero romper su adicción antes de poder abrazar la alegre sobriedad de la fe cristiana histórica.

La celebridad también es común entre los predicadores pentecostales; no es que muchos de ellos sean realmente celebridades, pero existe la *expectativa* de que alguien realmente bendecido por Dios y que está siendo utilizado por Él se haga famoso. Que un predicador sea una celebridad es una indicación de que está haciendo la obra de Dios.

A veces sucede que una persona verdaderamente santa puede obtener algún reconocimiento público dentro de la Iglesia ortodoxa durante su propia vida. Se sabe que la gente busca a los santos. Pero la respuesta de estos santos a la celebridad es huir de ella, no abrazarla. Lo ven como una tentación de orgullo.

¡No toques al ungido del Señor!

Un problema muy común en todo el movimiento pentecostal es cómo debe surgir y funcionar el liderazgo. En general, no existe un proceso denominacional establecido para producir clérigos. Hay escuelas bíblicas y formación ministerial, pero incluso estas cosas son a menudo criticadas por ser poco espirituales, por «apagar el Espíritu». El antiintelectualismo es muy común en los círculos pentecostales.

Entonces, ¿cómo se puede certificar el verdadero liderazgo? En última instancia, el verdadero liderazgo se demuestra por los resultados. Si muchas personas se convierten, se realizan muchos milagros, etc., entonces esa es la autenticación del liderazgo. Tal persona a menudo puede ser identificada como «el ungido del Señor», una referencia al Salmo 105, 15 y 1 Crónicas 16, 22: «¡No toquen a mis ungidos, ni hagan mal a mis profetas!». Por lo tanto, criticar a alguien que ha obtenido resultados claros en el ministerio o que simplemente ha sido designado como pastor es ir en contra de Dios mismo. Esto deja al liderazgo de la iglesia pentecostal muy abierto al abuso, especialmente en las congregaciones y ministerios independientes fuera de las denominaciones establecidas. Algunos pueden tener una visión bastante exaltada de su ministerio:

> *Se acerca el día en que los que nos atacan caerán muertos. Tú dices: «¿Qué dijiste?» Hablo esto bajo la unción del Espíritu. ¿Puedo decirte algo? No toquen a los siervos de Dios; es mortal... ¡Ay de ustedes que tocan a los siervos de Dios! Lo van a pagar.* (Benny Hinn, «Miracle Invasion Rally», Anaheim Convention Center, 22 de noviembre de 1991, citado en Hank Hanegraaff, *Christianity in Crisis*, 336)

Con este sentimiento sobre el liderazgo, las iglesias pueden ser dirigidas durante años por hombres que han demostrado tener profundos defectos personales, incluso pecados atroces. Muchos de los líderes pentecostales más famosos de años pasados eran personas profundamente defectuosas que probablemente serían consideradas no aptas para el ministerio en un entorno eclesiástico más riguroso. Recordamos los fallos de Charles Parham al principio de este capítulo, pero muchos otros *revivalistas* famosos tuvieron problemas importantes: el predicador escocés de finales del siglo XIX John Alexander Dowie se creía Elías; el sanador por fe A. A. Allen fue expulsado de las Asambleas de Dios por alcoholismo; otro predicador de las Asambleas, Jack Coe, también fue expulsado por «inducir al público a error», diciéndoles que no tomaran medicinas ni fueran a los médicos; William Branham parecía a veces estar loco; Aimee Semple McPherson se divorció y tuvo aventuras adúlteras; y celebridades carismáticas modernas como Jimmy Swaggart y Jim Bakker también tuvieron dramáticas caídas de la gracia impulsadas por el escándalo.

Pero Dios los siguió utilizando, y así, irónicamente, estas personalidades fracasadas se convirtieron en héroes a emular precisamente por la combinación de sus defectos con su capacidad de obtener resultados. ¿Por qué habría de importar que un predicador tenga un matrimonio fracasado o antecedentes penales? ¿Por qué debería importar si hay rivalidad e incluso un conflicto público entre miembros arraigados de una familia de liderazgo pentecostal? (Muchas de estas iglesias son un «negocio familiar».) ¡Mira cómo los está usando Dios!

Si bien es cierto que algunas figuras bíblicas, como David, eran defectuosas y aun así fueron usadas por Dios, la cuestión no es realmente si alguien está siendo usado por Dios. Cualquiera puede ser usado por Dios. La diferencia con estos líderes pentecostales defectuosos es que permanecen en el ministerio, aunque no se arrepientan, especialmente habiendo cometido pecados que las normas bíblicas dicen que descalifican a uno para el liderazgo en el ministerio público. Además, el hecho de que una organización tenga éxito en términos de las cifras a las que a menudo apelan los pentecostales no significa que sus líderes estén haciendo la voluntad de Dios. Obtener resultados no es lo mismo que la fidelidad.

¿Es esto real? Pentecostales y Ortodoxia

Es razonable preguntarse si todos estas señales y prodigios son realmente reales. ¿Pueden los pentecostales cumplir realmente cuando se trata de realizar milagros?

Es una pregunta muy difícil, sobre todo porque hay pruebas de milagros en muchas religiones, incluso entre las no cristianas. No es algo exclusivo del cristianismo pentecostal. Existen numerosas posibilidades para explicar la experiencia de los milagros en el movimiento pentecostal.

Muchos efectos podrían ser puramente psicológicos o psicosomáticos, ya sea hablar en lenguas, sanar u otros. Algunos podrían ser puro fraude. Algunos podrían ser la aplicación de energías espirituales humanas: habilidades naturales en el ser humano que la mayoría de la gente no sabe cómo aprovechar. Podrían ser la influencia de demonios. Podría ser la influencia de los ángeles. Y podrían ser la presencia del Espíritu Santo.

Sospecho que todas esas cosas pueden estar activas en el movimiento pentecostal. Saberlo con certeza probablemente requeriría una investigación minuciosa de cada caso por parte de personas mucho más avanzadas espiritualmente que yo. Así que no estoy dispuesto a establecer un dictamen definitivo sobre todo lo que ocurre allí. Sí creo, como ya he mencionado, que algunas de estas prácticas son, como mínimo, peligrosas y problemáticas, especialmente porque se apartan de las normas de la tradición ortodoxa.

¿Qué hay de las revelaciones que afirman los líderes y creyentes pentecostales? ¿Se les aparece realmente Dios y les da nuevas revelaciones, algunas limitadas y específicas, otras de mucho mayor alcance? Como cristiano ortodoxo, en la medida en que muchas de estas revelaciones contradicen la tradición ortodoxa, tengo razones para dudar de ellas. Pero incluso fuera de un compromiso con la tradición ortodoxa, podemos observar que tales revelaciones a menudo se contradicen entre sí e incluso con la Biblia (cuando no se la fuerza más allá de lo reconocible para aplicarla a una nueva «palabra de conocimiento»). Incluso si es cierto que Dios habla directamente a algunos de estos cristianos, es muy difícil separar lo que es verdadero de lo que es falso, porque no hay una tradición que rija el pentecostalismo para utilizarla como medida.

Lo que más me interesa es cómo los pentecostales pueden llegar a encontrar un hogar en la Ortodoxia. En algunos aspectos, los pentecostales y los creyentes del movimiento de santidad pueden acercarse a la Iglesia ortodoxa de forma muy diferente a los protestantes y evangélicos tradicionales. Los que están más en contacto con sus raíces del movimiento de santidad no encontrarán en la Ortodoxia el moralismo de sus fundadores, pero pueden apreciar nuestro énfasis ascético en la pureza. Los que se centran especialmente en la curación de Dios pueden conectar con nuestra teología de la salvación como proceso de curación. El carácter altamente interactivo de los servicios pentecostales puede hacer más accesibles los ritmos de «un lado a otro» de la liturgia. Algunos pueden sentirse atraídos por nuestro sentido de que todo el mundo tiene un «Pentecostés personal» cuando es crismado, que ese primer Pentecostés nunca terminó realmente. Y a los pentecostales que se emocionan con las historias de famosos sanadores por fe y predicadores apasionados, sin duda les darán vueltas en la cabeza las historias de las vidas de los santos.

En un nivel más profundo, creo que una de las cosas que los pentecostales comparten con los ortodoxos es la apreciación de la *materialidad* cuando se trata de la vida espiritual, algo que los distingue de la mayoría de los evangélicos y otros protestantes, que tienden a rechazarla como idolatría. Los ortodoxos creen que la santidad puede residir en las cosas físicas, incluido nuestro propio cuerpo, y también lo creen los pentecostales. Puede que no nos dediquemos a «remojar tumbas», pero ciertamente nos gusta visitar las tumbas de los santos y pedir sus oraciones. Y tenemos la sensación de que el contacto físico puede ser una parte importante de nuestra conexión con los santos. Nuestra dedicación a la belleza física y el amor por la experiencia mística de la adoración con los cinco sentidos puede ser para un buscador pentecostal no solo familiar, sino más profundamente satisfactorio que lo que está disponible en el pentecostalismo.

El atractivo del pentecostalismo en todas sus formas es que habla directamente del dolor y el sufrimiento reales de la gente, de su necesidad de sanidad y de contacto directo con Dios. Aunque creo que sus métodos y creencias peculiares no son la mejor manera de hacerlo (y en algunos casos son contraproducentes), incluso el reconocimiento de esta necesidad en las personas es poderoso y convincente. La Ortodoxia, cuando se vive de verdad, también ve el dolor de la humanidad, ofreciendo una experiencia directa del verdadero Dios, el verdadero consuelo y la esperanza de la resurrección.

Aunque los ortodoxos no buscamos a Dios mediante la búsqueda del éxtasis y la constante expectativa de milagros, sí creemos que Él nos toca directamente en los santos sacramentos. Creo que es esta experiencia del toque mismo de Dios lo que más puede atraer a los pentecostales y llevarlos a casa en la Ortodoxia.

Aunque fue el mayor y más exitoso movimiento religioso nuevo que surgió de los avivamientos y la experimentación doctrinal de los siglos XIX y XX, el pentecostalismo no fue en absoluto el único. Pasemos ahora a hablar de los diversos grupos no convencionales y no trinitarios que surgieron de ese período de la historia religiosa.

7

Cristianos no mayoritarios

Muchos dioses, muchos cristos

> *Porque se levantarán falsos cristos y falsos profetas, y harán grandes señales y maravillas de tal manera que engañarán, de ser posible, aun a los escogidos.*
>
> (Mateo 24, 24)

En los capítulos anteriores, hemos examinado las doctrinas de otros cristianos: católicos, protestantes y pentecostales. Con la gran mayoría de ellos, vimos cómo compartían ciertas enseñanzas cristianas fundamentales, como la creencia en la Santísima Trinidad y en el Dios-hombre encarnado Jesucristo. Los detalles de cómo se elaboran esas creencias son ciertamente cruciales, pero sigue habiendo una buena parte de terreno común.

En este capítulo, examinaremos las creencias de grupos que se autodenominan «cristianos», pero que suelen ser considerados como no cristianos por la mayoría de los grupos que ya hemos tratado. Los cristianos tradicionales suelen considerar a estas personas como sectas o herejes. El rechazo de estos grupos no convencionales a los dogmas tradicionales de la Santísima Trinidad y de las dos naturalezas de Jesucristo, tal como los profesa la mayoría de los cristianos, es la principal razón por la que muchos cristianos no los ven como hermanos en la fe, aunque puede haber otras razones.

Aunque la Iglesia ortodoxa difiere de las principales comuniones cristianas en cuanto a lo que significa ser verdaderamente cristiano, estamos con ellas en la afirmación de que estos dogmas tradicionales son elementos críticos de la fe cristiana.

Una de las cosas que veremos al examinar estas diversas comuniones es que, una vez que se descartan los dogmas básicos, todo el mundo teológico puede cambiar radicalmente para un creyente. Aunque la Ortodoxia cree que la triadología y la cristología tradicionales no son los únicos elementos del dogma cristiano, la Iglesia considera que estos dogmas en particular son anclas que sujetan, informan y dan forma a todas las demás partes de la teología cristiana y, por tanto, a la vida espiritual. Por esta razón, las creencias y prácticas de estas denominaciones no convencionales a menudo parecen y suenan tan diferentes de las de otros cristianos.

Con la mayoría de los grupos cristianos tradicionales, podemos creer que probablemente estamos adorando o, al menos, hablando del mismo Dios, aunque con algunas doctrinas extremas (como el predestinacionismo calvinista), esa coincidencia se resiente. Sin embargo, con las comuniones que examinaremos en este capítulo, es casi imposible considerar que nuestras fes apuntan en la misma dirección. Por eso, cuando un creyente llega a la Iglesia ortodoxa procedente de uno de estos grupos, aunque haya sido bautizado antes dentro de ellos, su bautismo no es aceptado por los ortodoxos, y normalmente se le recibe en la Ortodoxia mediante el proceso completo de conversión reservado para los no cristianos.

Este planteamiento puede parecer injusto, sobre todo si se tiene en cuenta que el fundamento de estos grupos no convencionales suele ser el mismo que el de la mayoría de las denominaciones tradicionales: su fuente de autoridad es la pretensión de tener la nueva y exclusiva verdad sobre la interpretación bíblica o la revelación de Dios. Sin embargo, si observamos las prácticas de la Iglesia antigua, encontraremos que la Ortodoxia siempre ha adoptado un enfoque desigual a la hora de recibir conversos de otras confesiones.

San Basilio el Grande en el siglo IV, por ejemplo, dice que ciertos tipos de herejes deben ser bautizados y crismados, otros solo deben ser crismados, y otros son recibidos únicamente a través de la profesión de fe. Los concilios ecuménicos adoptan este mismo enfoque. Estas distinciones no revelan una arrogancia por parte de la Iglesia, sino más bien una voluntad de intentar trabajar con lo que se pueda encontrar en un creyente converso que pueda adaptarse a la Ortodoxia. Con algunos creyentes hay más en lo que debe trabajarse que con otros. Incluso en el caso de los que se declaran no cristianos, como los judíos o los musulmanes, la catequesis variará. En la mayoría de los casos, un judío está más cerca de nosotros que un musulmán, por ejemplo.

Veamos ahora las particularidades de estos grupos cristianos no convencionales. Los abordaremos en general en el orden histórico de sus orígenes.

Unitarios Universalistas

La Asociación Unitaria Universalista como denominación religiosa fue fundada en 1961. Sin embargo, a pesar de que la historia de la denominación moderna es relativamente corta, sus orígenes se encuentran en la Reforma radical del siglo XVII, que inició la experimentación cristiana moderna con el unitarismo

El unitarismo como doctrina es la enseñanza de que Dios no es una Trinidad de tres Personas divinas, sino que es absolutamente una Persona divina. Esta creencia tuvo defensores entre los primeros herejes, especialmente Sabelio, cuya variedad de unitarismo enseñaba que el Padre, el Hijo y el Espíritu Santo eran «modos» de una única Persona de Dios.

Varios teólogos unitarios escribieron durante la Reforma radical, aunque no formaron ninguna denominación duradera. A mediados del siglo XVII, en Inglaterra, John Biddle publicó tratados unitarios y celebró reuniones privadas en Londres. El unitarismo estadounidense, que es el origen de la denominación moderna, comenzó a finales del siglo XVIII con la formación de la King's Chapel en Boston en 1785, adaptando una forma de la liturgia episcopal según la doctrina unitaria. En 1825 se formó una denominación, llamada Asociación Unitaria Americana. A principios del siglo XIX se adoptó el unitarismo en varias iglesias congregacionales, sobre todo en Nueva Inglaterra.

A finales del siglo XIX, el unitarismo estadounidense se vio influido por el racionalismo de la Ilustración y comenzó a rechazar una serie de doctrinas y prácticas cristianas tradicionales, incluso aparte del trinitarismo. La teología unitaria llegó a ser extremadamente liberal en su perspectiva y comenzó a mirar más hacia la ciencia como guía doctrinal. También empezó a reconocer formalmente las religiones no cristianas como verdaderas.

En términos de población, el unitarismo nunca fue una fuerza importante en la historia religiosa de Estados Unidos, pero adquirió suficiente prestigio como para que cuatro presidentes fueran unitarios: John Adams (antiguo congregacionalista), su hijo John Quincy Adams, Millard Fillmore y William Howard Taft. Otras figuras destacadas de la historia de Estados Unidos fueron unitarios, como el ensayista Ralph Waldo Emerson, el novelista Charles Dickens (un inglés que recorrió Estados Unidos), el jurista Oliver Wendell Holmes y el arquitecto Frank Lloyd Wright.

Mientras el unitarismo se desarrollaba en Estados Unidos, el universalismo también ganaba terreno, especialmente entre los cristianos de los movimientos pietistas y anabaptistas surgidos de la Reforma radical. En 1778 se celebró la primera convención de lo que se convirtió en la Iglesia Universalista de América, que se constituyó oficialmente como denominación en 1793.

La enseñanza distintiva esencial del universalismo es que, dado que la voluntad de Dios es que todos se salven (2 Pedro 3, 9), entonces todos necesariamente se salvarán finalmente, sin importar lo que hagan o crean en esta vida. Esta enseñanza también tuvo algunos adeptos en la Iglesia antigua, cuya creencia se resumía con el término apocatástasis, la «recapitulación» de todas las cosas en Cristo, incluso de Satanás y los demonios. Sin embargo, el universalismo fue rechazado en múltiples formas a lo largo de la historia de la Iglesia, desde los gnósticos del siglo I y II hasta el Sexto Concilio Ecuménico del año 680.

En 1961, la Asociación Unitaria Americana y la Iglesia Universalista de América se fusionaron para formar la Asociación Unitaria Universalista (en adelante, «unitarios»; a menudo se les llama «uu»). No es una denominación en el sentido tradicional, sino una asociación voluntaria de congregaciones. La Asociación no tiene autoridad para hablar en nombre de todas ellas en su conjunto. Con la fusión de dos denominaciones que habían sido históricamente cristianas pero dedicadas a la teología radical, la asociación evolucionó hasta convertirse en un grupo religioso sin ninguna doctrina:

> *El universalismo unitario es una religión liberal nacida de las tradiciones judía y cristiana. Mantenemos nuestras mentes abiertas a las cuestiones religiosas con las que la gente ha luchado en todos los tiempos y lugares.*

> *Creemos que la experiencia personal, la conciencia y la razón deben ser las autoridades finales en materia de religión. Al final, la autoridad religiosa no reside en un libro, una persona o una institución, sino en nosotros mismos. Sometemos las ideas religiosas a la prueba de nuestros corazones y mentes.*

> *Defendemos la búsqueda libre de la verdad. No nos atamos a una declaración de creencias. No pedimos a nadie que suscriba un credo. Decimos que la nuestra es una religión no confesional. La nuestra es una fe libre.*

> *Creemos que la sabiduría religiosa es siempre cambiante. La comprensión humana de la vida y la muerte,*

del mundo y sus misterios, nunca es definitiva. La revelación es continua. Celebramos el desarrollo de las verdades conocidas por los maestros, profetas y sabios a lo largo de los tiempos. (Marta Flanagan, «We Are Unitarian Universalists», *Unitarian Universalist Association Publication* #3081)

Los siete principios de los universalistas unitarios son esencialmente una declaración de derechos humanos básicos como los que se pueden encontrar en la Constitución estadounidense, así como una afirmación medioambiental. Los siete principios compartidos son:

1. El valor y la dignidad inherentes de cada persona;

2. La justicia, equidad y compasión en las relaciones humanas;

3. La aceptación mutua y el fomento del crecimiento espiritual en nuestras congregaciones;

4. Una búsqueda libre y responsable de la verdad y el sentido;

5. El derecho de conciencia y el uso del proceso democrático dentro de nuestras congregaciones y en la sociedad en general;

6. La meta de una comunidad mundial con paz, libertad y justicia para todos;

7. El respeto a la red interdependiente de toda la existencia, de la cual somos parte.

(«Nuestros principios unitarios universalistas», https://www.uua.org/beliefs/what-we-believe/principles/espanol)

Los unitarios también reconocen seis fuentes de sabiduría y espiritualidad religiosa: la experiencia directa, las palabras y los hechos de hombres y mujeres profetas, la sabiduría de las religiones del mundo, las enseñanzas éticas judías y cristianas, las enseñanzas humanistas sobre la razón y la ciencia, y las enseñanzas espirituales de las «tradiciones centradas en la Tierra» (*Unitarian Universalist Association*, «Sources of Our Living Tradition», http://www.uua.org/beliefs/what-we-believe/sources).

Muchos unitarios son antiguos miembros de otras iglesias que disfrutan de los aspectos sociales, éticos y caritativos de la vida religiosa, pero están menos interesados en cuestiones religiosas tradicionales como la salvación. El universalismo unitario es, en cierto sentido, una forma de ser «espiritual pero no religioso», pero que sigue reuniéndose para realizar actividades religiosas organizadas.

A pesar de la falta de doctrina entre los unitarios, siguen teniendo algunos rituales, aunque, por supuesto, estos varían mucho de una congregación a otra. Un ejemplo es la Comunión de flores, en la que cada miembro lleva una flor a la reunión y la pone en un jarrón. Estas flores son «consagradas» por un ministro durante el servicio. Al final, cada persona se va con una flor diferente a la que trajo. Se anima a los creyentes a interpretar este ritual como quieran. En un ritual similar, los unitarios pueden traer cada uno un poco de agua de varios lugares. El agua se combina y se utiliza para las bendiciones.

Con una definición tan inmensamente amplia del universalismo unitario, es difícil saber dónde podríamos tener puntos en común con el grupo en su conjunto. La Iglesia ortodoxa puede ciertamente tener cosas en común con los creyentes individuales, pero como toda la religión universalista unitaria parece estar dedicada a la noción de que no hay una verdad absoluta y universal, los cristianos ortodoxos la encuentran antitética a nuestras creencias más básicas. Es relativismo expresado como religión.

Aunque la Biblia, por ejemplo, puede ser estudiada por los unitarios, se considera que está llena de material «mítico y legendario» y no como un testimonio de la verdad en ningún sentido vinculante y autorizado. En la Asociación Unitaria Universalista no hay creencias fijas. Incluso el ateísmo es bienvenido. (La mayor congregación universalista unitaria de Estados Unidos está en Tulsa y cuenta con servicios muy concurridos explícitamente para ateos).

Dicho esto, el deseo unitario de liberarse del dogma es probablemente una reacción a la forma en que el dogma se presenta a menudo en Occidente: como condena, rechazo, etc. Cuando la Ortodoxia se predica correctamente, no es así como funciona. Es cierto que los ortodoxos rechazan ciertas enseñanzas y comportamientos, pero no se trata de un rechazo a las personas en sí. Rechazamos las distorsiones de la naturaleza humana para poder abrazar a las personas en su plena humanidad. Además, la inclinación unitaria por encontrar sabiduría en todas las religiones es algo que los ortodoxos también pueden alabar. Entendemos esto como el *logos spermatikos* («el Logos en forma de semilla») de San Justino Mártir, que veía la verdad en las enseñanzas no cristianas en la medida en que reflejan la verdad de Jesucristo, el Logos encarnado. Y el lenguaje de los derechos humanos de los siete principios del universalismo unitario tiene sus orígenes en la ética cristiana, por lo que también hay un terreno común.

Se calcula que hay unos 800.000 que se identifican a sí mismos como universalistas unitarios en el mundo, la mayoría en Estados Unidos, con unas 157.000 personas que son miembros reales de las congregaciones, un número que se ha mantenido relativamente estable desde la fusión de 1961, que comenzó con un número combinado de 151.557 miembros (*Unitarian Universalist Association*, «UUA Membership Statistics, 1961–2014»).

Swedenborgianismo (Nueva Iglesia)

Emanuel Swedenborg fue un científico y filósofo sueco nacido en 1688. Su padre, Jesper Swedberg, era profesor de teología y más tarde fue obispo luterano de Skara, en Suecia. El propio Swedenborg estaba dotado de una mente brillante y de habilidad matemática, y en sus escritos anticipó muchas hipótesis e inventos científicos, como la teoría nebular y magnética, la ametralladora y el avión. En 1716 fue nombrado por el rey sueco para ocupar un puesto en la Junta de Minas de Suecia.

En la década de 1740, Swedenborg comenzó a afirmar que tenía contacto directo con los ángeles y el mundo espiritual, en parte en sueños y visiones, pero también en su vida normal de vigilia. A través de estas revelaciones creía que Dios le enviaba en una misión para dar a conocer la verdad a la humanidad. El vehículo para esta misión era la Nueva Iglesia, propuesta no como una nueva denominación, sino como una fraternidad de creyentes con ideas afines que se unían por encima de las líneas confesionales (muy parecido a los movimientos pietistas de la Reforma radical). En 1747 renunció a su puesto en la Junta de Minas y comenzó a estudiar intensamente la Biblia, pasando el resto de su vida escribiendo defensas detalladas de sus enseñanzas mientras vivía en Suecia, los Países Bajos y finalmente en Londres.

El swedenborgianismo encontró inicialmente partidarios entre el clero anglicano, pero fueron cinco antiguos predicadores wesleyanos los que trabajaron para crear una verdadera denominación swedenborgiana en 1787, llamada entonces Iglesia de la Nueva Jerusalén. La primera congregación estadounidense se formó en Baltimore en 1792. En 1890 se formó un cuerpo más pequeño y separado de swedenborgianos con sede en Bryn Athyn, Pensilvania, llamado Iglesia General de la Nueva Jerusalén. Existen otros cuerpos de swedenborgianos en otras partes del mundo.

El sistema religioso de Swedenborg se basa en lo que él llamó una «doctrina de correspondencia» entre los mundos físico y espiritual. El mundo espiritual está formado por grupos de seres humanos fallecidos que juntos constituyen un único gran ser humano. Cristo es el ser humano más perfecto, pero no expió los pecados de la humanidad en la Cruz en el sentido de la expiación sustitutiva. Más bien, Dios asume la naturaleza humana en Jesús (una enseñanza similar a la cristología ortodoxa) para servir como medio por el cual la humanidad puede ser salvada. Pero en la Cruz, es la naturaleza humana de Jesús la que sufre y no su naturaleza divina (Emanuel Swedenborg, *The Lord*, 21). (Por el contrario, la Ortodoxia utiliza la fórmula tradicional «uno de la Trinidad sufrió en la carne». En otras palabras, sufrió una persona que tenía dos naturalezas. Las naturalezas no sufren).

La teología de Swedenborg es unitaria, y enseña que Dios es una sola Persona divina, y que el Padre, el Hijo y el Espíritu Santo son «aspectos» de Dios, al igual que el alma, el cuerpo y la actividad son aspectos de una persona humana. Los swedenborgianos ven en Jesús al Padre, al Hijo y al Espíritu Santo, y lo consideran una manifestación de Dios, «lo divino hecho carne», cuya Segunda Venida ya ha ocurrido y está en curso en un sentido espiritual:

> *Hay un solo Dios, en el que existe la Divina Trinidad, y es el Señor Jesucristo. Esto puede ilustrarse brevemente de la siguiente manera: es una verdad cierta y establecida que Dios es uno, y su esencia no puede ser dividida; y también que hay una Trinidad. Puesto que Dios es uno y su esencia no puede dividirse, se deduce que Dios es una sola persona. Y puesto que es una Persona, la Trinidad está en esa Persona. Está claro que esta Persona es el Señor Jesucristo por el hecho de que fue concebido de Dios Padre (Lucas 1, 34-35), y por lo tanto en cuanto a su alma y vida misma es Dios. Por eso, como él mismo dijo, «él y el Padre son uno» (Juan 10, 30). (Emanuel Swedenborg,*

A Brief Exposition of the Doctrine of the New Church,
44)

Esto no es modalismo (sabelianismo), en el que la única Persona lleva tres máscaras u opera en tres modos, sino que es otra forma de unitarismo que intenta dar cuenta del lenguaje trinitario de la Biblia (similar a la cristología pentecostal unicitaria). Además, Swedenborg dice que la Trinidad no es eterna, sino que solo se produce en el momento de la Encarnación (Emanuel Swedenborg, *The True Christian Religion*, n. 170, 171). Para él, una Trinidad de Personas eternas existentes antes de la creación constituye tres Dioses (*ibid.*, 173).

Desde el punto de vista ortodoxo, el error teológico de Swedenborg consiste en no reconocer la diferencia entre esencia (o naturaleza) y persona. El trinitarismo tradicional no enseña que tres Personas dividen la esencia de Dios, sino que la única esencia de Dios está plenamente en cada Persona divina. (Los seres humanos también comparten una única naturaleza humana y, sin embargo, son muchas personas). Es una paradoja que tres Personas puedan ser un solo Dios, pero es, sin embargo, la forma en que Dios se reveló a sí mismo, tal como lo confirma la Iglesia.

El disentimiento de Swedenborg con el cristianismo tradicional en este punto es explicado por él como si hubiera sido predicho en la propia Biblia. Su iglesia es la Nueva Jerusalén de Apocalipsis:

> *La razón por la que estos hechos sobre el Señor se están dando a conocer por primera vez es que en Apocalipsis 21 y 22 se predijo que una nueva iglesia sería establecida por el Señor al final de la anterior, una iglesia en la que esta enseñanza sería lo primero y más importante. Esta iglesia es lo que se entiende en Apocalipsis por la Nueva Jerusalén en la que solo pueden entrar los que reconocen al Señor como único Dios del cielo y de la tierra.* (Emanuel Swedenborg, *The Lord*, 61)

Para Swedenborg, la humanidad está formada por cuerpos espirituales (almas) revestidos de cuerpos materiales. Solo los cuerpos espirituales viven después de la muerte. La vida después de la muerte está determinada por nuestro comportamiento en esta vida, no por un juicio de Dios, sino por nuestras propias elecciones. El juicio final es esencialmente la autorrealización después de la muerte; los que mueren se agrupan en la otra vida con otras personas con el mismo tipo de actitud espiritual. En el cielo, todos los que están casados en esta vida seguirán teniendo el mismo cónyuge, y algunos solteros pueden casarse en el cielo.

Los ortodoxos difieren de los swedenborgianos en doctrinas importantes, como la naturaleza de Dios y de Jesucristo. También creemos en una resurrección física y material para toda la humanidad, porque el cuerpo es un componente esencial de la persona humana. En general, el swedenborgismo tiene una tendencia a «espiritualizar» (es decir, a desmaterializar) la vida espiritual, una tendencia que no comparte la Ortodoxia, que considera que la vida cristiana implica tanto el alma como el cuerpo, así como todo el mundo material. Los swedenborgianos estarían ciertamente de acuerdo en que lo que hacemos con nuestros cuerpos es importante, pero la materialidad en sí misma está en cierto sentido disuelta en última instancia por su antropología. Jesús, por ejemplo, en su resurrección no levanta su cuerpo material de entre los muertos, sino que su naturaleza humana es «glorificada» y «elevada al cielo», dejando ir su ego y uniéndose a Dios, lo que hace posible lo mismo para los creyentes. Los ortodoxos creen que Jesús siempre fue Dios y que la resurrección fue un verdadero levantamiento de su cuerpo material.

A los swedenborgianos se les anima a centrarse en el significado de los sueños, así como en la oración y la meditación. Esta tradición mística suele apartar a los creyentes de la corriente principal del cristianismo occidental. Es un punto de contacto con la Ortodoxia, que también tiene una fuerte tradición mística, aunque no en el sentido dualista y antimaterial que sostienen los swedenborgianos. Los cristianos ortodoxos también comparten con los swedenborgianos la creencia de que existe un significado «interno» de la Biblia, pero nuestra comprensión de ese significado no está divorciada de los acontecimientos concretos de la historia sagrada y su representación para nosotros, especialmente en los sacramentos.

El número de miembros swedenborgianos en todo el mundo es de solo unos 65.000, y el número de miembros en los Estados Unidos ha disminuido desde su pico máximo en la década de 1850. Algunas fuentes sitúan el número de miembros swedenborgianos entre 25.000 y 30.000. Aunque el swedenborgismo es relativamente desconocido para la mayoría de los cristianos, algunos swedenborgianos han adquirido fama en Estados Unidos, como el héroe popular y misionero John Chapman («Juanito Manzanas»), el magnate Andrew Carnegie, el poeta Robert Frost (aunque abandonó la Iglesia cuando era adulto), Helen Keller y la prominente familia Gyllenhaal.

Mormonismo

Aproximadamente en el punto medio del Segundo Gran Despertar, en 1820, en el pueblo de Palmyra, al norte del estado de Nueva York, un granjero de catorce años llamado Joseph Smith comenzó a preguntarse cuál de las muchas denominaciones cristianas era la verdadera fe. La región del oeste de Nueva York en la que vivía era conocida como el «Distrito Quemado», ya que muchas veces se había «incendiado» para Dios en reuniones de avivamiento.

Aunque la familia de Smith tenía poca relación con la religión organizada, a menudo afirmaban haber recibido visiones y profecías de Dios. También hay pruebas de que los miembros de la familia, incluido su padre, pudieron haber utilizado varillas de adivinación para tratar de localizar tesoros enterrados y otros objetos difíciles de encontrar, y que él tenía una amplia experiencia en prácticas de adivinación con bolas de cristal u otros dispositivos similares y el uso de piedras videntes cuando era niño. Es posible que Smith también asistiera a algunas reuniones de avivamiento metodistas. En medio de este ambiente religioso, uno puede ver cómo un adolescente podría estar confundido sobre lo que realmente era verdadero. Más tarde, Joseph afirmó que la respuesta a sus cavilaciones llegó con la aparición milagrosa de Dios y Jesús en una visión, quien le dijo que todas las iglesias cristianas se habían alejado de la verdadera fe y que la verdadera Iglesia sería restaurada con el tiempo. Tres años más tarde, a la edad de diecisiete años, dijo que tuvo una visión de un ángel llamado Moroni, que le dijo dónde encontrar un conjunto de placas de oro enterradas en una ladera.

Al desenterrar estas placas, junto con un par de «piedras videntes» que le permitieron leer las placas, ya que habían sido inscritas con escritura en un antiguo idioma egipcio, Smith informó que había descubierto textos antiguos de tribus nativas americanas olvidadas hace mucho tiempo. Lo que dijo haber encontrado fue el Libro de Mormón. La religión fundada a partir de este descubrimiento pasó a llamarse Iglesia de Jesucristo de los Santos de los Últimos Días (SUD), o mormonismo. Los mormones creen que Smith, junto con otros líderes mormones, fue un profeta.

Inicialmente, Smith dijo que Moroni no le permitiría retirar este hallazgo arqueológico de la ladera, pero visitó el lugar unas cuantas veces durante los años siguientes. Durante este tiempo, Smith pudo haberse involucrado en la adivinación de la ubicación de un tesoro enterrado y otros objetos.

Finalmente, en 1827, cuando tenía veintiún años, el ángel le permitió a Smith sacar las placas, y comenzó el proceso de traducirlas utilizando un par de gafas hechas con las piedras videntes enterradas con las placas. Smith identificó las piedras como el Urim y el Tumim a los que se hace referencia en Éxodo y en 1 Samuel (1 Reinos) en el Antiguo Testamento, objetos de carácter desconocido utilizados por los israelitas para echar suertes como medio para determinar la voluntad de Dios. El sucesor de Smith, Brigham Young, acabaría diciendo que Smith tenía cinco piedras videntes, algunas encontradas posteriormente a las enterradas con las placas de oro. La iglesia SUD afirma estar en posesión de una de ellas, una piedra marrón y negra, y publicó una fotografía de la misma en agosto de 2015.

En el proceso de esta traducción, Smith metía el rostro en su sombrero, junto con las piedras videntes, y dictaba la traducción al inglés a varios escribas, afirmando que no se le permitía continuar dictando hasta que los escribas hubieran inscrito correctamente su traducción exacta, palabra por palabra y letra por letra. (No hay ninguna indicación en la Biblia de que se utilizaran Urim y Tumim para traducciones). Produjo el Libro de Mormón de esta manera, junto con otra obra llamada el Libro de Abraham, un texto que se dice que fue escrito por el mismo Abraham en Egipto y que Smith compró como papiros egipcios de una exposición itinerante de momias. (Más tarde se incorporaría a la Perla de Gran Precio).

Los mormones de hoy dicen que la capacidad de Smith de leer el egipcio reformado es el don de hablar en lenguas, por lo que hubo un énfasis temprano en las lenguas como xenoglosia: la capacidad de hablar en un idioma extranjero. Los mormones también dicen que sus misioneros a veces experimentan una rápida comprensión de un nuevo idioma, también prueba del don de lenguas. Smith escribió sobre el don de lenguas y parecía rechazar la idea de la glosolalia (un lenguaje de oración divino), insistiendo en que las lenguas siempre requerían la comprensión de alguien. Dicho esto, es probable que Brigham Young introdujera la glosolalia a Joseph Smith, y las mujeres mormonas hablaban en lenguas en los primeros años del movimiento; sin embargo, generalmente acompañadas de interpretación. Para el siglo XX, la glosolalia fue mal vista, y la xenoglosia se convirtió en la forma estándar de discutir el hablar en lenguas de Smith.

En 1830, Smith fundó oficialmente su Iglesia en Manchester, Nueva York, llamándola simplemente Iglesia de Cristo. Con el tiempo, además de su trabajo de traducción, fue autor de dos libros, Doctrina y Convenios y Perla de Gran Precio. Estos libros, junto con una versión editada de la Biblia y el Libro de Mormón, son considerados por los mormones como escrituras sagradas. El mormonismo, la religión fundada en estos textos y ampliada por los profetas mormones que siguieron a Smith, pretende restaurar la verdadera Iglesia cristiana tras siglos de apostasía, al igual que otros movimientos restauracionistas del siglo XIX.

En 1843, Smith dijo que había recibido una revelación de Dios que autorizaba la poligamia, a la que se refería como «matrimonio plural» y decía que era necesaria para la salvación. Poniendo en práctica esta revelación, el propio Smith pudo haber tenido hasta cuarenta y cuatro esposas en el transcurso de diecisiete años. Se casó con su primera esposa, Emma Hale, en 1827. Para el momento de la revelación en 1843, puede haber estado casado diecinueve veces. Incluso se decía que ese matrimonio concedía la salvación a las esposas y a sus familias. Una de las esposas de Smith, Helen Mar Kimball (casada en mayo de 1843), escribió:

[Mi padre] me preguntó si me sellaría con Joseph... Después de lo cual él [Joseph] me dijo: «Si das este paso, se asegurará tu salvación y exaltación eternas y la de la casa de tu padre y toda tu parentela». Esta promesa fue tan grande que me entregué voluntariamente para comprar tan gloriosa recompensa. (Helen Mar Kimball, citado en Todd Compton, *In Sacred Loneliness: The Plural Wives of Joseph Smith*, 1997)

Helen tenía catorce años cuando se casó con él. Se discute si Smith se acostó con todas sus esposas, pero hay abundante evidencia de que consumó más de uno de sus matrimonios, once de los cuales fueron con mujeres que actualmente eran esposas de otros hombres (no viudas o divorciadas). El propio Brigham Young, sucesor de Smith, tuvo un total de cincuenta y cinco esposas.

A pesar de ser una revelación de supuesto valor eterno, Wilford Woodruff, el cuarto presidente y profeta de los Santos de los Últimos Días, repudió el matrimonio plural en 1890, una declaración que contradecía las enseñanzas no solo de Smith, sino también de los dos profetas mormones que le sucedieron, Brigham Young y John Taylor. Esta medida fue probablemente el resultado de la presión del gobierno federal de Estados Unidos, que se negó a reconocer a Utah como estado a menos que prohibiera la poligamia. La corriente principal de los mormones cree que el matrimonio plural será restaurado en el cielo, pero el matrimonio plural sigue siendo practicado por un puñado de pequeños grupos mormones.

En realidad, ha habido docenas de denominaciones mormonas desde que se fundó el grupo inicial en 1830, pero la principal es la liderada inmediatamente después de Smith por Brigham Young, que actuó como mano derecha de Smith y comandó a la mayoría de los seguidores después de que Smith muriera en un tiroteo con una turba en 1844. Este grupo principal se llama Iglesia de Jesucristo de los Santos de los Últimos Días (SUD).

Los mormones creen en la Santísima Trinidad, pero consideran que el Padre, el Hijo y el Espíritu Santo son tres dioses separados que están unidos en un propósito, al que se refieren como la «Divinidad» (que es un término cristiano ortodoxo también, aunque los ortodoxos lo usan con un significado muy diferente). A diferencia del Dios de los cristianos ortodoxos, estos dioses no son eternamente divinos. De hecho, el Padre que creó nuestro mundo fue una vez humano, pero se convirtió gradualmente en dios con el tiempo, al igual que su propio dios creador. (Durante un tiempo, la Iglesia mormona enseñó que Adán era el Dios Padre). Tal como Joseph Smith predicó:

¿Qué clase de ser era Dios en el principio?… El mismo Dios fue una vez como nosotros ahora, y es un hombre exaltado, ¡y se sienta entronizado en aquellos cielos! Ese es el gran secreto. Si el velo se rasgara hoy, y el gran Dios que sostiene este mundo en su órbita, y que sostiene todos los mundos y todas las cosas por Su poder, se hiciera

visible, digo, si lo vieran hoy, lo verían como un hombre en forma, como ustedes mismos en toda la persona, imagen y forma misma como un hombre; pués Adán fue creado en la misma forma, imagen y semejanza de Dios, y recibió instrucción de Él, y caminó, habló y conversó con Él, como un hombre habla y comulga con otro. (Joseph Smith, «King Follett Sermon», 7 de abril de 1844)

Lorenzo Snow, el quinto profeta y presidente mormón, acuñó el dicho: «Como el hombre es, Dios fue una vez; como Dios es, el hombre puede llegar a ser». Esta es la meta de la vida como mormón, llegar a ser un dios, en todo sentido igual al Dios de nuestro mundo:

Aquí, pues, está la vida eterna: conocer al único Dios sabio y verdadero; y tienen que aprender a ser ustedes mismos dioses, y a ser reyes y sacerdotes de Dios, lo mismo que han hecho todos los dioses antes que ustedes, es decir, pasando de un pequeño grado a otro, y de una pequeña capacidad a una gran capacidad; de gracia en gracia, de exaltación en exaltación, hasta que lleguen a la resurrección de los muertos, y puedan habitar en los fuegos eternos, y sentarse en la gloria, como lo hacen los que se sientan entronizados en el poder eterno. (ibid.)

Un hombre mormón elevado también llegará a ser un Padre Celestial, engendrará muchos hijos y creará su propio mundo, comenzando de nuevo el ciclo de la creación, acompañado por una Madre Celestial. Ella se encuentra en un estado similar pero no recibe las oraciones ni la adoración de sus hijos.

Por lo tanto, Jesús es, por supuesto, «dios», pero nació de la reproducción sexual, al igual que cualquier otro dios. Es un «hijo espiritual» del Padre Celestial que creó nuestro mundo. Otro de estos hijos espirituales es Lucifer, es decir, Satanás, que se opuso a su hermano mayor Jesús. Todas las personas son consideradas «hijos espirituales» del Padre, aunque esto fue en nuestra «vida premortal». Satanás es el hermano de Jesús, por tanto, también es nuestro hermano.

Y el Padre, que tiene un cuerpo físico, ha tenido varias esposas. Se enseña que el hecho de que María dé a luz a Jesús es el resultado de un coito con el Padre, aunque se sigue definiendo como un «parto virginal» porque fue un coito con Dios y no con un hombre mortal. Y como María también es hija del Padre, eso significa que él mantiene relaciones sexuales con su propia hija.

Como hemos visto, la doctrina mormona respecto a la divinidad es radicalmente diferente de la ortodoxa, porque los mormones son politeístas, mientras que la Ortodoxia es monoteísta:

> *El Dios principal convocó a los dioses y se sentó en gran consejo para crear el mundo. Los grandes consejeros se sentaron a la cabeza en aquellos cielos y contemplaron la creación de los mundos que se crearon en su momento... En el principio, el Dios jefe convocó un consejo de los Dioses; y se reunieron e idearon un plan para crear el mundo y la gente. (ibid.)*

La soteriología mormona (doctrina de la salvación) suena similar a la doctrina ortodoxa de la *theosis*, pero en la Ortodoxia, el hombre no se convierte en un dios creador todopoderoso, sino que participa y es transformado por el único Dios. En la Ortodoxia, el hombre se asemeja a Dios, pero su naturaleza no se transforma en otra cosa, y su *theosis* depende de una relación continua con Dios, no de una serie de logros personales hacia la exaltación.

El problema clave de toda la teología mormona en general es la falta de distinción entre lo creado y lo increado, derivada del repudio de la doctrina cristiana tradicional de la creación *ex nihilo* (de la nada). En el modelo mormón, todo es esencialmente increado:

Si preguntas a los doctores eruditos por qué dicen que el mundo fue hecho de la nada, te responderán: «¿No dice la Biblia que él creó el mundo?». Y deducen, de la palabra crear, que debe haber sido hecho de la nada. Ahora bien, la palabra crear viene de la palabra baurau, *que no significa crear de la nada; significa organizar; lo mismo que un hombre organizaría los materiales y construiría un barco. Por lo tanto, deducimos que Dios tenía materiales para organizar el mundo a partir del caos: la materia caótica, que es el elemento, y en la que habita toda la gloria. El elemento tuvo una existencia desde el momento en que Él la tuvo. Los principios puros del elemento son principios que nunca pueden ser destruidos; pueden ser organizados y reorganizados, pero no destruidos. No tuvieron principio y no pueden tener fin. (ibid.)*

El rechazo de la creación *ex nihilo* es, en cierto sentido, una vuelta al paganismo, ya que era esa doctrina la que, por encima de todo, distinguía al judaísmo y al cristianismo en el mundo antiguo. Si se pierde eso, entonces todas las cosas se convierten en productos de la propia naturaleza de los dioses. Que todos los hombres se conviertan en dioses (en el sentido politeísta) es simplemente una democratización del raro acontecimiento de la apoteosis que se ve en la mitología pagana, donde un hombre mortal es inmortalizado por el panteón.

Esta teología en el mormonismo también se combina con una especie de gnosticismo, un argumento avanzado por el erudito en religión (y autodenominado «gnóstico judío») Harold Bloom en su obra *La religión americana*. Por un lado, se abraza la materialidad, pero también se rechaza con la marca mormona de ascetismo, con su rechazo a la cafeína, el alcohol, el tabaco, etc. Y el sentimiento de continua revelación interior (conocido por el «ardor en el pecho») que conduce a la salvación que el gnosticismo suele conllevar está muy presente en la teología de Smith.

Al igual que los ortodoxos, los mormones practican el bautismo, considerándolo como una parte normal de la salvación. Sin embargo, para los mormones, el bautismo es tan absolutamente esencial que creen que es totalmente imposible ascender en la otra vida sin él. Por ello, los mormones practican lo que se llama el bautismo por los muertos, un bautismo sustitutivo por alguien que ha muerto. Con esta práctica, los mormones creen que están convirtiendo a la gente al mormonismo. Su preocupación por que todos sus antepasados se conviertan en mormones es la razón de su gran interés en la genealogía. Los mormones investigan sus árboles genealógicos para poder convertir retroactivamente a sus antepasados en Santos de los Últimos Días.

Los mormones también creen en la revelación continua, aunque a veces contradiga las revelaciones predicadas anteriormente por los líderes mormones. Aparte del cambio de opinión sobre el matrimonio plural, el mormonismo también ha cambiado sus enseñanzas sobre la raza. Por ejemplo, antes era imposible que los hombres negros formaran parte del sacerdocio mormón (es decir, que fueran miembros de pleno derecho), pero esa enseñanza se revirtió en 1978 tras los cambios sociales provocados por el movimiento de los derechos civiles.

Incluso el propio Libro de Mormón ha sido revisado a lo largo de los años. La mayoría de las miles de revisiones implican errores menores o idiosincrasias en la gramática y la ortografía, pero se han hecho otros cambios más importantes. ¿Esto no plantearía preguntas si Joseph Smith no hubiera afirmado que su traducción en sí misma era divinamente inspirada, incluso hasta el punto de exigir que los escribas que tomaban el dictado de él tuvieran que hacerlo bien antes de que Dios le permitiera continuar— ¿por qué era tan importante hacerlo con tanta precisión si después podía justificadamente editarse? Muchos de los cambios que los mormones han hecho en sus enseñanzas a lo largo de los años han sido encubiertos por los líderes SUD.

Hay muchos problemas con el Libro de Mormón, incluso aparte de su historia de revisión. Pasajes enteros son copiados casi palabra por palabra de la King James Version (KJV) de la Biblia (p. ej., 1 Cor. 15, 58 y Mosíah 5, 15 son casi idénticos). Muchas otras partes tienen un lenguaje similar a la KJV pero sin la gramática y el uso que eran correctos en la Inglaterra de principios del siglo XVII. En otras palabras, es una imitación mal hecha de la KJV.

El argumento del plagio de la King James Version se ve reforzado por otra observación: muchos de los errores textuales y de traducción menores que incluye la KJV se repiten exactamente en el Libro de Mormón donde se cita la Biblia. Sin embargo, se afirma que las placas de oro de Smith son anteriores a la KJV por unos 1100 años. Que tales errores se reproduzcan con tanta precisión en dos traducciones hechas con siglos de diferencia, basadas en textos originales que también tienen siglos de diferencia, es extremadamente improbable.

Además, el texto afirma que los judíos llegaron a Norteamérica en la antigüedad y que Jesús también vino después de su resurrección. Se da información detallada sobre varias civilizaciones antiguas que supuestamente existieron en Norteamérica. Pero no hay ninguna evidencia arqueológica que corrobore la presencia de judíos o incluso de las civilizaciones nativas americanas que el Libro de Mormón describe, ni ninguna otra evidencia no mormona.

También se afirma que las placas de oro de las que se tradujo el Libro de Mormón estaban escritas en una escritura conocida como egipcio reformado. Sin embargo, no hay nada ni en Norteamérica ni en Oriente Medio que atestigüe la existencia de ese idioma. Once testigos mormones de la época dijeron que vieron las placas en 1829, y tres de ellos dijeron que también fueron visitados por un ángel.

Hay argumentos que sostienen que elementos del Libro de Mormón fueron plagiados de otros libros publicados poco antes, incluyendo un relato inédito del expredicador Solomon Spalding.

Esta teoría fue propuesta por primera vez en 1834 por E. D. Howe. Algunas teorías sugieren que el Libro de Mormón puede haber sido compuesto, al menos en parte, por uno o más de los asociados de Smith. Una teoría combinada sugiere que Sidney Rigdon, otro mormón, obtuvo una copia del manuscrito de Spalding y trabajó con Smith para producir la escritura mormona. (El propio Rigdon testificó que se convirtió al mormonismo después de leer el Libro de Mormón). Tanto los eruditos de los SUD como los no pertenecientes a los SUD han descartado estas teorías, aunque todavía cuentan con el apoyo de algunos eruditos no mormones.

Aparte de estas críticas, hay buena evidencia de que muchos símbolos, enseñanzas e incluso ceremonias del templo mormones fueron adaptados de la masonería. De hecho, la turba contra la que luchó Smith en 1844 puede haber sido provocada para atacarlo por los francmasones que se sintieron traicionados porque Smith, que junto con otros líderes mormones era miembro de los francmasones, había revelado sus secretos a los no masones.

En la actualidad, el mormonismo crece en casi 250.000 personas cada año. La comunidad mormona tiende a ser fuertemente moral y amistosa, y los misioneros mormones, que no hacen hincapié en las enseñanzas más controvertidas de la religión, contribuyen a facilitar su difusión. Como la mayoría de los creyentes, que pocas veces emprenden una investigación crítica de las afirmaciones de su religión, muchos mormones desconocen buena parte de las cosas que hemos mencionado.

La principal denominación mormona, la Iglesia de Jesucristo de los Santos de los Últimos Días, con sede en Salt Lake City (Utah), cuenta actualmente con más de 13 millones de miembros, repartidos en unos 175 países. La segunda mayor denominación procedente de esta tradición es la Comunidad de Cristo (antes Iglesia Reorganizada de Jesucristo de los Santos de los Últimos Días), con sede en Misuri, que cuenta con unos 250.000 miembros. Estos dos grupos surgieron tras la muerte de Smith en 1844; el grupo más grande siguió inmediatamente a Brigham Young y el más pequeño a Joseph Smith III, el hijo mayor de Smith. Este último grupo se formó a partir de grupos disidentes más pequeños que se unieron en 1860. Estas dos denominaciones más grandes comprenden más del 99 % de todos los adherentes del movimiento de los Santos de los Últimos Días, pero hay numerosos grupos más pequeños, algunos de los cuales tienen miembros en decenas de miles, mientras que otros pueden tener solo una docena.

La organización de la iglesia principal de los SUD se enseña como la restauración literal de la Iglesia establecida por Jesucristo, e incluye quince apóstoles. Tres de ellos, conocidos como la Primera Presidencia, son los más altos funcionarios de la Iglesia. Son el Presidente y el Profeta (ambos títulos son para una sola persona) y dos apóstoles a quienes nombra como su Primer y Segundo consejeros.

La Iglesia enseña que los apóstoles Pedro, Santiago y Juan ocuparon el cargo de la Primera Presidencia y tuvieron la primacía sobre los demás apóstoles. El Presidente es seleccionado a la muerte del Presidente anterior y generalmente es el apóstol de mayor rango. El Presidente y Profeta actúa como portavoz de Dios, como se describe en Doctrina y Convenios: «porque recibiréis su palabra con toda fe y paciencia como si viniera de mi propia boca». (Doctrina y Convenios 21:4-5).

Por debajo de la Primera Presidencia están los Doce Apóstoles, que supervisan la administración general de la Iglesia internacional. Debajo de ellos están los quórums de los Setenta, que tienen siete presidentes que los presiden. Estos son todos los cargos de tiempo completo dentro de la iglesia SUD. Los mormones afirman que estos puestos no son remunerados, pero se les ofrece un estipendio para los gastos de manutención.

Cada área geográfica se divide, y a los miembros SUD se les asigna un barrio cercano dentro de una estaca para que asistan —es decir, la congregación local—. Cada barrio tiene su propio obispo, y varios barrios conforman una estaca, todos utilizando el centro de la estaca en un horario asignado. El líder de la estaca es el presidente de la misma. Estos cargos son voluntarios y de tiempo parcial. (El candidato a la presidencia de EE.UU. Mitt Romney sirvió como obispo y posteriormente como presidente de estaca).

Se espera que los hombres mormones pasen dos años de su vida como misioneros, a sus expensas, y las mujeres también sirven como misioneras. Actualmente hay unos 53.000 misioneros de este tipo en el mundo, aproximadamente uno por cada 245 mormones. Si la Iglesia ortodoxa encargara misioneros al mismo ritmo, tendríamos cerca de un millón de misioneros sobre el terreno.

Cristadelfianos

Los cristadelfianos se llamaban originalmente los tomasitas por su fundador, John Thomas, un médico inglés que inició el grupo en Estados Unidos en 1848. La propia palabra *cristadelfianos*, que significa «hermanos de Cristo», era el sustituto de Thomas para cristianos, un término que él rechazaba. Creía que las enseñanzas tradicionales y la historia asociada al término constituían una apostasía de las verdaderas enseñanzas de Jesús. Thomas afirmaba haber redescubierto las enseñanzas originales de Jesús y sus primeros discípulos.

Thomas se unió al movimiento restauracionista Stone-Campbell, pero finalmente su insistencia en su propia doctrina le llevó a una serie de feroces debates con Alexander Campbell. Como resultado, Thomas fue «expulsado» del movimiento, y se fue por su cuenta. Se asoció con algunos de los grupos milleristas adventistas del siglo XIX e incluso se bautizó tres veces durante un periodo de evolución doctrinal personal, renunciando en cada ocasión a sus creencias anteriores. Se sintió especialmente amargado por haber sido expulsado:

> *Dejamos que otros, como los Sres. Campbell, Wallis*
> *y King, expulsen a los hombres de la comunión, por*
> *nuestra parte no dictamos sentencia, sea cual sea la*

> *opinión que nos merezca la parte, «hasta que venga el*
> *Señor». Mostramos cuál es la verdad, dónde condena y*
> *justifica, y dejamos la aplicación a los casos particulares*
> *a los propios individuos. No somos señores de las*
> *conciencias de los hombres; cuando estas se iluminen*
> *lo suficiente, no descansarán hasta hacer la verdad, y*
> *entonces todo funcionará bien. Que no «rechazamos» a*
> *los que se sumergen según los principios campbellianos y*
> *bautistas, se manifiesta por el hecho de que las iglesias*
> *que visitamos están compuestas principalmente por ellos.*
> *Deseamos iluminarlos y salvarlos, no anatematizarlos y*
> *proscribirlos, mientras que al mismo tiempo testificamos*
> *que ninguna inmersión vale un stiver que no esté predicada*
> *en la fe en las cosas del Reino y el nombre de Jesús. (John*
> *Thomas,* Herald of the Kingdom of the Age to Come,
> *Vol. 1, 1851, 81)*

Finalmente se estableció como predicador en Filadelfia y formuló sus enseñanzas basándose en una lectura filosófica de la Biblia. Decía que revelaba sus verdaderas enseñanzas, no a través de ninguna revelación especial que le hubiera sido dada por Dios, sino más bien a través de un cuidadoso estudio de la Biblia, que consideraba el registro exclusivo de la revelación de Dios a la humanidad.

Thomas también predicó en Richmond, Virginia, y en la ciudad de Nueva York, dirigiéndose especialmente a los judíos, ya que ponía gran énfasis en el cumplimiento de la Ley de Moisés por parte de Cristo. Él y sus seguidores se conocieron durante esta época como la Real Asociación de Creyentes. Thomas viajó más tarde al Sur en la década de 1860, preocupado porque la Guerra Civil estaba dividiendo a los creyentes. Como quería que sus seguidores estuvieran exentos del servicio militar por motivos religiosos, fue entonces cuando formó oficialmente una organización y acuñó el término *cristadelfianos* para referirse a sus seguidores. Más tarde viajó a Inglaterra, donde también predicó.

Los cristadelfianos, que se autodenominan «comunidad basada en la Biblia», son unitarios, rechazan la doctrina de la Trinidad y enseñan que solo el Padre es Dios. Creen que el nombre Espíritu Santo se refiere simplemente al poder de Dios Padre en el mundo. (Los ortodoxos identifican este poder como las energías de Dios, que son increadas y comunes a las tres Personas de la Trinidad). Los cristadelfianos rechazan la divinidad de Jesucristo, debido a la contradicción filosófica entre el hecho de que Dios sea inmortal y la muerte de Jesús en la Cruz: ¿cómo puede morir Dios?

También creen que la tentación de Jesús por el diablo demuestra que no es divino, ya que la tentación sin la posibilidad de pecar carece supuestamente de sentido. De esta actitud hacia Dios y la naturaleza de Jesucristo, podemos ver que los cristadelfianos están fuertemente comprometidos con las categorías filosóficas para determinar su teología.

Aunque enseñan que Jesús era un simple hombre, los cristadelfianos creen que era el Hijo de Dios, que no tenía pecado y que Dios lo resucitó de entre los muertos y lo hizo mediador entre Dios y los hombres. Aunque los seres humanos no son naturalmente inmortales por su propia fuerza (una posición con la que los ortodoxos están de acuerdo), a Jesús le fue concedida la inmortalidad por Dios. Jesús, en lugar de ser el Dios-hombre como en la doctrina ortodoxa, ocupa así una especie de posición neoplatónica como intermediario entre el mundo divino y el humano, aunque sin ser verdaderamente parte de lo divino.

Los cristadelfianos enseñan que la salvación es posible a través de la creencia en la Biblia y la obediencia a sus mandamientos, aceptando el sacrificio de Cristo en la Cruz y siendo bautizado (lo cual es solo para adultos). Los que mueren sin salvación serán aniquilados, porque la inmortalidad es un don solo para los justos. La resurrección no se concederá a los inconversos, a los ignorantes o a los niños.

Por el contrario, la Ortodoxia enseña que Dios mantiene a todos los seres humanos en la inmortalidad, tanto si lo aceptan como si no. Todos serán resucitados, incluso los condenados (Juan 5, 29). Para los ortodoxos, la salvación es mucho más que creer, obedecer y aceptar. La salvación es más bien toda una vida de comunión con Dios y de participación en la vida de la Santísima Trinidad, que progresa infinitamente por toda la eternidad.

Los cristadelfianos no ven al diablo como un ángel caído, como en la tradición cristiana, sino como un símbolo utilizado por la Biblia para referirse a la naturaleza humana pecadora. Tampoco diezman, porque creen que el diezmo se limitaba a sostener el sacerdocio levítico en el Antiguo Testamento. Creen que los cristianos no son el Nuevo Israel, sino que están injertados en el Israel étnico, que sigue siendo el Pueblo de Dios. Al final de los tiempos, Jesús vendrá de nuevo a la tierra y establecerá un reino mundial literal con su capital en Jerusalén.

Afirman que sus enseñanzas provienen directamente de la Biblia, y creen que un proceso de debate e investigación estudiosa de las Escrituras llevará al creyente honesto y serio a convertirse en cristadelfiano por sí mismo. Los cristadelfianos utilizan el mismo canon de las Escrituras que la mayoría de los protestantes y se describen como una «comunidad de estudiantes de la Biblia». Rechazan la tradición y la historia en la interpretación de la Biblia:

Escudriña las Escrituras con la capacidad de enseñanza de un niño pequeño, y tu trabajo no será en vano. Arroja a los búhos y a los murciélagos las tradiciones de los hombres, y los prejuicios adoctrinados en tu mente por sus medios; haz toda una ofrenda quemada de sus credos, confesiones, catecismos y artículos de religión; y, siguiendo el ejemplo de los discípulos de Éfeso, entrega tus libros de curiosas artes teológicas, y quémalos ante todos (Hechos 19, 19). Estas montañas de basura han servido a los propósitos de una época oscura y bárbara; la palabra, la palabra del Dios vivo, es la única que puede satisfacer las necesidades de los tiempos. (John Thomas, *Elpis Israel*, 5)

Los seguidores de John Thomas nunca han sido numerosos. Los cristadelfianos se reúnen en congregaciones locales totalmente autónomas llamadas *ecclesias* (rechazan la palabra *iglesia*, aunque es simplemente una traducción del griego *ekklesia*), a menudo agrupadas en asociaciones. No tienen una denominación como tal y no publican cifras oficiales de miembros. Tampoco tienen un clero profesional. Se calcula que su número asciende a unas cincuenta mil personas en todo el mundo.

Ciencia Cristiana

La Ciencia Cristiana es el sistema de creencias religiosas de la Iglesia de Cristo, Científico. Es quizás el más destacado de los grupos que surgieron del movimiento metafísico del siglo XIX. Este movimiento, también llamado Nuevo Pensamiento, daba prioridad al mundo mental y consideraba que la realidad material era el resultado de estados mentales. Se hizo especialmente conocido por su enfoque en la curación a través de los poderes de la mente (por lo que también se le llama el «movimiento de curación de la mente») y puede haber influido en algunos de los movimientos de sanidad que finalmente fueron subsumidos en el pentecostalismo. La Ciencia Cristiana se distingue del Nuevo Pensamiento por su devoción a las obras autorizadas de Mary Baker Eddy. Los líderes actuales de la Ciencia Cristiana rechazan la asociación con el Nuevo Pensamiento.

La denominación Iglesia de Cristo, Científico fue fundada en 1879 por Eddy, que había sido criada como calvinista en un contexto congregacionalista en New Hampshire. Desde su juventud sufrió varias dolencias, pero creía que la había sanado un mesmerista llamado Phineas Quimby, un antiguo relojero convertido en sanador mental cuyo lema era «la verdad es la cura».

Quimby fue un precursor del movimiento del Nuevo Pensamiento y probablemente influyó en las enseñanzas de Eddy. Ella lo visitó varias veces en el transcurso de dos años, promovió sus ideas e incluso le escribió un soneto.

Aproximadamente un año después de esta cura, Eddy sufrió una recaída. En 1866, a la edad de cuarenta y cinco años, dijo que experimentó una sanidad física instantánea mientras leía el relato de la curación del paralítico en Mateo 9, 1-8. Después de esto, Eddy afirmó haber descubierto la ley espiritual y la ciencia detrás del trabajo de curación de Jesús.

En 1875, publicó la primera edición de su libro dedicado a la enseñanza de sus descubrimientos, titulado *Ciencia y salud*, ampliado en 1883 para incluir otra obra, *Clave de las Escrituras*. Cuatro años más tarde, la Iglesia de Cristo, Científico, se incorporó en Boston y se convirtió en la «Iglesia Madre» de una nueva denominación con la Sra. Eddy como su principal pastora. En 1895, publicó *El Manual de la Iglesia Madre* para organizar su funcionamiento. La Iglesia Madre es uno de los edificios más destacados y reconocibles de Boston.

La enseñanza más distintiva de la Ciencia Cristiana es la creencia en la irrealidad del mundo material. Para los científicos cristianos, lo único verdaderamente real es el mundo espiritual. La materialidad es una ilusión. Si alguien sufre de alguna enfermedad, su causa es puramente mental, y la cura es darse cuenta de que la enfermedad es solo una ilusión. Todo el mal puede ser destruido al tomar conciencia del poder y el amor de Dios. Buscar un tratamiento médico demuestra una falta de fe. (Todas estas son ideas similares a las que se ven en el movimiento Palabra de Fe del que hablamos en el capítulo anterior, aunque con la diferencia clave de que la Ciencia Cristiana ve el mundo material como irreal, y la mayoría de los maestros de Palabra de Fe no prohibirían la medicina).

El cielo mismo es un «estado mental divino». Eddy resumió una vez sus enseñanzas centrales con lo que se llama «La declaración científica del ser»:

No hay vida, verdad, inteligencia ni sustancia en la materia. Todo es Mente infinita y su manifestación infinita, pues Dios es «Todo en todo». El Espíritu es la Verdad inmortal; la materia es el error mortal. El espíritu es lo real y eterno; la materia es lo irreal y temporal. El Espíritu es Dios, y el hombre es su imagen y semejanza. Por lo tanto, el hombre no es material; es espiritual. (Mary Baker Eddy, *Science and Health*, 468)

La Ciencia Cristiana acepta los relatos históricos del nacimiento, la vida, la muerte y la resurrección de Jesús, pero Eddy distinguió a Jesús el hombre de Cristo, la divinidad que manifestó. Por lo tanto, es divino, pero no es Dios. Dios mismo se llama «Padre-Madre», y el Espíritu Santo equivale a la «ciencia divina», es decir, a la enseñanza de la Ciencia Cristiana. Se sigue considerando a Jesús como el Hijo de Dios. Aunque Eddy rechazó la teología trinitaria tradicional por considerarla politeísmo, hay en sus enseñanzas un lado semitrinitario de Dios, definido como «Verdad, Vida y Amor». También se puede referir a Dios con otros términos, como Principio, Alma, Mente y Espíritu. La teología de Eddy es, por tanto, unitaria, pero con una despersonalización de Dios en una especie de panteísmo, en el que todas las cosas son en cierto sentido Dios.

Los servicios religiosos de la Ciencia Cristiana son sencillos y consisten principalmente en lecturas de la Biblia y de *Ciencia y salud*. También se incluyen himnos, el rezo del Padre Nuestro y la oración en silencio. Hay veintiséis temas oficiales para la «lección-sermón», que se repiten dos veces a lo largo del año. En un año con cincuenta y tres domingos, uno de ellos se utiliza tres veces. Estas lecciones-sermones se utilizan en todas las congregaciones y tienen títulos como «¿Son reales el pecado, la enfermedad y la muerte?» y «¿El universo, incluido el hombre, evolucionó por la fuerza atómica?».

Desde el punto de vista ortodoxo, la Ciencia Cristiana es una combinación de variantes de múltiples herejías antiguas: muy especialmente el dualismo gnóstico, con su negación o degradación del mundo material; el nestorianismo, con su disyunción radical entre Jesús y Cristo; el modalismo, que negaba la Trinidad; y el pneumatomaquianismo (macedonianismo), con su negación de la divinidad del Espíritu Santo.

Los científicos cristianos no tienen ni clero ordenado ni sacramentos. El bautismo y la comunión se consideran en términos puramente espirituales, es decir, no materiales. El enfoque principal de la Ciencia Cristiana es la curación espiritual, y la Ciencia Cristiana se describe a sí misma como un «sistema curativo y educativo». Aunque muchos miembros darán testimonio de la realidad de los poderes curativos de sus métodos religiosos, nunca han sido corroborados fuera de la denominación.

Desde el punto de vista ortodoxo, el antimaterialismo dualista de la Ciencia Cristiana es una negación de la plenitud de la creación de Dios. La creación existe en elementos visibles e invisibles, tanto materiales como inmateriales, en una unión eterna. El hombre mismo es una unión de cuerpo y alma, y la separación que se produce en la muerte es temporal. El hombre es curado y renovado en la resurrección general al final de los tiempos.

Hay entre 100.000 y 400.000 científicos cristianos en todo el mundo. El principal medio de contacto que tienen muchas personas ajenas a la denominación es su popular periódico, *The Christian Science Monitor*. Además de las iglesias locales, muchas congregaciones pueden mantener una sala de lectura de la Ciencia Cristiana, normalmente situada en una zona céntrica.

Unity (Iglesia de la Unidad)

Un movimiento estrechamente relacionado con la Ciencia Cristiana es Unity, conocido informalmente como Iglesia Unity. Unity también procede del movimiento del Nuevo Pensamiento, y sus orígenes están directamente relacionados con Mary Baker Eddy. La Iglesia Unity se describe a sí misma como un enfoque positivo, práctico y progresista del cristianismo, basado en las enseñanzas de Jesús y en el poder de la oración.

Unity fue fundada en Kansas City, Missouri, en 1889 por Charles y Myrtle Fillmore. La señora Fillmore había padecido tuberculosis, y creía que se había curado mediante la sanación espiritual. Esto llevó a los Fillmore a estudiar las obras de Eddy y a formarse con Emma Curtis Hopkins, una pensadora líder en el movimiento del Nuevo Pensamiento que había sido alumna de Eddy y después rompió con ella.

Tanto Hopkins como los Fillmore utilizaron el nombre de la Ciencia Cristiana para sus propias enseñanzas durante un tiempo, pero finalmente lo abandonaron. Más adelante, ya de mayor, atribuyendo sin duda sus impresiones juveniles a su devoción por las enseñanzas del Nuevo Pensamiento, Charles Fillmore creía que podía ser físicamente inmortal y posiblemente la reencarnación del apóstol Pablo. Fue autor de doce libros, entre ellos uno con el título *Atom-Smashing Power of Mind*.

Las enseñanzas de Unity son similares a las de la Ciencia Cristiana en su énfasis en el pensamiento como cura para la enfermedad y como respuesta a los desafíos de la vida. Sin embargo, a diferencia de la Ciencia Cristiana, Unity no prohíbe buscar tratamiento médico y considera que la enfermedad es real y no una ilusión.

Unity también despersonaliza a Dios y lo identifica como un espíritu sin personalidad. Charles Fillmore escribió una vez:

> *Dios no es una persona que ha puesto en marcha la creación y se ha marchado y ha dejado que funcione como un reloj. Dios es el Espíritu, la Mente infinita, la fuerza inmanente y la inteligencia que se manifiesta en todas partes en la naturaleza. Dios es la voz silenciosa que hace visible toda la vida que existe. (Charles Fillmore, Talks*

on Truth, 9 [publicado en español por Unity Books como *Charlas acerca de la verdad*])

Jesús es divino, pero no Dios, y su divinidad es algo que toda persona puede alcanzar. «Cristo» es el potencial divino en cada persona, y Jesús mostró cómo realizar ese potencial. Por ello, Unity le llama «el que muestra el camino». La Biblia también se estudia, pero se considera principalmente como historia y alegoría, más que como fuente de doctrina *per se*.

Uno de los ministros más famosos de Unity fue James Dillet Freeman, un popular poeta que escribió para la revista *Daily Word* de Unity, así como para las tarjetas Hallmark. Dos de sus poemas fueron incluso llevados a la luna por los astronautas Buzz Aldrin y James B. Irwin. También se sabe que algunas celebridades han sido miembros de Unity, como la poeta Maya Angelou, la cantante Erykah Badu y las actrices Barbara Billingsley y Betty White.

Unity es conocida por el público en general no solo a través de la *Daily Word*, sino también a través del programa Unity School of Christianity y su servicio «Dial a Prayer» (conocido formalmente como Silent Unity), un servicio gratuito al que la gente puede llamar por teléfono para que alguien ore con ellos.

A principios de la década de 1990 se calcula que había unos setenta mil seguidores de Unity en seiscientas congregaciones en Estados Unidos, y sesenta congregaciones a nivel internacional.

Testigos de Jehová

Los orígenes de los Testigos de Jehová se remontan a la década de 1870 con la predicación de Charles Taze Russell, cuyo grupo se denominaba originalmente el movimiento de Estudiantes de la Biblia. Russell era un hombre de negocios de Pensilvania involucrado en el movimiento adventista en el siglo XIX. Tras convertirse en agnóstico en 1869, más tarde recuperó la fe en Dios y comenzó a estudiar la Biblia. Su estudio le llevó a la conclusión de que Jesús había regresado a la tierra de forma invisible en 1874 para preparar el Reino de Dios, que se iniciaría con el Armagedón, que tendría lugar en 1914:

> *Los siete tiempos terminarán en 1914 d. C.; cuando Jerusalén sea liberada para siempre, y el judío diga del Libertador: «He aquí nuestro Dios, lo hemos esperado y nos salvará». Cuando los gobiernos gentiles hayan sido destrozados; cuando Dios haya derramado su furia sobre la nación, y lo reconozcan como Rey de Reyes y Señor de Señores.* (Charles Taze Russell, *Bible Examiner*, octubre de 1876)

Todas estas afirmaciones son similares a las de otros grupos adventistas, que tenían sus propias fechas calculadas para los acontecimientos escatológicos. Los seguidores de Russell debían dedicar gran parte de su tiempo a advertir a los demás sobre el inminente fin del mundo. Aquellos que hicieran caso de las advertencias sobrevivirían al primer juicio que se avecinaba, seguido de un reino de mil años de Cristo en la tierra, seguido de un segundo juicio. Al final, solo 144.000 personas de toda la historia de la humanidad llegarían al cielo.

Estaban preparados para ir a casa al cielo en octubre de 1914. Pero la fecha llegó, y el mundo no se acabó. Russell se adaptó:

> *Bastantes delegados se quedaron en Bethel y, por supuesto, los miembros del personal de la sede estuvieron presentes en la mesa del desayuno el viernes 2 de octubre por la mañana. Todos estaban sentados cuando entró el hermano Russell. Como de costumbre, dijo alegremente: «Buenos días a todos». Pero esta mañana en particular fue diferente. En lugar de proceder prontamente a su asiento, aplaudió y anunció alegremente: «Los tiempos de los gentiles*

> *han terminado; sus reyes han tenido su día». «¡Cómo hemos aplaudido!», exclama Cora Merrill. El hermano Macmillan admitió: «Estábamos muy emocionados y no me habría sorprendido que en ese momento nos hubiéramos puesto en marcha, convirtiéndose en la señal para comenzar a ascender hacia el cielo; pero, por supuesto, no hubo nada de eso, en realidad». La hermana Merrill añade: «Tras una breve pausa, él [Russell] dijo: "¿Alguien está decepcionado? Yo no. ¡Todo va según lo previsto!" De nuevo aplaudimos». (1975 Yearbook of Jehovah's Witnesses, 73)*

Poco después, la fecha de 1914 se espiritualizó. El mundo no se iba a acabar entonces (como se había enseñado), pero ahora el fin estaba empezando.

Incluso antes de 1914, el grupo original de Russell sufrió una serie de cismas, y la mayoría de los miembros del movimiento de Estudiantes de la Biblia se desvincularon de la Zion's Watch Tower Tract Society que él fundó en 1881. Los que permanecieron llegaron a formar el cuerpo principal de la denominación moderna, que fue organizada siguiendo líneas casi teocráticas después de la Primera Guerra Mundial por Joseph («Juez») F. Rutherford, quien predijo que Abraham, Isaac, Jacob y los profetas volverían a la tierra en 1925. En 1931, Rutherford cambió el nombre del grupo por el de Testigos de Jehová, en referencia a Isaías 43, 10.

Especialmente durante el periodo de liderazgo de Rutherford, los Testigos tuvieron a menudo una relación adversa con el gobierno estadounidense, lo que llevó a la promulgación de varias leyes que permitían a los objetores de conciencia evitar el servicio militar, ya que los Testigos de Jehová no se asocian con el ejército. En 1942, Rutherford murió y fue sucedido por Nathan Homer Knorr, quien reorientó a los Testigos de Jehová, alejándolos de la confrontación cultural y orientándolos hacia el alcance misionero.

Durante el mandato de Knorr, se predijo que el Armagedón llegaría en 1975, que supuestamente era exactamente seis mil años después de la creación de Adán. A pesar de las predicciones de Knorr, el Armagedón no tuvo lugar en 1975, y en 1977, Knorr murió. Su sucesor, Frederick Franz, explicó que el Armagedón tendría lugar en realidad seis mil años después de la creación de Eva, que era unos meses o años más joven que Adán. Con la muerte de Franz en 1993, los Testigos fueron dirigidos por Milton Henschel, quien renunció en 2000 y fue sucedido por Don Adams.

Los Testigos de Jehová hacen hincapié en su visión del nombre bíblico de Dios, que en hebreo se pronuncia probablemente «Yahvé», pero que con el tiempo se latinizó en Jehová. Los Testigos dicen que este es el verdadero nombre de Dios. La humanidad misma es un participante en una lucha por la soberanía entre Jehová y Satanás. Jehová mismo tiene un cuerpo, pero es un cuerpo espiritual. Solo Jehová es Dios, lo que hace que los Testigos sean unitarios en su teología básica.

Al igual que los antiguos arrianos, los Testigos identifican a Jesús como una creación de Dios a través de la cual se hizo el resto de la creación. Jesús realizó milagros durante su estancia en la tierra, pero ya no los realiza. Sufrió y fue asesinado, pero no fue en una cruz sino en una «estaca de tortura», una sola pieza vertical de madera. (La cruz se considera un símbolo pagano.) Su muerte sirve para liberar a los seres humanos del pecado y la muerte. Después de morir, fue resucitado por Dios como una criatura espiritual. Jesús es también la misma persona que el arcángel Miguel. El Espíritu Santo no es una Persona divina, sino que es simplemente la «fuerza activa» de Dios.

Los Testigos usan y creen en la Biblia, aunque tienen su propia traducción idiosincrática llamada la Traducción del Nuevo Mundo, que es una alteración del texto bíblico para apoyar sus doctrinas. Juan 1, por ejemplo, en lugar de decir: «En el principio era la Palabra, y la Palabra era con Dios, y la Palabra era Dios», dice: «... y la Palabra era un dios». Su traducción también inserta la palabra *Jehová* en el Nuevo Testamento 237 veces sin ninguna correspondencia con los textos griegos de ninguna tradición manuscrita.

El infierno no existe para los Testigos. Es simplemente un símbolo de la muerte. En cambio, los malvados serán aniquilados después del Armagedón. Hasta que eso ocurra, todos los muertos, tanto los buenos como los malos, no tienen conciencia de nada (similar a la enseñanza adventista sobre el sueño del alma). El principio del fin sí ocurrió en 1914, cuando Jehová arrojó a Satanás y a todos los demonios del cielo, por lo que los acontecimientos mundiales han ido empeorando progresivamente desde la Primera Guerra Mundial (1914-18). La abolición de todos los gobiernos del mundo y el establecimiento de una teocracia gobernada directamente por Dios se predice que vendrá pronto, aunque después de múltiples profecías fallidas, ya no se dan fechas precisas. En 1995, los Testigos abandonaron la enseñanza de que el Armagedón ocurriría durante la vida de los que estaban vivos en 1914, refiriéndose a la enseñanza anterior como «especulación».

Después de que llegue el fin, 144.000 testigos de Jehová recibirán cuerpos espirituales y vivirán en el cielo. El resto de los testigos de Jehová vivirán en el paraíso en una tierra restaurada. Todos los demás serán aniquilados, después de habérseles dado una segunda oportunidad de demostrar su obediencia a Dios convirtiéndose en Testigos de Jehová. Este arreglo en niveles de salvación es similar a la antigua división de castas espirituales gnósticas de los verdaderamente espirituales (la élite espiritual) y los meramente «con alma», el creyente promedio. Sin embargo, la Ortodoxia sostiene que la transfiguración por parte de Dios y la comunión con Él están plenamente disponibles para toda persona humana. No existe un sistema de castas espirituales. Todo el mundo puede llegar a ser santo.

La mayoría de los grupos cristianos no consideran a los Testigos de Jehová como cristianos. Sin embargo, a diferencia de los mormones, no quieren ese reconocimiento y se consideran los únicos cristianos. Como rechazan el uso de la cruz, a menudo utilizan imágenes de una torre de vigilancia, una referencia no solo a su identidad más antigua, sino también al nombre de su brazo editorial, la Watch Tower Bible and Tract Society. Sus lugares de reunión no se denominan iglesias sino Salones del Reino, una referencia a su creencia en el establecimiento inminente del Reino de Dios en la Tierra. Cada Salón del Reino, normalmente de arquitectura sencilla y sin adornos, tiene un máximo de doscientos miembros, y los miembros asisten al Salón del Reino más cercano a su casa.

A todos los Testigos de Jehová se les anima a participar en actividades de evangelización, que suelen llevarse a cabo mediante visitas puerta a puerta, normalmente con ejemplares de su literatura en la mano (la mayoría de las veces sus dos publicaciones periódicas, *¡Despertad!* y *La Atalaya*). El evangelismo se lleva a cabo a menudo por familias enteras que visitan los hogares de las personas, ofreciendo llevar a cabo estudios bíblicos gratuitos. Se espera que todos den informes mensuales sobre sus actividades de testimonio a la congregación local.

Los Testigos tampoco celebran ninguna festividad religiosa, con la excepción de una observancia anual de la muerte de Cristo, un evento llamado la Conmemoración, que está fechado por el calendario judío el catorce del mes de Nisán (la fecha tradicional de la Pascua) y está abierta a cualquiera. Rechazan la Navidad y otras fiestas cristianas, por considerar que tales celebraciones son idolatría. También prohíben las celebraciones de cumpleaños por ser astrología pagana. Sin embargo, no tienen ningún problema con las celebraciones de bodas, aniversarios o funerales.

Se niegan a saludar a la bandera estadounidense, a decir el Juramento de Lealtad, o a servir en el ejército, porque hacerlo es idolatría y traición contra su verdadera ciudadanía en el Reino de Dios, que incluye un gobierno literal. Los Testigos tampoco participan en actividades interconfesionales o intercristianas ni en el diálogo ecuménico, porque hacerlo contaminaría la pureza de su fe. Creen que las transfusiones de sangre están prohibidas por la

Biblia, basándose en su lectura de Hechos 15, 20 (que la Ortodoxia considera solo como una prohibición de comer o beber sangre).

Los Testigos bautizan y celebran la comunión, aunque ambos actos son puramente simbólicos. Su rito de comunión se celebra durante la Conmemoración anual y utiliza pan sin levadura y vino. Solo aquellos que creen estar entre los 144.000 participan de los elementos. El bautismo es solo para aquellos «de una edad responsable» y confiere la membresía completa.

A lo largo de los años, los Testigos han cambiado una serie de doctrinas que antes se consideraban esenciales. También creen que su gobierno organizativo es el único canal de comunicación de Dios con el mundo, generalmente expresado en artículos de la revista *La Atalaya*. Muchos artículos de *La Atalaya* advierten sobre los peligros del pensamiento independiente en un esfuerzo por mantener a los Testigos en línea con las enseñanzas de la Watch Tower Society. La Watch Tower Society también disuade a los miembros de exponerse a la crítica de la fe o a las Biblias u otras publicaciones de fuera de la organización. Se anima a los miembros a evitar a los antiguos Testigos de Jehová, incluidos los miembros de su familia, especialmente si han sido expulsados oficialmente por negarse a obedecer a los dirigentes o por no haberse arrepentido de sus pecados.

La Ortodoxia no pretende controlar la lectura o el pensamiento de sus miembros, haciendo hincapié en el libre albedrío del hombre y en la posibilidad de que cada persona conozca a Dios sin temor a que la lectura de algo sea en sí misma perjudicial o amenazadora. Además, si bien la Iglesia practica a veces la excomunión pastoral de forma temporal mientras una persona se arrepiente, nunca debe ser objeto de rechazo sistemático, y menos aún por parte de sus familiares.

Hay unos 8,2 millones de Testigos de Jehová en el mundo, repartidos en más de 118.000 Salones del Reino. Aunque su número sigue aumentando, el ritmo de crecimiento ha disminuido en los últimos años. Son especialmente activos entre la población afrodescendiente de Estados Unidos.

Adventistas del Séptimo Día davidianos, Davidianos de la Rama y la Iglesia de Dios (Conferencia General)

Como vimos, los Testigos de Jehová fueron fundados por un hombre que había formado parte del movimiento adventista/*millerista* (véase el capítulo cinco) inicialmente, pero que luego desarrolló su propia teología distintiva. La corriente más amplia de ese movimiento, que produjo directamente la denominación adventista más conocida, los Adventistas del Séptimo Día, también fue el contexto para el surgimiento de varios otros grupos, como la Iglesia cristiana adventista, que rinde culto en domingo y es similar a la mayoría de los evangélicos. Pero había otros grupos más pequeños cuya teología los situaba más allá de la franja del evangelicalismo, donde residen los Adventistas del Séptimo Día.

Probablemente el más conocido de estos pequeños vástagos en los últimos años sea el de los Davidianos de la Rama, que estuvo a punto de desaparecer por un violento enfrentamiento con las fuerzas del orden cerca de Waco, Texas, en 1993. Los Davidianos de la Rama (también llamados «La Rama») eran a su vez un cisma de otro grupo que se separó de los Adventistas del Séptimo Día, los Adventistas Davidianos. Ambos grupos, a diferencia de los demás grupos de este capítulo, son trinitarios (aunque con alguna alteración en el grupo de la Rama, como veremos) y ven a Jesucristo como totalmente Dios y hombre.

El cisma davidiano se produjo en 1930, con la publicación de *La vara del pastor*, de Victor T. Houteff, un manifiesto de reformas que exigía que se hicieran dentro de la Iglesia Adventista del Séptimo Día. Houteff era un inmigrante búlgaro en Estados Unidos que se convirtió a la iglesia en 1919. Fue expulsado de la corriente principal de los Adventistas del Séptimo Día justo antes de la publicación de su libro, después de que sus opiniones fueran examinadas por los líderes de la iglesia. Esta fue la génesis de los Adventistas Davidianos del Séptimo Día.

Houteff eligió el nombre de davidiano para indicar que su movimiento era una restauración de la realeza davídica del Antiguo Testamento. Su enseñanza más distintiva era que había recibido una revelación de que los 144.000 de Apocalipsis 7 eran judíos cristianos que habían perdido su identidad étnica a lo largo de los siglos. También se identificaban con los «marcados» de Ezequiel 9, 4-7 que lamentaban la impiedad. Estos, dijo él, estaban realmente presentes en la Iglesia Adventista del Séptimo Día y desempeñarían un papel en los últimos tiempos. Todas estas enseñanzas tenían precursores en los escritos de la fundadora de los Adventistas del Séptimo Día, Ellen G. White. Su otra enseñanza distintiva principal era un énfasis de estilo dispensacionalista en el papel de Oriente Medio en la escatología.

La Rama Davidiana se separó del grupo principal de los Davidianos en 1955, con la muerte de Houteff. Su esposa Florence intentó tomar el control, pero una lucha de poder hizo que el grupo principal quedara bajo el liderazgo de Benjamin Roden. Perdió más seguidores cuando una predicción del fin del mundo en 1959 no se cumplió. Roden rebautizó el grupo con el nombre de Rama de Aguas Vivas tras una revelación que dijo haber recibido, y más tarde volvió a rebautizarlo como Iglesia Adventista del Séptimo Día de la Rama Davidiana.

Con la muerte de Roden en 1978, su esposa Lois asumió el liderazgo y pronto informó a la iglesia que había recibido las siguientes revelaciones: (1) Dios es tanto masculino como femenino, (2) el Espíritu Santo es femenino, y (3) el regreso de Cristo a la tierra será en forma de mujer.

En 1981, Vernon Howell se unió a la Rama Davidiana. Pronto se casó con una chica de catorce años y realizó dos visitas al estado de Israel. Durante la segunda visita, dijo que el mismo espíritu que había descendido sobre Cristo en su bautismo también descendió sobre él. Entonces dejó de vivir como un ser humano ordinario y se convirtió en Cristo.

Más tarde, Howell adquirió cuatro esposas más y reunió a los seguidores davidianos. El hijo de Lois, George Roden, tuvo una amarga disputa con Howell (incluyendo un tiroteo) por el liderazgo del grupo. La disputa terminó con el encarcelamiento de Roden por el asesinato de otro rival. Con la muerte de Lois en 1990, Howell asumió el liderazgo de la Rama Davidiana y cambió su nombre a David Koresh. Comenzó a hacer hincapié en los siete sellos mencionados en el Libro de Apocalipsis, y sus seguidores consideraban que sus enseñanzas eran la mismísima palabra de Dios.

Con un intento de allanamiento a la propiedad de Koresh en Waco, basado en la sospecha de violación de armas, comenzó un asedio de cincuenta días el 28 de febrero de 1993, matando inicialmente a seis davidianos. El 19 de abril, las fuerzas del orden irrumpieron en el recinto, matando a otros setenta y seis davidianos y provocando también la muerte de cuatro agentes.

Alrededor de doce Davidianos de la Rama permanecen hasta el presente. Todas las enseñanzas distintivas que hemos mencionado anteriormente no son enseñadas por la Iglesia ortodoxa. Aunque el grupo es muy pequeño y no tiene una influencia importante, lo hemos incluido aquí como una especie de estudio de caso de cómo una escisión de un grupo más dominante puede evolucionar muy rápidamente en algo muy diferente.

La Iglesia de Dios (Conferencia General) (CoGGC, por sus siglas en inglés), también llamada Iglesia de Dios de la Fe Abrahámica, no está directamente relacionada con los grupos adventistas davidianos. La CoGGC es una denominación que surgió de la unión de varios organismos adventistas no sabatistas («del primer día») en 1921 en Waterloo, Iowa. Todos ellos eran de tradición adventista, pero rechazaban la teología trinitaria. El Padre es Dios, pero el Espíritu Santo es simplemente su «poder». Enseñan una cristología históricamente conocida como socinianismo: Jesucristo no preexistió a su concepción virginal.

La propia CoGGC sufrió una escisión en el proceso de su fundación, dando lugar a la Iglesia de la Bendita Esperanza, que mantiene una estrecha relación con los cristadelfianos, cuya doctrina es similar en varios aspectos. Los miembros suelen ir y venir entre los grupos.

Armstrongismo (Iglesia de Dios Universal)

Un movimiento relacionado históricamente con los adventistas es el armstrongismo, llamado así por Herbert W. Armstrong. Su iglesia se llamaba propiamente la Iglesia de Dios Universal («armstrongismo» es utilizado principalmente por los críticos). El propio Armstrong había sido ministro de la Iglesia de Dios (del Séptimo Día), un grupo sabatista que procedía del movimiento adventista que produjo el adventismo del Séptimo Día bajo la predicación de Ellen G. White. Este grupo de adventistas rechazó las enseñanzas de White y formó su propio organismo en la década de 1860.

Algunos sostenían una cristología de tipo arriano, enseñando que el Hijo de Dios es un ser creado, mientras que otros enseñaban que el Padre y el Hijo son Dios (pero no el Espíritu Santo). También se oponían a la celebración de fiestas como la Navidad y la Pascua. Al igual que los Adventistas del Séptimo Día, enseñan el sueño del alma (los muertos no tienen conciencia de nada) y el aniquilacionismo (inmortalidad condicional; solo los justos existirán para siempre).

Armstrong fue ordenado ministro de la Iglesia de Dios (del Séptimo Día) en 1931 y rompió sus vínculos en 1938 por diferencias doctrinales. Pronto comenzó a enseñar el israelismo británico (también llamado angloisraelismo), la doctrina de que la gente de Europa Occidental, especialmente en las Islas Británicas, son descendientes de las diez tribus perdidas de Israel. En 1934 Armstrong comenzó sus primeras emisiones de radio con su programa *El Mundo de Mañana* (que finalmente también se emitió por televisión). Su pequeña revista *La Pura Verdad* (originalmente el boletín de su iglesia) comenzó a publicarse ese mismo año. *La Pura Verdad* alcanzó una tirada de 8,2 millones de ejemplares a mediados de la década de 1980, extendiendo el alcance de Armstrong mucho más allá de la denominación que creó. *El Mundo de Mañana* se convirtió en la semilla de la denominación de Armstrong, que se fundó en 1934 con el nombre de La Iglesia de Dios Radial y cambió su nombre en 1967 por el de Iglesia de Dios Universal. En su apogeo, unas cien mil personas asistían a los servicios de la denominación de Armstrong.

Las enseñanzas de Armstrong lo situaron firmemente fuera de la corriente evangélica principal e incluso fuera de las del movimiento adventista más amplio. Es conocido especialmente por su israelismo británico, que enseña que las profecías y promesas de la Biblia para Israel se aplican a los británicos y, por extensión, a los estadounidenses, porque estos pueblos descienden de dos de las «tribus perdidas» de Israel. Gran Bretaña se identifica con la tribu de Efraín y los Estados Unidos con la de Manasés. La Iglesia ortodoxa no enseña esta teoría y no hace especial hincapié en los descendientes étnicos de las tribus del antiguo Israel.

Al igual que muchos en la familia de movimientos adventistas/milleristas, Armstrong enfatizó una inminente Segunda Venida, advirtiendo que el fin llegaría muy pronto en varias ocasiones desde los años 40 hasta los 80. Este milenarismo es lo que dio a su emisión el nombre de *El Mundo de Mañana*.

Una de sus enseñanzas más inusuales es sobre la «Familia de Dios». En la actualidad, la Divinidad es binaria: el Padre y el Hijo son Dios. Pero las personas pueden entrar en la Familia de Dios si se salvan, un proceso que se completará al final de los tiempos. Armstrong literalizó el lenguaje de las Escrituras de que los creyentes se convierten en «hijos de Dios». El Padre y el Hijo serán eternamente adorados por los hijos de Dios, por lo que el binitarismo permanece intacto. Salvo por el binitarismo, su doctrina es similar en algunos aspectos a la doctrina ortodoxa de la theosis, aunque difiere en que la *theosis* ocurre a través de la adopción, no de la «reproducción» como enseñaba Armstrong.

Al igual que muchos fundadores protestantes, Armstrong sostenía que todas las iglesias anteriores a él representaban no solo la apostasía sino los «falsos evangelios». Dios había revelado a Armstrong —que era él mismo el retorno profetizado de Elías antes del fin de los tiempos— la «pura verdad» de las Escrituras, algo que no había ocurrido desde la época de los apóstoles.

Parte de esta pura verdad era que los cristianos no estaban liberados de la mayoría de las obligaciones del judaísmo del Antiguo Testamento. Así, observaba las diversas fiestas judías, como la Pascua y Pentecostés (rechazando las versiones cristianas de las mismas), así como la Fiesta de los Tabernáculos. También insistió en seguir las leyes dietéticas del Antiguo Testamento y el culto los sábados (sabatismo). El sabatismo en particular se convirtió en su prueba para saber si alguien amaba verdaderamente a Dios. Todo esto es una reminiscencia de la antigua herejía judaizante.

Armstrong también creía que una primera resurrección sería para los creyentes, mientras que una segunda daría a la mayoría de los incrédulos una segunda oportunidad para arrepentirse. Todos aquellos que no se arrepientan o que no sean elegibles para la segunda oportunidad (debido al rechazo incorregible de Cristo) serán aniquilados. La mayoría se salvaría, una especie de posición semiuniversalista. La Ortodoxia enseña una única resurrección de toda la humanidad que conduce a la existencia eterna para todos, con los justos disfrutando de la presencia de Dios y los malvados eternamente castigados. La Iglesia no enseña cuántas personas se salvarán.

En 1978, la Iglesia de Armstrong sufrió un cisma con la excomunión de su hijo Garner Ted Armstrong, que difería de su padre en cuestiones doctrinales y prácticas. Su doctrina era mayoritariamente la misma, aunque añadió la enseñanza de que el Dios del Antiguo Testamento era Jesucristo, cuya revelación del Padre era de una persona divina previamente desconocida. También enseñó que el liderazgo de su propia iglesia —no el de su padre— era la verdadera Iglesia. Formó la Iglesia de Dios Internacional en 1978, que cuenta con sesenta congregaciones. En 1998, fue expulsado de esa iglesia por acusaciones de acoso sexual, y formó otra denominación disidente, la Iglesia de Dios Intercontinental.

Tras la muerte de Herbert Armstrong en 1986, su sucesor elegido, Joseph Tkach, Sr., inició un proceso de cambio radical de la denominación. En 1990, la asistencia semanal alcanzó un máximo de 133.000 personas, a pesar de que varios miles de miembros se marcharon en 1989, cuando Tkach comenzó a acercar la Iglesia de Dios Universal a la corriente principal evangélica. En los años 90 se produjeron grandes cambios en la denominación, con la aceptación del trinitarismo y las fiestas cristianas y el repudio del sabatismo, el israelismo británico y las leyes dietéticas judías. Los escritos de Armstrong fueron retirados de la imprenta.

En el proceso, la denominación perdió casi la mitad de sus miembros e ingresos y sufrió nuevos cismas de los que se mantenían fieles a las peculiares enseñanzas de Armstrong. Las iglesias se dividieron y cientos de ministros renunciaron. Doce mil miembros se marcharon en 1995 para formar la Iglesia Unida de Dios, el mayor grupo disidente que conservó el armstrongismo, que aún cuenta con más de 400 congregaciones. A lo largo de toda su historia, la denominación de Armstrong sufrió decenas de cismas, aunque la mayoría fueron bastante pequeños.

En 1995, con la muerte de Tkach, su hijo Joseph Tkach, Jr. asumió el liderazgo de la denominación y continuó el proceso de integración en el evangelicalismo. En 1997, la denominación obtuvo la condición de miembro de la Asociación Nacional de Evangélicos. Con el cambio de nombre en 2009 a Comunión de Gracia Internacional, la transformación de la denominación fue completa.

Aunque la Comunión de Gracia Internacional es una denominación relativamente pequeña, con unos 42.000 miembros en 900 congregaciones, su historia de paso de las fronteras del adventismo a la corriente principal evangélica es notable. No solo puede producirse un cambio importante con relativa rapidez, sino que también es un ejemplo poco frecuente de un grupo religioso que pasó, como decía un artículo de *Christianity Today* de 1996 sobre la denominación, «de la periferia al redil» (Ruth Tucker, «From the Fringe to the Fold: How the Worldwide Church of God Discovered the Plain Truth of the Gospel», *Christianity Today*, 15 de julio de 1996).

The Way International (El Camino Internacional)

En 1942, en un pequeño pueblo de Ohio llamado Payne, Victor Paul Wierwille creyó oír la voz de Dios. Fue un año después de su ordenación en la Iglesia Evangélica y Reformada (una denominación que más tarde se fusionaría con la Iglesia Unida de Cristo). La voz le dijo de forma audible que le llevaría a interpretar la Biblia correctamente, con enseñanzas en línea con las de la Iglesia primitiva, pero diferentes de todo lo que se enseñaba actualmente: «Dijo que me enseñaría la Palabra como no se había conocido desde el primer siglo, si la enseñaba a otros» (Elena S. Whiteside, *The Way: Living in Love*, 178).

Ese año, comenzó un ministerio de radio en vivo llamado *Vesper Chimes*, transmitido desde Lima, Ohio. El ministerio de radio eventualmente se transformó en una serie de clases que llegaron a llamarse «Poder para la Vida Abundante», que se enseñaban en vivo con Wierwille viajando a varios lugares de Ohio.

En 1955, Wierwille incorporó un grupo llamado El Camino, y dos años después renunció a su pastorado en la Iglesia Evangélica y Reformada. Celebró reuniones en su propia casa y finalmente estableció la sede de su ministerio en la granja familiar de New Knoxville, Ohio, en 1961, llamándola Centro Ecuménico de Investigación Bíblica. Durante este tiempo, Wierwille se convenció de que el Nuevo Testamento fue escrito originalmente en arameo, y se asoció con el traductor de arameo George Lamsa, que era miembro de la Iglesia asiria del Oriente.

A finales de la década de 1960, las clases de «Poder para la Vida Abundante» se grabaron para permitir una mayor distribución, y Wierwille viajó tanto a Nueva York como a California para reunirse con los ministerios callejeros de Jesus People, atrayendo miembros para su grupo y creando «El Camino del Este» y «El Camino del Oeste», que finalmente se fusionaron en su grupo más grande, El Camino Internacional.

El Camino no tiene miembros oficiales, salvo la junta directiva, pero las estimaciones de participación oscilan entre 35.000 en su momento álgido, a finales de la década de 1990, y menos de 10.000 en la actualidad, con pequeñas agrupaciones domésticas de seis a doce personas que se reúnen semanalmente. Durante muchos años, El Camino también envió a cientos de embajadores de «Palabra sobre el Mundo» como misioneros voluntarios por todo el mundo, lo que ayudó a difundir su mensaje. Muchos grupos disidentes se han separado de El Camino Internacional, pero siguen venerando a Wierwille (que murió de cáncer en 1985) y sus obras.

La hermenéutica bíblica de El Camino se inscribe en un marco histórico-dispensacionalista, y solo se enseña que las epístolas del Nuevo Testamento se dirigen directamente a los creyentes. El resto de la Biblia es solo para aprender.

El Camino es unitario, siendo Dios y el Espíritu Santo la misma persona. Jesús es el hijo literal de Dios, de quien se dice que creó un esperma que fecundó a María. Jesús es, por tanto, un ser creado que no existía antes de esta fecundación. Se calcula que nació el 11 de septiembre del año 3 a.C., lo que se reduce a una ventana de noventa minutos.

Además de sus peculiares enseñanzas sobre Dios y su Hijo, El Camino también enseña una serie de doctrinas que parecen extraídas de fuentes adventistas, milleristas, del Nuevo Pensamiento, carismáticas y de Palabra de Fe. Por ejemplo, al igual que los Testigos de Jehová, El Camino enseña que la muerte de Jesús no fue en una cruz sino en una estaca de madera. Al igual que muchos adventistas, El Camino enseña que los muertos están inconscientes y que los malvados serán aniquilados al final de los tiempos. Al igual que Palabra de Fe, El Camino enseña que la felicidad y la prosperidad llegan gracias a la firmeza de la fe, y que la confesión positiva es necesaria para crear los resultados deseados.

El don divino de Dios se llama «espíritu santo» (no el Espíritu Santo), y hay nueve manifestaciones de este don. La primera es hablar en lenguas, que se requiere para la salvación y activa las otras ocho. Una vez que alguien nace de nuevo, no puede perder este espíritu santo, y su espíritu ya no puede pecar, aunque su mente y su cuerpo sí. El Camino rechaza que el bautismo en agua sea necesario para la salvación, diciendo que esta práctica era solo para el día de Pentecostés y solo para Israel. También se espera que los seguidores vivan totalmente libres de deudas.

Si alguien muestra un comportamiento extremo, como violencia, adicción, enfermedad mental u homosexualidad, entonces está poseído por un «espíritu diabólico», que puede ser exorcizado por un creyente, pero solo si recibe una revelación especial de Dios para hacerlo.

Aparte de su popurrí de enseñanzas marginales, El Camino también ha sido acusado de utilizar técnicas de control sobre sus seguidores, a menudo con resultados abusivos. Antiguos participantes han dicho que la promiscuidad sexual es habitual, y que incluso se da al adulterio una defensa teológica (las referencias bíblicas al adulterio pretenden ser espirituales, no físicas). Cuando un miembro del equipo de investigación de El Camino escribió un artículo en contra de esto, fue despedido por la dirección.

Las luchas internas de la organización condujeron a la escisión que sufrió, y un líder descontento escribió que la desesperación resultante de estas luchas fue lo que mató a Wierwille. Su muerte, dijo, fue el resultado de una decisión de Wierwille de suicidarse: se contagió de cáncer gracias a su poder de confesión positiva. Además del grupo que controla la sede en Ohio, hay al menos trece grupos escindidos de El Camino que siguen utilizando las grabaciones y enseñanzas de Wierwille.

Iglesia de la Unificación («Moonies»)

La Federación de Familias por la Paz y la Unificación Mundial (fundada como Asociación del Espíritu Santo para la Unificación del Cristianismo Mundial), también conocida como Iglesia de la Unificación, fue fundada por Sun Myung Moon en 1954. A sus seguidores se les conoce comúnmente como «moonies», por el apellido de su fundador, aunque este término suele considerarse despectivo. En 1994, el nombre oficial de la Iglesia cambió a Federación de Familias por la Paz y la Unificación Mundial.

Nacido en 1920 con el nombre de Mun Yon-myung en la actual Corea del Norte, Moon se crió en una familia de origen confuciano, pero se convirtió con ellos a la Iglesia presbiteriana de Corea a los diez años. Cinco años después, en 1935, según los relatos oficiales de la Iglesia, Jesús se le apareció a Moon y le pidió que completara la obra que había quedado inconclusa tras la Crucifixión. Tras un periodo de oración y consideración, aceptó la tarea, cambiando su nombre por el de Mun Son-myung, que suele traducirse en fuentes occidentales como Sun Myung Moon (los nombres coreanos suelen empezar con el apellido seguido del nombre personal, al revés que en Occidente).

Tras un largo estudio de la Biblia, Moon comenzó a predicar sus complejas doctrinas en 1946, lo que le llevó a ser excomulgado por la Iglesia presbiteriana. Finalmente, huyó de la persecución del gobierno en 1950 y se dirigió a Corea del Sur, donde fundó la Iglesia de la Unificación en 1954. Una de las primeras conversas de Moon, conocida como la Srta. Kim, había sido propensa en sus primeros años de vida a ver visiones, incluyendo al menos una de Emanuel Swedenborg, y fue comisionada por Moon para convertirse en su primera misionera en Estados Unidos. Se trasladó a San Francisco y comenzó la labor allí.

La Iglesia de la Unificación enseña que Moon es el Mesías, que él es la Segunda Venida de Jesucristo. Su enseñanza se llama el Principio Divino, que dice haber recibido de Dios a través de la inspiración divina, la oración, el sufrimiento y el estudio de las Escrituras. El concepto básico del Principio Divino es que todo en la naturaleza viene en pares, como el macho y la hembra, la luz y la oscuridad, las cargas eléctricas positivas y negativas, las arterias y las venas, etc. La comprensión de estos pares en la creación conduce al conocimiento del Creador. Moon enseñó que Dios mismo es una dualidad de masculinidad y feminidad. Además, como los seres humanos valoran el amor y la armonía, debemos concluir que el «corazón» es la esencia interna de Dios. Además de esta esencia interna, Dios tiene lo que se llama la «energía primaria universal», que sostiene el universo. Esta última idea se asemeja en cierto modo a la enseñanza ortodoxa sobre las energías divinas de Dios, que son su presencia real en la creación.

El propósito de toda la creación es disfrutar del amor. Adán y Eva fueron creados para alcanzar un «fundamento de cuatro posiciones» dentro de «tres bendiciones»: (1) Llegar a ser perfectos, que es tener el carácter de Dios y estar en las cuatro posiciones, que son Dios, el individuo perfeccionado, y la mente y el cuerpo del individuo. (2) Tener un matrimonio ideal, en el que las cuatro posiciones consisten en Dios, el esposo, la esposa y sus hijos. La descendencia de tal matrimonio es perfecta y sin pecado. (3) Tener dominio sobre toda la creación, en la que las cuatro posiciones son Dios, el hombre, las cosas y un dominio de amor.

Después de la tercera bendición, el Reino de Dios se establecería en la tierra. Sin embargo, Adán y Eva no cumplieron con su vocación en dos caídas, una espiritual y otra física. La caída espiritual ocurrió cuando Eva tuvo relaciones sexuales con Lucifer. La caída física ocurrió cuando, después de que Adán y Eva se avergonzaran, consumaron su matrimonio antes de haber completado la primera bendición. El amor egoísta ha dominado posteriormente toda la vida humana.

Para que el Reino de Dios venga a la tierra, alguien tiene que llegar a ser perfecto, tener un matrimonio ideal, y luego propagar esta perfección por toda la tierra hasta que el Reino se establezca. Sin embargo, antes de que estas bendiciones puedan cumplirse, hay que restaurar dos fundamentos, el de la fe y el de la sustancia. Se dice que Juan el Bautista restauró el primero para preparar la venida del Mesías, al tener una fe perfecta.

El fundamento de la sustancia solo puede ser restaurado si alguien en la posición de Lucifer se humilla ante alguien en la posición de Adán, porque el fundamento fue originalmente roto por un ángel (Lucifer), que invirtió las posiciones con la humanidad. Esto los judíos supuestamente lo restauraron cuando veneraron a Juan el Bautista, porque ellos representaban a Caín mientras que Juan representaba a Abel. Esto permitió que Jesús viniera al mundo, pero los fundamentos fueron posteriormente destruidos de nuevo cuando Juan negó ser Elías y supuestamente cuestionó la identidad de Jesús como el Mesías.

Jesús pudo restaurar el fundamento de la fe en su ayuno de cuarenta días, pero su pueblo lo rechazó, y por eso no restauró el fundamento de la sustancia. Pero Jesús permitió que Satanás invadiera su espíritu y fue muerto en la Cruz. Tres días después, su «yo espiritual» (pero no su yo físico) fue resucitado, dándole la victoria sobre Satanás. Cuando sus discípulos creyeron en Él, el fundamento de la sustancia fue restaurado, convirtiéndolo en el Mesías espiritual y proporcionando la salvación a los creyentes. Sin embargo, no trajo la salvación física porque no se casó ni tuvo hijos, lo cual es parte de la realización del plan de Dios. Aquí es donde entra Sun Myung Moon.

La Iglesia de la Unificación enseña que, durante cuatrocientos años antes de la llegada de Moon, Dios estaba preparando al mundo a través de eventos como la Reforma protestante y los Grandes Despertares en Estados Unidos y Gran Bretaña. A partir de cálculos basados en la Biblia, se determinó que el Segundo Mesías (o la Segunda Venida) tendría que nacer en Corea entre 1918 y 1930.

La venida de Moon fue para completar la obra de Jesús, y los hijos que él y su esposa han concebido son los primeros en la historia de la humanidad desde Adán y Eva que nacen sin pecado original, un heraldo del fin de los tiempos.

Moon y su esposa son «co-mesías» que son los «Padres Verdaderos» de toda la humanidad, Dios encarnado en la tierra en sus aspectos femenino y masculino. Otros miembros de la «Familia Verdadera» son muy apreciados, y al menos dos de ellos han tenido médiums oficialmente autorizados que los canalizan después de la muerte.

La predicación de Moon reforzaba constantemente la lealtad de sus seguidores hacia él y se situaba descaradamente en un nivel divino. Esperaba que sus seguidores le obedecieran en todo. He aquí un ejemplo de su predicación:

> *¿Por qué me ama Dios? Porque estoy haciendo la obra de Dios; Dios no puede hacerla eficazmente por sí mismo, así que la hago como su representante. Por eso Dios no puede abandonarme. Si tú también quieres ser así, levanta la mano... Dejar ese hogar para servir a la patria es el camino más elevado. Incluso mejor que eso es renunciar a tu país por el bien del mundo, y más allá de eso es mejor renunciar al mundo por el bien de la obra de Dios. Aunque tengas que renunciar a tu propia vida y a tu amor para hacer la obra de Dios, así es como debes sentirte.*

> *Por eso dejas todo cuando digo que iremos a África. Dejarás incluso tu país y seguirás la voz de Dios. ¿Eres uno de esos? La gente del mundo nos critica diciendo que no cumplimos con nuestras responsabilidades familiares, pero no ven que somos como aves migratorias que se mueven de un lugar a otro porque estamos siguiendo la ley del universo. Estamos ampliando la familia del mundo, multiplicándola con un amor más amplio y profundo*

> *hasta que el mundo se llene de amor. Seguimos volando de un lugar a otro y tenemos tanta experiencia que podemos volar hasta el cielo. Eso significa que puede haber cielo en la tierra y en el mundo espiritual a la vez.* (Sun Myung Moon, «We Who Have Been Called to Do God's Work», Londres, 23 de julio de 1978)

Antiguos miembros de la iglesia dan fe del carácter controlador de la iglesia a la hora de reclutar y mantener la lealtad. Una de las tácticas en este proceso es algo llamado «engaño celestial», en el que se permite a un miembro de la iglesia mentir, engañar, robar o incluso matar si es necesario para recuperar algo que Satanás tiene, y que pertenece legítimamente a Dios, como los ahorros de toda la vida de uno de los seguidores de Moon.

Los seguidores de Moon se casan y le imitan. Así, sus hijos también nacen sin pecado original. De este modo, mediante el matrimonio y la propagación, la Iglesia de la Unificación establece el Reino de Dios en la tierra. Por lo tanto, la iglesia está muy en contra de las relaciones sexuales prematrimoniales, la infidelidad, el divorcio y la homosexualidad, ya que todos son distorsiones de la pareja procreadora perfecta de marido y mujer. La iglesia es quizá más conocida por sus ceremonias de boda masivas, que suelen incluir matrimonios organizados por la Iglesia de la Unificación. (En 1982, alquilaron el Madison Square Garden y casaron a 2.075 parejas de manera simultánea). La ceremonia en sí es complicada y se cree que borra los pecados de la pareja, lo que les permite tener hijos sin pecado. Curiosamente, la luna de miel de los moonies consiste en cuarenta días de abstinencia sexual.

Además de la creación de familias perfectas, la Iglesia de la Unificación enseña que hay tres «condiciones de indemnización» que deben cumplirse para que lleguen las tres bendiciones. La primera y la segunda fueron satisfechas por la Primera y la Segunda Guerra Mundial. La Tercera Guerra Mundial, que es inminente, satisfará la tercera. Después de que esto ocurra, toda la humanidad estará unida junto a Dios en un fundamento de cuatro posiciones, y el mundo disfrutará de paz, alegría y amor eternos.

Las actividades de la iglesia se financian no solo con donaciones, sino también con un vasto imperio empresarial construido por Moon, que vendía (entre otras cosas) coches, armas, periódicos y sushi. El periódico *Washington Times* fue fundado por Moon en 1982. A finales de la década de 1970, algunos de sus negocios entraron en conflicto con el gobierno de Estados Unidos, y en 1982 fue condenado por presentar declaraciones de impuestos fraudulentas y por conspiración criminal, delito por el que cumplió trece meses en una prisión federal de Connecticut.

El cristianismo ortodoxo es completamente diferente en la mayoría de los aspectos de las enseñanzas de la Iglesia de la Unificación. Compartimos algunos de los mismos conceptos y algunos de los mismos acontecimientos históricos, pero nuestra comprensión de esos conceptos, personas y acontecimientos es muy diferente. Sobre todo, no creemos que Sun Myung Moon sea el Mesías, ni creemos en la compleja serie de fundamentos cosmológicos y bendiciones que él enseñó.

La salvación para los ortodoxos puede existir con o sin el matrimonio, y el matrimonio en sí mismo tiene como único fin la salvación del marido, la mujer y los hijos. Aunque no creemos en el concepto occidental de pecado original, sí creemos que toda la humanidad nace con una mortalidad ancestral, que introdujo la corrupción en la persona humana, trayendo consigo la tendencia al pecado. Todos nacen con esto, sin importar lo santos que sean sus padres. El problema básico con las enseñanzas de la Iglesia de la Unificación, aparte de que están radicalmente divorciadas de la Santa Tradición del cristianismo ortodoxo, es uno de historia. La historia se reinterpreta de forma extraña, recordando más a las vastas especulaciones cosmológicas de los gnósticos que a la historia concreta de la salvación tal y como se describe en la Biblia.

La Iglesia de la Unificación está presente en unos cien países. Afirman tener unos tres millones de miembros, pero otras fuentes sitúan su número entre 250.000 y un millón. El propio Moon murió en 2012 a la edad de noventa y dos años, dejando el liderazgo de la iglesia a su familia. Su esposa Hak Ja Han ha asumido el papel de líder espiritual, y en los últimos años, la Iglesia de la Unificación se ha alejado de su milenarismo y se ha acercado al utopismo.

La Familia Internacional

Surgido del Jesus Movement de finales de los años 60, que combinaba la teología cristiana con la estética y los valores hippies, el movimiento Hijos de Dios comenzó en 1968 en Huntington Beach, California. Con el paso del tiempo, ha cambiado su nombre varias veces, llamándose también Familia del Amor, La Familia, y ahora La Familia Internacional. (Aquí utilizaremos estos términos indistintamente).

David Berg, fundador de La Familia, había sido, al igual que su padre, pastor de la Alianza Cristiana y Misionera, una denominación del movimiento de santidad. Su destino inicial fue Arizona, pero acabó siendo expulsado por diferencias doctrinales, en medio de acusaciones de conducta sexual inapropiada con una empleada de la Iglesia. Pasó a fundar los Hijos de Dios en California en 1968 con un ministerio llamado Teens for Christ [Adolescentes para Cristo], utilizando a sus hijos como sus principales trabajadores y realizando actividades de divulgación entre los hippies. El grupo mantendría este nombre hasta 1978.

Durante este período inicial, Berg se trasladó a Texas y colaboró con el evangelista de televisión Fred Jordan. En Texas, Berg y su grupo organizaron manifestaciones públicas en zonas céntricas, profetizando el juicio de Dios sobre la sociedad y el establecimiento religioso, lo que atrajo la atención de los medios de comunicación. Los Hijos de Dios hicieron proselitismo en las calles, repartiendo millones de folletos con el mensaje de Berg.

Tras un desencuentro con Jordan, el movimiento de Berg empezó a fundar comunas, que al principio se llamaron «colonias» y más tarde «hogares», y Berg vivió en varios de ellos durante este primer periodo. Los miembros del movimiento pronto conocieron a Berg con seudónimos como Rey David, Moisés David, Mo, Papá y Abuelo. Sin embargo, pronto se ocultó y se comunicó con sus seguidores a través de las «Cartas de Mo», una serie de más de tres mil escritos que se distribuyeron a lo largo de veinticuatro años.

En estas cartas, Berg profetizaba el fin del mundo. Era el último profeta, cuya muerte anunciaría los últimos siete años de la existencia del mundo. Su muerte sería en 1989, y Jesús regresaría en 1993. (Su muerte real ocurrió en 1994, y sin ninguna señal del fin del mundo siete años después, su grupo se vio obligado a revisar sus enseñanzas).

El énfasis más conocido de la Familia es su enseñanza de que los seguidores abandonen «el Sistema» (es decir, el mundo fuera del movimiento) y «abandonen todo», dejando todo atrás —familia, trabajo, amigos, etc.— vendiendo todas sus posesiones y entregando la totalidad de las ganancias a la Familia. A las personas ajenas al movimiento se les denomina «sistémicos».

Al principio de su historia, los Hijos de Dios se convirtieron en el objetivo de uno de los primeros grupos anticulto conocidos, el Comité de Padres para Liberar a nuestros Hijos de los Hijos de Dios (FreeCOG, por sus siglas en inglés). FreeCOG recurrió a la ayuda de un desprogramador de sectas, que se creía que tenía éxito en la lucha contra el lavado de cerebro. Sin embargo, el esfuerzo resultó contraproducente con la detención del desprogramador por cargos de secuestro.

En 1983, el grupo contaba con diez mil miembros viviendo en sus comunas. Normalmente, los miembros no se relacionaban con los miembros del Sistema, salvo con fines de evangelización o de recaudación de fondos. El Sistema se consideraba impuro. Este separatismo se manifestaba incluso con prácticas como lavar por separado los platos que habían sido utilizados por los sistémicos y también quitando y lavando rápidamente la ropa utilizada mientras se estaba en el Sistema. Estas prácticas se deben a una percepción del

Sistema como físicamente sucio y también por el riesgo de atraer a los «espíritus que hacen autostop», a los que a menudo se culpaba de los problemas con los niños.

Tal vez su práctica más conocida sea la llamada «Pesca Coqueta», un método de evangelización iniciado en 1974. Con esta técnica, los miembros femeninos de los Hijos de Dios seducían a los hombres para reclutarlos en el grupo. A las mujeres se les llamaba «cebo», «pescadoras» o incluso «anzuelos para Jesús», y a los hombres así reclutados se les llamaba «peces», cumpliendo así supuestamente la predicción de Jesús de que sus seguidores serían «pescadores de hombres». Se publicaron instrucciones detalladas, y las mujeres que estaban dispuestas a ir más lejos con los «peces» eran admiradas dentro del grupo. Incluso se animaba a las mujeres casadas del grupo a convertirse en pescadoras.

La práctica acabó convirtiéndose en «servicio de acompañantes», cuyo objetivo no era reclutar hombres para los Hijos de Dios, sino simplemente ganar dinero para el grupo: era directamente prostitución. La pesca coqueta y el servicio de acompañantes se practicaron desde 1974 hasta 1987, cuando se abandonaron oficialmente debido a la aparición del SIDA, aunque es probable que la práctica continuara durante algún tiempo después. Las pescadoras debían llevar un registro de sus actividades, y los registros muestran que al menos 223.000 hombres fueron «pescados» entre 1978 y 1988.

La pesca coqueta es solo una pieza de un rompecabezas mayor que muestra un movimiento altamente sexualizado. Las acusaciones de abuso sexual tanto de adultos como de niños son abundantes, y en 1995, el grupo introdujo una doctrina llamada «amar a Jesús», que describe la relación de un creyente con Cristo en términos explícitamente sexuales. (Si el creyente es un hombre, se le instruye para que se imagine en términos femeninos para evitar la homosexualidad). Se enseña que el sexo entre adultos que consienten (independientemente del estado civil) es espiritualmente beneficioso si se hace con amor. A lo largo de la historia del movimiento, los matrimonios fueron arreglados e incluso disueltos por los líderes a voluntad.

El grupo pasó a llamarse la «Familia de Amor» en 1978, «la Familia» en 1994, y finalmente en 2004 «la Familia Internacional», que es su nombre actual. Con cada cambio de nombre, el grupo ha intentado refundarse como una organización completamente nueva.

Con la muerte de Berg en 1994, su viuda Karen Zerby asumió el liderazgo de la organización, tomando los títulos de «Reina» y «Profetisa». Ella misma introdujo nuevas doctrinas, incluida la de «amar a Jesús», que está en consonancia con el énfasis de Berg en el sexo en la vida espiritual. Ella continuó el legado de Berg y trabajó para preparar a la Familia para su próximo capítulo.

Sin embargo, este proyecto dio un giro en 2005, cuando Ricky «Davidito» Rodríguez, el hijo de Zerby a través de un encuentro de «pesca coqueta», que fue profetizado junto con Zerby para ser uno de los dos testigos del fin de los tiempos, mató a uno de los asistentes de su madre y luego se quitó la vida. Había sido criado para convertirse en el profeta de la siguiente generación de la Familia. Zerby y su marido Steven Kelly siguen siendo los líderes del grupo.

Tal vez de forma un tanto sorprendente, la Familia acepta el dogma trinitario y la Encarnación (aunque Berg especuló en su día que el nacimiento virginal de Jesús fue el resultado de la fecundación del arcángel Gabriel). La conversión se realiza mediante el modelo de la oración del pecador (véase el capítulo cinco). Otras enseñanzas inusuales incluyen la idea de que el cielo tiene forma de pirámide y está dentro de la luna, que algún día aterrizará en la tierra para un reino milenario de Cristo.

La Familia Internacional afirma tener unos tres mil miembros activos en la actualidad, y se describe a sí misma como «una comunidad virtual cristiana que se dedica a difundir el mensaje del amor de Dios por todo el planeta» (La Familia Internacional, «Nuestro movimiento», https://www.thefamilyinternational.org/es/about/).

Sus publicaciones actuales se refieren a su «pintoresca historia», pero no hacen referencia a ninguna de las controvertidas enseñanzas y prácticas que hemos mencionado. En 2010, la mayoría de sus casas comunales habían sido cerradas, y el grupo se reorganizó.

La Familia Internacional alcanzó un tamaño notable incluso mientras practicaba y enseñaba ideas muy controvertidas. También fue el hogar de la infancia de la familia de actores Phoenix, incluidos River, Joaquin (antes Leaf), Summer y Rain, junto con su hermana Liberty. El guitarrista de blues Jeremy Spencer, miembro fundador de Fleetwood Mac, dejó la banda en 1971 cuando se unió a los Hijos de Dios.

No hay casi nada en sus enseñanzas y prácticas distintivas que sea aceptable para la Iglesia ortodoxa. Su énfasis en la sexualidad como algo casi central en la fe cristiana está muy lejos de la enseñanza moral cristiana tradicional, y aunque su doctrina de «Amar a Jesús» tiene similitudes superficiales con el *eros* que a veces aparece en los escritos teológicos que hablan de la Iglesia como esposa de Cristo, la tradición cristiana no lo plantea en términos carnales como para imaginar actos blasfemos. Su extraña historia, al igual que la de los davidianos de la Rama, es útil sobre todo como ilustración de cómo el fervor evangelizador del cristianismo puede convertirse en fines peligrosos y abusivos.

Un curso de milagros

El 21 de octubre de 1965, una atea y psicóloga clínica llamada Helen Shucman dijo que había escuchado a Jesús. La voz interior que escuchó le dijo: «Este es un curso de milagros. Por favor, toma nota». Durante los siguientes siete años, se le dictaron a Shucman más de mil páginas de revelación que puso por escrito, incluyendo un libro de texto de 622 páginas, un libro de ejercicios de 478 páginas y un manual para maestros de 88 páginas. *Un curso de milagros* (UCDM) se publicó en 1976.

Shucman afirma que el material que recibió se expresaba con terminología cristiana, pero solo porque el cristianismo ha sido una influencia profunda en la humanidad. Podría haber sido fácilmente otra cosa. La obra ha aparecido en *El show de Oprah Winfrey* y ha llegado a las clases de la escuela dominical y a los estudios bíblicos en casa. Se han vendido más de dos millones de ejemplares.

UCDM enseña esencialmente una variedad del Nuevo Pensamiento. Todo lo que podemos concebir —tiempo, espacio, percepción— es una ilusión. Solo Dios es real: perfecto, inmutable, íntegro y completo. Lo que pensamos como realidad es un sueño fragmentado que ya ha terminado. Lo que queda es la percepción, que es una ilusión. Preguntar cómo un Dios perfecto podría soñar un sueño tan fragmentado e ilusorio es un error categórico para UCDM. Incluso plantear tal pregunta es presuponer la realidad de lo que de hecho es irreal.

Los individuos no existen, sino que son simplemente parte de la filiación única y colectiva de Dios, que no es solo Jesús, sino toda la vida. El sueño es un ataque de esta filiación a Dios, y se alimenta de lo que le dio origen, que es el juicio, el ataque y la separación. Esto crea el ciclo «pecado-culpa-miedo». Pecamos al iniciar el big bang y rechazar a Dios, sentimos culpa por este rechazo, y por eso tememos a Dios. Este «pecado-culpa-miedo» es demasiado difícil de afrontar para nosotros, así que lo proyectamos en la creación y no lo vemos en nosotros mismos.

La solución para este ciclo es despertar de este sueño, «ver el Rostro de Cristo» y «aceptar la Expiación», lo que conduce a la disolución del yo individual y al retorno a la unidad y eternidad de Dios. El Libro de ejercicios presenta 365 lecciones diseñadas para ayudar al estudiante a lograr este fin.

UCDM no puede considerarse un grupo religioso en sí mismo, pero su alcance en los grupos cristianos existentes es notable. Su estilo psicológico, sus enseñanzas fáciles de digerir, así como la atención que recibió al ser tratado en *El show de Oprah Winfrey*, le han dado un amplio atractivo como algo entre el devocional diario cristiano y la autoayuda.

Como la mayoría de las ideas que surgen del Nuevo Pensamiento, el error fundamental de UCDM es negar la realidad de la creación. Incluso cuando se habla con frecuencia del amor de Dios, la anulación de toda la individualidad significa en última instancia el fin del amor, porque el amado queda absorbido completamente por el amante, que entonces no tiene a nadie a quien amar.

Conclusiones

Los orígenes de estas diversas entidades religiosas no convencionales son otra demostración de lo que ocurre cuando se impone la noción de que la persona individual es el árbitro de lo que es verdadero, especialmente cuando se acepta que el verdadero cristianismo se ha perdido en algún momento de la historia. Si un luterano puede ponerse de pie y decir que no se debe creer en Joseph Smith, entonces uno también tiene que preguntarse por qué se debe creer en Martín Lutero. Si bien ambos representan rupturas importantes del cristianismo tradicional, ambos también afirmaron estar restaurando el cristianismo antiguo y verdadero.

Las religiones que acabamos de describir son generalmente rechazadas por la corriente principal del protestantismo denominacional. Sin embargo, si Swedenborg está equivocado, ¿por qué Calvino tiene razón? Si Mary Baker Eddy está equivocada, ¿por qué John Wesley tiene razón? Si Sun Myung Moon está equivocado, ¿por qué Billy Graham tiene razón? Todas estas personas reclamaron una autoridad divorciada de la Iglesia y luego fundaron o motivaron movimientos religiosos basados en su autoridad personal. La única conclusión que podemos sacar es que los críticos de estos diversos grupos suelen pensar que son demasiado extraños o demasiado diferentes de lo que ellos mismos creen. Pero tales evaluaciones dependen de la autoridad de la tradición desde la cual se formula la evaluación.

Al menos una lección que aprendemos de este capítulo es que todo el mundo traza la línea en algún lugar. Las principales denominaciones protestantes no están de acuerdo en cosas como si el bautismo es meramente simbólico o si tu salvación está predeterminada antes del tiempo por Dios sin tu participación, y un así se reconocen mutuamente como válidamente cristianas. Pero colocan a la mayoría de los grupos que acabamos de mencionar fuera de los límites. Esto refleja una comprensión minimalista de la teología: que solo algunas cuestiones son verdaderamente esenciales, mientras que la mayoría son de importancia secundaria. Aunque los ortodoxos están de acuerdo en que hay cuestiones esenciales y otras menos esenciales, nuestra comprensión de lo esencial de la fe cristiana no es minimalista, sino maximalista: la fe cristiana ortodoxa es toda una vida, no un conjunto mínimo de doctrinas. Además, esa vida debe vivirse dentro de la única Iglesia establecida por Cristo, no entre cualquier número de denominaciones que discrepan en cuestiones importantes y que, sin embargo, reconocen la legitimidad de las demás. Creo que una buena forma de determinar que un grupo es cristiano es si enseña las doctrinas tradicionales de la Trinidad y la Encarnación. Pero aquí hemos visto algunos grupos que podrían encajar en esa definición pero que estiran el término «cristiano» bastante lejos.

Los mormones, los testigos de Jehová, etc., se sitúan en la periferia del protestantismo. Todos afirman ser cristianos. Todos afirman tener una verdadera interpretación de la Biblia. Todos fueron fundados por personas con antecedentes en las denominaciones protestantes principales. Estos grupos no convencionales representan otra serie de cismas del protestantismo. Ciertamente, la mayoría de los protestantes no reconocerían a estas personas como cristianas, pero comparten un principio fundacional común: si alguien tiene una interpretación diferente de la Biblia o de lo que debe ser el cristianismo, puede fundar su propia iglesia.

Este enfoque contrasta con la Ortodoxia, que enseña que el Hijo de Dios vino a la tierra en un momento de la historia, nació de la Virgen María, vivió, murió y resucitó, fundando su única Iglesia a través de los apóstoles. Todas las desviaciones de este mensaje del Evangelio, como hemos visto, pueden conducir a resultados espirituales peligrosos.

Ahora que hemos cubierto casi todo lo que podría interpretarse en algún sentido como cristiano, vamos a hablar de la mayoría de las principales (y algunas menos conocidas) religiones no cristianas del mundo.

8

Religiones no cristianas

Muchos caminos, muchos destinos

Hay quien dice que todas las religiones intentan en realidad conseguir lo mismo y, quizás incluso, que todas ellas son caminos legítimos hacia Dios. Vivir en la sociedad pluralista estadounidense, cuyas expresiones religiosas más visibles se agrupan bajo la etiqueta «cristiana», hace que esto sea más fácil de creer. Estos diferentes grupos cristianos pueden utilizar la misma terminología y los mismos rituales y compartir muchas doctrinas, pero, como hemos visto, no son en absoluto lo mismo. Para un observador casual, puede parecer que todos están trabajando hacia la misma meta, la salvación en Jesucristo, pero que algunos detalles menores están en conflicto. Este punto de vista, sin embargo, solo es posible sostenerlo bajo la influencia del pietismo, que deja de lado la doctrina en favor del sentimiento religioso.

Si los distintos grupos cristianos van en direcciones diferentes, una mirada al resto de las religiones del mundo revelará caminos aún más divergentes. Afirmar que todas las religiones son realmente caminos diferentes hacia Dios es violentar las creencias fundamentales de estas religiones. El yogui hindú que trata de lograr la disolución del yo y la absorción en el universo no está en el mismo camino que el judío que se inclina ante el Dios de Abraham, Isaac y Jacob, o el cienciólogo que trabaja para quedar «limpio» de seres extraterrestres llamados «thetanos». Sugerir que todos estos creyentes están realmente en el mismo camino es dañar sus sistemas teológicos, es afirmar que sabemos mejor que estas personas cuáles son realmente sus enseñanzas. Por el contrario, una regla fundamental de cualquier estudio religioso es dejar que los creyentes hablen por sí mismos de lo que creen y, sobre todo, de lo que intentan conseguir con su religión.

Un enfoque algo más sofisticado de esta cuestión es el llamado perennialismo, una filosofía que afirma que hay un núcleo esotérico que se encuentra en el corazón de las versiones ortodoxas de todas las principales religiones del mundo. Este núcleo esotérico es supuestamente el mismo en todas las religiones, por lo que todo fiel seguidor de una religión ortodoxa está legítimamente en camino hacia la iluminación divina. El perennialista debe decidir por sí mismo qué enseñanzas exactas componen este núcleo esotérico y cuáles no, a pesar de lo que los líderes y los textos sagrados de esas religiones puedan decir sobre ellas. Tiene que decir que sabe cuál es la verdad real dentro de una religión mejor que sus teólogos y líderes. De nuevo, esto es una violación de la integridad básica de estas religiones. ¿Quién es el perennialista para decir lo que está verdaderamente en el corazón de una fe y lo que no?

Dicho esto, como mencionamos al principio de este libro, dentro de la tradición ortodoxa está la idea de que hay una semilla de la verdad, Jesucristo mismo, en cada religión y filosofía. Esa semilla está a menudo oscurecida por el error, pero sigue estando ahí. Los antiguos egipcios paganos, por ejemplo, creían que el faraón era un dios encarnado: la intuición es correcta, aunque la identificación no lo sea. Por eso, aunque veamos con ojos críticos otras tradiciones religiosas, también vemos en ellas la posibilidad de que sus creyentes cultiven la verdad que tienen.

El punto de vista de San Justino sobre el *logos spermatikos* (mencionado anteriormente) contrasta con el del perennialista en el sentido de que él busca a Jesucristo en todos los demás sistemas de creencias, no un núcleo esotérico que los valide. También considera a Cristo como la plenitud de la revelación de Dios a la humanidad, manteniendo que solo en la Iglesia el hombre puede encontrar esa revelación en su totalidad. Para el perennialista, no tendría sentido la conversión de una religión a otra, pero para la Iglesia ortodoxa, toda la humanidad está invitada a la comunión con Dios en la Iglesia.

En este capítulo examinaremos brevemente la mayoría de las principales religiones no cristianas del mundo, así como algunas de menor importancia con las que pueden encontrarse los estadounidenses. Por desgracia, nuestro examen de todos estos grupos será necesariamente simplificado y generalizado. Se han escrito libros enteros e incluso series de libros sobre estos temas, por lo que no podemos pretender hacerles plena justicia en un solo capítulo. Aunque he estudiado todas ellas en una u otra medida, no soy en absoluto un experto en ninguna de estas religiones. Lo que intentamos presentar aquí es una visión de nivel enciclopédico, un breve resumen de los puntos principales.

Podemos hacer al menos dos generalizaciones sobre todas estas religiones. Ninguna de ellas cree como la Iglesia en la Santísima Trinidad, el Padre, el Hijo y el Espíritu Santo, tres Personas divinas que son Una en esencia. Y tampoco creen que Jesucristo sea el Hijo de Dios, la segunda Persona de la Santísima Trinidad, que se encarnó para salvar a la humanidad, murió y resucitó de entre los muertos, y ascendió al cielo.

Judaísmo

De todas las religiones no cristianas, con la que los cristianos ortodoxos tienen más en común es el judaísmo. Compartimos una herencia común del pacto hecho con Abraham, aunque lo interpretamos y aplicamos de forma diferente, y por supuesto los cristianos también creen que existe un Nuevo Pacto.

En comparación con el judaísmo del Antiguo Testamento, el judaísmo moderno se encuentra tanto en continuidad como en divergencia. La divergencia más significativa del judaísmo actual con respecto a la religión en la que nació Jesús es que los sacrificios ofrecidos en el Templo de Jerusalén cesaron.

En el año 70 d.C., los romanos destruyeron el Templo, lo que puso fin al sistema de sacrificios de animales que había sido instituido por Dios tras el Éxodo de Egipto. El Templo era el centro de la religión de Moisés, el centro del sacerdocio judío y de su culto sacrificial. Todos los judíos iban al Templo de vez en cuando para hacer sacrificios, especialmente en los días sagrados como la Pascua. Pero cuando el Templo fue destruido, la línea sacerdotal terminó. No se podían hacer más sacrificios. Lo que quedó fueron las sinagogas, lugares provisionales de enseñanza y aprendizaje —pero no de sacrificio— que servían como ramas locales de la fe judía.

Sin embargo, no era la primera vez que Israel perdía su Templo. El Primer Templo fue destruido después de que Babilonia invadiera y llevara a los israelitas al exilio (aproximadamente en el año 586 a.C., la época de la segunda deportación). Después del exilio babilónico, el judaísmo desarrolló un medio para su supervivencia sin el Templo: la Torá. Podemos pensar en la Torá (traducida vagamente del hebreo como «la ley»), que incluye los cinco primeros libros del Antiguo Testamento, como parte de una narrativa continua del viaje de Israel. Pero en realidad no cobró toda su importancia para Israel hasta el período posterior al Exilio, cuando fue promovida por Esdras como una especie de constitución nacional, dándole un protagonismo sin precedentes. Con el liderazgo de Esdras, el Templo fue reconstruido cuando muchos de los israelitas regresaron (539 a.C.), pero la Torá funcionó mucho más poderosamente como medio de identidad común para Israel después de ese momento.

El período del Segundo Templo es distinto del Primer en varios aspectos, pero hay dos que son de especial importancia. En primer lugar, la *shekinah* («gloria») de Dios que se vio entrar en el Primer Templo nunca llegó al Segundo. Y, en segundo lugar, el Lugar Santísimo del Segundo Templo no contenía el Arca de la Alianza (que probablemente desapareció en la destrucción del Primer Templo). El sentido de la morada de Dios en este

Segundo Templo no era tan pronunciado como lo había sido en el primero. Un argumento importante de muchos estudiosos del Nuevo Testamento es que los judíos seguían esperando el regreso de la shekinah en la época de Cristo, y algunos textos del Nuevo Testamento caracterizan a Cristo como el regreso de la gloria de Dios a su pueblo.

El judaísmo en la época de Cristo —el judaísmo del Segundo Templo— abarcaba múltiples sectas y movimientos (p. ej., los fariseos, los saduceos, los esenios, los herodianos y los zelotes), todos con diferentes conjuntos de creencias, pero con un conjunto de prácticas generalmente comunes. Con la destrucción del Templo, estos grupos desaparecieron en su mayoría, con la excepción de los fariseos. Fue la secta de los fariseos la que sobrevivió, y así llegaron a definir el judaísmo y a practicarlo basándose en un nuevo modelo de vida que no incluía los sacrificios del Templo. Así nació el judaísmo tal y como existe hoy en día.

Dicho esto, no debemos ver el judaísmo moderno como algo monolítico. Probablemente es tan diverso ahora como lo era en la época de Jesús, aunque generalmente fluye de la semilla farisaica. La mayor parte de lo que convirtió al fariseísmo en la raíz del judaísmo moderno fue el desarrollo del Talmud. El Talmud tiene dos partes, la Mishná y la Guemará. La Mishná es un registro de la Torá oral —la tradición judía para interpretar las Escrituras y dar preceptos sobre la vida que no estaban enumerados en la Torá— recopilada y redactada alrededor del año 200 d. C. Y la Guemará es un comentario sobre la Mishná y los escritos relacionados, compuesto aproximadamente en el año 500 d. C. (A veces, la Guemará se denomina por sí sola Talmud.) Esta tradición es la de los rabinos, por lo que también se denomina judaísmo rabínico.

La diversidad del judaísmo moderno proviene de cómo se aplica lo que está escrito en todas estas fuentes. Tanto la teología como la práctica pueden variar considerablemente, incluso dentro de categorías aparentemente estrictas como la de «ortodoxo». Muchos grupos de judíos se llaman «ortodoxos», pero varían tanto en el rito como en las enseñanzas, con subgrupos como los ortodoxos modernos, los jaredíes (a menudo llamados «ultraortodoxos» en los medios de comunicación) y los jasidíes (que son un subconjunto de los jaredíes).

El fariseísmo, tal y como se muestra en el Nuevo Testamento, enfatiza especialmente una forma de vida, siguiendo rituales particulares y, quizás lo más conocido, requisitos dietéticos (kosher). Las abluciones rituales son un elemento significativo. El cristianismo ortodoxo comparte con el judaísmo este énfasis en la adopción de toda una forma de vida diseñada para llevar el recuerdo de Dios a cada momento, y algunas de nuestras prácticas se basan incluso en nuestra herencia común. Pero la Iglesia ortodoxa pone un énfasis algo mayor en la creencia correcta, mientras que muchos de los detalles del ritual, etc., son más variables.

Los judíos rechazan las principales doctrinas cristianas, como la Santísima Trinidad, la encarnación de Jesucristo y su identificación como Mesías. Los judíos siguen esperando la llegada del Mesías. Especialmente en este último sentido, el cristianismo puede ser visto simplemente como el cumplimiento del judaísmo farisaico, que esperaba tanto el Mesías como la resurrección de los muertos. Visto así, la principal diferencia entre el cristianismo y el judaísmo moderno es que los cristianos consideran que las cosas están en un lugar diferente en la línea de tiempo: el Mesías ha venido, y la resurrección ha comenzado con Cristo como primicia.

Compartimos con los judíos la creencia en el monoteísmo, en que solo hay un Dios. No compartimos la misma Biblia: incluso aparte de la inclusión del Nuevo Testamento, el canon judío se desarrolló de forma diferente al cristiano. Sin embargo, compartimos un punto de vista similar sobre la interpretación bíblica, a saber, que hay una «Torá escrita» y una «Torá oral», dos fuentes de verdadera tradición religiosa, cada una de las cuales informa y da forma a la otra. Sin embargo, la Torá oral difiere de la Sagrada Tradición en que tiene más variaciones internas y también puede no ser considerada de inspiración divina.

También compartimos la creencia en la revelación divina por parte de Dios a través de los profetas, aunque creemos que los profetas predijeron en última instancia la venida de Jesús y que Dios hizo su revelación final a los apóstoles en Pentecostés.

Al igual que los cristianos, algunos judíos creen en la vida después de la muerte. El fariseísmo antiguo ciertamente creía en la resurrección final de los muertos, una creencia que se trasladó al cristianismo. (En Hechos 23, 6, Pablo mostró famosamente sus credenciales fariseas por su creencia en la resurrección). Los judíos creen que son el pueblo elegido de Dios. Mientras que el judaísmo recibe su membresía por nacimiento, concretamente por ascendencia materna, el cristianismo ortodoxo exige la conversión del alma a la fe en Cristo y la entrada en la alianza mediante el bautismo. (En el caso de los bebés, la confesión de fe de los padrinos es activa en el bautismo, con la promesa de una educación cristiana). El cristianismo, por tanto, se considera el «Verdadero Israel», que recibe el pacto prometido a Abraham por la fe y no por la carne.

La situación de los judíos pertenecientes al Antiguo Israel que no han aceptado a Jesús como el Mesías es complicada en el Nuevo Testamento. Pablo parece sugerir en Romanos 9–11 que los judíos incrédulos aún pueden ser injertados en el árbol de Cristo antes del fin, que pueden tener algo que es «irrevocable» (Rom. 11, 29). Dicho esto, los cristianos ortodoxos no enseñan doctrinas dispensacionalistas que esencialmente establecen el judaísmo como un camino paralelo a Dios.

El judaísmo moderno se divide en tres grupos generales: el ortodoxo, el conservador (conocido como Masortí fuera de Norteamérica) y el reformista. En general, estos grupos representan un continuo desde el tradicionalismo hasta el liberalismo (aunque con muchas variaciones dentro de cada categoría). Los judíos reformistas, en particular, no creen en la llegada de un mesías personal ni en la elección del pueblo judío en un sentido exclusivo. Dependiendo de cómo se defina la identidad como judío, puede haber hasta 14 millones de judíos en el mundo, de los cuales aproximadamente el 42% vive en el Estado de Israel, y un número igual en Estados Unidos.

Islam

El relato tradicional del islam es que Mahoma, el último de los profetas, recibió un dictado palabra por palabra del arcángel Gabriel, que ahora se conoce como el Corán. Se dice que esta revelación comenzó en el año 622 d. C., y que se produjeron más revelaciones durante el resto de la vida de Mahoma. La palabra árabe *islam* significa literalmente «sumisión» y describe cómo debe vivir el musulmán («el que se somete») hacia Dios (en árabe, Alá).

Los comentaristas musulmanes clásicos y modernos suelen dividir las revelaciones del Corán en dos periodos: el de la Meca (más apocalíptico) y el de Medina (más legislativo). Los versículos posteriores del Corán abrogan los anteriores. Por ejemplo, un versículo inicial que dice que no hay que orar estando borracho (lo que implica que beber vino está bien) es abrogado por otro posterior que prohíbe beber en absoluto.

El islam considera su relación con el cristianismo de forma similar a como los cristianos consideran su relación con el antiguo judaísmo: que es el cumplimiento final de la anterior religión abrahámica. El islam ve a Jesús como un verdadero profeta y cree en su concepción y nacimiento virginal, así como en su segunda venida. Sin embargo, el islam es radicalmente monoteísta y rechaza la doctrina de la Trinidad e incluso la idea de que Dios pueda tener un hijo. El trinitarismo es considerado por los musulmanes como un politeísmo disfrazado.

Los musulmanes suníes desaprueban los iconos, aunque la prohibición de las imágenes varía en su aplicación. Algunos dicen que no se debe representar ni a Dios ni a ningún otro ser vivo (excepto los pájaros, curiosamente), razón por la cual el arte musulmán tradicional tiene una caligrafía muy desarrollada pero no una tradición de representación pictórica. Otros pueden representar animales, pero no a Dios ni a Mahoma. Los musulmanes chiíes, sin embargo, utilizan mucho las imágenes religiosas.

Los musulmanes consideran que la Biblia cristiana se ha corrompido con el tiempo y creen que las enseñanzas originales de Jesús eran esencialmente musulmanas. El Corán, en cambio, es supuestamente un dictado directo de Dios mismo en árabe. Se conservó en la tradición oral hasta la época del tercer califa, Uthmán. Éste reunió todos los fragmentos dispersos del Corán y los puso en un códice (el origen del libro moderno con encuadernación y páginas) y destruyó todo el material coránico anterior para que no hubiera versiones competitivas. Esta narración forma parte de lo que establece la autoridad de los califas como sucesores del liderazgo de Mahoma. Existen tradiciones manuscritas variadas, pero son de poca importancia y de interés principalmente para los filólogos. Cuestionar públicamente la perfección del Corán puede llevar a la persecución dentro del islam.

Los capítulos del Corán se conocen como *sura*, con un total de 114, divididos en versículos. Tradicionalmente, el Corán se interpreta por medio de los *hadices*, que son colecciones de informes sobre cosas dichas y hechas por Mahoma. Los hadices constituyen una parte importante de la jurisprudencia musulmana, y los suníes y los chiíes prefieren diferentes colecciones de hadices. Los chiíes imamíes (véase más adelante) incluyen hadices de los imanes, además de los de Mahoma.

El lugar que ocupa el Corán en el islam es similar al que ocupa la Biblia en el protestantismo de la sola scriptura. Es un texto absolutamente autorizado del que se derivan la mayoría de las doctrinas y prácticas. La práctica y la tradición musulmanas normativas (*sunna*) son principalmente la combinación del Corán y los hadices.

Los musulmanes creen que la vida correcta consiste en adherirse a los cinco pilares del islam:

1. *Shahada.* — La confesión: «Atestiguo que no hay más dios que Dios, y atestiguo que Mahoma es el Mensajero de

Dios». Haciendo esta confesión con sinceridad es como uno se convierte al islam.

2. *Salat.* — Oración ritual que se realiza cinco veces al día, mirando hacia La Meca.

3. *Zakat.* — Donación de limosnas, tanto para ayudar a los pobres como para la difusión del islam.

4. *Sawm.* — Ayuno durante el mes de Ramadán, que consiste en no comer ni beber nada en absoluto, así como la abstinencia sexual, antes de la puesta del sol. En la práctica, sin embargo, algunos musulmanes ricos se limitan a dormir durante el día y a festejar por la noche. El ayuno es mucho más difícil para los musulmanes pobres y de clase trabajadora.

5. *Hajj.* — Una peregrinación única a La Meca para todos los que puedan permitírselo.

Los cristianos ortodoxos comparten todos estos elementos de la vida correcta de diversas maneras, aunque no se consideran obligaciones absolutas como para los musulmanes. La sumisión a Dios es lo que define la vida musulmana. Para la Ortodoxia, la obediencia que ofrecemos a Dios se da libremente por amor a Él, y porque hacerlo nos transforma interiormente para parecernos más a Cristo. En el islam, Dios es misericordioso y perfecto, pero no es verdaderamente amoroso. Dios es absolutamente trascendente, por lo que no existe una verdadera comunión con Él. Quizás la única excepción a esto sea la tradición sufí del islam, que tiene un lado fuertemente místico que habla de la unión con lo divino. Dicho esto, la mayoría de los musulmanes probablemente dirían que sienten que tienen una conexión con Dios.

En cierto sentido, el islam se asemeja al antiguo paganismo: una relación con Dios basada en la obediencia, la recompensa y el castigo y, sobre todo, la búsqueda fatalista del autosacrificio por el bien de la nación. (Estas cosas aparecen en otras religiones, por supuesto, incluso entre algunos cristianos). Este carácter sociológico contrasta con la catolicidad multicultural del cristianismo, la relación de amor entre Dios y el hombre, el sacrificio de Jesús en la Cruz y su resurrección para la salvación de la humanidad. Nuestra comprensión de Dios y nuestra relación con Él es profundamente diferente a la de los musulmanes. Dada esta discrepancia, hay algunos (probablemente ignorantes del árabe) que identifican a Alá como un «dios» totalmente diferente. Sin embargo, Alá es de hecho simplemente la palabra árabe para «Dios», utilizada también por los cristianos de habla árabe. Los cristianos creen en Alá, pero el islam simplemente se equivoca sobre quién es Alá.

El islam también está dividido, y las divisiones más importantes son la suní y la chií. Estos dos grupos tienen mucho en común, aunque con diferentes énfasis doctrinales y puntos de vista opuestos sobre quién era el heredero adecuado de Mahoma como califa (esencialmente un líder teocrático) en los primeros años después de la muerte de Mahoma. Algunos miembros de cada grupo consideran heréticos a los otros y a los suyos como el verdadero islam, mientras que otros ven las diferencias como simples escuelas de pensamiento. Todo el islam comparte la creencia general en la unión absoluta de la religión y el Estado. La teocracia es el ideal musulmán. (Los ortodoxos no son teocráticos y, a pesar de los largos periodos de intento de cooperación de la Iglesia con el Estado, nunca han sacralizado ninguna forma de gobierno, mirando principalmente hacia el Reino de Dios venidero).

Suní deriva de *Ahl al-Sunnah* («gente de la tradición»), y estos musulmanes creen que el primer califa de Mahoma fue su suegro Abu Bakr. *Chií* proviene de *Shi'atu Ali* («partido de Alí»), cuyo nombre hace referencia a su identificado primer califa, Ali ibn Abi Talib, yerno y primo de Mahoma. Aparte del cisma en el liderazgo, los suníes y los chiíes difieren en los énfasis doctrinales, y ambos tienen múltiples tradiciones internas que compiten entre sí, incluyendo diferentes colecciones autorizadas de hadices.

El islam suní se centra en gran medida en el establecimiento del poder de Dios en el mundo material, incluso en la esfera pública y política. Esto se expresa especialmente en términos de la *sharia*, la ley divina, y su aplicación, que incluye no solo la moral sino también rituales como diversas abluciones. El islam chií hace tradicionalmente hincapié en el sacrificio y el martirio, tomando como modelo a Alí, que fue asesinado mientras rezaba de rodillas, pero sobre todo centrándose en el hijo de Alí, Husayn, cuyo martirio en la batalla de Karbala marca el punto de partida tradicional entre el islam suní y el chií.

El islam chií se divide generalmente en dos grupos, los imamíes [chiismo duodecimano] y los ismaelíes [chiismo septimano], que difieren en cuanto a la continuidad de la sucesión de imanes desde Alí. *Duodecimano* y *septimano* son términos académicos. *Duodecimano* se refiere a los Doce Imanes, un grupo de líderes ordenados por Dios, mientras que *septimano* se refiere al punto de la sucesión en el que los ismailíes se separan. (También existe un grupo mucho más pequeño, el zaidí [«quintano»], que se asemeja más al islam suní). Los chiíes ismaelíes son más esotéricos en su enfoque del islam y veneran mucho a la familia de Mahoma, que es la fuente de sus imanes. Los duodecimanos constituyen alrededor del 90% de los chiíes.

En el islam suní, los imanes suelen ser los líderes de la comunidad, especialmente a la hora de dirigir la oración en las mezquitas, que son los centros de culto para los musulmanes. Para los chiíes, los imanes son sucesores de Mahoma que desempeñan un papel cósmico y son considerados en cierto sentido como guías infalibles de Dios. Los chiíes duodecimanos funcionan según unas directrices legales y una jurisprudencia detalladas y tienen una lista de doce imanes, con el duodécimo imán (el Mahdi) actualmente oculto y a la espera de una especie de regreso mesiánico. Los imanes chiíes ismaelíes se consideran infalibles en sí mismos en virtud de la herencia, y siempre habrá un imán vivo para guiar a los ismaelíes.

En el islam suní, los sucesores de Mahoma son los califas, que funcionan en muchos aspectos como los imanes chiíes. Los califas suníes son el jefe temporal de la comunidad musulmana. Para los chiíes, el imán debe ser un descendiente de Alí y de Fátima, la hija de Mahoma. Para ambos tipos principales de chiíes, la interpretación de la ley por parte del imán es infalible. No es lo mismo que un profeta en el sentido de que no aporta una nueva revelación, sino que se limita a interpretar lo que fue revelado a través de Mahoma.

Aunque la cara moderna del islam se centra en cuestiones externas como la jurisprudencia y la política, existe una tradición mística interior dentro del islam, tanto suní como chií, llamada sufismo. (*Derviche* es el término turco para designar a un sufí, derivado del persa.) Al igual que el monacato en el cristianismo, es en cierto modo una vía opcional de la espiritualidad musulmana, un elemento interior y contemplativo que funciona dentro del islam. Los sufíes pueden pertenecer a determinadas órdenes religiosas, organizadas en torno a un Mawla cuyas enseñanzas se encuentran en una sucesión de maestros que se remontan a Mahoma.

En nuestra época se debate si el islam es intrínsecamente violento, si la yihad («lucha») que se espera de todos los musulmanes suníes es solo una lucha espiritual interior o un llamado a la guerra contra los no musulmanes. Cierto hadiz tardío habla de que la lucha interna es la «yihad mayor», mientras que la «yihad menor» está en el campo de batalla. Todos los musulmanes estarían de acuerdo en la obligación de librar una guerra defensiva contra los invasores, pero la yihad como expansionismo se considera tradicionalmente como el deber anual del califa, y solo es posible cuando hay un califa. Los grupos militantes/yihadistas modernos transfieren la obligación de expansión mediante la yihad a todos los musulmanes cuando no hay califa. No ha habido ningún califa reconocido desde la caída del Imperio Otomano, con la abolición formal del califato en 1924. (Una de las cosas que caracteriza a ciertos grupos yihadistas es que creen tener un califa).

Muchos musulmanes históricos veían la yihad precisamente como un llamado a la conquista, que es una de las principales razones por las que Oriente Medio, lo que ahora es Turquía y gran parte de Asia occidental son hoy en día zonas mayoritariamente musulmanas y no cristianas ortodoxas como antes. Todas esas regiones fueron conquistadas en nombre de Alá por medio de la espada, aunque las tasas de conversión iniciales fueron relativamente bajas. La mayoría de las conversiones de cristianos al islam se produjeron a lo largo de generaciones por el estigma social y la política fiscal, aunque también ha habido muchos mártires por la fe ortodoxa bajo el islam.

El islam permite tradicionalmente a ciertos grupos religiosos vivir dentro de la comunidad musulmana como *dhimmi*, una posición de clase baja que también requiere el pago de la *jizya*, un impuesto especial. Los que tienen el estatus de dhimmi son la «Gente del Libro», es decir, los judíos, los «sabeos» y los cristianos. Más tarde, este estatus se concedió también a los budistas, hindúes, zoroastrianos y mandeos (que pueden ser los «sabeos» a los que se refiere el Corán, aunque algunos hadices utilizan el término para describir a los conversos musulmanes). Muchos se convirtieron al islam únicamente para escapar de las dificultades de ser dhimmi.

El reciente fenómeno de los terroristas suicidas musulmanes (que se autodenominan mártires) no es característico de la tradición más amplia del islam suní y es, jurídicamente hablando, una escuela de pensamiento marginal en el mejor de los casos. Junto con el énfasis de los yihadistas en la conquista tanto de los no musulmanes como de los no suníes, estas nuevas corrientes del islam se conocen a menudo en Occidente como «islam militante». Estos fenómenos son enormemente complicados en la jurisprudencia musulmana y no deben tomarse como la corriente principal del islam, ni suní ni chií.

Dependiendo del lugar del mundo en el que se encuentren, muchos musulmanes de hoy en día son seculares o semiseculares, con un enfoque casi pietista de la religión que no se preocupa mucho por una religión estatal. La religión se toma como un asunto privado, especialmente entre los musulmanes que se establecen en Occidente. Al igual que con el cristianismo, el compromiso real de los musulmanes varía considerablemente.

El islam es el segundo grupo religioso más grande del mundo, con más de 1.600 millones de miembros. Entre el 87% y el 90% son musulmanes suníes, mientras que el resto son chiíes. Una idea errónea sobre los musulmanes es que son mayoritariamente árabes. Es cierto que Oriente Medio es la región de origen del islam, pero alrededor del 62% de los musulmanes son asiáticos, y la mayor población de musulmanes se encuentra en Indonesia, que cuenta con casi 205 millones. Solo el 20% de los musulmanes vive en Oriente Medio y el Norte de África. Otro 15% vive en el África subsahariana.

Druzos, alauíes y alevíes

Los druzos, cuyos orígenes se sitúan en el Egipto de principios del siglo XI, son históricamente una rama del islam chiíta, pero su fe incorpora elementos del neoplatonismo helenístico y del gnosticismo. Su fundador fue el místico persa Hamza ibn-Alí ibn Ahmad,, que reunió a un gran grupo de eruditos y maestros musulmanes en Egipto y formó su movimiento. Aunque sus creencias difieren de las de la corriente principal del islam, a menudo son considerados musulmanes por otros musulmanes, sobre todo porque los druzos suelen ser bastante reservados en cuanto a su fe. A menudo se identifican deliberadamente como musulmanes para evitar la persecución.

Es muy difícil encontrar información fiable sobre lo que creen y practican los druzos, por lo que lo que sigue es un resumen de lo que he podido investigar y no debe considerarse autoritativo.

El concepto druzo de Dios es casi panteísta: Dios no está «por encima» de todo ni «en» todo, sino que Él es la totalidad de la existencia. Se hace hincapié en la naturaleza unitaria e ilimitada de Dios. A pesar de la insistencia en su naturaleza ilimitada, se entiende que Dios no es idéntico a la creación. Esta enseñanza sobre Dios es parcialmente compatible con la Ortodoxia, aunque no diríamos que Dios es la totalidad de la existencia, sino que está tanto «por encima» como «en» todo. No creemos que su «alteridad» con la creación sugiera que es limitado.

Algunos místicos druzos espiritualmente avanzados afirman experimentar a Dios como una luz que puede manifestarse en ellos. Esta luz no debe entenderse como una encarnación de Dios, como en el cristianismo, sino casi en el sentido en que entendemos a los santos: que Dios se manifiesta en ellos, sin que el santo se fusione con Dios. Este tipo de iluminación está al alcance de unos pocos. Los druzos son muy esotéricos en su teología y tienen al menos tres niveles de enseñanza que se revelan a los creyentes solo en ciertas etapas. La mayoría de los creyentes nunca recibirán todas las enseñanzas de la fe, y alrededor del 80% se definen como una especie de «clase no religiosa» que practica principalmente la oración personal sin las enseñanzas más esotéricas de la fe. En esto, los druzos son como los antiguos gnósticos, que creían en enseñanzas secretas disponibles solo para unos pocos. El Evangelio cristiano, por el contrario, se predica abiertamente a todos los que quieran escuchar.

A finales del siglo XIX, varios levantamientos de druzos en el Imperio Otomano provocaron el martirio de muchos cristianos ortodoxos, entre ellos la muerte en 1860 del hieromártir José de Damasco, que era el párroco de la familia Hawaweeny que dio origen a San Rafael de Brooklyn. Estos acontecimientos provocaron muchas de las emigraciones cristianas árabes al Nuevo Mundo.

Hay entre 750.000 y 2 millones de druzos en el mundo. Las comunidades más grandes se encuentran en Siria, pero también existen comunidades importantes en Líbano, Israel y Jordania, así como en comunidades de inmigrantes fuera de Oriente Medio.

Los alauíes son otra rama esotérica del islam chií duodecimano que, al igual que los druzos, no permiten conversos y ocultan sus enseñanzas internas al público y a los no iniciados dentro de sus comunidades (por lo que esta información también debe tomarse como provisional). Los musulmanes mayoritarios los consideran sincréticos, ya que han mezclado creencias y prácticas no musulmanas en su religión, incluyendo préstamos del cristianismo. Se dice que creen en la reencarnación, donde los pecados pueden llevar a los alauíes a reencarnarse en cristianos o animales. El ciclo de reencarnación tiene como objetivo purificar a los alauíes para que vuelvan al cielo, de donde han sido expulsados por desobediencia. Hay unos tres millones de alauíes en el mundo, la mayoría en Siria.

Los alevíes son menos conocidos en Occidente, pero constituyen el 25% de la población de Turquía, con unos 15 millones de personas en total, y son la mayor minoría religiosa del país. Entre sus miembros hay tanto kurdos como turcos, aunque hay muchos más turcos (80%) que kurdos (20%).

Se asemejan en muchos aspectos al islam chií duodecimano, pero incorporan elementos no musulmanes en sus creencias y prácticas, especialmente del gnosticismo. También pertenecen a la tradición bektashí, que es una orden sufí suní. Rinden culto en *cemevi* (pronunciado «djemevi»), edificios en los que se celebra la ceremonia del *cem*. Este ritual incluye bailes, música instrumental, consumo de vino y la mezcla libre de hombres y mujeres, todo lo cual está prohibido en la práctica musulmana dominante.

Algunos alevíes consideran que su religión es el islam turco puro, mientras que otros definen su religión como propiamente kurda. Algunos alevíes acuden tanto al cemevi como a la mezquita, mientras que otros nunca irían a una mezquita. Están algo emparentados con los alauitas, y ambos grupos tienen varias cosas en común. Si el alevismo tiene su origen en el islamismo chií o en el yazdanismo (véase más adelante) es una cuestión debatida. Es muy posible que provenga esencialmente de ambos, junto con otras tradiciones regionales.

Zoroastrismo

El zoroastrismo fue en su día la religión dominante de lo que fue el Imperio Persa, centrado en el actual Irán. Sus orígenes se remontan a unos mil años antes del nacimiento de Jesucristo. El fundador de la religión es Zoroastro (o Zaratustra), que afirmaba ser un profeta de Ahura Mazda, el dios único y verdadero.

Los zoroastrianos comparten con los cristianos ortodoxos la creencia en un único Dios increado, al que se le debe todo el culto. Sin embargo, para los zoroastrianos, Ahriman, que es la fuerza del caos, es coeterno con Ahura Mazda. Este dualismo es fundamental en las creencias zoroastrianas.

El Avesta, la escritura zoroastriana, es de gran antigüedad y tiene paralelos en el Rig Veda hindú (ca. 1500-1200 a.C.), con el que probablemente comparte material de origen. Está compuesto en avéstico, una lengua no atestiguada en otras fuentes y estrechamente relacionada con el sánscrito védico de la antigua tradición hindú.

En el zoroastrismo, la bondad no se entiende, como en el cristianismo, como amor y comunión con Dios, sino como orden. Así, el mal se identifica con el caos. En la Iglesia ortodoxa, sin embargo, aunque creemos que Dios es un Dios de orden, no identificamos la bondad con el orden en sí mismo. Más bien, la bondad está en relación con Dios.

En el zoroastrismo, los que participan activamente en todos los ámbitos de la vida, incluido el placer, con buenos pensamientos, palabras y obras, tendrán felicidad. La participación activa es la clave, y se rechazan los modos de vida contemplativos, como el monacato. Esto contrasta con la Ortodoxia, que enseña que el sufrimiento en esta vida suele llegar a los justos, y que solo en la otra vida se revelará finalmente el triunfo del bien. La Ortodoxia también abraza el ascetismo, una concentración de la persona humana en lo que es bueno, incluso hasta el punto de negarse a sí mismo lo que es moralmente neutro para practicar mejor el bien.

Para los zoroastrianos, existen en cierto modo ángeles y demonios, aunque más que personas separadas, son «chispas divinas» emanadas por Ahura Mazda, personificaciones de aspectos de su creación.

Al final de los tiempos, aparecerá una figura salvadora (un Saoshyant) que expulsará todo el mal del mundo. Incluso las almas previamente desterradas a la «oscuridad» serán recuperadas, y todos los muertos resucitarán. Los que murieron de viejos serán revividos en cuerpos «espirituales» inmortales de unos cuarenta años, mientras que los que murieron jóvenes tendrán unos quince años. Estos cuerpos serán tan insustanciales que no proyectarán sombras. Al final, todos disfrutarán de esta restauración, y toda la humanidad estará unida en una sola nación que hablará una sola lengua. Esta escatología tiene ciertas similitudes con la Ortodoxia, pero no tenemos especulaciones dogmáticas sobre qué «edad» tendrá cada uno en la otra vida. (Hay algunos textos cristianos siríacos que sugieren que todos resucitaremos con la edad de 30 años). También creemos que, en la resurrección, todos tendremos cuerpos que se pueden tocar y son sustanciales, como lo fue el de Jesús después de su resurrección. Pero no creemos que la resurrección será la salvación para todos: algunos serán condenados.

El culto zoroastriano se centra fuertemente en el culto al fuego. En este culto, que es oficiado por sacerdotes, el fuego es muy venerado y se cree que media el espíritu de Ahura Mazda hacia los adoradores. Los zoroastrianos no dirían que adoran el fuego, sino que el fuego sirve como punto de conexión con Ahura Mazda. Estos fuegos rituales son tan apreciados que las cenizas de determinados fuegos sagrados se llevan a nuevos lugares para que sirvan de semilla para un nuevo templo de fuego. Se cree que algunas de estas sucesiones de cenizas se remontan al propio Zoroastro. Las cenizas también se utilizan para la unción, como en el ritual de iniciación que convierte a alguien en miembro de la fe.

Los cuatro elementos tradicionales (tierra, aire, fuego y agua) se consideran sagrados y no deben ser contaminados, una visión que dio lugar a la práctica del «entierro celestial», en el que los cuerpos de los muertos se colocan en torres y se exponen a los elementos. Así se evita la contaminación del cadáver tanto de la tierra (donde la mayoría de las culturas colocan a sus muertos) como del fuego (la cremación está, por tanto, prohibida). En algunas fuentes inglesas, estas estructuras utilizadas para el entierro celestial se denominan Torres del silencio (un neologismo que no procede del zoroastrismo).

Por el contrario, el cristianismo ha enterrado tradicionalmente a sus muertos en la tierra, sin ver el cuerpo como un elemento contaminante, sino más bien como una anticipación de la resurrección que se producirá al regreso de Jesús, expresada a veces con la imagen de una semilla plantada en la tierra y que espera crecer. Los cristianos tampoco incineran tradicionalmente a sus muertos, pero no es por el miedo al fuego contaminante, sino por veneración al cuerpo, que es parte integrante de la persona humana y que algún día resucitará.

En la actualidad, solo quedan unos 90.000 zoroastrianos en el mundo, el 75% de los cuales viven en la India y se llaman parsis. La mayoría del resto vive en su patria tradicional, Irán, y unos pocos en Pakistán. El dominio del zoroastrismo en la región llegó a su fin con las invasiones musulmanas del siglo VII. Son un grupo religioso muy pequeño en el mundo moderno, aunque muchos en Occidente pueden conocer a un famoso parsi llamado Freddie Mercury (nacido Farrokh Bulsara), el cantante principal de la banda de rock Queen.

El zoroastrismo indio no permite conversiones a la fe, una influencia del sistema de castas hindú (en el que se nace según la suerte que se tenga en la vida), y los hijos de matrimonios mixtos no son miembros de la fe. Sin embargo, los zoroastrianos iraníes fomentan activamente la conversión y consideran que su religión es la verdadera fe nacional de Irán (que por lo demás es abrumadoramente musulmán chií).

Mandeísmo

El mandeísmo es una fe monoteísta cuya patria tradicional se encuentra en el actual Irak (aunque muchos mandeos huyeron de Irak tras la invasión estadounidense de 2003). Los primeros testimonios escritos de los mandeos datan de finales del siglo VIII. Tienen una gran veneración por muchas figuras del Antiguo Testamento, como Adán, Abel y Noé, y veneran especialmente a Juan el Bautista. También se les puede llamar sabeos y, al igual que otros grupos que hemos mencionado aquí, los informes sobre sus creencias suelen ser contradictorios y poco fiables.

No existen guías escritas básicas sobre la teología mandea, que existe como un conjunto de tradiciones que los creyentes tienen en común. Como la mayoría de los monoteístas, los mandeos creen en una entidad espiritual suprema, aunque esta deidad delega el acto de la creación en seres menores. Nuestro propio universo fue creado por el Hombre Arquetípico, que creó nuestro mundo a su propia imagen. (Obsérvese la similitud con la doctrina cristiana de que la creación viene a través del Hijo de Dios).

La realidad se caracteriza en gran medida por el dualismo de la teología gnóstica, con el espíritu opuesto a la materia, así como otros emparejamientos cósmicos, como un Padre y una Madre cósmicos, izquierda y derecha, luz y oscuridad. Como en el platonismo, existe un mundo de ideas que tiene una realidad más fuerte que el mundo de la materia física. El alma humana es, por tanto, un cautivo en el mundo físico, y la entidad suprema es el verdadero hogar del alma, al que acabará regresando.

Los mandeos tienen su propia astrología y creen que los planetas y las estrellas influyen en la vida humana. Estos cuerpos celestes son lugares de detención de las almas después de la muerte. Se puede llegar a los mundos de luz después de la muerte con la ayuda de los espíritus salvadores. El alma también puede purificarse en esta vida con la ayuda de misterios rituales con una interpretación altamente simbólica y esotérica, incluyendo el bautismo (*musbattah*). Estos rituales solo se explican en su totalidad a los iniciados, que se comprometen a guardar el secreto con este conocimiento.

Estos rituales suelen practicarse en una *manda*, el lugar de culto mandeo. Debido al lugar central que ocupa el agua en la vida mandea, la manda se construye tradicionalmente junto a un río, pero también puede incluir un baño en el interior de un edificio. La vida ritual del mandeísmo está regida por un sacerdocio, que se distingue claramente de los laicos y cuyos miembros son tenidos por seres superiores.

Las escrituras mandeas son un amplio corpus de escritos variados que nunca se han codificado en una teología sistemática. Las tradiciones que contienen se centran en gran medida en una división dualista entre la luz y la oscuridad, asociándose la luz con la entidad suprema y la oscuridad con Ptahil, que es el hombre corrupto y arquetípico que creó nuestro mundo. (El nombre de Ptahil es similar al de la deidad pagana egipcia Ptah, que dio origen al mundo. La tradición mandea incluye relatos de su presencia en Egipto). Los textos más antiguos de las escrituras mandeas datan de los siglos II y III.

Aunque veneran como profetas a Adán, su hijo Abel y su nieto Enós, así como a Noé, su hijo Sem y su nieto Aram, los mandeos consideran a Abraham y a Moisés como falsos profetas. Se enseña que Noé y sus descendientes son los antepasados de los mandeos. Jerusalén misma es una ciudad de maldad, dedicada al falso dios de los judíos, Adunay (del hebreo *Adonai*, «el Señor»). También consideran a Jesús y a Mahoma como falsos profetas. A Jesús, en particular, se le acusa de haber corrompido las enseñanzas que le confió Juan el Bautista, que es el maestro más elevado y respetado del mandeísmo.

Desde el punto de vista ortodoxo, el mandeísmo es una religión de estilo gnóstico que acierta en algunas cosas, como el monoteísmo, pero que está muy distorsionada en otras cuestiones, como la narrativa general de la salvación en el plan de Dios para el mundo. Probablemente el problema más importante del mandeísmo es su cosmología, la idea de que el mundo físico es la creación de una entidad corrupta y no la obra del Dios amoroso.

Es posible que Mani, el fundador del maniqueísmo (una secta herética de la que se convirtió San Agustín cuando se hizo cristiano), haya sido miembro de una secta llamada elkesaítas, que algunos estudiosos han propuesto como los ancestros de los mandeos. Solo hay unos 70.000 mandeos en el mundo, y aunque la mayoría de ellos vivían en Irak hasta 2003, algunos han huido a Irán y otros países vecinos. En 2009, tal vez solo había veinticuatro mandeos en el sacerdocio.

Yazdanismo: Yazidismo y yarsanismo

Los yazidíes son monoteístas que siguen una antigua religión con raíces en la cultura indoiraní, principalmente en las comunidades kurdas cercanas a la frontera turco-iraquí. Junto con los yarsaníes, los yazidíes se clasifican en una agrupación general conocida como yazdanismo, que en conjunto constituye aproximadamente un tercio de la población kurda (la mayoría de los kurdos son musulmanes suníes). Las creencias de estos grupos también son difíciles de definir con fuentes fiables, pero en conjunto se consideran los sucesores del yazdanismo, una religión kurda preislámica centrada en un culto de ángeles cuya existencia fue propuesta de forma controvertida en la década de 1990 por el erudito kurdo Mehrdad Izady.

El yazidismo es una fe sincrética con elementos del sufismo, el cristianismo, el mitraísmo (un culto pagano originario de Persia) y otras tradiciones paganas y gnósticas preislámicas de la región mesopotámica. Sus fundamentos como comunidad diferenciada se remontan al jeque del siglo XII Adi ibn Musafir al-Umawi (también llamado Shex Adi), a quien los yazidíes consideran un avatar o reencarnación de Melek Taus (o Tawuse Melek), el Ángel del Pavo Real.

El jeque Adi era un sufí de ascendencia omeya nacido en el valle de la Beqaa, en el Líbano, que pasó gran parte de su vida en Bagdad y finalmente se instaló en las regiones kurdas de Irak para llevar una vida de ascetismo. Mientras estuvo allí, impresionó a muchos de los lugareños con sus prodigios. Su tumba se encuentra en Lalish, al noreste de Mosul, y es el principal santuario de peregrinación yazidí, que se espera que todos los yazidíes visiten al menos una vez en su vida.

Los yazidíes creen que Dios es el creador del mundo y que ha puesto el cuidado del mundo en manos de la Heptada, siete ángeles a través de los cuales creó a Adán. El mundo fue creado inicialmente como una perla y luego reconstruido y ampliado hasta su estado actual. El jefe de los siete ángeles es Melek Taus, al que también se llama Shaytan («Satán»), lo que lleva a los musulmanes y cristianos de la zona a identificar a los yazidíes como adoradores del diablo. Sin embargo, los yazidíes no consideran a Melek Taus como el mal, sino como el líder de los ángeles, lo que es, por supuesto, similar a la concepción cristiana de Lucifer en su estado anterior a la caída. Se cree que el mal solo tiene su origen en el corazón humano.

Cuando Adán fue creado, se supone que Dios le dio a Melek Taus la opción de inclinarse ante él o no. Eligió no inclinarse, lo que estaba en consonancia con la naturaleza que Dios le había dado, que no debía inclinarse nunca ante nadie. De esta elección primordial del bien sobre el mal, los yazidíes obtienen inspiración para sus propias elecciones del bien sobre el mal, y la devoción a Melek Taus ayuda a los creyentes a tomar las decisiones correctas. Curiosamente, los yazidíes se consideran descendientes únicamente de Adán, mientras que todos los demás humanos descienden tanto de Adán como de Eva.

Se cree que los siete seres angélicos se reencarnan en forma humana (*koasasa*) cada cierto tiempo. También es posible que las almas menores yazidíes se reencarnen en un proceso llamado *kiras guhorin* («cambio de vestimenta»). Durante el festival anual de *Cejna Cemaiya* («Fiesta de la Asamblea») en Lalish, se cree que la Heptada desciende a Lalish. Durante esta fiesta, también se sacrifica un toro en el santuario del jeque Adi.

Los yazidíes tienen sus propias escrituras, el Kiteba Cilwe («Libro de la Revelación») y el Mishefa Resh («Libro Negro»), pero los manuscritos disponibles de estos libros, publicados en 1911 y 1913, son considerados por los estudiosos como probables falsificaciones, aunque su contenido coincide con la tradición yazidí. Es posible que alguna vez haya habido copias auténticas de estos textos, pero permanecen en la oscuridad. El yazidismo se transmite principalmente a través de la tradición oral, que en nuestros días está empezando a escribirse.

Al igual que los musulmanes, los yazidíes practican cinco oraciones diarias. También mantienen un estricto sistema de pureza religiosa, que incluye un sistema de castas de tres niveles en el que los miembros se casan solo dentro de su casta. La pureza también se mantiene al no violar los cuatro elementos de la tierra, el aire, el fuego y el agua (está prohibido, por ejemplo, escupir sobre el agua, el fuego o la tierra), una similitud con el zoroastrismo. Asimismo, los yazidíes evitan el contacto con los no yazidíes, lo cual también puede ser espiritualmente contaminante. Tampoco visten el color azul (posiblemente porque usurpa el color del Ángel del Pavo Real). Los niños son bautizados al nacer, y los varones suelen ser circuncidados. No es posible convertirse al yazidismo, pues solo pueden ser yazidíes quienes descienden únicamente de Adán.

Los cristianos ortodoxos pueden admirar el deseo de pureza personal de los yazidíes, aunque gran parte de su expresión real se basa en algo distinto a la revelación de Dios en Cristo. Como ocurre con todos los sistemas religiosos sincréticos, hay partes que resultan familiares y aceptables para los cristianos, pero también hay elementos que debemos rechazar. Los cristianos no creen en las castas, ni adoran a los ángeles. Tampoco creemos en la reencarnación ni sacrificamos animales.

Se calcula que la población yazidí oscila entre 200.000 y 300.000 personas, la mayoría en Irak, aunque con algunas en Turquía y

Armenia. Las recientes guerras en Irak han desplazado a muchos yazidíes, llamando la atención de algunos en Occidente.

Los yarsaníes son originarios del oeste de Irán y mayoritariamente kurdos, y su número oscila entre 500.000 y 1 millón. También hay algunos en el este de Irak. Su comunidad fue fundada a finales del siglo XIV por el sultán Sahak, de quien se dice que es descendiente directo de Musa al-Kadhim, el séptimo imán del islam chií. La comunidad mística fundada por el sultán Sahak se llamaba *Ahl-e Haqq* («Gente de la Verdad»), y hay quien considera que los yarsaníes fueron originalmente un grupo chií sufí.

Los yarsaníes no observan los ritos musulmanes ni consideran a Mahoma un profeta, aunque gran parte de su terminología teológica tiene su origen en el islam. También son dualistas y creen en la transmigración de las almas humanas (reencarnación), que permite la perfección gradual en la ascensión a través de vidas sucesivas. Al igual que los yazidíes, creen en siete arcángeles que son fundamentales para su fe, aunque los nombres y características de estos ángeles son diferentes de los del yazidismo. Se cree que la manifestación de uno de ellos, Khatun-e Rezbar, es la madre del sultán Sahak.

Estos diversos grupos sincréticos semignósticos muestran a menudo elementos de la práctica cristiana ordinaria, como la veneración en los santuarios de los santos, el amor a Dios, la creencia en la posibilidad de la perfección humana, etc. En cierto sentido, son el resultado del movimiento de diferentes religiones a través de sus regiones de origen, recogiendo varias piezas por el camino. En cuanto a su «personalidad» religiosa básica, a menudo tienen más en común con los antiguos grupos cristianos heréticos que con el ahora dominante islam.

Fe bahá'í

La fe bahá'í es una religión monoteísta fundada en la Persia del siglo XIX por Bahá'u'lláh, que afirmaba ser la culminación del babismo, una comunidad musulmana mesiánica de mediados del siglo XIX que se separó del islam chií. El rasgo más identificativo de la fe es el universalismo religioso, es decir, la enseñanza de que todas las grandes religiones del mundo fueron fundadas por verdaderos profetas, cada uno de los cuales reveló progresivamente algo sobre Dios al mundo y predijo la llegada del siguiente profeta. El propio universo se considera eterno.

Cada uno de estos profetas se considera una «manifestación de Dios», no una encarnación, sino un intermediario semidivino entre Dios y el hombre que existía espiritualmente antes de su nacimiento como humano. Sin embargo, con la llegada de la fe bahá'í, todas las religiones anteriores se revelan como una única religión con una revelación progresiva a la humanidad. A diferencia de Jesús o Mahoma, Bahá'u'lláh no afirmó ser la última de estas manifestaciones, por lo que puede haber aún más revelaciones por venir. La Ortodoxia enseña que la revelación final de Dios al hombre llegó en Jesucristo. No tenemos que preocuparnos por si la verdadera religión cambiará repentinamente bajo nuestros pies con la aparición de un nuevo profeta.

Dado que la fe bahá'í cree que es la culminación de todas las demás religiones del mundo, reinterpreta la doctrina religiosa anterior en sus propios términos. La teología trinitaria cristiana, por ejemplo, en lugar de revelar la naturaleza de Dios, se entiende simbólicamente para referirse a diferentes aspectos de Dios (una forma de unitarismo). Así, aunque los bahá'ís afirman aceptar todas las enseñanzas religiosas en su interior, se ven obligados a cambiar esas doctrinas fundamentalmente para armonizarlas según las enseñanzas bahá'í. Un creyente de uno de estos otros credos no puede evitar concluir que los bahá'ís (al igual que los perennialistas) pretenden conocer los otros credos mejor de lo que lo hacen sus seguidores y las propias autoridades religiosas.

La fe bahá'í hace hincapié en la aceptación de todas las religiones y de todas las personas, por lo que puede resultar muy atractiva en nuestra época moderna y relativista. Muchos de los que se convierten a la fe bahá'í pueden hacerlo porque creen que es un abrazo a la verdadera igualdad y a la libertad de los dogmas y la tradición. Sin embargo, en el fondo, la fe bahá'í no es más que un nuevo conjunto de dogmas que revisa los antiguos para ponerlos en conformidad. La fe enseña incluso que toda la humanidad debe aprender una sola lengua para perfeccionar la unidad.

El cristianismo ortodoxo enseña que todos nosotros tenemos realmente el mismo valor en Cristo y podemos estar en comunión con Él. Sin embargo, esta comunión solo es plenamente posible dentro de los límites dogmáticos y tradicionales de la Iglesia, no porque esos límites limiten la vida humana, sino porque liberan a los seres humanos para que se conviertan en quienes fueron creados para ser. El dogma y la tradición ortodoxos son, pues, como el conocimiento universal entre los atletas de lo que se necesita para llegar a ser verdaderamente apto.

El rechazo bahá'í a la doctrina tradicional de la creación *ex nihilo* también viola uno de los principios más básicos de algunas de las creencias que pretende validar. En el cristianismo, la distinción radical entre el Dios increado y eterno y el mundo creado es la base de la verdadera comunión con Dios y de la propia Encarnación.

Dado que la fe bahá'í no tiene una doctrina de la Encarnación, aunque el creyente puede acercarse cada vez más a Dios, no hay un sentido de verdadera comunión con Él. Lo más cerca que la fe bahá'í puede llegar es a «estar en la presencia de Dios», lo que implica, sin embargo, una cierta distancia de Él. El cristianismo tradicional enseña que en el bautismo nos revestimos de Cristo, y Él se instala en nosotros. Poco a poco nos unimos más y más a Él y participamos más plenamente de la vida misma de la Santísima Trinidad, siguiendo una progresión potencialmente infinita.

Se calcula que la población bahá'í ronda los cinco o seis millones de personas, y la religión ha tenido cierto éxito entre los habitantes de clase media de los suburbios de Estados Unidos. Actualmente es ilegal en su país de origen, Irán, y sus creyentes ocupan un lugar destacado en la diáspora iraní.

Hinduismo

El hinduismo no existe realmente. En esencia, el hinduismo es una etiqueta de grupo para un conjunto de religiones y tradiciones asociadas de la India que van desde lo clásicamente pagano —una sola tribu que adora a su dios o dioses individuales— hasta una especie de monoteísmo atenuado. Algunos hindúes creen en múltiples dioses. Otros creen que solo hay un Dios y que todo forma parte de él. Otros creen que hay un solo Dios que puede manifestarse ocasionalmente en diversas formas, avatares que algunas tribus han confundido con dioses separados. Por lo tanto, es extremadamente difícil definir el hinduismo. La palabra *hindú* en sí no se refiere a ninguna religión, sino a la región del valle del río Indo en la India. Sin embargo, en español, *hindú* se utiliza más a menudo para referirse a las tradiciones religiosas de esa zona.

A pesar de la gran variación en las creencias y prácticas hindúes, hay ciertos conjuntos de creencias comunes que la mayoría de los hindúes comparten, cuyos orígenes se remontan aproximadamente a 1700-1100 a.C. Estas creencias se interpretan de forma diferente según la tradición de cada uno o las enseñanzas de un gurú.

Para la mayoría de los hindúes, el alma humana (el *atman*) es eterna. Para algunos, el alma es una parte de Brahman («Dios», el universo), por lo que la salvación consiste en darse cuenta de este hecho y ser absorbido de nuevo en el olvido de la impersonalidad. Para otros, el Dios único o los dioses tienen una existencia personal y pueden ser adorados.

La mayoría de los hindúes creen en el karma, una especie de justicia universal en la que los que hacen el bien (dharma, aproximadamente «orden») son recompensados, mientras que los que hacen el mal son castigados. Esta justicia no es necesariamente la acción de un dios, sino que en cierto sentido son las leyes de la naturaleza. La mayoría de los hindúes buscan obtener un buen karma, quizás a través de buenas acciones o de la devoción a un dios, para poder experimentar una vida mejor aquí y ahora o en su próxima encarnación. Sin embargo, el propósito tradicional de las prácticas ascéticas del yoga es deshacerse de todo el karma, ya sea bueno o malo, para poder escapar por completo del ciclo de la reencarnación. Por tanto, no todos los hindúes tienen los mismos objetivos religiosos. Sin embargo, es aceptable practicar más de una tradición simultáneamente para perseguir múltiples objetivos.

Dependiendo de cómo se definan, existen múltiples dioses hindúes, llamados *deva* (masculino) y *devi* (femenino). Los más importantes son la Trimurti («tres formas») de las funciones cósmicas de creación, conservación y destrucción/transformación, representadas respectivamente por Brahma, Vishnu y Shiva. Otras deidades importantes son Krishna, Kali, Rama y Ganesha. Todas estas deidades pueden ser representadas con características sobrehumanas (como múltiples brazos) o incluso con rasgos animales (p. ej., Ganesha tiene la cabeza de un elefante).

Las principales escrituras hindúes son los Vedas (los más antiguos y de los que se dice que proceden del propio Brahma), los Upanishads (que exponen la filosofía hindú) y los Smṛti (textos posvédicos como el Mahabhárata, que incluye el Bhagavad-gītā). Todos ellos están escritos en sánscrito, que es el ancestro de la mayoría de las lenguas indias.

La religión hindú funciona con un alto grado de sincretismo, y la polinización cruzada entre las diferentes tradiciones hindúes se produce con facilidad. Este sincretismo se da incluso entre hindúes y musulmanes en la India, en ambas direcciones.

Como el alma es inmortal, puede reencarnarse en una nueva vida, ya sea como ser humano o como animal. Por tanto, el cuerpo carece de sentido en última instancia, y la cremación es la norma para los muertos, cuyas cenizas se arrojan al río Ganges para simbolizar la fusión con el universo. La reencarnación está influida por el karma de cada uno, por lo que una persona verdaderamente buena puede reencarnarse en una casta superior en la siguiente vida.

Del mismo modo, una persona malvada puede renacer en una casta inferior o incluso como un animal.

Desde la época de Gandhi (m. 1948), las castas se han observado menos estrictamente, pero tradicionalmente se han dividido en brahmanes (la clase sacerdotal más alta), kshatriyas (gobernantes y guerreros), vaishyas (artesanos, comerciantes y agricultores), shudras (trabajadores) y dalits (intocables, fuera del buen orden de la sociedad). El cristianismo rechaza las castas porque no reflejan el valor inherente de todos los seres humanos, hechos a imagen de Dios.

La mayoría de las tradiciones hindúes no tienen ningún problema con la paradoja lógica, lo que supone una similitud con la Ortodoxia. Tal vez lo más difícil de hablar de Cristo a los hindúes sea demostrar que es el único y verdadero Dios. Muchos hindúes aceptarán de buen grado a Cristo como un dios más o como un avatar de Brahman, porque eso es coherente con su sistema religioso. La mayor diferencia entre el hinduismo y el cristianismo ortodoxo es el particularismo de la Ortodoxia: la enseñanza de que hay un solo Dios, que se reveló como un solo hombre, el Dios-hombre, que fundó una sola Iglesia, que comparte un solo Señor, una sola fe, un solo bautismo.

El pluralismo de muchas religiones antiguas, como las tradiciones hindúes, es una de las cosas que hace que el cristianismo destaque tanto en comparación. En el mundo pagano, los cristianos fueron perseguidos precisamente por su monoteísmo evangelístico: no solo creían en un solo Dios, sino que pensaban que todos los demás debían hacerlo también. Sin embargo, este abrazo católico de toda la humanidad por el único Dios verdadero llevó finalmente al triunfo del cristianismo sobre el paganismo. Esta puede ser una de las cosas más difíciles de comunicar a los hindúes.

Sin embargo, en términos de similitud, el hinduismo es muy icónico (se utilizan imágenes para conectar con lo divino) y, en cierto sentido, sacramental, ya que la mayoría de sus imágenes y rituales religiosos se consideran partícipes de realidades más amplias que las puramente locales. Al igual que la Ortodoxia, es místico en este sentido.

El hinduismo se ha hecho popular en Estados Unidos desde principios de la década de 1970 con la introducción de gurús en el país, aunque normalmente en formas menos tradicionales y más diluidas, aceptables para los estadounidenses. A pesar de su visibilidad más reciente, el interés de los estadounidenses por la religión hindú se remonta al menos al ensayista del siglo XIX Ralph Waldo Emerson. La visibilidad del hinduismo tradicional en Estados Unidos también se ha acelerado con la importante inmigración procedente de la India desde la década de 1970. Los hindúes constituyen colectivamente el tercer grupo religioso más grande del mundo, con unos mil millones de adeptos.

Budismo

El budismo surgió de las tradiciones védicas que también fueron la fuente del hinduismo. Es esencialmente una especie de versión filosofizada de las enseñanzas básicas hindúes. Se originó al menos cuatrocientos años antes del nacimiento de Cristo con las enseñanzas de Siddhārtha Gautama, más conocido como Buda (el «Despierto»). El propio Buda no dejó ningún escrito, por lo que sus enseñanzas son un conjunto de tradiciones que se cree que se originaron con él.

En su esencia, el budismo es no teísta y no cree en ningún dios. Por ello, a veces se dice que es una filosofía más que una religión. No obstante, algunos budistas veneran al propio Buda como una especie de dios, aunque este culto podría considerarse más bien una veneración. El budismo también tiene muchas figuras parecidas a las deidades, similares al hinduismo, que pueden ser consideradas como dioses, pero también como manifestaciones de la naturaleza o espíritus animistas.

Al igual que el hinduismo, el budismo también cree en el karma, así como en el ciclo de la reencarnación. Este ciclo se llama *samsara*, la experiencia interminable del sufrimiento. Toda la vida, según el budismo, es sufrimiento, por lo que escapar de la vida y del ciclo de renacimiento es el objetivo más elevado. Esta salida se denomina nirvana. Seguir el camino de Buda es la única manera de alcanzar el nirvana. Aquellos que lo logran son desapasionados, no son arrastrados en ninguna dirección por el deseo. El nirvana es posible en esta vida, y después de la muerte, quien lo ha logrado ya no está atado por el tiempo o el samsara. Ha sido absorbido en la indistinción; su personalidad diferenciada ha sido anulada.

El Buda fue el primer *bodhisattva*, una persona iluminada (normalmente humana, pero a veces divina) que ha alcanzado el nirvana, pero que se queda para llevar la salvación del samsara a los menos avanzados. El Buda es «el primero» porque reveló el ciclo del samsara tal y como era. Es esta condescendencia la que los budistas veneran y por la que piden la intercesión y la ayuda del Buda. Hay otros bodhisattvas, y entre los budistas tibetanos, el Dalai Lama es considerado uno de ellos. En cierto sentido, estas figuras también funcionan de forma similar a los santos cristianos, aunque por supuesto con muchas excepciones.

La filosofía budista se resume en las llamadas Cuatro Nobles Verdades:

1. La verdad de *Dukkha* (sufrimiento, ansiedad, estrés, insatisfacción) es que todos los fenómenos y experiencias condicionales o transitorios son, en última instancia, insatisfactorios.

2. La verdad del origen de *Dukkha* es que el deseo de placer o el rechazo del placer dan lugar a la insatisfacción y al ciclo de reencarnación (samsara).

3. La verdad de la cesación de *Dukkha* significa que el ciclo de insatisfacción y reencarnación también cesará.

4. La verdad del camino de la liberación de *Dukkha* es que siguiendo el Noble Óctuple Sendero —obrar

decentemente, cultivar la disciplina y practicar la atención plena y la meditación— es posible liberarse del samsara.

La primera verdad nos dice cuál es el problema (el sufrimiento), mientras que la segunda rastrea el problema hasta su causa (el deseo). La tercera explica la solución (acabar con el deseo), mientras que la cuarta es el método para alcanzar la solución (el Noble Óctuple Sendero).

Los cristianos ortodoxos pueden estar de acuerdo con estas Cuatro Nobles Verdades hasta cierto punto. Ciertamente, nuestros deseos apasionados conducen al sufrimiento, aunque no son necesariamente causas directas: podemos experimentar el sufrimiento a causa de los deseos de otra persona, por ejemplo. Pero no creemos en el samsara y su ciclo de reencarnación, por lo que nuestro objetivo no es liberarnos de él. Más bien, la práctica de la virtud y el ascetismo del cristiano es poner su cuerpo y sus deseos bajo control para poder unirse a Dios en una unión sin fusión. No buscamos perder nuestro yo, sino que nuestro yo sea iluminado y deificado por la comunión con Dios.

Los budistas creen tradicionalmente que el camino de cada persona es el suyo propio. El budismo se expresa de forma más tradicional y completa en el monacato budista, donde el budista es libre de perseguir el nirvana por sí mismo, aunque en un entorno comunitario. Todos los budistas intentan vivir con total moderación, sin descender al placer ni rechazarlo por completo. Hay varias escuelas de budismo, que difieren un poco en sus enseñanzas sobre cómo alcanzar el nirvana. Quizá la más conocida de estas escuelas en Occidente sea el budismo zen, que hace hincapié en la experiencia sobre el estudio de los textos religiosos.

Al igual que ocurre con el hinduismo, la práctica budista es muy variada incluso en sus tierras tradicionales. En Tailandia, por ejemplo, es habitual que los jóvenes budistas pasen un año de su juventud como monjes. Muchos monásticos también piden limosna para subsistir. Los sacerdotes budistas japoneses suelen estar casados, son dueños de sus propios templos y transmiten su cargo por herencia. Los tibetanos pueden practicar el entierro celestial (véase» más arriba sobre el zoroastrismo), mientras que la mayoría de los demás budistas incineran. Las cenizas de los budistas famosos suelen consagrarse en una estupa, un santuario para su veneración. Los budistas también tienen fama de apoyar la no violencia y el vegetarianismo, pero ninguno de los dos es universal en la práctica tradicional.

La Ortodoxia comparte ciertas cosas en paralelo con el budismo que están en gran medida ausentes en parte o en la mayor parte del cristianismo occidental, como el énfasis en el ascetismo universal y el desapego, así como la veneración de los santos (incluidas las peregrinaciones), la oración por los muertos y la compasión por todos los seres vivos. Sin embargo, el propósito del ascetismo ortodoxo no es liberarse de este mundo, sino poner el cuerpo bajo el dominio del alma, reorientado hacia Cristo. Además, el desapego ortodoxo se practica en comunión y no en separación. Por último, la salvación en la Ortodoxia no es la consecución del no-ser, sino la plena realización del ser en comunión con Dios y la humanidad.

El budismo tiene dos ramas principales, el Mahāyāna y el Theravada, con una tercera rama más pequeña llamada Vajrayāna, ordenadas geográficamente en budismo oriental, meridional y septentrional, respectivamente. El Mahāyāna y el Theravada difieren en cuanto a los textos que se consideran escrituras canónicas: el Theravada solo acepta el llamado Canon pali (el pali es la lengua que hablaban los primeros seguidores de Buda). El Theravada también hace una fuerte distinción entre los monjes, cuyo papel es meditar hacia la iluminación, y los laicos, que se centran en hacer buenas acciones. Mahāyāna es una categoría más amplia que representa casi todo lo que no es Theravada, con muchas variaciones regionales.

Una variante notable del Mahāyāna es el budismo de la «Tierra Pura», que es la forma principal en China, cuya esperanza es que los seguidores puedan reencarnarse en la Tierra Pura, esencialmente una forma de cielo donde las personas son esencialmente inmortales y las condiciones para alcanzar la iluminación son ideales. Otro es el budismo zen, que es austero y fomenta la meditación sin imágenes o centrándose en los kōans, que son anécdotas paradójicas o acertijos. El budismo tibetano es otra forma de Mahāyāna, y está fuertemente influenciado por las tradiciones hindúes y también por el bön, la religión indígena tibetana. Se centra especialmente en complicados rituales para alcanzar la iluminación.

Hay unos 500 millones de budistas en el mundo, centrados en el Tíbet, China, Japón, Corea y el sudeste asiático. Las mayores poblaciones se encuentran en China, Tailandia, Japón y Myanmar (Birmania). (En la práctica, la mayoría de los budistas japoneses son casi seculares).

Jainismo

Quizá el pueblo más religioso y pacifista del mundo sea el de los jainistas del este de la India, que cuenta con más de cuatro millones de creyentes. El jainismo es similar al hinduismo en su creencia en la reencarnación y la transmigración de las almas de una vida a otra. Como fe organizada, se desarrolló más o menos al mismo tiempo que el budismo, posiblemente entre los siglos IX y VI a.C., aunque sus seguidores consideran que la fe es eterna. La vida de los jainistas se centra en el principio de la no violencia, que se alcanza principalmente mediante el ascetismo y el desapego de la realidad física.

Los jainistas creen que todo ser vivo (no solo los humanos) tiene un alma eterna e increada, que tiene el potencial de convertirse en divinidad (quien lo hace se llama *siddha*). El jainismo también enseña la doctrina del karma, y se considera que cada ser es responsable de su propio destino, basado en sus propias acciones. Al igual que el budismo y el hinduismo yóguico, el objetivo del jainismo es la iluminación y la liberación (*moksha* o *nirvana*) del ciclo de renacimiento mediante el desprendimiento de todo el karma. Cuando esto ocurre, el alma se libera de la vida terrenal y alcanza la conciencia divina, que le otorga un conocimiento, un poder, una visión y una dicha infinitos; así se convierte en un siddha. El karma se deja de lado no por la inacción o la apatía (como en algunas formas de budismo), sino por la vida virtuosa, en particular la no violencia. El camino hacia la liberación pasa por la fe (o visión) correcta, el conocimiento correcto y la conducta correcta, las «tres joyas» del jainismo. También es fundamental que los seguidores aprendan a controlar sus sentidos y su mente, ya que éstos les alejan del camino de la liberación.

Las veinticuatro almas que alcanzaron la iluminación se denominan *tirthankara* (o *jina*), maestros que transmiten las creencias del jainismo (similar al gurú hindú). El último de estos tirthankar fue Mahavira, que es quien estableció los principios del jainismo. *Tirthankara* significa literalmente «hacedor de vados», porque estas personas hacen posible que los seres humanos puedan vadear el «río de la miseria humana», que proviene de la violencia. Mahavira fue el vigésimo cuarto de una línea de tirthankara, el primero de los cuales fue Rishabha. Juntos, estos dos son los fundadores del jainismo tal y como se practica ahora.

Los tirthankara, junto con todos los maestros, los monásticos jainistas (*sadhu*, un término que también se utiliza en el hinduismo y el budismo) y los seres iluminados que han fallecido, son muy venerados por los jainistas, y se cree que esta veneración ayudará a conceder el conocimiento de lo que ellos alcanzaron a los creyentes. Todas estas personas divinas son veneradas especialmente en la recitación del mantra *namokar*, una oración repetitiva en la que el creyente se inclina ante estas personas, aunque no por su nombre.

Los jainistas no creen en ningún ser supremo. En cierto sentido, toda la naturaleza es divina (panteísmo) y, por supuesto, las almas individuales pueden llegar a ser divinas (aunque solo después de convertirse en seres humanos). Por lo tanto, el jainismo es en cierto sentido un sistema politeísta.

Los monjes jainistas se dedican a la no violencia (*ahimsa*), la verdad (*satya*), el no robar (*asteya*), la castidad (*brahmacharya*) y la no posesión (*aparigraha*). En su culto en los santuarios y templos, los jainistas se inclinan ante las imágenes del tirthankara u otras almas iluminadas, y también pueden recitar mantras y otras oraciones, así como ungir las imágenes de los iluminados. Hay dos sectas principales del jainismo, los śvētāmbara («vestidos de blanco») y los digambara («vestidos de cielo», llamados así porque sus monjes van desnudos).

La no violencia es la virtud central de la vida jainista, y algunos monjes jainistas llevan máscaras para evitar inhalar accidentalmente un insecto o un microbio. Algunos ni siquiera comen verduras (por considerar que tienen alma), sino que solo ingieren fruta, frutos secos y leche. Los practicantes avanzados pueden morir de hambre ritualmente.

Hay muchas cosas en las creencias y prácticas jainistas que son similares a las del cristianismo ortodoxo, como el énfasis en no dañar a los demás, aprender a controlar la mente y los sentidos, renunciar a las posesiones para centrarse en lo más necesario y no entregarse a los placeres. Del mismo modo, los ortodoxos creen que los seres humanos pueden divinizarse mediante una vida adecuada. Sin embargo, la comprensión jainista de estas cosas es incompleta porque no hay un Dios personal por el que y con el que se hagan estas cosas. Para la Ortodoxia, la divinización significa la unión y la comunión con Dios, no el ascenso a través de las propias virtudes a un lugar de iluminación.

La Ortodoxia también rechaza la reencarnación, como se ha señalado anteriormente, y no creemos que las almas transmigren de un ser a otro, especialmente de los humanos a los animales o las plantas. Las almas humanas son únicas y solo tienen una vida en la tierra, que se les concede para arrepentirse. Solo hay un Dios, la Santísima Trinidad.

Aparte de la principal presencia jainista en la India, también hay muchos jainistas viviendo en Occidente, incluidos unos 100.000 en Estados Unidos. La conversión al jainismo no es posible y, en cierto modo, la comunidad funciona más como un grupo étnico que como una religión, ya que muchos adeptos no tienen realmente un sentido claro de lo que la religión enseña.

Sijismo

El sijismo representa una especie de híbrido entre el islam y el hinduismo formado en el norte de la India del siglo XVI, centrado hoy en el estado indio de Punyab; casi todos los sijes son punyabíes. Al igual que el islam, el sijismo es fuertemente monoteísta. Al igual que el islam suní, también prohíbe la representación de Dios en imágenes o inclinarse ante ellas. Otra herencia del islam es el énfasis en la igualdad de todos los seres humanos. Los sijes rechazan el sistema de castas de sus vecinos hindúes.

Sin embargo, al igual que el hinduismo, los sijes creen en la reencarnación y definen la salvación final en términos comunes a algunos hindúes y a la mayoría de los budistas: escapar del ciclo de renacimiento. La salvación solo es posible a través de una rigurosa disciplina y devoción a Dios, aunque no a través de la separación del mundo como en el monasticismo o los ermitaños de la tradición yóguica hindú. La salvación se alcanza a través de una lucha interna en el corazón: los rituales externos, las peregrinaciones y demás son, en última instancia, irrelevantes. La salvación consiste finalmente en la absorción en Dios.

La autoridad religiosa sij recae en una serie de diez gurús que vivieron y enseñaron durante los siglos XVI a XVIII. El «gurú final» del sijismo es el Gurú Granth Sahib, también conocido como Adi Granth, que no es una persona sino la Sagrada Escritura sij. Al igual que el islam, el sijismo cree en el establecimiento de un estado teocrático.

La Ortodoxia comparte con los sijes el énfasis en el corazón humano como lugar del verdadero trabajo espiritual, pero considera que los rituales físicos forman parte del entrenamiento del corazón. Además, la salvación para los ortodoxos es la unión y la comunión con Dios, no la fusión con Él.

Los sijes suelen ser reconocidos por sus largas barbas y el cabello largo. Su religión generalmente prohíbe cortarse el cabello, por lo que los hombres lo recogen con un turbante para que no les estorbe, lo que les hace claramente reconocibles en Occidente. Muchos hombres y mujeres sijes tienen el mismo apellido religioso, Singh para los hombres, que significa «tigre», y Kaur para las mujeres, que significa «princesa». Hay unos 30 millones de sijes en el mundo, la mayoría de los cuales viven en el Punyab, en el norte de la India. La propia palabra *sij* significa «estudiante».

Sintoísmo y otros animismos

El sintoísmo es una religión tradicional japonesa y en su día fue la religión estatal de Japón. Antes de la restauración Meiji, en 1868, el sintoísmo era un conjunto disperso de tradiciones, a menudo con santuarios adjuntos a los templos budistas. (El budismo fue la religión estatal de Japón durante siglos.) A partir de entonces, el Estado la codificó y sistematizó para conformar una religión claramente japonesa.

El sintoísmo es un tipo de animismo y, por lo tanto, es politeísta en cierto sentido. El animismo en sí es la creencia de que hay espíritus en las plantas, los animales, los lugares e incluso en otros seres humanos que son dignos de culto o veneración. Sin embargo, los espíritus animistas no suelen alcanzar el nivel de dioses. Algunos de estos espíritus se consideran puramente locales, mientras que otros tienen un carácter más universal. Los animistas pueden creer en espíritus relacionados con determinadas familias, que podrían ser las almas de los antepasados muertos. Aunque es animista en su composición básica, el sintoísmo ha sido influenciado por la filosofía del confucianismo y también por el budismo. Para muchos creyentes, seguir tanto el sintoísmo como el budismo se considera perfectamente aceptable, y en una casa pueden encontrarse dos altares diferentes, uno dedicado a cada fe.

Este doble enfoque es bastante común en Japón. Es común, por ejemplo, celebrar una boda sintoísta y un funeral budista, aunque esto puede ser más práctico que otra cosa, ya que los budistas no celebran bodas y los sintoístas no celebran funerales. Y algunos templos de Japón son confusamente tanto budistas como sintoístas, dependiendo de cómo se interpreten los rituales.

Los occidentales que visitan Japón tienen más probabilidades de conocer las costumbres sintoístas a través de los matsuri, festivales en los que el santuario local sale en procesión, acompañado de comida, bailes rituales, etc. Se trata de un fenómeno claramente tribal y local. Aunque a veces se permite a los no japoneses participar en estos rituales, es principalmente por cortesía, y la identidad sintoísta es totalmente japonesa. No es posible convertirse. Los grupos nacionalistas japoneses también hacen hincapié en la identidad sintoísta.

Los creyentes sintoístas sienten una gran reverencia por la familia y la tradición. La familia es el principal mecanismo de conservación de las tradiciones, y muchos rituales están relacionados con acontecimientos familiares clave, como el nacimiento, la muerte y el matrimonio. Los practicantes también sienten una gran reverencia por el mundo natural debido a su creencia en los espíritus que lo habitan, a los que llaman *kami*. Estar cerca de la naturaleza es, por tanto, estar cerca de los kami. Se cree que cada cosa física tiene su propio kami, incluso los objetos triviales como las piedras. También hay *kami* para grupos, como un *kami* universal para todos los árboles.

La religión hace hincapié en la pureza física y ritual, que, si no se observa, puede perturbar la paz mental y causar desgracias, posiblemente por haber ofendido a un kami. Esta búsqueda de la limpieza no se entiende en un sentido ético, sino más bien en términos prácticos: si se quiere una vida pacífica y buena, hay que estar limpio. Los rituales de purificación son, por tanto, uno de los principales componentes del sintoísmo, y pueden realizarse por diversas razones, como aplacar a un *kami* ofendido cuyo santuario ha tenido que ser trasladado.

Los santuarios se reconstruyen periódicamente: se destruyen y se reconstruyen. (El Gran Santuario de Ise, por ejemplo, se reconstruye por completo cada veinte años.) Los santuarios también suelen tener un santuario central que está prohibido a todos, excepto a los ritualmente puros o a determinadas personas rituales, como el emperador japonés o un celebrante. Los grandes santuarios también suelen tener un cuerpo de mujeres jóvenes que se encargan de la limpieza, los preparativos rituales y ciertas danzas. Los rituales de pureza suelen implicar agua —los cucharones y los estanques ocupan un lugar destacado— e incluso pueden incluir sake (vino de arroz japonés). La actividad principal realizada en los santuarios es la adivinación de varios tipos.

Quienes siguen tanto el sintoísmo como el budismo pueden creer en la reencarnación e interpretar a los *kami* como seres sobrenaturales que de alguna manera están atrapados en el ciclo del renacimiento.

El cristianismo ortodoxo tiene una serie de cosas en común con el sintoísmo y otras creencias animistas, sobre todo la reverencia por la naturaleza. Al igual que los ortodoxos, los sacerdotes sintoístas celebran rituales de bendición de casas, nuevos negocios, inauguraciones, etc. Sin embargo, los cristianos ortodoxos no veneran la naturaleza porque crean que los espíritus habitan en diversos objetos, sino porque consideran que toda la creación es un regalo de Dios, destinado a serle ofrecido en sacrificio. Él nos devuelve esa creación como medio de salvación y santificación, especialmente en la eucaristía, pero también en todas las demás cosas que se ofrecen a Dios para su bendición.

La Ortodoxia también comparte la gran consideración que tiene el sintoísmo por la familia y la tradición, aunque no por su propio bien ni por la realización personal. Los practicantes del sintoísmo, al igual que los ortodoxos, no se ven a sí mismos como individuos aislados, sino como personas que forman parte de un todo, conectadas con una tradición antigua y que tienen un deber con esa tradición. Pero para los ortodoxos, todo se remite al único Dios verdadero, la Santísima Trinidad.

El sintoísmo también se parece a la Ortodoxia en su insistencia en que la verdad no se conoce principalmente a través del intelecto racional, sino a través de la fe y la experiencia.

En última instancia, hay muchos tipos de animismo, que es un término general para el paganismo politeísta con énfasis en los espíritus de la naturaleza local. El sintoísmo es una de las variedades más desarrolladas, cuya identidad llegó a envolver a toda una nación, a diferencia de la mayoría de las religiones animistas de otras partes del mundo, que siguen siendo principalmente tribales.

Caodaísmo

El caodaísmo es una religión sincrética monoteísta originaria de Vietnam. La religión se fundó en la ciudad vietnamita de Tay Ninh en 1926. Cao Dai es su nombre para la deidad más elevada, que creó el universo y que es adorada por los caodaístas. Aunque los seguidores adoran a Cao Dai, cuyo símbolo principal es el Ojo Izquierdo de Dios, también adoran a una Reina Madre, cuyo yin femenino se dice que equilibra el yang masculino del propio Cao Dai (el concepto de contrapeso del «yin y el yang» está tomado de la filosofía china).

La mayoría de los vietnamitas (45%) siguen una variedad de religión popular animista con elementos de la filosofía confuciana. El caodaísmo es en cierto modo una forma de esta religión, aunque ha incorporado elementos del catolicismo y el budismo, así como piezas de otras religiones del mundo. El caodaísmo es la tercera religión organizada más importante de Vietnam (después del budismo y el catolicismo romano), con unos seis millones de miembros, que representan aproximadamente el 5% de la población vietnamita. La mayoría de los adeptos se encuentran en Vietnam, aunque hay miembros dispersos en la diáspora vietnamita.

Se dice que Ngo Van Chieu, jefe de distrito de la administración francesa en Vietnam, recibió en 1921 una revelación del Ojo Izquierdo de Dios. Fue el primero en adorar a Cao Dai y en recibir mensajes de la deidad. El símbolo del Ojo Izquierdo ocupa un lugar destacado en los templos caodaístas y es el centro de atención en sus altares. El título completo del propio Cao Dai es Cao Dai Tien Ong Dai Bo Tat Ma Ha Tat, que incluye títulos del confucianismo, el taoísmo y el budismo.

Además de la pareja divina de Cao Dai y la Reina Madre, los caodaístas también creen en una jerarquía de doce espíritus divinos, que se dividen en cuatro categorías principales: ángeles, santos, inmortales y budas. Todos estos espíritus son venerados y, curiosamente, algunos de los santos son figuras bien conocidas por los occidentales, como la santa católica Juana de Arco, de quien se dice que guió la fundación del caodaísmo a través de sesiones espiritistas, así como el dramaturgo inglés William Shakespeare y el novelista francés Victor Hugo. El interés de Hugo por el espiritismo resultó especialmente atractivo para los primeros caodaístas, que creyeron que había predicho el auge de la religión.

La creación fue realizada por Cao Dai mediante la división de su espíritu y su reorganización en la materia y en todas las criaturas existentes. (Esta cosmogonía es similar a la de la mayor parte del paganismo, en la que la creación procede del ser de un dios existente, aunque con los paganos suele ser una diosa-madre). En cierto sentido, por tanto, todo es increado: tanto el propio Cao Dai como toda la creación son de la misma naturaleza.

Los caodaístas dividen la historia en tres periodos. El primero comenzó aproximadamente en el año 2500 a.C., cuando Cao Dai inspiró la creación del judaísmo en Oriente Medio, el hinduismo en la India y las filosofías de transformación que surgieron en China. Más tarde, también inspiró la creación del budismo, el cristianismo, el taoísmo y el confucianismo. El tercer periodo comenzó en 1926, con la fundación del caodaísmo, que es una verdad universal que suple lo que falta en todas las demás religiones. El caodaísmo cree que, en última instancia, todas las religiones son una, a pesar de sus diferencias claramente contradictorias.

En cuanto a sus objetivos, el caodaísmo se asemeja al budismo en que busca la liberación del samsara, el ciclo de la reencarnación, así como la unión con el Cao Dai. Sin embargo, dada la gran cantidad de espíritus iluminados asociados al caodaísmo, la unión con lo divino no es como en el hinduismo o el budismo, que implica la abolición del yo individual. Más bien, el objetivo parece ser más parecido a la theosis ortodoxa, en la que hay unión sin fusión. Sin embargo, a diferencia de la Ortodoxia, la iluminación del alma se produce a través de una serie de encarnaciones sucesivas, mediante la ley kármica.

El culto caodaísta incluye la oración, la ofrenda de incienso, flores, vino y té. Se reza al propio Cao Dai, pero también a otros espíritus reconocidos por la religión. Se cree que las ceremonias de la religión han sido reveladas directamente por Cao Dai. La revelación en el caodaísmo es continua, y suele recibirse en forma de oraciones en verso.

Estructuralmente, los títulos de los líderes caodaístas son bastante similares a los del catolicismo romano: hay un papa, así como cardenales, arzobispos, obispos y sacerdotes, con cada rango limitado a un determinado número. Cualquiera de estos cargos puede ser ocupado por hombres o mujeres. La iglesia central de la religión se encuentra en Tay Ninh y se denomina Santa Sede, el mismo título del Vaticano católico romano.

Además del grupo principal de los caodaístas, con sede en Tay Ninh, hay algunos grupos más pequeños y escindidos que también siguen la religión, divididos más o menos por la geografía de Vietnam.

Religiones occidentales modernas

A mediados y finales del siglo XX, creció en Occidente, sobre todo en Estados Unidos, una fascinación por las religiones del Lejano

Oriente y por los credos que habían muerto hacía tiempo. Esta fascinación es lo que el padre Seraphim Rose denomina «vitalismo» en uno de sus libros (*Nihilism: The Root of the Revolution of the Modern Age*). El vitalismo es esencialmente la búsqueda de casi cualquier cosa espiritual o filosófica que parezca tener autenticidad, muy especialmente algo santificado por la antigüedad o por el exotismo. Es una forma de nihilismo, porque uno de los elementos clave del impulso vitalista es que no hay una verdad universal y absoluta. Más bien, solo existe lo que es verdad «para mí» o «para ti».

Sin embargo, antes de hablar de estos resurgimientos o reinvenciones de religiones antiguas o extranjeras, examinaremos dos religiones sincréticas que encontraron su máxima expresión en el Occidente moderno: la santería y el rastafarismo. Ambas incluyen elementos del cristianismo en su interior, aunque su fundamento esencial es diferente. Representan apropiaciones de la imaginería cristiana, mas no ramificaciones de comunidades cristianas.

Y, por último, también hablaremos de la cienciología, una organización que se autodenomina iglesia pero que no tiene nada que ver con el cristianismo ni con ninguna religión antigua o extranjera. Es la invención de un escritor de ciencia ficción.

Santería

Surgida en el Caribe, la santería es una religión sincrética desarrollada por los descendientes de los esclavos de África Occidental llevados allí por el imperio español. Combina la religión popular yoruba del suroeste de Nigeria y del vecino Benín con elementos del catolicismo romano y de las tradiciones religiosas autóctonas del Nuevo Mundo.

Es difícil datar con exactitud el inicio de la santería, pero puede haber comenzado ya en 1515 en Cuba. Muchos de los esclavos traídos al Nuevo Mundo fueron bautizados como católicos por sus amos españoles, pero conservaron la forma básica de su religión, que se fundamentaba en tradiciones animistas africanas, como el sacrificio de animales, el culto a los antepasados y la adivinación. Para evitar que su religión nativa fuera suprimida, algunos de estos pueblos adoptaron las formas externas del catolicismo manteniendo intacto su sistema religioso nativo.

El término *santería* se refiere comúnmente a la adoración de los santos, y esta es la característica más destacada de la religión. Las deidades nativas de los yoruba (llamadas orichás) se identificaban con los santos católicos. Los practicantes suelen utilizar los términos *santo* y *orichá* indistintamente. Así, cuando los esclavos parecían celebrar las fiestas de los santos en las plantaciones españolas del Caribe, los rituales dirigidos a los orichás quedaban efectivamente ocultos. Los orichás son espíritus poderosos que, sin embargo, son mortales y requieren de culto para seguir existiendo.

La santería coexiste con el catolicismo en varias comunidades de habla hispana del Caribe y Estados Unidos. Los practicantes de la santería suelen ser católicos bautizados, y los sacerdotes y sacerdotisas (santeros y santeras, respectivamente) suelen exigir el bautismo católico a los iniciados. Los santeros instalan sus propios santuarios para llevar a cabo el culto, una «casa de santos», que también sirve de hogar para los santeros.

La santería es esencialmente no confesional, definida más por sus rituales que por sus doctrinas. Los rituales siguen el mismo esquema general que hemos mencionado anteriormente, con sacrificios (normalmente de gallos o gallinas) y adivinación, a menudo expresados con tambores y danzas sagradas, así como con hierbas, amuletos y pociones. El objetivo de estos rituales puede ser el perdón de los pecados o la obtención de buena fortuna. Existen numerosas tradiciones domésticas locales que varían considerablemente, y su práctica suele ser privada y en el seno de las familias.

A pesar de la inclusión de santos católicos e incluso del bautismo, la santería propiamente dicha tiene poco en común con el cristianismo. Su dinámica básica sigue siendo pagana, con oraciones y sacrificios que se utilizan para manipular las fuerzas divinas en beneficio propio.

Es muy difícil contabilizar a los practicantes de la santería, ya que no existe ninguna organización que pueda hablar en nombre de la religión en su conjunto. Algunas estimaciones sitúan su número en todo el mundo en 100 millones de personas, y quizás hasta 30.000 en Estados Unidos. La mayoría de los seguidores se concentran en las regiones hispanohablantes de América, especialmente en Cuba y Puerto Rico.

Rastafarismo

El rastafarismo es una religión que se desarrolló en Jamaica en la década de 1930, centrada en el culto al emperador etíope Haile Selassie como mesías divino, la segunda encarnación de Dios Padre, la segunda venida de Jesucristo a la tierra. Aunque funciona como una religión, su vaguedad en cuanto a la doctrina se debe probablemente a su carácter primordial de movimiento identitario caribeño negro, que se desarrolló en parte bajo la influencia del líder político jamaicano Marcus Garvey, que promovía el nacionalismo negro y el panafricanismo.

Haile Selassie, de quien se dice que desciende directamente de Salomón y de la reina de Saba, es visto por los rastafari como un mesías que guiará a los pueblos de África y de la diáspora africana hacia la libertad en Sión, que se identifica como Etiopía (una designación trasladada desde Jerusalén). El término rastafari procede de una parte del nombre regio de Haile Selassie (nacido Tafari Makonnen Woldemikael) antes de su coronación como emperador: Ras Tafari Makonnen.

Los rastafari se refieren a Dios como Jah, derivado del hebreo *Yah*, que suele expresarse con el nombre Yahvé. También utilizan Jah para referirse a Haile Selassie. También confiesan creer en la Trinidad, aunque su teología respecto a las tres Personas divinas no está muy desarrollada, haciendo más hincapié en el significado del nombre Haile Selassie, que se le dio al emperador cuando fue bautizado y significa «poder de la Trinidad». Por ello, probablemente no sea correcto considerar a los rastafari como verdaderamente trinitarios, solo por su identificación de Haile Selassie como divino.

En algunos aspectos, la religión rastafari refleja su relación con la Iglesia Ortodoxa Etíope Tewahedo, que es una de las Iglesias de la Ortodoxia oriental que se separó de la corriente principal de la Iglesia ortodoxa a raíz del Concilio de Calcedonia (451 d. C.). Pero también hay muchas diferencias, como el hecho de fumar sacramentalmente cannabis (marihuana), que suele acompañar la lectura de la Biblia y se utiliza cuando se busca la inspiración de Jah. Las referencias positivas a las hierbas o la vegetación en las Escrituras se interpretan como referencia al cannabis.

Los rastafari también pueden ser vegetarianos, adhiriéndose a una dieta llamada *ital*, que enfatiza la alimentación natural y rechaza los alimentos procesados. También son conocidos por dejarse crecer el pelo en forma de largos y enmarañados «dreadlocks» (rastas), que simbolizan el León de Judá, una imagen estrechamente asociada a Haile Selassie.

Haile Selassie negó públicamente ser divino en modo alguno, aunque algunos rastafari dudan de esa negación o la reinterpretan. Según todos los indicios, fue un miembro fiel de la Iglesia Ortodoxa Etíope Tewahedo durante toda su vida, y en un momento dado envió a un arzobispo etíope al Caribe para intentar atraer a los rastafari a la iglesia. Tras la muerte del emperador en 1975, algunos rastafari dudaron de su muerte, y la mayoría evitó sus servicios funerarios oficiales.

El rastafarismo no es una religión estrechamente organizada y tiene muchas «moradas» (una referencia a Juan 14, 2: «En la casa de mi Padre muchas moradas hay»), que funcionan en cierto modo como las denominaciones del movimiento. También hay muchos practicantes independientes no asociados a ninguna morada.

Uno de los rastafari más conocidos es el músico de reggae Bob Marley, que fue miembro de la Morada de las Doce Tribus de Israel. Todavía se le asocia con el rastafarismo en la mente del público, a pesar de haberse bautizado en la Iglesia etíope pocos meses antes de su muerte por cáncer en 1981. Fue enterrado por la Iglesia.

Los rasgos distintivos del rastafarismo tienen poco en común con la fe cristiana ortodoxa, aunque los ortodoxos pueden ciertamente apelar a la conexión de los rastafari con una de las iglesias cristianas históricas. Su afirmación de que Haile Selassie es divino es probablemente la más problemática de sus creencias, aunque la negación de esa divinidad por parte del propio Selassie es un buen punto de partida.

Neognosticismo

Una de las formas de búsqueda religiosa vitalista es el neognosticismo. Al igual que los antiguos gnósticos que se distanciaron de la Iglesia, los nuevos gnósticos también se consideran poseedores de una revelación especial y elitista que la gente común no puede entender. Sus creencias reales varían mucho, y quizá lo principal que comparten la mayoría de ellos es una aversión al cristianismo, especialmente en sus formas occidentales. La mayoría de estos gnósticos son individuos aislados que han descubierto ciertas enseñanzas atractivas en un libro o en internet. Pocos practican realmente en comunidades religiosas, aunque existen sociedades gnósticas. Desde el punto de vista sociológico, el neognosticismo es especialmente atractivo para los académicos y para muchos que se consideran élites intelectuales.

Estos gnósticos se ven a sí mismos como contemplativos y pueden recurrir a prácticas y creencias místicas de múltiples tradiciones religiosas que, por lo demás, podrían contradecirse. Debido al elitismo religioso de los neognósticos, los críticos pueden ser desestimados por ser simplemente incapaces de comprender las verdades esotéricas que los gnósticos han descubierto.

El neognosticismo, al igual que su homólogo antiguo, suele ser dualista y considera que el objetivo de la vida espiritual es liberarse del cautiverio físico. La forma en que esto se manifiesta puede variar: algunos gnósticos pueden ser marcadamente ascéticos, como un yogui hindú, intentando liberarse del cuerpo. Otros, en cambio, pueden abrazar la inmoralidad física flagrante, creyendo que lo que uno hace con el cuerpo es espiritualmente irrelevante.

Al igual que los antiguos gnósticos, los neognósticos se oponen a una de las verdades básicas del cristianismo ortodoxo: que el único Dios se hizo hombre para salvar a toda la humanidad. Si los gnósticos creen en Jesús, es probable que no sea Dios para ellos, sino tal vez solo una especie de intermediario que los conecta con la realidad divina última (una creencia que se asemeja tanto al antiguo gnosticismo como a ciertos grupos cristianos heréticos). El elitismo espiritual del neognosticismo es también una religión de naturaleza muy diferente de la fe que Jesucristo dio a los apóstoles y, a través de ellos, a toda la humanidad, una fe en la que todos son amados por igual y plenamente por Dios.

Neopaganismo y Wicca

Al igual que el neognosticismo, el neopaganismo también varía considerablemente en cuanto a sus creencias y prácticas. El concepto principal del neopaganismo es que es un renacimiento de la vida religiosa antigua. Puede ser politeísta, animista, panteísta o de otro tipo. Los neopaganos pueden creer que son legítimamente nuevos seguidores de estas antiguas religiones, aunque en muchos casos tenemos escasas pruebas de cómo eran realmente estas religiones o cuáles eran sus rituales. La mayoría de los credos neopaganos son en realidad reconstrucciones, creaciones reimaginadas basadas en lo que los practicantes modernos creen que eran esas religiones. La mayoría de los seguidores son conversos de denominaciones cristianas occidentales.

A diferencia de sus homólogos neognósticos, los neopaganos creen firmemente en la centralidad del mundo físico en su vida religiosa. Muchos pueden adorar a la propia naturaleza o a los espíritus de la naturaleza. Los objetivos básicos del neopaganismo son como los del paganismo antiguo, es decir, la búsqueda de la autorrealización personal y el beneficio a través de actos religiosos.

La forma más extendida y popular de neopaganismo es la Wicca, aunque muchos wiccanos no se clasificarían como neopaganos. La palabra *wicca* es un término del inglés antiguo que se refiere a la brujería [*witchcraft*]. (*Wicca*, cuya doble «c» se pronuncia en inglés antiguo como «ch» suave, es el origen de la palabra inglesa moderna *witch*). Muchos wiccanos se consideran practicantes de una religión antigua, pero su forma moderna fue introducida en 1954 por Gerald Gardner, un funcionario de aduanas británico retirado, y se basa en los escritos del ocultista del siglo XIX Aleister Crowley. La actividad principal de la wicca es el estudio y el lanzamiento de hechizos, y los wiccanos pueden organizarse en aquelarres de brujas y hechiceros, aunque muchos son solitarios en su práctica. Pueden referirse a su religión como «practicar el oficio».

La adhesión a una verdad superior y universal no es el objetivo habitual. Como dijo un wiccano al que leí: «La única manera de ser un verdadero seguidor de Gerald Gardner, amigos míos, es tener las agallas de crear una religión para uno mismo que satisfaga tus propias necesidades» (Aidan Kelly, «Why Wicca is a Major World Religion», *Including Paganism*, 16 de junio de 2012).

La mayoría de los wiccanos son diteístas y creen en un «Dios» y una «Diosa», ambos estrechamente identificados con la naturaleza. Algunos pueden creer solo en la «Diosa». La wicca y otras formas de neopaganismo se encuentran a menudo entre mujeres jóvenes (normalmente desencantadas con el cristianismo), y la imagen de la «diosa madre» era una parte importante de varias religiones paganas antiguas. La filosofía y la política feministas a veces acompañan a estos énfasis religiosos.

Los ortodoxos comparten con los neopaganos el amor por la naturaleza, aunque por razones muy diferentes: vemos la presencia de Dios en la naturaleza, no la naturaleza como algo inherentemente divino. La Ortodoxia también ofrece a los neopaganos algo que probablemente estaba ausente de su experiencia religiosa anterior: una tradición mística con un lado fuertemente físico. En última instancia, sin embargo, la religión del neopaganismo debe entenderse como lo expresó San Pablo en 1 Corintios 10, 20: «lo que los gentiles sacrifican, lo sacrifican a los demonios, y no a Dios. Y yo no quiero que ustedes participen con los demonios». Los neopaganos y los wiccanos bien pueden estar jugando con fuerzas que no entienden.

La afirmación ética básica de los wiccanos es la neutralidad, expresada en este lema: «Si no hace daño a nadie, haz lo que quieras». Se trata de una especie de filosofía libertariana, que resulta atractiva para muchos en Occidente. Haz lo que quieras, siempre que no perjudiques a nadie más. Por supuesto, se trata de una comprensión muy individualista de la sociedad humana. Los ortodoxos contrastarían la moral wiccana con la exhortación ética muy superior de San Agustín: «Ama y haz lo que quieras».

Las variedades de neopaganismo que no se asocian a la wicca suelen centrarse en algún dios o panteón de dioses de la religión pagana, como de la antigua Grecia (los dioses olímpicos), Alemania o Escandinavia (conocidos como Ásatrú o etenería/etenismo), o las Islas Británicas (celtas o druidas). Al igual que los wiccanos, los neopaganos suelen afirmar que siguen la misma religión que esos antiguos paganos.

Sin embargo, las pruebas literarias y arqueológicas de esas antiguas religiones muestran un tipo de práctica religiosa bastante diferente, centrada normalmente en el sacrificio ritual de animales. Una diferencia especialmente notable entre el paganismo antiguo y el neopaganismo es que este último suele extraer su ética de la herencia del cristianismo. Los antiguos paganos, por ejemplo, no creían en la igualdad de derechos para todos, y no tenían la sensación de que toda vida humana —especialmente la de las mujeres o los niños— fuera intrínsecamente valiosa.

Es difícil contar a los practicantes, pero puede haber entre 1 y 3 millones de wiccanos y otros neopaganos en el mundo, algunos de ellos unidos en organizaciones denominacionales. Otras estimaciones los sitúan en menos de 150.000. Otra estimación sitúa el número en 6 millones, con 600.000 brujas iniciadas en Estados Unidos. Dicho esto, no existe una forma sistemática de contabilizar cuántas personas practican estas religiones y, dado que no existe una buena información por parte de las organizaciones relacionadas, las cifras son poco más que conjeturas.

Cienciología

La cienciología [Scientology] es una religión fundada en California en 1954 por el escritor de ciencia ficción L. Ron Hubbard. Como religión, la cienciología está representada principalmente por la Iglesia Oficial de Scientology, aunque hay grupos menores que se han separado. Si la cienciología es una religión o no, es una cuestión que se debate. Se describe a sí misma como una «filosofía religiosa aplicada», que tiene poco que decir sobre Dios y se centra principalmente en la autorrealización personal.

La cienciología enseña que «el hombre es un ser espiritual dotado de habilidades que van mucho más allá de lo que normalmente se imagina. No solo es capaz de resolver sus propios problemas, lograr sus metas y conseguir felicidad duradera, sino también de alcanzar nuevos estados de conciencia que quizás nunca soñó posibles» (Iglesia Oficial de Scientology, «¿Qué es S c i e n t o l o g y ? » https://www.scientology.org.mx/faq/what-is-scientology.html). Tiene cierto parecido con ciertas ideas del Nuevo Pensamiento (véase el capítulo ocho).

Las enseñanzas básicas de la cienciología se describen en el libro de Hubbard *Dianética: la ciencia moderna de la salud mental* y son esencialmente una forma de psicoterapia retocada en términos religiosos. Los cienciólogos se someten a un proceso conocido como «auditación» en el que se relatan las experiencias pasadas con otro cienciólogo en una sesión individual. La persona que está siendo «auditada» es conectada con electrodos a una máquina llamada «E-meter» que pasa una corriente eléctrica de bajo nivel a través del cuerpo. Este proceso, según la cienciología, ayuda a dejar a la persona «limpia» de malas decisiones y transgresiones en la vida. Todo lo que dice la persona que está siendo «auditada» se registra cuidadosamente y se almacena en los archivos de la cienciología.

A medida que los cienciólogos progresan en la religión, se dice que alcanzan estados cada vez más altos de conciencia espiritual y adquieren habilidades que no sabían que tenían. Cada nivel requiere donaciones cada vez mayores de los miembros a la organización.

La cienciología enseña que todo el mal que reside en una persona es el resultado de la presencia extraterrestre de los «thetanes», las almas de seres extraterrestres. Estos thetanes llegaron a la Tierra hace 75 millones de años cuando un señor galáctico extraterrestre llamado Xenu los trajo aquí y los apiló alrededor de los volcanes. A continuación, Xenu puso en marcha una serie de bombas de hidrógeno que hicieron explotar los volcanes y lanzaron a los thetanes por todo el planeta.

Una de las citas más reveladoras del fundador de la cienciología, L. Ronald Hubbard, fue pronunciada en 1949 (según el escritor y editor Lloyd Arthur Eshbach): «Me gustaría fundar una religión. Ahí es donde está el dinero». Y al hablar de su carrera como escritor de ciencia ficción, dijo: «Escribir por un penique la palabra es ridículo. Si un hombre quiere realmente ganar un millón de dólares, la mejor manera sería fundar su propia religión» (citado en *Los Angeles Times*, 27 de agosto de 1978). Se le cita diciendo cosas similares en múltiples ocasiones desde los años 40 hasta su muerte en 1986.

Hubbard no tuvo mucho éxito como escritor de ciencia ficción, pero pudo dar un uso más rentable a su inventiva cuando creó la cienciología, que además de sus extrañas enseñanzas sobre la naturaleza humana y la salvación, también enseña que los humanos evolucionaron a partir de las almejas. (Un popular sitio web contra la cienciología se llama «Operation Clambake»).

Por muchas razones, pero sobre todo porque la participación en la organización no es gratuita, se ha cuestionado el estatus de la cienciología como religión, y en algunos países ha sido incluida oficialmente en la lista negra del gobierno. Los abogados y portavoces de la cienciología suelen perseguir ferozmente a quienes revelan sus enseñanzas internas al público, así como a quienes critican a la cienciología públicamente, especialmente antiguos miembros.

Como ejemplo, la ex ciencióloga Leah Remini (una celebridad de Hollywood, al igual que varios adeptos) se ha convertido en un objetivo de la cienciología desde su salida de la religión. Su madre se involucró en la cienciología cuando Remini tenía siete años, y llegaron a vivir en viviendas de la cienciología, donde Remini experimentó una infancia dura y controladora. Remini denunció públicamente la cienciología en 2015 en una entrevista con ABC News. El comportamiento controlador que recordaba de la infancia se extendió también a su edad adulta, llegando a ser «denunciada» por haber hecho un comentario ligeramente negativo en privado al prominente cienciólogo Tom Cruise. Se anima a los miembros a que se denuncien unos a otros por mal comportamiento. Remini dijo que presentó tales «informes de conocimiento» incluso sobre su propio marido en múltiples ocasiones.

En su respuesta oficial a su entrevista, la cienciología afirmó que ella había sido expulsada de la organización, y que se limitaba a repetir mitos que habían sido promulgados por otros exmiembros, diciendo que estaba «ahora estrechamente vinculada a esta colección de morosos, mentirosos reconocidos, perjuros autodeclarados, golpeadores de esposas y cosas peores» («Leah Remini on Her Break With the Church of Scientology: "I Wanted to Be The One to Say It"», *ABC News*, 30 de octubre de 2015).

Las diferencias con la Ortodoxia deberían ser bastante obvias, pero una que merece la pena señalar es que toda la religión está orientada hacia una forma de vida totalmente egocéntrica. Este enfoque, junto con el secretismo y el elitismo de los niveles superiores de la organización, es probablemente lo que atrae a tantas celebridades, que reciben un trato bastante diferente al de los miembros comunes. A su vez, el alto perfil de los cientólogos famosos, como Tom Cruise, John Travolta y Kirstie Alley, ayuda a atraer a otros a la organización. Cruise, en particular, ha sido una fuerza importante en la promoción de la cienciología y tiene una gran influencia en el grupo.

La cienciología afirma tener millones de miembros, pero su número real de miembros probablemente sea de decenas de miles.

Cultos de carga

Uno de los movimientos religiosos menos conocidos en el mundo es el culto de cargo, que no se refiere a ninguna religión en concreto, sino que es un término genérico para un tipo de práctica religiosa que surgió en el siglo XX en Melanesia, una región insular al noreste de Australia. Los cultos de carga se formaron como resultado del contacto con las culturas coloniales que llegaron a las islas, a menudo sustituyendo las tradiciones religiosas nativas.

La forma básica de un culto a la carga funciona así: los visitantes coloniales instalan un aeropuerto en una pequeña isla. Los nativos observan cómo los aviones traen la carga de los coloniales, entregando alimentos, suministros, etc. Después de que los coloniales se marchan, los nativos instalan su propio «aeropuerto», con una pista de aterrizaje y una torre de control, atendida por personas vestidas de forma similar al personal que vieron en el aeropuerto real. Su propio personal del aeropuerto agita los brazos y se comporta como lo que vieron de los coloniales. Todo esto se entiende en cierto modo como los elementos de un encantamiento mágico que también atraerá a los aviones para que traigan carga a la isla.

El más famoso de los cultos de carga es el de John Frum, centrado en una figura con ese nombre, que surgió en la isla de Tanna, en Vanuatu (entonces conocida como las Nuevas Hébridas), en la década de 1930. John Frum se entendía como una figura divina, que a menudo aparecía como un militar estadounidense, que guiaría a los habitantes de la isla hacia la riqueza cuando los colonos blancos abandonaran Vanuatu y dejaran atrás todas sus posesiones. A veces se dice que el nombre «John Frum» es una corrupción de «*John from America*» [John de Estados Unidos] (o quizás de otros puntos de origen).

En la década de 1940, durante la Segunda Guerra Mundial, unos 300.000 militares estadounidenses se encontraban en Vanuatu. Tras su partida, los seguidores de John Frum construyeron pistas de aterrizaje para intentar atraer a los aviones de carga.

Aunque la atracción de la carga es lo que identifica a los cultos de carga en la mente popular, lo que suelen compartir en común es un milenarismo centrado en la liberación de los pueblos nativos tras la salida de las potencias coloniales. En esto, hay una expectativa similar a la teología mesiánica tanto del judaísmo como del cristianismo. Este tipo de movimientos milenaristas entre los pueblos subyugados se remonta al menos a 1885, cuando surgió un movimiento de este tipo en Fiyi bajo el dominio colonial británico.

Los cultos de carga no son, por supuesto, un movimiento religioso significativo en cuanto a su número, pero a veces los antropólogos religiosos los consideran la clave de lo que realmente crea la religión: una población primitiva que malinterpreta algún fenómeno, que quizás experimenta condiciones de opresión y que luego construye un sistema ritual en torno a esas experiencias. Con el tiempo, estos cultos pueden convertirse en sistemas teológicos más complejos y en religiones mundiales.

Como teoría de la religión, esto tiene cierto sentido en términos de la psicología religiosa básica de los seres humanos. Pero no explica el surgimiento del cristianismo, que no se basa en la interpretación confusa de fenómenos difíciles por parte de un pueblo primitivo. Más bien, tanto en su herencia judía como en el pacto cristiano, el culto al único Dios verdadero se basa en una revelación directa a personas que viven en civilizaciones sofisticadas y corroborada por múltiples y fiables testigos. Y en el caso del cristianismo, numerosos testigos oculares fueron todos a la muerte insistiendo en una pieza clave de la revelación: que habían visto a Jesucristo vivo después de una muerte muy pública. Así que, aunque hay algunas cosas que podemos reconocer en los cultos de carga que nos dicen algo sobre la naturaleza humana, no sirven para explicar la apariencia del culto al único Dios verdadero.

Conclusiones

En *Seeds of the Word: Orthodox Thinking on Other Religions*, el P. John Garvey hace una importante distinción entre la tolerancia religiosa y la transigencia religiosa, así como entre la creencia religiosa firme y la violencia religiosa. Estas distinciones pueden ser borrosas en el mundo actual, que a menudo está marcado por un pluralismo religioso relativista, así como por el terrorismo de motivación religiosa. Sin embargo, el cristiano sensato debe tener en cuenta ambas distinciones, conociendo y practicando firmemente la fe cristiana y, al mismo tiempo, amando de forma auténtica a los demás. Garvey también señala lo mismo que ya San Justino Mártir sostuvo en el siglo II, es decir, que aunque creemos que el cristianismo ortodoxo es la plenitud de la revelación de Dios a la humanidad, los cristianos ortodoxos también creen que Dios ha venido obrando en todas las personas a lo largo de toda la historia. Esa obra se manifestará de diversas maneras, incluso dentro de otras religiones. Creo que podemos aprender de otras tradiciones religiosas. Lo digo como persona individual que escribe a otros individuos. La Iglesia, que incluye a Cristo como Cabeza y miembro principal, no tiene nada que aprender en sí misma, porque

Dios se ha revelado dentro de su Iglesia, guiando a los apóstoles a toda la verdad (Jn. 16, 13). No hay nada más que deba ser enseñado a la Iglesia que lo que recibió de Cristo.

Sin embargo, cada uno de nosotros, como cristianos que estamos ocupados en nuestra salvación con temor y temblor (Fil. 2, 12), podemos llegar al conocimiento de Cristo por muchos medios. El camino más claro y directo es dentro de la Iglesia, pero un cristiano que sirve dentro de la Iglesia puede estar expuesto a la verdad de la Iglesia incluso fuera de sus límites visibles. Por tanto, cada uno de nosotros debe permanecer abierto a la transformación y al cambio personal, porque ninguno de los que estamos aquí en la tierra ha alcanzado todavía la plenitud de la salvación (Fil. 3, 12). Pero como toda verdad es la verdad de Dios —después de todo, la Verdad es Cristo (Jn. 14, 6)—, cualquier verdad que encontremos no es, en última instancia, una contradicción con la fe ortodoxa, sino más bien una expresión de ella. Si parece contradecir la fe, entonces hemos entendido mal lo que hemos encontrado o la propia fe; o bien hemos confundido la falsedad con la verdad.

Todo esto debería traducirse en la humildad de cada uno de nosotros, especialmente cuando nos encontramos con personas que creen y practican otros credos. Algunos grupos religiosos, como la Iglesia de la Cienciología, pueden parecernos ridículos, pero al relacionarnos con personas reales, debemos tener en cuenta que todas las personas han sido creadas conforme a Cristo, imagen del Dios invisible (Gén. 1, 27; Col. 1, 15). Eso significa que todas ellas están destinadas a la comunión con Él, y todas merecen nuestro amor, honor y respeto. El mejor enfoque para llevar la plenitud del Evangelio a personas de otras creencias es afirmar lo que tenemos en común y ampliar esa verdad común para revelar la totalidad de la Ortodoxia, ofreciendo correcciones suaves si es necesario. Incluso la Cienciología, por muy ajena que sea al cristianismo, comparte una creencia básica en la condición rota de la humanidad y su necesidad de curación.

Que Dios nos conceda humildad, paciencia y amor mientras buscamos profundizar en nuestra propia experiencia de salvación y llevar esa experiencia a los demás.

Epílogo
Relaciones con los no ortodoxos

Necesitamos investigación y conversación en asuntos de disputa teológica para que se puedan considerar argumentos convincentes y patentes. Se obtiene un profundo beneficio de tal conversación, si el objetivo no es el conflicto sino la verdad, y si el motivo no es únicamente triunfar sobre los demás. Inspirados por la gracia y obligados por el amor, nuestro objetivo es descubrir la verdad, y nunca debemos perderlo de vista, aunque la búsqueda se prolongue. Escuchemos amistosamente para que nuestro intercambio amoroso contribuya al consenso. (San Marcos de Éfeso, Patrologia Orientalis XV [Brepols, 1990], 108–109)

No me atrevo a llamar falsa a ninguna Iglesia que crea que Jesús es el Cristo. La Iglesia cristiana solo puede ser puramente verdadera, confesando la verdadera y salvadora enseñanza divina sin las falsas mezclas y opiniones perniciosas de los hombres, o no ser puramente verdadera, mezclando con la verdadera y salvadora enseñanza de la fe en Cristo las falsas y perniciosas opiniones de los hombres... Ahora esperas que emita un juicio sobre la otra mitad del cristianismo contemporáneo, pero no hago más que simplemente observarla; en parte veo cómo la Cabeza y Señor de la Iglesia cura las muchas y profundas heridas causadas por la vieja serpiente en todas las partes y miembros de este cuerpo, aplicando ahora remedios suaves, ahora fuertes, incluso fuego y hierro, para ablandar la dureza, sacar el veneno, limpiar las heridas, separar los brotes malignos, restaurar el espíritu y la vida en las estructuras medio muertas y adormecidas. De este modo, doy fe de que al final el poder de Dios triunfará evidentemente sobre la debilidad humana, el bien sobre el mal, la unidad sobre la división, la vida sobre la muerte. (Metropolita Filareto de Moscú, *Conversation between the Seeker and the Believer Concerning the Orthodoxy of the Eastern Greco-Russian Church*, Moscow 1833, 27–29, 135)

Porque no buscamos la victoria, sino ganar a los hermanos, por cuya separación de nosotros estamos desgarrados. Esto se lo concedemos a ustedes, en quienes encontramos algo de la verdad vital, que son sanos en cuanto al Hijo. Admiramos tu vida, pero no aprobamos del todo tu doctrina... Incluso expresaré el deseo del Apóstol. Tanto me aferro a ustedes, y tanto reverencio tu vestimenta, y el color de tu continencia, y esas sagradas asambleas, y la augusta virginidad, y la purificación, y la salmodia que dura toda la noche y tu amor a los pobres, y a los hermanos, y a los extraños, que podría consentir en ser anatema de Cristo, e incluso sufrir algo como un condenado, si solo pudieras estar a nuestro lado, y pudiéramos glorificar juntos a la Trinidad. (San Gregorio el Teólogo, *Oration* 41, 8)

A lo largo de este libro, hemos examinado las enseñanzas y prácticas de más de un centenar de religiones, denominaciones, sectas y antiguos grupos heréticos, a veces de forma breve y otras con más detalle. Aunque hemos cubierto muchos detalles, en realidad solo hemos arañado la superficie de la mayoría de estos grupos, como seguramente nos dirán los creyentes de esos grupos.

Aunque he hecho todo lo posible por representarlos de la manera más justa posible con lo que sé y a lo que tengo acceso, la tergiversación es siempre inevitable hasta cierto punto. Hay dos razones para ello. En primer lugar, porque la verdadera comprensión de una religión puede llevar toda una vida; es imposible decir que se conoce verdaderamente una religión a menos que se haya vivido y se haya vivido bien. En segundo lugar, porque en esta obra nos hemos propuesto explícitamente mirar estas religiones con los ojos del cristianismo ortodoxo, no desde un punto de vista teórico e imparcial. La verdadera imparcialidad es, en cualquier caso, algo así como un ideal platónico que no creo que puedan alcanzar los seres humanos imperfectos.

Sin embargo, lo que podemos decir con cierta certeza es que cada una de estas religiones puede constituir un mundo teológico y espiritual coherente para sus creyentes. Podemos especular sobre el estado espiritual interno de los creyentes con los que no estamos de acuerdo, pero para la mayoría de los musulmanes, mormones, metodistas, menonitas y mandeos serios, es evidente para ellos que lo que creen es correcto. Aun cuando no se han tomado el tiempo de examinar sus creencias de forma crítica, los seguidores sinceros de cualquier religión continúan siguiéndola porque creen que es verdadera, porque les proporciona una forma coherente de entender el mundo y de vivir en él.

Sin embargo, para cualquier creyente religioso, esa creencia nunca se basa totalmente en pruebas concretas y materiales. Incluso si así fuera, un filósofo de la epistemología podría preguntarse cómo sabemos absolutamente que podemos confiar en nuestros sentidos. ¿Cómo sabemos que lo que vemos u oímos es lo que realmente hay? Toda creencia religiosa —de hecho, toda creencia, sea religiosa o no— se basa en la fe. La fe es una confianza construida sobre una mezcla misteriosa y difícil de analizar de pruebas, interpretación, experiencia, relaciones y razón. Por eso, aunque critiquemos otras religiones y su teología, seguimos considerando a sus seguidores como criaturas de Dios, hechas a su imagen y semejanza, y asumimos que actúan de buena fe en lo que creen que es verdad. Por encima de todo, todo lo que digamos debe proceder del amor:

> *La gente siente en su alma cuando está haciendo lo correcto, creyendo en Jesucristo, venerando a la Madre de Dios y a los Santos, a quienes invocan en la oración, así que si condenas su fe no te escucharán... Pero si les confirmaras que hacen bien en creer en Dios y en honrar a la Madre de Dios y a los Santos; que hacen bien en ir a la iglesia, y en rezar sus oraciones en casa, en leer la palabra divina, etc.; y luego les señalas suavemente sus errores y les muestras lo que deben enmendar, entonces te escucharían, y el Señor se alegraría de ellos. Y así, por la misericordia de Dios, todos encontraremos la salvación... Dios es amor, y por eso la predicación de su palabra debe proceder siempre del amor. Entonces, tanto el predicador como el oyente se beneficiarán. Pero si no haces más que condenar, el alma de la gente no te prestará atención, y nada bueno saldrá de ello. (Archimandrita Sofronio [Sakharov], citando a San Siluán en Saint Silouan the Athonite, 64–65)*

Al hablar de estas muchas docenas de grupos religiosos, hemos empleado la razón, la historia y las Escrituras para criticar sus enseñanzas y prácticas. Basándome en todo esto (y más), creo que el cristianismo ortodoxo tiene razón y que todas las enseñanzas del resto de estos grupos son, al menos en parte, erróneas (algunas más que otras). Pero otra persona puede estar expuesta al mismo conjunto de pruebas y sacar conclusiones totalmente diferentes. Hay personas mucho más inteligentes, más cultas y más sinceras que yo que lo han hecho. Pero, como sabemos que las personas muy inteligentes, cultas y sinceras a menudo no están de acuerdo entre sí, no podemos concluir que elegir la religión equivocada sea solo una cuestión de escasa inteligencia, ignorancia o falta moral personal. Hay personas de buena voluntad en todos estos grupos. Hay gente bastante educada en todos estos grupos. Hay gente sincera en todos estos grupos.

Aunque deseo que todas las personas del mundo se conviertan en cristianos ortodoxos, y aunque creo que la Iglesia única, santa, católica y apostólica es únicamente la Iglesia ortodoxa, no me hago ilusiones de que las palabras escritas en este libro hagan que la gente quiera convertirse al cristianismo ortodoxo por arte de magia. Las palabras de cualquier libro, incluso uno tan poderoso como la Biblia, solo pueden ayudar a trazar el camino o a despejar algunos de los obstáculos. Este último objetivo, la eliminación de los obstáculos, es realmente el objetivo de este libro. El camino aún debe ser recorrido, y cómo se encuentra el camino y cómo se recorre es siempre un secreto precioso que solo conoce Dios. Tratar de desentrañarlo en su totalidad y mostrarlo al mundo entero sería violentar su integridad, y de todos modos es imposible.

Lo que creo que tenemos que ver es que hay un misterioso país fronterizo entre estas diferentes religiones. En ese extraño país está el lugar de la conversión. En ese misterioso lugar, la razón, la historia, las Escrituras, la experiencia, las expectativas, el deseo y las relaciones pueden orientar al viajero en una u otra dirección. Pero lo que no podemos rastrear ni trazar es la obra del Espíritu Santo, que, creemos, actúa en cada ser humano.

Como cristiano ortodoxo que intenta amar a sus hermanos y hermanas y desea que conozcan el amor y la salvación de Dios, hago lo que puedo para animar a las personas hacia esa frontera. Pero también trato de recordar que el papel fundamental lo desempeñan tanto Dios como la propia persona. El único garante del Evangelio es Aquel a quien señala. Y una vez autentificado en la persona humana, depende de ella actuar o no. La conversión es siempre un acto de la voluntad humana y también siempre un milagro.

La verdad del Evangelio se hace patente mediante la intervención divina.

Nuestro trabajo es predicar el Evangelio. La autenticación de su verdad depende de Dios. Y la decisión de hacerlo efectivo depende de la persona que escucha.

Así que puedes ver que mi propósito aquí es, en última instancia, evangelístico: quiero que todos sean cristianos ortodoxos. Pero no quiero que todos sean ortodoxos solo en términos de pertenencia a un cuerpo visible. El evangelismo es algo más que ese tipo de conversión. Nuestra conversión es realmente a Cristo, no a la «Ortodoxia» (definida aquí como una mera etiqueta, pertenencia o idea). Desgraciadamente, hay muchos que son «ortodoxos» pero no parecen conocer a Cristo ni su Evangelio. Aunque este libro no está directamente dirigido a su conversión, espero que pueda servir para ello. Y los que están en la Iglesia ortodoxa y se convierten a Cristo también saben que la conversión es un proceso continuo de profundización de la comunión, lo que significa que también hay algo aquí para ellos.

No puedo dejar de insistir en la importancia de que entendamos que la conversión es a Jesucristo mismo. Creo que la Iglesia ortodoxa es el verdadero Cuerpo de Cristo y que, por tanto, la conversión a Cristo debe significar, en última instancia, la incorporación a su Iglesia. Dicho esto, algunos esfuerzos evangelísticos en nombre de la Iglesia parecen no estar interesados en conectar realmente a las personas con Cristo. O, más bien, pueden hablar tanto de «Ortodoxia», equiparando lo que dicen con Cristo, que acaban haciéndolo pasar por una ideología o un conjunto de conceptos. Pero el verdadero Jesucristo no es ningún conjunto de conceptos, y desde luego no es la pertenencia a un club sectario, que es como me temo que a veces se utiliza la Iglesia. El Evangelio no es un Evangelio que anteponga a la Iglesia. El verdadero Evangelio predica a Jesucristo. La conversión sucede por el encuentro con Jesucristo. Sí, la Iglesia es el Cuerpo de Cristo, pero Él es la Cabeza. De la misma manera que nos fijamos en el rostro de una persona cuando nos relacionamos con ella, también nos fijamos primero y siempre en el rostro de Jesucristo.

No estoy sugiriendo un «cristianismo» sin Iglesia, sino advirtiendo contra una «Iglesia» sin Cristo. Así como no hay cristianismo sin la Iglesia, tampoco hay Iglesia sin Cristo. Si no puedo detectar a Jesucristo —en toda su calidez, personalidad (si es que podemos usar esa palabra) y amor transformador— en el discurso de alguien sobre la Iglesia, entonces tengo razones para dudar si debo hacerle caso.

A menudo he visto este tipo de «Iglesia» sin Cristo, especialmente en las polémicas que se desatan en las redes sociales en casi cualquier lugar donde se hable de teología, sobre todo cuando la conversación gira en torno a los miembros de otras confesiones cristianas. No es infrecuente ver el uso imprudente de la palabra *hereje* —como si no fuera una «palabra belicosa» emocionalmente cargada—, aunque pueda ser exacta en cierto sentido para todos los que no abrazan la Ortodoxia. Tampoco es raro ver que se utilice la palabra *ecumenista* o *modernista* para referirse a cualquier cristiano ortodoxo que considere la posibilidad de dirigirse a los no ortodoxos con algo distinto a la polémica y a las crudas llamadas al arrepentimiento.

El espíritu interno de estas conversaciones es la acusación. En Oriente Medio, este espíritu (magnificado considerablemente) se llama *takfir*, un término que procede del islam y describe el comportamiento de los grupos yihadistas que atacan tanto a los musulmanes como a los miembros de otras religiones por ser infieles a su propia visión del islam. Aunque la violencia de los takfiri no es paralela a estas conversaciones, el espíritu esencial sí lo es. Creo que hemos visto el surgimiento de un takfirismo cristiano que es tan peligroso espiritualmente como el takfirismo yihadista lo es físicamente.

Entiendo de dónde viene este espíritu, y en última instancia es un buen lugar. Su origen está en el deseo de tener algo firme y seguro en lo que apoyarse y poder defenderse ante un mundo que parece cada vez más caótico. Ese deseo interior es loable, pero debe dirigirse hacia Cristo mismo. Dirigir ese deseo hacia Cristo lleva a un espíritu de acercamiento para ver cómo todos pueden llegar a ser uno en Él, que es la Verdad. Sin embargo, lamentablemente, a menudo se dirige hacia un espíritu ideológico y acusador. Es ese espíritu acusador el que es dañino, no el deseo que lo motiva.

Este espíritu surge, creo, de la suposición de que la otra persona, si dice algo distinto de lo que dices, debe ser tu enemigo. Debe estar actuando con malicia hacia ti y contra lo que crees.

Si, al escuchar la teología de otro, tu suposición básica es que está actuando con malicia, entonces la sospecha es la única postura que tiene sentido, y tu sospecha siempre será recompensada con la falibilidad del otro.

Si, por el contrario, supones que tu interlocutor actúa por amor a Dios y a la verdad, entonces, aunque veas sus errores y te veas obligado a ayudarle con ellos, lo más importante es que veas su movimiento hacia la santidad, y tu amor por él le ayudará a acercarse a la verdad.

Nadie es tu enemigo si no se ha hecho tal por sí mismo. Y quien sí se ha hecho enemigo es aún más un objeto apropiado de amor, ya que amar a nuestros enemigos es uno de los mandamientos que distinguen al cristianismo.

La única forma adecuada de entablar una conversación teológica es con amor. Quien insiste en que «dice la verdad con amor» probablemente no lo está haciendo. Alguien que ama no tiene que decirle a nadie que lo hace. Y sin amor, no se puede decir la verdad, porque la Verdad es una Persona que es amor.

A menudo he observado que los que se quejan del diálogo con otros cristianos suelen tener pocas aportaciones a la vida de la Iglesia. Pero la «cultura de la protesta» que es endémica en la política (y ahora en la teología) en Occidente no suele conseguir mucho, así que incluso cuando tales quejas están fundadas (y, hay que decirlo, a menudo no lo están), es poco probable que tengan efecto. Incluso si lo hicieran, ¿es una victoria obtenida a fuerza de gritos lo que se supone que caracteriza al cristianismo, por no hablar de la gran tradición de la Ortodoxia? ¿En qué se parece eso a Jesucristo?

También he notado que a veces se utiliza la polémica para la evangelización (o al menos se pretende hacerlo), como si los anuncios triunfalistas de que la otra persona está en la herejía, en el engaño, o algo así, los inspirara de alguna manera a unirse a la Iglesia ortodoxa. Nunca he visto que eso funcione, ni una sola vez. ¿Por qué? Porque la polémica triunfalista no conecta a la gente con Cristo.

El otro problema de este enfoque, aparte de su total ineficacia, es que la polémica se utiliza tradicionalmente en la historia cristiana hacia aquellos que atacan activamente a la Iglesia y llevan a otros por el mal camino, es decir, aquellos que se han convertido conscientemente en enemigos de la Iglesia. En otras palabras, la polémica es tradicionalmente una táctica defensiva destinada a proteger a los fieles, no una táctica evangelizadora destinada a convertir a los que están fuera de la Iglesia. Los Padres no son triunfalistas.

Es posible ser fiel, serio y tradicional y, al mismo tiempo, buscar un diálogo profundo con los miembros de otras confesiones cristianas e incluso con los no cristianos, abriéndoles un espacio en nuestros corazones y en nuestras vidas. Pero ese encuentro tiene que estar basado en el amor y en el deseo de conocer y comprender al otro, de construir una relación. Si hacemos del acuerdo una condición previa para el amor y la relación, entonces hemos convertido a Jesucristo en una ideología.

Sí, los que están en el error necesitan arrepentirse, pero si no les ofrecemos aquello hacia lo cual encaminar su arrepentimiento, es decir, si no les ofrecemos el amor de Jesucristo, entonces no les estamos ofreciendo la verdad. Recordamos cómo el hijo pródigo «volvió en sí» cuando recordó el amor y la abundancia de la casa de su padre. Las quejas críticas de su hermano —que tenía razón sobre el comportamiento del pródigo— acabaron por no tener importancia.

Otro problema que creamos al rechazar el verdadero diálogo con los no ortodoxos es que perdemos oportunidades para nuestro propio crecimiento espiritual. Podemos aprender de estos encuentros. Algunas de las mejores teologías de la historia de la Iglesia han surgido precisamente de lo que podríamos considerar un encuentro ecuménico.

Hay quienes parecen pensar que todo lo que puede (o debe) decirse ya se ha dicho, y convierten a los Padres de la Iglesia en una especie de canon cerrado. Mientras que los Padres son para los ortodoxos exégetas y teólogos autorizados con un patrimonio recibido, tratarlos como si estuvieran sellados en el pasado sin posibilidad de contribución teológica es en realidad violentar a los propios Padres. Los Padres trabajaron creativamente para hablar del mismo Jesucristo de una manera que lo comunicara de nuevo a su propia generación. Pero el tiempo de esa creatividad no ha terminado. La época de los Padres continúa. Eso no significa que el dogma evolucione o que podamos contradecir lo que los Padres definieron dogmáticamente, sobre todo en los concilios ecuménicos, pero sí que la aplicación de ese mismo conocimiento de Jesucristo puede hacerse de formas nuevas.

Todo esto significa que se produce algo hermoso cuando, con amor, nos implicamos con los que están fuera de nuestros propios límites canónicos. Es hermoso no solo para ellos, sino también para nosotros. Muchos de nuestros tesoros teológicos más profundos son el producto de este encuentro. De hecho, la mayor parte de la teología más querida de la Iglesia antigua proviene de un compromiso serio, no de meras polémicas reduccionistas que nunca buscan conocer a la otra persona y lo que enseña, sino del estudio real, el tiempo y la hermenéutica no de la sospecha, sino del amor. No estoy capacitado para decir cómo debería ser este encuentro en los niveles «oficiales», donde los teólogos con credenciales y los prelados de alto rango dialogan y aparecen juntos en público. Ese mundo es objeto de mucha controversia, y no quiero entrar en sus detalles aquí. Sin embargo, diré una cosa sobre él: debemos participar en él. ¿Por qué? Porque es el mandato de Jesucristo que todos se reúnan en su única Iglesia, y también es su observación que sus verdaderos seguidores sean conocidos por su amor.

Aunque no pierdo de vista a los papas, los patriarcas y los diversos diálogos oficiales, las relaciones con los no ortodoxos que más me interesan son las que mantiene la gente corriente. Es entre amigos, entre cónyuges, entre desconocidos en Internet, entre las madres que trabajan juntas en una cooperativa de educación en casa, entre pastores en reuniones del clero local, entre académicos, entre estudiantes y entre ramas de familias multiconfesionales donde se encuentra el ecumenismo que más me interesa.

Algunas personas definen el *ecumenismo* como una transigencia con el dogma y la tradición en aras de llevarse bien. Si esa es la definición de la palabra, entonces por supuesto que rechazo el ecumenismo. Pero no es así como se utiliza la palabra con más frecuencia. Su definición más común se refiere a las relaciones entre cristianos. Si eso es el ecumenismo, entonces estoy muy a favor de él.

Realmente no importa demasiado la palabra que se utilice para este encuentro. Como cristiano, tengo que implicarme. Tengo que llevar a Jesucristo al mundo, y no puedo hacerlo si no me interesa conocer a otras personas y entender lo que creen. Jesús siempre mostró un conocimiento íntimo de la persona que tenía delante. Nunca se implicó meramente en el plano ideológico. Así que, si vamos a tratar de llevarlo a los demás, lo llevamos como Él es en toda su realidad personal, no como una ideología.

En este epílogo me he dirigido principalmente a mis compañeros cristianos ortodoxos, pero quiero decir algo específicamente a los no ortodoxos que puedan estar leyendo esto: por favor, dialoguen con nosotros. Por favor, conózcannos. Y si les fallamos, sepan que somos nosotros los que fallamos, no Jesucristo ni su Iglesia. Si no los amamos, por favor, ámennos de todos modos, y tal vez tengamos algo bueno que mostrarles.

El gran ecumenista P. Georges V. Florovsky, un gigante teológico de la Iglesia ortodoxa en el siglo XX, pasó gran parte de su vida dialogando con los no ortodoxos. No solo discutió y criticó otras teologías cristianas, sino que también se enfrentó a algunos de los grandes problemas filosóficos de nuestro tiempo, como las cuestiones de las teorías de la historia y la hermenéutica, cuestiones de interés crucial para todos los cristianos.

Se trata de cuestiones difíciles, y el diálogo con otros cristianos también fue difícil. Pero Florovsky se aseguró no solo de conocer esas filosofías y teologías por dentro y por fuera, sino de establecer relaciones con quienes las profesaban. Porque, como observó Florovsky en una ocasión, «la caridad [el amor] nunca debe oponerse a la verdad» (Georges V. Florovsky, «The Tragedy of Christian Divisions», en *Ecumenism I: A Doctrinal Approach*, 29–31). No son opuestos. De hecho, se necesitan mutuamente.

Los esfuerzos ecuménicos de Florovsky dieron lugar a dos conceptos que he tratado de mantener como ideas rectoras a lo largo de todo este libro. El primero es el más famoso, llamado «síntesis neopatrística». Con ello no quería decir ningún tipo de alejamiento de los Padres de la Iglesia, ir «más allá» de ellos en el sentido de dejarlos atrás o contradecirlos. Más bien se refería a la continuación de su obra. Todavía no hemos llegado al final de los tiempos, lo que significa que la tarea de la teología continúa. Nosotros «sintetizamos» a los Padres, recogiendo su enseñanza y siendo fieles a ella, y también tenemos que hacer algo nuevo, que es utilizar su mismo espíritu para responder a las preocupaciones de nuestra época.

El segundo principio, menos conocido, del ecumenismo de Florovsky era lo que él denominaba «ecumenismo en el tiempo». Con ello quería decir que todos los cristianos tienen una herencia común en la tradición patrística de la Iglesia primitiva. Todos podemos, en cierto sentido, retroceder hasta llegar a la época anterior a todas nuestras divisiones para encontrar nuestra herencia común como cristianos. La Iglesia primitiva nos pertenece a todos, y creo que, si buscamos ser fieles a esa herencia con toda honestidad y humildad, llegaremos a ser uno en Jesucristo.

Un tercer principio puede observarse en la propia vida de Florovsky, y es que se dedicó tanto al diálogo como a la amistad con quienes no estaban de acuerdo con él. Ambas cosas son difíciles, y ambas requieren a veces una confrontación, que solo es fructífera en el amor. Creía sinceramente que Occidente tenía mucho que aprender de Oriente, y los ortodoxos de Occidente se encuentran con su ignorancia regularmente. Pero el Oriente ortodoxo también tiene que aprender más del Occidente católico-romano y protestante, precisamente para que esos lazos de amistad se fortalezcan. No podemos querer muy bien a alguien si no sabemos quién es. El propósito de este libro es contribuir en alguna medida a ese aprendizaje, en ambas direcciones.

Por eso espero que todos nosotros —cristianos ortodoxos, otros cristianos e incluso no cristianos— leamos con seriedad la Sagrada Escritura y las palabras de quienes siguieron a los apóstoles, buscando un encuentro con el Dios-hombre Jesucristo, buscando conocer a Aquel que es amor y verdad. Y creo que todo aquel que se embarque seriamente en esa gran aventura estará, por la misericordia de Dios, en el camino de la salvación en la Iglesia una, santa, católica y apostólica.

Apéndice I

Ateísmo y agnosticismo

Tal vez la petición más frecuente que recibí durante la realización del pódcast *Orthodoxy and Heterodoxy* fue la de abordar el ateísmo y el agnosticismo. Pero no había preparado ningún material sobre esos puntos de vista, porque no son religiones. Sí, estoy de acuerdo con los que dicen que ser ateo o agnóstico requiere un cierto tipo de fe, pero eso no hace que estos puntos de vista sean realmente religiones. Sin embargo, como es probable que nos encontremos con personas en nuestra vida que se describen como ateos y agnósticos, me pareció una buena idea decir algo sobre ellos aquí.

En primer lugar, tenemos que darnos cuenta de que estos términos —*ateo* y *agnóstico*— son utilizados por la gente para significar una serie de cosas diferentes (pero relacionadas). He aquí algunos ejemplos:

«No creo que exista un dios».

«Creo que no existe ningún dios».

«No tengo ninguna creencia que tenga que ver con un dios».

«Sé que no existe ningún dios».

«No he visto ninguna prueba de que exista un dios».

«No sé si existe un dios».

«No puedo saber si hay un dios».

«Nadie puede saber si hay un dios».

«Si existe un dios, no me gusta y no quiero tener nada que ver con él».

«No creo en *tu* dios».

«La gente de esa iglesia es hipócrita y no quiero tener nada que ver con ella».

«La gente religiosa ha hecho cosas malas en nombre de su dios».

Detrás de esas afirmaciones hay muchas suposiciones, algunas de ellas erróneas o incompletas. Por ejemplo, muchos ateos han rechazado la fe en Dios porque no les gusta la forma en que se les ha presentado a Dios, normalmente como un castigador tiránico y arbitrario. La mejor respuesta a ese problema es simplemente mostrarles que la Ortodoxia tampoco cree en ese «Dios». Dios ama a todos y quiere sanar a todos, y esa sanidad está disponible para todos los que cooperen con Él.

Otra objeción común es que los religiosos hacen cosas malas, a veces en nombre de su religión. Recuerdo haber visto una vez, durante un viaje, un cartel que decía «DIOS SÁLVEME DE TUS SEGUIDORES» en el interior de un baño. Esta objeción tiene cierto fundamento, pero se basa en una falacia lógica. El hecho de que una persona que se dice creyente haga algo malo no significa que su religión sea falsa o que no exista Dios. Aunque hay algunas religiones que exigen cosas malas (como los sacrificios humanos), la persona mala de la que se habla puede estar en realidad violando su propia religión. (Un buen ejemplo es el de los clérigos que abusan de los niños. Nunca he oído hablar de uno cuya religión apruebe ese comportamiento).

Al mismo tiempo, quien se oponga a la religión por las muertes en las guerras religiosas no tiene más que considerar el baño de sangre del siglo XX a manos de los gobiernos ateos. Si Stalin no deslegitima todo el ateísmo, tampoco la Inquisición española debería deslegitimar toda la religión. A veces, sí pedimos a Dios que nos salve de los que dicen ser sus «seguidores», porque esa gente no le sigue en realidad.

Probablemente el mayor problema para los ateos y agnósticos es la cuestión de la evidencia. ¿Dónde está exactamente ese Dios que los creyentes dicen conocer? Ese es, en efecto, el meollo del asunto. La razón debería hacer evidente que nadie puede decir honestamente: «Sé que no existe ningún dios». ¿Por qué? Decir tal cosa requeriría que alguien tuviera conocimiento de absolutamente todo lo que existe. Se puede colocar una aguja en un pajar, pero a menos que se examine absolutamente cada pieza de heno por separado, no se puede decir: «Ahí no hay ninguna aguja».

Aunque una persona dedicada a encontrar esa aguja tiene la posibilidad de ser así de minuciosa, nadie podría jamás examinar todo el universo para ver si hay un dios en algún lugar del mismo. Eso no solo requeriría la capacidad de observar simultáneamente todas las partes de la realidad que podemos teorizar como existentes, sino que también requeriría que tuviéramos un conocimiento perfecto de todo lo que podría existir en cualquier forma. ¿Y si hay otras dimensiones de la realidad que no están limitadas por nuestro universo? E incluso si conociéramos todo el espacio posible que hay que explorar, ¿tenemos el tipo de herramientas adecuadas para detectar lo que hay en él? ¿O qué pasaría si detectáramos un dios, pero no supiéramos a quién estamos viendo?

La cuestión aquí es qué herramientas se utilizan para ver la evidencia. La Biblia nos dice que algunas cosas solo pueden verse con ojos de fe. La Ortodoxia también enseña que algunos conocimientos solo llegan a través de la experiencia, generalmente solo a través de una larga lucha en el ascetismo y el arrepentimiento. El Señor Jesús dice que son los «limpios de corazón» los que ven a Dios (Mt. 5, 8).

Entonces, ¿cómo ayudamos a ver a Dios a personas que simplemente no lo ven? Es difícil insistir en que tienen que entrar en la Iglesia y embarcarse en un viaje de ascetismo de por vida antes de ver realmente a Dios. Pocas personas aceptarán esa invitación. Sin embargo, creo que la clave está en las palabras de Cristo de que ver a Dios requiere pureza de corazón. La mayoría de los ateos y agnósticos reconocerán al menos que la moral es algo bueno, aunque se nieguen a adherirse a ella porque rechazan la autoridad de la tradición cristiana. A esa persona se le puede animar hacia la abnegación, que purifica el corazón cuando lo emprende, aunque sea parcialmente, abriéndolo para ser tocado por la luz divina.

Al mismo tiempo, la estrategia evangelística más poderosa con los ateos y agnósticos es simplemente amarlos y orar fervientemente por ellos. Probablemente estén cansados de que la gente intente convertirlos, así que es poco probable que cualquier argumento los convenza. También es probable que estén exhaustos por la hipocresía de los llamados creyentes. Pero no hay defensa contra el amor, que es la vida: «Para todo argumento hay un contraargumento, pero ¿quién puede argumentar contra la vida?» (San Gregorio Palamás, *Triads in Defence of the Holy Hesychasts*).

Una vida que se vive con auténtico amor predicará el Evangelio a todos los que están alrededor. Si alguien no quiere creer, hablarle nunca le hará creer. Pero entregarse desinteresadamente por él puede provocar en su interior algunas preguntas que nunca antes se había planteado. Ser amable con él cuando no se te exige hacerlo puede inspirarle a querer conocer la Fuente de tu bondad. Darle libertad cuando todas las demás personas religiosas han tratado de atraparlo puede causarle un impacto que nunca antes había sentido.

Creo que uno de los errores que cometemos muchos de nosotros (incluido yo mismo) al hablar con ateos, agnósticos o cualquier persona que no comparta nuestra fe es creer que podemos argumentarles para que vean la verdad. No creo que esto sea posible. Nunca he conocido a nadie a quien se le haya podido convencer de una fe verdadera y duradera.

En realidad, hubo dos personas con las que debatí hasta el punto de que fueron recibidas en la Iglesia ortodoxa. Con la fuerza de la razón, la historia y otras pruebas, las convencí en el plano intelectual de que la Iglesia ortodoxa era la única y verdadera Iglesia de Jesucristo. Pero ahora ninguno de los dos está en la Iglesia. Se han ido. Sus decisiones son su propia responsabilidad, pero tomo su marcha como una advertencia para mí mismo, en cualquier caso.

La fe cristiana se construye sobre un encuentro con el Dios-hombre Jesucristo. No se construye apilando suficientes pruebas irrefutables correctamente interpretadas por la razón para que cualquiera que se encuentre con esa pila no tenga otra opción honesta que hacerse cristiano. Porque la fe se construye en un encuentro, no es algo que pueda ser coaccionado, ya sea por la fuerza de la razón o por cualquier otro tipo de fuerza.

Convertirse a Jesucristo significa que una persona se encuentra con Él y es atraída misteriosamente a confiar en Él y a unirse con Él. Todo lo que podemos hacer es abrir el camino entre esa persona y Cristo, recordando que ambas personas tienen la libertad de que el encuentro no se produzca. Nuestros instrumentos de evangelización más poderosos son el amor y la oración.

Apéndice II

Cómo y por qué me hice cristiano ortodoxo

Como he impartido conferencias y retiros en varias parroquias y otros lugares de Estados Unidos, la pregunta que más me hacen es cómo me hice cristiano ortodoxo. Hasta ahora he dudado en escribir la historia, porque siempre he pensado que el mundo no necesitaba otra historia de conversión. Pero me sugirieron que la incluyera en esta edición de *Ortodoxia y heterodoxia*, lo cual tenía sentido para mí. Además, ahora estoy lo suficientemente alejado de los acontecimientos como para pensar que es conveniente hacer un recuento general de los mismos, al menos para mí. Tal vez algo de lo que aquí se expone pueda serte útil. Por lo menos, podrás ver cómo me interesé por el tema de este libro.

Estoy convencido de que mi vida como cristiano antes de descubrir la Ortodoxia fue real y fructífera. Sin embargo, no diría que era un buen cristiano. En el período de tiempo que precedió a mi aprendizaje sobre la Iglesia ortodoxa, había estado en una etapa de cierta deriva de la membresía activa de la iglesia. Todavía creía en Jesucristo y confiaba en Él para mi salvación, pero hacía algunos años que no tenía un compromiso firme de asistir a la iglesia todos los domingos ni de ir a otras actividades relacionadas con ella. Participaba con bastante frecuencia, pero no se me hacía difícil alejarme en alguna ocasión. Dicho esto, mi educación en la fe en Jesucristo había sido constante desde mi nacimiento, y nunca me sentí inclinado a abandonarlo en ningún momento.

Cuando nací a mediados de los años setenta, mis padres no habrían tenido ningún problema en llamarse «fundamentalistas», aunque normalmente se habrían identificado simplemente como «cristianos». Recuerdo que esto era así incluso en mi más tierna infancia. En aquella época, *fundamentalista* no tenía el sentido negativo que tiene ahora, que significa extremismo o mentalidad cerrada. Más bien, *fundamentalista* seguía teniendo el significado básico que tenía incluso desde su época en los debates de principios del siglo XX sobre las Escrituras. Significaba que uno era un cristiano comprometido con ciertos fundamentos de la fe cristiana, incluida la creencia en la integridad de lo que estaba escrito en la Biblia. Era una especie de Ortodoxia evangélica. Hoy en día, el espacio significativo que ocupaba el sentido anterior de *fundamentalista* lo ocupan sobre todo los que se autodenominan evangélicos.

En cuanto a dónde íbamos a la iglesia, al principio eran principalmente iglesias bautistas, algunas de ellas pertenecientes a la Convención Bautista del Sur, pero otras pertenecientes a otras denominaciones o simplemente independientes. Sin embargo, no vivíamos mayoritariamente en el sur, y las iglesias bautistas de lugares como Virginia, Nueva York y Ohio son un poco diferentes de sus compañeros bautistas del Sur. Dicho esto, la doctrina era esencialmente la misma, y una buena parte de la cultura de la Iglesia también era la misma.

Mis padres se habían comprometido a vivir como cristianos desde una edad temprana, pero mi madre, Sandy, tuvo un llamado especial que trajo consigo cuando conoció a mi padre, Bill. Cuando tenía catorce años, en un campamento de verano de la iglesia, hizo una promesa a Dios de que algún día sería misionera. Cuando conoció a mi padre, una de sus condiciones para aceptar su compromiso fue que él mismo estuviera abierto a esa vocación.

No sé lo que pasó por su cabeza en ese momento, pero tengo que imaginar que, como la mayoría de los jóvenes de veintitantos años, probablemente no pensó tanto en esos compromisos como su novia. En ese momento, estaba sirviendo a bordo de buques de propulsión nuclear en la Marina de los Estados Unidos, un trabajo que le encantaba y que probablemente no imaginaba dejar pronto.

Con el tiempo le llevaría a muchos lugares del mundo, incluida una circunnavegación completa del globo. Mis primeros recuerdos de mi padre eran que era una especie de aventurero. Recuerdo una foto suya con una gran serpiente sobre los hombros. Estaba en Singapur.

Mis padres se casaron en octubre de 1972. Mi hermano mayor Matthew llegó en enero de 1974, y yo nací unos diecinueve meses después de él. Poco menos de cinco años después, nació mi hermana pequeña Bethany. Éramos una familia nómada surgida de familias nómadas. De las cinco personas de mi familia inmediata, tenemos cinco estados de nacimiento entre nosotros: Massachusetts para mi padre, Alaska para mi madre, Maine para mi hermano, Virginia para mí y Nueva York para mi hermana. (Más tarde me alegró saber que era el único no *yanqui* del grupo).

Mis primeros recuerdos de la iglesia eran sanos y cálidos. Nuestra «liturgia» de los domingos por la mañana consistía en una bienvenida del pastor, tres himnos de estilo antiguo que todos cantaban acompañados por un piano y un órgano, un sermón de aproximadamente una hora de duración, y luego un himno más que normalmente hacía las veces de llamada al altar. Recuerdo muchos sermones sobre el infierno y muchos sermones sobre lo que decía el Apocalipsis. Esas cosas me preocupaban. No me sentía preparado para todo eso, y sentía que iba a suceder pronto.

Recuerdo haber levantado la mano en muchas ocasiones cuando el pastor hacía que todos inclinaran la cabeza y cerraran los ojos, indicando que necesitaba oración. Más de una vez, cuando era niño, me «adelantaba» al final del servicio, buscando no sé qué, pero queriendo ser serio en esto de la fe.

En algún momento, cuando tenía probablemente unos seis años de edad, en mi habitación una noche en nuestra casa en Churchland, Virginia, mis padres hablaron conmigo acerca de tomar una decisión importante. Me instaron a pedirle a Jesús que entrara en mi corazón. No fue con ningún afán frenético, según recuerdo, sino con amor y calma. Recuerdo que después de que se fueron, me acosté en mi cama y oré lo que pude. Quería a Jesús en mi corazón más que cualquier otra cosa. No sabía realmente lo que eso significaba, por supuesto, pero sabía que creía que Él era real, y sabía que eso era lo que tenía que hacer.

Poco después, mis padres nos dejaron a mí y a mis hermanos con unos amigos durante unos días y se fueron a Nueva Jersey. No sabía muy bien lo que pasaba, pero cuando volvieron, nos dijeron que todos íbamos a ser misioneros. Papá iba a salir de la Marina, y los cruceros de meses en los que no sabíamos nada de él, salvo por el correo y los recuerdos de lugares exóticos, pronto llegarían a su fin.

En 1983, mi padre dejó por fin la Marina tras doce años de carrera, y nuestra delegación, como la llamaban, empezó de verdad. Mis padres habían firmado con Trans World Radio (ahora simplemente «TWR»), la mayor organización de radio misionera cristiana del mundo; mi padre había sido contratado en gran medida por las habilidades técnicas que había aprendido como soldado raso en la Marina. Nos trasladamos al norte de Ohio para estar cerca de los padres de mi madre. Durante los tres años siguientes, mi padre se dedicó a llamar durante la semana a las iglesias a las que estábamos acostumbrados —iglesias bautistas e independientes, sobre todo— para ver si nos acogían un fin de semana.

Y así, durante esos tres años, visitamos una iglesia diferente casi cada fin de semana. Hacíamos largos viajes en auto, durante los cuales leíamos *Las crónicas de Narnia* y otros libros. Dormíamos en los pisos de la gente, jugábamos con las consolas de videojuegos que otros niños tenían, pero nosotros no, e íbamos a una clase de escuela dominical diferente cada semana. Recuerdo que la pregunta que más me hacían era qué edad tenía mi hermana pequeña. También me preguntaron cómo era ser un niño misionero (MK, por sus siglas en inglés). Yo no tenía ni idea.

En el lado adulto de las cosas, mi madre cantaba en la iglesia con cintas de acompañamiento que traía consigo (habiendo examinado cuidadosamente qué iglesias prohibían las pistas de fondo con batería). Mi padre hablaba de la misión y de cuántos idiomas transmitían, de dónde servían sus misioneros y de lo importante que era la labor. Recuerdo que siempre fue un buen orador, a pesar de que nunca había tenido formación como predicador.

Viajábamos con un gran tablero de tres pliegues con grandes fotografías de selvas, rostros de personas y torres de radio, que colocábamos en el nártex. Colocábamos panfletos y folletos sobre la TWR, y mi padre ponía algunos recuerdos especiales que ya había recogido en sus viajes. De vez en cuando, íbamos a algo llamado «conferencia misionera», en la que una iglesia invitaba a varias familias misioneras a la vez para que dieran sus propuestas y esperaran apoyo monetario. Conocíamos a otros MK. Este proceso se repetía sin cesar, o eso nos parecía a los niños.

Una mañana de la primavera de 1985, mi padre volvía de un viaje de visitar iglesias. Cuando llegó al porche de nuestra casa en Elyria (Ohio), mi hermano y yo levantamos un cartel que habíamos improvisado. Decía (con nuestra mala letra) «¿Qué te parece el 97%?» Acabábamos de recibir una llamada de la misión. Nuestro apoyo económico había alcanzado un nivel tal que nos dijeron que empezáramos a hacer las maletas. Nos iban a enviar a la isla de Guam, en el Pacífico.

Nos fuimos a Guam a principios del verano de 1985 y pasamos allí los tres años siguientes. Guam es un territorio insular tropical perteneciente a Estados Unidos, recibido en el Tratado de París firmado en 1898 tras la guerra hispano-estadounidense. Yo tenía diez años cuando llegamos allí y quince cuando finalmente nos fuimos en 1990 (debido a la mala salud de mi madre en un clima tropical). Aunque la isla es estadounidense, la cultura local es un híbrido de culturas hispánicas, americanas, polinesias, del sudeste asiático y del Asia oriental. Aprendí un poco de las lenguas locales y me encantó la comida local.

El tiempo que pasé allí en ese período crucial de mi juventud me convirtió en lo que los psicólogos llaman un «niño de la tercera cultura» (TCK, por sus siglas en inglés), que no pertenece completamente a la primera cultura (la de los padres) ni a la segunda (en la que vivíamos), sino que forma una llamada «tercera cultura», una especie de personalidad intercultural de perpetua diplomacia y adaptación. Los TCK suelen ser hijos de militares, misioneros y diplomáticos. Captan rápidamente las señales lingüísticas y culturales y suelen reconocerse entre ellos como TCK en cuanto se encuentran. Pero tienen un gran problema que los persigue toda la vida: no tienen hogar.

A lo largo de mi vida, he vivido en veintitrés hogares distintos, repartidos en quince ciudades, seis estados de Estados Unidos y, por supuesto, Guam. Mi padre (en el momento de escribir esto) ha vivido en más de cincuenta hogares. Él también fue un niño militar, aunque cuando tenía doce años, la familia se estableció no muy lejos de Hartford, Connecticut.

Menciono todo esto porque creo que explica un poco la inquietud que surgió en mi adolescencia. Todos los adolescentes son inquietos, por supuesto, pero yo era un adolescente que no sabía de dónde venía. Además, yo era el hijo del medio. Las cuestiones de identidad y de cómo definir las relaciones tienden a seguir a los hijos del medio como una nube, y yo llegué a la joven edad adulta con todas estas cosas revueltas dentro de mí. Casi todos los jóvenes adultos criados en la iglesia tienden a desviarse un poco, pero yo empecé a tener grandes preguntas en mi mente que me desligaron de los tipos de lazos que acaban por hacer que la mayoría de los niños vuelvan a casa.

No solo no sabía quién era yo —estaba obsesionado con esa pregunta— sino que no sabía qué era el hogar.

Tres semanas después de graduarme en el instituto, en 1993, mi familia se trasladó a Carolina del Norte para que mi padre pudiera trabajar en la sede de la misión (que se había trasladado desde Nueva Jersey). Poco después de llegar, empezamos a ir a la iglesia bautista al final de la calle. Tenía todos los viejos «ganchos» de las iglesias bautistas hogareñas a las que habíamos asistido cuando yo era un niño, aunque con un claro sabor sureño, incluido un agujero de bala en el marco de una ventana que habían conservado con orgullo desde la Guerra Civil («la Guerra de Agresión del Norte»). Incluso tenía esa herencia cultural moralista del Movimiento de Santidad que afectó a tantas iglesias bautistas: no se podía beber, fumar ni bailar. Jugar a las cartas estaba mal visto (aunque lo hacíamos de todos modos). Las mujeres probablemente debían llevar falda y los hombres debían llevar el pelo corto. Esto puede sonar forzado y duro para algunas personas, pero donde estábamos, no solo era normal para muchos, sino recto y sano.

Sin embargo, había algo que no funcionaba para nosotros. Mi padre empezó una clase de escuela dominical para universitarios con los dos únicos alumnos de esa edad: mi hermano y yo. Se sentía forzado, no porque mi padre fuera un mal maestro, sino porque parecía un poco inútil si éramos solo nosotros. El pastor intentaba que me uniera al coro. Recuerdo una vez que todos cantaban «Estoy bien con mi Dios» (una canción que todavía me encanta), y me llamó al frente durante el servicio del domingo por la mañana y me hizo cantar una estrofa en solitario para todos. No puedo decir que me haya gustado. No mucho después, mi familia se pasó a una megaiglesia evangélica que estaba empezando en otro lugar de la zona.

Este fue el comienzo de mi despertar gradual a los detalles de lo que significaba realmente la vida cristiana, especialmente la doctrina. Me di cuenta de que uno podía cambiar de Iglesia y que había diferencias entre ellas, incluso desacuerdos. También supe que nos mudamos a otra iglesia porque no nos gustaba la iglesia bautista.

Las megaiglesias (esta tenía unos cuantos miles de miembros cada domingo) tienen mucho que ofrecer, así que nos metimos de lleno en ella. Ahora que era consciente de la doctrina y de cómo podía diferir entre las iglesias, por curiosidad, seguí a mi padre a una clase de apologética. El objetivo principal era tratar de utilizar pruebas externas para demostrar la veracidad de la Biblia. Imagino que gran parte del contenido sería probablemente desmontado por un filósofo anticristiano profesional, pero su objetivo no era preparar a los estudiantes para debates reales. El objetivo era, sobre todo, ayudarles a confirmar la idea de que ser cristiano es bastante razonable y resiste el escrutinio.

A pesar de sus deficiencias en términos de rigor filosófico, la clase fue otro paso significativo para mí. Por esa misma época leí *Mero cristianismo*, de C. S. Lewis, y me di cuenta de que el cristianismo era algo sobre lo que uno podía y debía reflexionar. Y empecé a pensar en ello, a hacerme preguntas como de dónde procedían las enseñanzas de mi iglesia, cómo sabían que lo que decían sobre la Biblia era correcto y, sobre todo, por qué el estilo de música *soft pop/soft rock* que se utilizaba en el culto debía coincidir con lo que se enseñaba en los sermones.

Una de las cosas que no he mencionado hasta ahora es cuánto llegué a amar el teatro. (Verás en un momento por qué es importante.) Me aficioné a él en el instituto y, cuando empecé la universidad en 1994, acepté un trabajo en un teatro del campus. Había actuado en el escenario, pero me sentía más a gusto haciendo el trabajo técnico entre bastidores. A partir de ese teatro del campus, pasé a trabajar en muchos locales de la región, incluido el gran estadio en el que pasaban las grandes giras de grupos musicales de renombre. Durante los diez años que trabajé como tramoyista profesional, aprendí a montar un espectáculo que provocara en la gente una sensación u otra mediante luces, música, sincronización y demás. Todo era cuestión de técnica, y yo sabía cómo hacerlo.

Así que un domingo por la mañana, cuando estaba de pie en nuestra megaiglesia con la banda tocando en el escenario y muchas personas alzando las manos en el aire y claramente sintiendo cosas por lo que escuchaban, de repente se me ocurrió que sabía exactamente cómo lograr que todo eso ocurriera. También se me ocurrió que la música rock que escuchaba en el estadio era mejor que la que oía en la iglesia.

Una mañana en particular, cuando el grupo de alabanza cantaba el clásico del *rhythm and blues* «Lean on Me», pensé en dos cosas: en primer lugar, me encantaba esa canción, y, en segundo lugar, era muy claro que el objetivo de cantar esa pieza no cristiana en el culto cristiano era provocar una emoción, no enseñar la verdad cristiana.

La iglesia era buena en esto. Aunque el culto de las megaiglesias a mediados de los noventa no era todavía un espectáculo de alta calidad que es la norma ahora, seguía siendo bastante eficaz y formaba parte de un programa para un crecimiento acelerado. Y, por supuesto, había un sinnúmero de clases y programas disponibles. Todo había sido cuidadosamente diseñado en torno a una estrategia de mercadotecnia que implicaba la creación de perfiles demográficos: una pareja genérica de la zona cuyas necesidades, gustos y preferencias se utilizaban para dar forma a lo que debía ser la iglesia.

Por esa misma época, empecé a tomar clases de literatura inglesa en la universidad en la que me había matriculado un año después de mudarme a Carolina del Norte. Durante esas clases, me encontré con el poema de John Keats «Oda a una urna griega», que incluye esta famosa línea: «La belleza es la verdad, la verdad, belleza; esto es todo cuanto sabes en la tierra, y todo lo que necesitas saber». Era 1997.

Puede parecer un poco esotérico, pero cuando leí esa frase, pensé de inmediato que tenía razón. Había una profunda identidad entre la verdad y la belleza. No sabía qué significaba, pero sabía que me hacía pensar en mis mañanas de domingo: creía que lo que decía el predicador era verdad, pero me costaba mucho entender el culto como algo bello. Y sospechaba que los líderes de la iglesia no buscaban realmente la belleza.

Empecé a preguntarme qué podía significar esto. Recuerdo que un día, mientras volvía de clase con uno de mis profesores de literatura, me preguntó lo siguiente:

«Eres cristiano, ¿verdad?»

«Sí», respondí.

«¿Dónde vas a la iglesia?»

Le hablé de la megaiglesia.

«Ajá».

«¿Qué quieres decir?»

«Bueno, pensé que ibas a un lugar mucho más tradicional. Eso es todo».

Me puse a pensar en lo que podría significar. ¿«Tradición»? *Tradición* era una palabra que había sido vapuleada en la predicación que escuché en mi juventud. La tradición era algo malo que la gente añadía al Evangelio puro y simple, añadiduras que se amontonaban encima para manipular a otras personas. Pero la idea seguía en mi cabeza. Había algo que me parecía cierto cuando lo decía.

Además de ir a la iglesia los domingos, también participaba en ella asistiendo a un estudio bíblico los miércoles por la noche para adultos jóvenes universitarios. Como es típico en este tipo de entornos, había un tiempo de compartir, en que cada persona compartía una «oración» (una preocupación por la que quería que se orara) o una «alabanza» (algo por lo que estaba agradecido a Dios). A menudo, la gente decía: «No estoy seguro de si esto es una "oración" o una "alabanza", pero...». Se escuchaban respuestas de apoyo: «Oraré por ti». «¡Gracias a Dios por eso!»

Cuando llegó mi turno, empecé a hablar de cómo estaba tratando de entender la relación entre la verdad y la belleza y lo que eso significaba para el culto. Hablé de cómo estaba pensando en la tradición (aunque no sabía realmente qué significaba). Hablé de esto en varias ocasiones. No recuerdo haber recibido ninguna respuesta. Lo que hablaba estaba simplemente fuera de su radar.

Entonces se produjo el detonante: a finales del verano de 1997, almorzaba con uno de mis compañeros MK que había conocido en Guam; para entonces lo conocía desde hacía unos quince años. Durante la conversación, me dijo que dejaba el presbiterianismo de su familia y se unía a la Iglesia católica romana. Esto me sorprendió y se lo hice saber. Le pregunté por qué lo hacía. Él no estaba tan enamorado de Roma como desencantado del mundo protestante. Empezó a enumerar una serie de problemas que tenía con el evangelicalismo en el que nos habíamos criado.

Mientras escuchaba, me di cuenta de que estaba articulando conceptos que habían estado rodando dentro de mí, pero que aún no tenían palabras: falta de raíces, esclavitud a la innovación, imposibilidad de dirimir entre las opiniones sobre las Escrituras, ceguera histórica, trivialidad del culto y mercadotecnia manipuladora. Había visto «al hombre detrás de la cortina» cuando vi el carácter interno del culto de las megaiglesias. Ahora estaba viendo de cerca todas las florituras de esa máquina religiosa en particular.

No lo veía todo falso, por supuesto. Sabía que la gente de mi iglesia era sincera y seria, y estaba aún más seguro de mi propia familia. Pero también llegué a creer que había algunos problemas profundos en todo el proyecto del protestantismo, sobre todo en lo que respecta a sus fundamentos en la doctrina de la *sola scriptura* (solo la Escritura), que permitía a cualquiera que tuviera opinión fundar su propia Iglesia y explicaba la mayoría de las diferencias entre los grupos protestantes.

En el transcurso de esa conversación, se mencionó a la Iglesia ortodoxa. A día de hoy, no recuerdo quién de los dos la mencionó. Es sorprendente que alguno de los dos lo hiciera, porque ninguno de los dos sabía realmente nada de ella. Pero la idea se me quedó grabada. Así que decidí encender la computadora y ponerme a investigar.

En 1997, se podía leer casi todo lo que había en Internet sobre la Iglesia ortodoxa en el espacio de unas tres semanas. Y yo lo hice. Seguí un enlace tras otro hasta que me encontré dando vueltas en círculos. Seguí leyendo. Descubrí que no podía parar. Había todo un mundo cristiano del que no sabía casi nada y, sin embargo, ahí estaba: una Iglesia histórica que se remonta, de forma demostrable, a los propios apóstoles, y que afirma incluso que enseña la misma doctrina y practica la misma vida cristiana.

No me bastaba. Pero me quedé sin páginas web que leer. (¡Utilizaba Mosaic y Netscape y buscaba cosas con AltaVista! Aún no existía Google). Compré un par de libros (de hecho, mis primeras compras en Amazon fueron libros ortodoxos), pero no fue suficiente. Así que encontré unas listas de discusión por correo electrónico para conversar entre evangélicos y cristianos ortodoxos, y me uní a dos de ellas. Envié un montón de mensajes bastante ingenuos y discutidores a esos grupos, pero el intercambio me ayudó bastante. Me gusta aprender y refinar mis ideas a través del debate, así que esto fue útil.

Sin embargo, al final recibí un correo electrónico privado de uno de los colaboradores de esas listas de discusión. Vio que vivía en su zona y me invitó a la iglesia. Yo había estado compartiendo mis descubrimientos sobre la Ortodoxia con un amigo, así que también le transmití la invitación. La mañana del 21 de septiembre de 1997, visitamos una pequeña iglesia misionera ortodoxa en la que había unas diez personas reunidas para la Divina Liturgia. Era una pequeña capilla perteneciente a la diócesis episcopal local. Tenía un altar y una enorme cruz en la pared del fondo, con una imagen recia pero austera de Cristo crucificado colgando.

Estaba nervioso por ir, pero tenía que ver de qué se trataba. Tenía que ver en persona lo que había estado leyendo.

Y allí, en aquella sala prestada, con menos de una docena de personas presentes, un sacerdote enjuto, revestido, y con una barba negra hirsuta, mecía el incensario y entonaba sus oraciones, y la gente respondía. Y supe que el cielo tocaba la tierra allí, en aquel altar. El tiempo pareció suspender su movimiento.

Cuando terminó, según recuerdo, miré por la puerta trasera, que estaba abierta al exterior. Vi la hierba ondeando al viento, oí pasar los autos, y entonces tuve la sensación de que el tiempo había empezado a moverse de nuevo. No lo sabía en ese momento, pero fue entonces cuando decidí convertirme en cristiano ortodoxo.

Uno de los textos que me recomendaron en esas conversaciones por correo electrónico fueron las cartas de San Ignacio de Antioquía. Se trataba de un miembro de la Iglesia del Nuevo Testamento, un discípulo del apóstol Juan que probablemente incluso había conocido a Jesús. Lo que decía sobre la vida cristiana tenía una gran autoridad, pues había recibido la fe, literalmente, de los propios apóstoles. Y al leer sus siete cartas, me di cuenta de algo: describía la Iglesia tal como la había recibido de los apóstoles, y se parecía muy poco a la que yo frecuentaba los domingos por la mañana. ¿Por qué no estaba yo en su Iglesia?

En especial después de mi experiencia en esa pequeña misión, supe con toda claridad que el tipo de cristianismo que Ignacio describía seguía vivo. Estaba en la Iglesia ortodoxa.

Así que mientras buscaba la belleza y trataba de comprender su relación con la verdad (y encontraba ambas cosas en abundancia), también encontré algo más que me ayudó en el camino: la historia. La historia era el apoyo firme que necesitaba para alcanzar una conexión con Jesucristo, la conexión que había buscado por primera vez de manera fortuita incluso cuando era un niño pequeño en aquella habitación de Virginia. Y los hechos de la historia demostraban que el lugar en el que me encontraba en el espectro cristiano estaba muy lejos de donde habían comenzado las cosas durante la era del Nuevo Testamento. Si quería estar seguro de que formaba parte de lo que el propio Jesús había comenzado por medio de sus apóstoles, solo había un lugar donde podía hacerlo: la Iglesia ortodoxa.

Unas semanas después de mi primer encuentro con la Ortodoxia en carne y hueso, visité otra parroquia más cercana a mí. Allí me acogieron calurosamente, igual que en la pequeña misión. Con esa segunda visita, supe que tenía que hablar con el sacerdote y contarle lo que había en mi corazón. Había encontrado mi hogar. Había encontrado la Iglesia fundada por Jesucristo y mantenida segura y firme todos estos años. ¡Era real! Apenas podía creerlo.

Este hijo mediano, errante, y niño de tercera cultura, sin ciudad natal, había encontrado por fin un lugar donde podía estar en casa. Por la gracia de Dios, fui recibido en la Iglesia una, santa, católica y apostólica en All Saints Orthodox Church en Raleigh, Carolina del Norte, el 19 de abril de 1998, la gran fiesta de la Santa Pascua, la Resurrección de Jesucristo.

En las casi dos décadas que han transcurrido desde que comenzó mi viaje hacia la Ortodoxia, no puedo decir que haya sido una travesía tranquila. No puedo decir que nunca haya querido alzar los brazos y dejarlo todo atrás, frustrado por el proceso de intentar arrepentirme. Pero sí puedo decir que no hay otro lugar en el que quiera o pueda estar. Hace tiempo que siento —sobre todo porque he pasado muchos años analizando diversas iteraciones de lo que significa ser cristiano— que, si la Iglesia ortodoxa no es «eso», entonces no hay «eso».

Unos años después de mi recepción en la Iglesia, conocí a Nicole, que se convertiría en mi esposa en 2003. En 2004 ingresamos en el Seminario de Saint Tikhon, en Pensilvania, y pasamos allí tres años muy difíciles. Fui ordenado diácono en octubre de 2005, y un año después fui ordenado sacerdote. En 2007, nos asignaron a St. George Cathedral en Charleston, Virginia Occidental, donde pasé dos años como asistente del párroco, y luego, en 2009, a St. Paul Church en Emmaus, Pensilvania, donde he sido párroco desde entonces. Por el camino, hemos tenido tres hijos. Para cuando leas esto, por la gracia de Dios tendremos cuatro.

Estoy muy agradecido a mi familia, que me presentó a Jesucristo, a los amigos y al clero que me introdujeron en su Iglesia, a mi esposa e hijos, que me sirven como Cristo, y a mis feligreses, que me desafían a servirles como Cristo.

Todavía tengo un largo camino que recorrer en este proceso de arrepentimiento que va convirtiéndose en alegría. Haz una oración por mí.

Apéndice III
Referencia rápida sobre la Ortodoxia

Las siguientes son las creencias básicas de los cristianos ortodoxos.

La Santísima Trinidad

- Un solo Dios.

- Dios es increado, existe antes que todas las cosas creadas.

- Dios es tres Personas, uno en esencia.

- Las tres Personas son absolutamente iguales.

- Todos los atributos de Dios son únicos para cada Persona (p. ej., la paternidad) o comunes a las tres (p. ej., la perfección).

- El Padre es la Fuente eterna de la Divinidad. El Hijo es engendrado por el Padre, mientras que el Espíritu procede del Padre.

- Dios es esencia incognoscible y energías cognoscibles.

Jesucristo

- Jesucristo es el Hijo de Dios, la segunda Persona de la Trinidad.

- Es plenamente divino y de una sola esencia con el Padre.

- Es plenamente humano y de una sola esencia con la humanidad.

- Es una Persona con dos naturalezas.

- Realmente nació, vivió, murió y resucitó corporalmente de entre los muertos.

- Es el Mesías profetizado en las Escrituras hebreas.

La Iglesia

- Solo hay una Iglesia, la Iglesia ortodoxa.

- La Iglesia es el Cuerpo de Cristo. Él es miembro de ella y su única Cabeza.

- La salvación es en la Iglesia y a través de ella.

- La salvación es *theosis* («deificación», «divinización»), asemejarse a Dios en unión con Él.

- La salvación es un cambio no solo de estatus, sino de ser.

- La salvación es por el poder de Dios, pero solo con la cooperación activa del hombre, denominada *sinergia*.

- Los sacramentos comunican realmente la gracia por medio de su administración por el episcopado, cuyos miembros son sucesores de los apóstoles.

- Cristo volverá, y eso será el fin de los tiempos. En ese momento, todos los muertos resucitarán, los justos a una resurrección de vida y los impíos a una resurrección de muerte.

Apéndice IV

Referencia rápida sobre herejía

Docetismo: Jesús es Dios, pero solo con «apariencia» de humano.

Judaizantes: Los cristianos deben hacerse judíos primero u observar más la Ley judía.

Gnosticismo: El «conocimiento» salva y puede estar disponible solo para unos pocos elegidos. Altamente dualista.

Marcionismo: Rechazo del «dios» hebreo en favor del «dios» del Nuevo Testamento.

Montanismo: Búsqueda de experiencias espirituales extáticas, nueva revelación a través del «profeta» Montano.

Quiliasmo: Cristo reinará por mil años literales después de la Segunda Venida.

Apocatástasis: Todos se salvarán, aunque rechacen a Dios.

Origenismo: Un conjunto de enseñanzas y especulaciones cosmológicas platonizadas.

Maniqueísmo: Religión gnóstica persa, altamente dualista.

Sabelianismo: Padre, Hijo y Espíritu Santo son solo «modos» o «máscaras» de una sola persona divina.

Novacianismo: Las personas que apostatan o cometen pecados graves nunca pueden ser absueltas.

Donatismo: La indignidad moral personal del clérigo invalida los sacramentos que administra (incluso si está arrepentido).

Arrianismo: Cristo no es Dios, sino únicamente el ser creado más elevado.

Semiarrianismo: Cristo no es Dios, pero es de esencia similar a Dios.

Apolinarismo: Cristo no tenía una mente humana, sino que el Logos cumplía ese papel.

Pneumatomaquianismo (Macedonianismo): El Espíritu Santo no es divino, sino una criatura.

Pelagianismo: El hombre puede salvarse a sí mismo sin la gracia divina.

Nestorianismo: Jesucristo es dos personas «conjuntas».

Monofisismo: Jesucristo tiene una sola naturaleza, ya sea únicamente divina solamente o un híbrido de divina y humana.

Monotelismo: Jesús tiene una sola voluntad, la divina.

Monoenergismo: Jesús tiene una sola energía, la divina.

Iconoclasia: Los iconos deben retirarse de las iglesias y destruirse.

Filioquismo: El Espíritu Santo procede eternamente del Padre *y del Hijo.*

Barlaamismo: Rechazo del hesicasmo, afirmación de que el conocimiento más elevado es mental/filosófico.

Etnofiletismo: El gobierno de la Iglesia debe basarse en divisiones étnicas y no en geográficas.

Bibliografía

Agustín de Hipona, *Against Julian*.

_______, *De bono coniugali*.

_______, *Homilies on 1 John*.

_______, *Sermon on the Agreement of the Evangelists Matthew and Luke in the Generations of the Lord*.

Anderson, Robert Mapes, *Vision of the Disinherited: The Making of American Pentecostalism*, Oxford University Press, 1979.

Anselmo de Canterbury, *Cue Deus homo*.

The Apostolic Faith, Vol. 1, No. 1, septiembre de 1906.

Patriarca Ecuménico Bartolomé I, discurso en la Georgetown University, 21 octubre de 1997.

Basilio el Grande, *On the Holy Spirit*.

Bebbington, David, *Evangelicalism in Modern Britain: A History from the 1730s to the 1980s*, Routledge, 1989.

Bernstein, A. James, *Surprised by Christ*, Conciliar Press/Ancient Faith Publishing, 2008.

Papa Bonifacio VIII, *Unam Sanctam*, 1302.

Bowler, Kate, «Death, the Prosperity Gospel and Me», *New York Times*, 13 de febrero de 2016.

Bowman, Robert M., Jr., *The Word-Faith Controversy: Understanding the Health and Wealth Gospel*, Baker Books, 2000.

Branch, Lori, *Rituals of Spontaneity: Sentiment and Secularism from Free Prayer to Wordsworth*, Baylor University Press, 2006.

Bunyan, John, *I Will Pray with the Spirit*, 1663.

Calvino, Juan, *Institución de la religión cristiana*.

_______, *Commentary on Deuteronomy*.

Carey, Benedict, «A Neuroscientific Look at Speaking in Tongues», *New York Times*, 7 de noviembre de 2006.

Carroll, J. M. *The Trail of Blood: Following the Christians Down Through the Centuries.*

Catecismo de la Iglesia Católica, 1997.

Catholic Encyclopedia, 1913.

Cipriano de Cartago, *Corpus Scriptorum Ecclesiasticorum Latinorum* (CSEL), 3.

Confesión de Augsburgo, 1530.

Confesión de Fe de Westminster, 1647

Cross, F. L. y C. A. Livingston, eds., *Oxford Dictionary of the Christian Church*, Third Revised Edition, Oxford University Press, 2005.

Dictatus Papae, 1075.

Eddy, Mary Baker, *Science and Health*, 1875.

_______, *Key to the Scriptures*, 1883.

_______, *The Manual of the Mother Church*, 1895.

Edwards, Jonathan, «Pecadores en las manos de un Dios airado», 1741.

Effron, Lauren, «Leah Remini on Her Break With the Church of Scientology: "I Wanted to Be The One to Say It"», *ABC News*, 30 de octubre de 2015.

Emerson, Ralph Waldo, *Autosuficiencia*, 1841.

Familia Internacional, La, «Nuestro movimiento», https://www.thefamilyinternational.org/es/about/

Filareto de Moscú, *Conversation between the Seeker and the Believer Concerning the Orthodoxy of the Eastern Greco-Russian Church*, Moscú, 1833.

Fillmore, Charles, *Talks on Truth*, 1926.

Finney, Charles G., *What a Revival of Religion Is*, 1834.

Flanagan, Marta, «We Are Unitarian Universalists», Unitarian Universalist Association Publication #3081.

Florovsky, Georges V., «The Problematic of Christian Reunion», 1933, publicado como «Rome, the Reformation, and Orthodoxy» en *Collected Works: Ecumenism II*.

______, «The Tragedy of Christian Divisions», en *Collected Works: Ecumenism I: A Doctrinal Approach*.

Franck, Sebastian, *Epistle*, ca. 1530s.

Garvey, John, *Seeds of the Word: Orthodox Thinking on Other Religions*, St. Vladimir's Seminary Press, 2006.

Grady, J. Lee, «Kenneth Hagin's Forgotten Warning», *Charisma Magazine*, http://www.charismamag.com/fireinmybones/Columns/030708.html

Gregorio el Grande, *Epistles* 7:33.

Gregorio Palamás, *Triads in Defence of the Holy Hesychasts*.

Gregorio el Teólogo, *Oration* 41.

Hagin, Kenneth E., *How to Write Your Own Ticket with God*, 1979.

______, *I Went to Hell*, 1982.

______, *The Midas Touch*, Kenneth Hagin Ministries, 2000.

Hall, Franklin, *Atomic Power with God through Fasting and Prayer*, 1946.

Hawthorne, Nathaniel, *The Scarlet Letter*.

Hiebert, Paul y Eloise Hiebert Meneses, *Incarnational Ministry: Planting Churches in Band, Tribal, Peasant, and Urban Societies*, Baker Academic, 1995.

Hinn, Benny, «Miracle Invasion Rally», Anaheim Convention Center, 22 de noviembre de 1991, citado en Hank Hanegraaff, *Christianity in Crisis*.

Houteff, Victor, *The Shepherd's Rod*, 1930.

Hubbard, L. Ron, *Dianética: La ciencia moderna de la salud mental*, Bridge Publications, 2007.

Iglesia Oficial de Scientology, «¿Qué es Scientology?» https://www.scientology.org.mx/faq/what-is-scientology.html

Ignacio de Antioquia, *Carta a los esmirniotas*.

Juan Crisóstomo, *Homily IV on II Thessalonians*.

Juan Damasceno, *The Fountain of Wisdom* (incluye «The Exact Exposition on the Orthodox Faith»).

Justino Mártir, *Primera Apología*.

Papa Juan Pablo II, *Fides et Ratio*, 1998.

__________, *Incarnationis Mysterium*, 1998.

__________, *Orientale Lumen*, 1995.

Kelly, Aidan, «Why Wicca is a Major World Religion», *Including Paganism*, 16 de junio de 2012.

Kilde, Jeanne Halgren, *When Church Became Theatre: The Transformation of Evangelical Architecture and Worship*, Oxford University Press, 2005.

Kimball, Helen Mar, citado en Todd Compton, *In Sacred Loneliness: The Plural Wives of Joseph Smith*, Signature Books, 1997.

Lee, Philip J., *Against the Protestant Gnostics*, Oxford University Press, 1987.

Leithart, Peter J., «The End of Protestantism», *First Things*, 2013.

Libro de la Concordia, 1580.

Los Angeles Daily Times, «Weird Babel of Tongues. New Sect of Fanatics Is Breaking Loose. Wild Scene Last Night on Azusa Street. Gurgle of Wordless Talks by a Sister», 18 de abril de 1906.

Lutero, Martín, *Debate at Leipzig*, 1519.

__________, citado en Roland H. Bainton, *Here I Stand*, Nashville: Abingdon Press, 1950.

__________, *Luther's Works*.

__________, *Preface to the Epistles of St. James and St. Jude*.

__________, *Response to the Inquisition at the Diet of Worms*, 1521.

Marcos de Éfeso, *Patrologia Orientalis XV*, Brepols, 1990.

Mastrantonis, George, *Augsburg and Constantinople*, Brookline, MA: Holy Cross Orthodox Press, 2005.

Mattingly, Terry, «Canadian researchers find that doctrine really does matter, in terms of church growth», *On Religion*, 12 de diciembre de 2016, http://

www.tmatt.net/columns/2016/12/7/canadian-researchers-find-that-doctrine-really-matters-in-terms-of-church-growth

McLaren, Brian, *A Generous Orthodoxy: Why I am a missional, evangelical, post/protestant, liberal/conservative, mystical/poetic, biblical, charismatic/ contemplative, fundamentalist/Calvinist, Anabaptist/Anglican, Methodist, catholic, green, incarnational, depressed-yet-hopeful, emergent, unfinished Christian,* Zondervan/Youth Specialties, 2006.

Menaión de la Iglesia ortodoxa, Fiesta de la Anunciación.

Moon, Sun Myung, «We Who Have Been Called to Do God's Work», Londres, 23 de julio de 1978.

Newman, Cardenal John Henry, *An Essay in Aid of Grammar of Assent.*

————, *An Essay on the Development of Christian Doctrine.*

Noble, Samuel, y Alexander Treiger, eds., *The Orthodox Church in the Arab World, 700–1700: An Anthology of Sources,* Northern Illinois University Press, 2014.

Oden, Thomas, series ed., *Ancient Christian Commentary on Scripture,* InterVarsity Press, 1998.

Ottaviani, Cardenal Alfredo, *Letter,* 1969.

Parham, Charles F., «The Latter Rain» (1900–1901), en *The Life of Charles F. Parham: Founder of the Apostolic Faith Movement* (compilado por Sarah Thistlethwaite Parham), 1930.

Pelikan, Jaroslav, *Reformation of Church and Dogma (1300–1700),* University of Chicago Press, 1985.

Papa Pio IX, *Ineffabilis Deus,* 1854.

Ratzinger, Cardenal Joseph, *Dominus Iesus,* 2000.

————, del prefacio de la edición francesa del libro de Monseñor Klaus Gamber, *The Modern Rite,* St. Michael's Abbey Press, 2002.

Rose, Seraphim, *Nihilism: The Root of the Revolution of the Modern Age,* Saint Herman Press, 1994.

————, *Orthodoxy and the Religion of the Future,* Saint Herman Press, 1979.

Russell, Charles Taze, *Bible Examiner*, octubre de 1876.

Sakharov, Archimandrita Sofronio, *Saint Silouan the Athonite*, St. Vladimir's Seminary Press, 1999.

Scofield, Cyrus, *Scofield Reference Bible*, 1909.

Servet, Miguel, *On the Errors of the Trinity*.

Shucman, Helen, *A Course in Miracles*, Foundation for Inner Peace, 1976.

Simon, Menno, «An Explanation of Christian Baptism in the Water, from the Word of God», en *The Complete Works of Menno Simon*.

———, *Confession Against Jan Laski*.

Socino, Fausto, *Explanation of the Prologue of the Gospel of John*.

———, *Jesus Christ the Savior*.

Smith, Joseph Jr., *El Libro de Mormón*, 1827.

———, *Doctrina y convenios*, 1835.

———, «King Follett Sermon», 7 de abril de 1844.

———, *Perla de gran precio*, 1851.

Spencer, Michael, «The Coming Evangelical Collapse», *The Christian Science Monitor*, 2009.

Spener, Philipp Jacob, *Pia Desideria*, trad. Theodore G. Tappert.

Spurgeon, Charles H., *The Axe at the Root: A Sermon Against Puseyite Idolatry*, 1866.

Swedenborg, Emanuel, *A Brief Exposition of the Doctrine of the New Church*, 1769.

———, *The Lord*, 1763.

———, *The True Christian Religion*, 1771.

Thomas, John, *Elpis Israel*, 1849.

———, *Herald of the Kingdom of the Age to Come*, Vol. 1, 1851.

Tucker, Ruth, «From the Fringe to the Fold: How the Worldwide Church of God discovered the plain truth of the góspel», *Christianity Today*, 15 de julio de 1996.

Unitarian Universalist Association, «Principios en Español», https://www.uua.org/beliefs/what-we-believe/principles/espanol

__________, «Sources of Our Living Tradition», http://www.uua.org/beliefs/what-we-believe/sources

__________, «UUA Membership Statistics, 1961–2014», http://www.uua.org/directory/data/demographics/uua-statistics

Vaticano I, *Dogmatic Constitution*, 1870.

__________, *Pastor aeternus*, 1870.

Vatican II, *Christus Dominus*, 1965.

__________, *Lumen gentium*, 1965.

__________, *Orientalium Ecclesiarium*, 1964.

Wagner, C. Peter, «The Third Wave?» *Pastoral Renewal*, julio–agosto 1983.

Watch Tower Bible and Tract Society, 1975 *Yearbook of Jehovah's Witnesses*, 1975.

__________, *Traducción del Nuevo Mundo de las Santas Escrituras*, 1961.

Webber, Robert E., *Ancient-Future Faith: Rethinking Evangelicalism for a Postmodern World*, Baker Academic, 1999.

Weber, Max, *The Protestant Ethic and the Spirit of Capitalism*, 1905.

Wesley, John, Sermon 128, «Free Grace».

Whiteside, Elena A., *The Way: Living in Love*, New Oxford, Ohio: American Christian Press, 1974.

Williams, Daniel H., *Evangelicals and Tradition: The Formative Influence of the Early Church*, Baker Academic, 2005.

__________, *Retrieving the Tradition and Renewing Evangelicalism: A Primer for Suspicious Protestants*, Wm. B. Eerdmans Publishing Company, 1999.

Yannaras, Christos, *The Freedom of Morality*, Crestwood, NY: St. Vladimir's Seminary Press, 1984.

Zuinglio, Ulrico, *The Sixty-Seven Articles*, 1523.